PETER MALLOUK

TONY ROBBINS

DER PFAD ZUR FINANZIELLEN UNABHÄNGIGKEIT

PETER MALLOUK
TONY ROBBINS

DER PFAD ZUR FINANZIELLEN UNABHÄNGIGKEIT

Die wichtigsten Tools für
Ihre persönliche Reise
in die finanzielle Freiheit

FBV

Bibliografische Information der Deutschen Nationalbibliothek
Die Deutsche Nationalbibliothek verzeichnet diese Publikation in der Deutschen Nationalbibliografie. Detaillierte bibliografische Daten sind im Internet über **http://dnb.d-nb.de** abrufbar.

Für Fragen und Anregungen:
info@finanzbuchverlag.de

1. Auflage 2021

Türkenstraße 89
80799 München
Tel.: 089 651285-0
Fax: 089 652096

Übersetzung: Almuth Braun
Redaktion: Ulrich Wille
Redaktionelle Bearbeitung: Judith Engst
Korrektorat: Anja Hilgarth
Umschlaggestaltung: in Anlehnung an das Cover der Originalausgabe Sonja Vallant, München
Umschlagabbildung: Damin Sterling, BLVR; Steve Gibson
Satz: Röser MEDIA GmbH & Co. KG, Karlsruhe
Druck: GGP Media GmbH, Pößneck
Printed in Germany

ISBN Print 978-3-95972-413-5
ISBN E-Book (PDF) 978-3-96092-770-9
ISBN E-Book (EPUB, Mobi) 978-3-96092-771-6

Dieses Buch will den Lesern Informationen über ein Thema bieten, die nach Überzeugung der Autoren zutreffend sind. Dies geschieht mit dem Verständnis, dass weder die Autoren noch der Verlag eine individuelle, maßgeschneiderte Beratung zu einem spezifischen Anlageportfolio oder den individuellen Bedürfnissen eines Anlegers leisten oder professionelle Finanz-, Rechts-, Steuer- oder Wirtschaftsprüfungsberatung bieten. Lesern, die auf den letztgenannten Gebieten eine konkrete, individuelle Beratung durch einen Experten benötigen, wird empfohlen, sich an einen entsprechenden professionellen Dienstleister zu wenden. In diesem Buch werden Performance-Daten vorgestellt, die zahlreiche vergangene Zeiträume abdecken. Ergebnisse aus der Vergangenheit sind keine Garantie für zukünftige Ergebnisse.

Neben den Gesetzen und Vorschriften verändern sich auch die Performance-Daten im Verlauf der Zeit, was den Status der in diesem Buch präsentierten Informationen verändern könnte, und spiegeln keinen Abzug von Managementgebühren oder anderen Kosten wider. Dieses Buch bietet ausschließlich historische Daten, die zur Diskussion und Illustration der zugrundeliegenden Prinzipien dienen. Darüber hinaus dient dieses Buch weder als Grundlage für eine konkrete Finanzentscheidung noch als Empfehlung eines spezifischen Investmentberaters oder als Angebot für den Kauf oder Verkauf eines bestimmten Wertpapiers. Für den Kauf oder Verkauf eines Wertpapiers sollte ausschließlich der Börsenprospekt verwendet werden. Die Autoren geben keine Garantie für die Korrektheit oder Vollständigkeit der in diesem Buch enthaltenen Informationen und weder der Autor noch der Verlag übernehmen die Haftung für irgendwelche Verbindlichkeiten, Verluste oder Risiken, seien sie persönlicher oder anderer Natur, die dem Leser als direkte oder indirekte Folge der Anwendung der Inhalte dieses Buches entstehen sollten. Alle in diesem Buch verwendeten Beispiele dienen ausschließlich illustrativen Zwecken.

Im folgenden Text wurden die Namen zahlreicher Personen und deren Eigenschaften verändert, die Rückschlüsse auf ihre Identität erlauben.

Rechtlicher Hinweis: Ranglisten und/oder Auszeichnungen von unabhängigen Rating-Diensten und/oder Publikationen sollten von Kunden oder qualifizierten Interessenten nicht als Garantie missverstanden werden, dass sie mit der Inanspruchnahme der Finanzberatungsleistungen von »Creative Planning« (Unternehmen) bestimmte Ergebnisse erzielen werden, noch sollte es als gegenwärtige oder vergangene Empfehlung des Unternehmens durch irgendeinen seiner Kunden verstanden werden. Ranglisten, die von Zeitschriften und anderen Medien veröffentlicht werden, gründen ihre Auswahl im Allgemeinen ausschließlich auf Informationen, die von der ausgezeichneten Beratungsgesellschaft zusammengestellt beziehungsweise zur Verfügung gestellt wurden, und berücksichtigen üblicherweise nur teilnehmende Beratungsgesellschaften. Das Unternehmen leistet grundsätzlich keine Zahlungen, um für eine Auszeichnung oder einen Platz in einer Rangliste berücksichtigt zu werden, erwirbt aber möglicherweise Ehrungsplaketten oder Nachdrucke, um die Ranglisten zu veröffentlichen. Weitere Informationen zu Ranglisten und/oder Auszeichnungen für »Creative Planning« finden Sie unter http://www.creativeplanning.com/important-disclosure-information/.

Jonathan Clements ist Mitglied des Boards und Director of Financial Education von »Creative Planning«. Herr Clements erhält für seine Tätigkeit eine Vergütung.

Tony Robbins ist ein ehemaliges Mitglied des Boards und Chief of Investor Psychology von »Creative Planning«, LLC, einer bei der amerikanischen Börsenaufsicht SEC (Securities Exchange Commission) registrierten Investmentberatung (Registered Investment Advisor, RIA) mit Vermögensmanagern in allen 50 US-Bundesstaaten. Herr Robbins erhält weder eine Vergütung aus dem Verkauf dieses Buches noch aus einem möglichen Zusatzgeschäft, das »Creative Planning« aus seiner Veröffentlichung erwachsen könnte. Robbins hat keinerlei finanzielle Anreize, Anleger an »Creative Planning« zu vermitteln. Seine Beiträge zu diesem Buch dienen weder als Empfehlung der Investmentberatung »Creative Planning« noch irgendeiner der mit diesem Unternehmen verbundenen Personen oder Einrichtungen.

INHALT

Der Pfad zur finanziellen Unabhängigkeit

EINFÜHRUNG

Die Finanzindustrie ist nicht in Ordnung. Sie sind vielleicht überrascht, das von jemandem zu hören, der sich seinen Lebensunterhalt in der Finanzindustrie verdient, aber es stimmt. Finanzberatung und Finanzdienstleistungen werden traditionell im Rahmen eines Systems erbracht, das Beziehungen zu unterschiedlichen professionellen Dienstleistern voraussetzt: zu Wirtschaftsprüfern, Rechtsanwälten, Versicherungsagenten, Finanzberatern, Bankern und vielen anderen. Diese Menschen reden selten miteinander, und Sie stehen irgendwo dazwischen und kämpfen darum, dass alles richtig gemacht wird. Das Problem mit diesem Modell[1] ist, dass sich Ihre Finanzen nicht in einem Vakuum bewegen. Die Investmententscheidungen, die Sie mit Ihrem Portfolio treffen, werden von der Einkommensteuer, der Nachlassplanung, Ihrer Spendentätigkeit, Ihrem Einkommensbedarf, Ihren Schuldenmanagementstrategien, der Geschäftsplanung, Ihren Zielen zur Erlangung finanzieller Unabhängigkeit und vielen weiteren Faktoren beeinflusst. Von allen diesen Personen, die in Ihrem Namen handeln, sehen nur Sie das Gesamtbild. Wie können andere Ihnen dabei helfen, Ihre angestrebten Investmentergebnisse zu erreichen, wenn diese zu Beginn nicht einmal berücksichtigt wurden?

Verschärft wird dieses Problem durch den Umstand, dass diejenigen, an die Sie sich wenden, um Orientierung und Beratung zu erhalten, nicht automatisch per Gesetz gezwungen sind, im Umgang mit Ihrem Geld die höchsten Sorgfaltsstandards walten zu lassen. Stattdessen handeln viele Experten in der Finanzindustrie auf eine Weise, die für den durchschnittlichen Anleger verwirrend oder, schlimmer noch, irreführend ist. Traditionelle Brokerhäuser dürfen viele Produkte anbieten, die ihrer Meinung nach zweckmäßig sind, selbst wenn es ihrem Unternehmen wahrscheinlich mehr nützt als Ihnen. Es gibt Versicherungsgesellschaften, die Investmentprodukte in Monatsraten verpacken, und Versicherungsprodukte,

1 Als ob es nicht schon schlimm genug wäre.

die den Versicherungsagenten oft riesige Provisionen einbringen – zu Ihren Lasten. Und es gibt unabhängige Firmen, die gesetzlich dazu verpflichtet sind, stets zum Besten ihrer Kunden zu arbeiten, denen es aber oft an Größe, Reichweite und Ressourcen mangelt, um das gesamte Spektrum der Kundenbedürfnisse effektiv abzudecken. Und wer steckt irgendwo mittendrin in diesem ganzen Chaos? Sie, der durchschnittliche Anleger, der einige der wichtigsten Entscheidungen seines Lebens treffen und sich Fragen wie diese beantworten muss: Wie finde ich einen Weg, um meine finanziellen Chancen zu maximieren und potenzielle Fallstricke zu vermeiden – einen Weg, der mich zu den »richtigen« Geldanlagen führt, damit ich meine finanziellen Ziele erreichen kann? Wie kann ich den richtigen Berater finden, der mir auf diesem Weg Orientierung bietet?

Ich begann meine Karriere in dieser Branche im Wesentlichen mit einem Fokus auf Beratung zu den Themen Nachlassplanung, Finanzplanung und Investmentmanagement, und zwar hauptsächlich für die Kunden anderer Beratungsgesellschaften. Von dieser Warte aus konnte ich das Gesamtbild erkennen, und was ich sah, missfiel mir. Ich sah viele hervorragende Berater, die aber in einem problematischen Umfeld arbeiteten. Ich sah Berater, die ihre Kunden zwangen, ihre gesamten Positionen zu verkaufen, bevor sie eine neue Strategie anwendeten, unabhängig von den steuerlichen Konsequenzen oder vom Schaden für das Anlageportfolio. Ich sah, wie andere Berater blauäugigen Kunden ihre eigenen Produkte oder ein generisches Portfoliomodell aufdrängten. Ich sah, wie teure Versicherungsprodukte vertrieben wurden statt kostengünstiger Geldanlagen, die besser zu den jeweiligen Anlagezielen der Kunden gepasst hätten. Kurzum, oft vertrauten die Anleger ihre gesamten Lebensersparnisse einem Finanzprofi an, nur um später festzustellen, dass dieser mehr Schaden angerichtet als Nutzen gestiftet hatte.

Ich wusste, dass es einen besseren Weg geben musste. Als ich »Creative Planning« übernahm – eine kleine unabhängige Investmentfirma in Overland Park, Kansas –, sah ich darin eine Chance, die Art und Weise zu verändern, wie in diesem Land Finanzdienstleistungen erbracht werden. Ich schwor mir, ein Unternehmen zu leiten, das nicht seine eigenen proprietären Investmentprodukte verkaufen, sondern Portfolios zusammenstellen würde, die auf die individuellen Bedürfnisse jedes einzelnen Kunden abgestimmt sind, und in verschiedenen Schlüsselbereichen des finanziellen Lebens eines Kunden, darunter Steuern, Gesetze, Finanzplanung und

Geldanlage, Beratung anbieten würde. Ich sage mit Stolz, dass wir seit 2003, dem Jahr, in dem ich »Creative Planning« übernahm, nicht davon abgewichen sind. Allerdings sind wir heute in der Lage, darüber hinaus noch wesentlich mehr für unsere Kunden zu tun, wovon wir damals nicht einmal zu träumen gewagt hätten.

Seit ich bei »Creative Planning« begonnen habe, ist das von uns verwaltete Vermögen auf nahezu 50 Milliarden Dollar angewachsen. Wiederholt wurden wir von verschiedenen Medien als eine der besten Vermögensverwaltungs-Gesellschaften ausgezeichnet, darunter von *Barron's* als beste unabhängige Beratungsgesellschaft in Amerika (2017). Zweimal wurden wir von CNBC als beste Vermögensverwaltungs-Gesellschaft ausgezeichnet (2014/15), und 2016 hat uns *Forbes* zum wachstumsstärksten unabhängigen Beratungsunternehmen der USA gekürt.[2] Diesen Erfolg verdanken wir zum größten Teil unserem hervorragenden Team und der Leidenschaft, mit der es unser Leistungsversprechen gegenüber unseren Kunden erfüllt. Im Verlauf unseres Wachstums ist es uns gelungen, unser Leistungsportfolio um spezialisierte Serviceleistungen und Fachwissen zu ergänzen, die weit über das Angebot der meisten anderen unabhängigen Finanzberatungen hinausreichen. Ein gleichermaßen wichtiger Grund für unser beeindruckendes Wachstum ist, dass die durchschnittlichen Anleger immer höhere Erwartungen an ihre Berater stellen. Tony Robbins setzt sich seit vielen Jahren mit großem Engagement für die Förderung des Treuhandstandards ein und trägt aktiv dazu bei, viele Millionen Menschen davon zu überzeugen, wie wichtig es ist, mit einem Berater zu arbeiten, der gesetzlich dazu verpflichtet ist, zum Besten seiner Kunden zu handeln. Im Jahr 2017 schrieben wir gemeinsam das Buch *UNANGREIFBAR: Deine Strategie für finanzielle Freiheit*, um einige der dringendsten Fragen der aktuellen Geldanlage zu beantworten.

Wenn ich in den vergangenen 17 Jahren irgendetwas gelernt habe, dann, dass sich die Amerikaner nach einem klaren, präzisen Weg sehnen, um eine Finanzberatung zu erhalten, die frei von Interessenkonflikten ist. Sie suchen nach einer unabhängigen Instanz, die ihnen den Pfad zu finanzieller Freiheit aufzeigen kann. »Creative Planning« ist diese Instanz und hat vielen Zehntausend Familien Orientierung geboten, indem es

2 Siehe gesetzliche Offenlegungspflicht auf S. 6 zu den Informationen über Ranglisten und Auszeichnungen.

maßgeschneiderte Investmentpläne und passgenau abgestimmte Portfolios erstellt und dabei jedes Risiko berücksichtigt hat, das seine Kunden von ihrem Erfolgspfad abbringen könnte. Mein Ziel in diesem Buch ist, meine Erfahrungen mit Ihnen zu teilen und dazu beizutragen, die Komplexität zu reduzieren, mit der Sie beim Entwurf Ihres eigenen Pfads konfrontiert sind. Ich freue mich darauf, Ihnen Orientierung zu bieten und Ihnen dabei zu helfen, Ihre finanziellen Ziele zu formulieren, gefährliche Fehler zu vermeiden und die Chancen auf Ihrem Weg zu maximieren. Gemeinsam können wir Ihren Pfad zu finanzieller Freiheit bestimmen.

TEIL I

Der Weg, der vor Ihnen liegt

KAPITEL EINS
DER WEG IN DIE FREIHEIT

von Tony Robbins

Das Einzige, was wir fürchten müssen, ist die Furcht selbst.
US-PRÄSIDENT FRANKLIN DELANO ROOSEVELT

Wir alle wollen richtig frei sein. Frei, das zu tun, was uns gefällt und wann es uns gefällt, und es mit geliebten Menschen zu teilen. Frei, mit Leidenschaft, Großzügigkeit, Dankbarkeit und innerem Frieden zu leben. Das ist finanzielle Freiheit. Das ist keine bestimmte Menge Geld, sondern eine innere Einstellung. Und dieses Ziel lässt sich unabhängig von Ihrer Lebensphase oder Ihrer derzeitigen Finanzsituation erreichen – ja, sogar in Krisenzeiten. Tatsächlich wurden zahlreiche Vermögen in Zeiten des »maximalen Pessimismus« verdient.

Jeder Mensch hat seine höchstpersönliche Definition von finanzieller Freiheit. Für Sie könnte es darum gehen, mehr Zeit für Reisen zu haben oder für Ihre Kinder und Enkelkinder oder mehr Zeit, um sich für einen wohltätigen Zweck zu engagieren. Vielleicht möchten Sie einfach arbeiten, weil es Ihnen Spaß macht, aber nicht, weil Sie müssen. Wie auch immer Ihre Definition von finanzieller Freiheit lautet, fragen Sie sich vielleicht: Lässt sie sich *wirklich* erreichen?

Nachdem ich mit mehr als 50 der klügsten und besten Finanzexperten der Welt gesprochen habe, kann ich Ihnen mit Gewissheit sagen, dass es in der Tat einen Weg zu finanzieller Freiheit gibt. Aber es gibt klare Regeln, die Sie befolgen müssen, wenn Sie den Gipfel erreichen wollen. Auf dem Weg dorthin lauern Fallstricke und Hindernisse, die Sie vermeiden beziehungsweise überwinden müssen. Und es gibt viele schlechte Ratgeber, die Sie mit eigennützigen Empfehlungen von Ihrem Weg abbringen können. **Dieses Buch geht auf alle diese Aspekte ausführlich ein.**

Finanzielle Freiheit zu erlangen, ist keine Geheimwissenschaft, es gibt aber auch keinen magischen Zauberspruch, um dorthin zu gelangen (wie es Ihnen bestimmte Ratgeber weismachen wollen). Ihr zukünftiges Ich kann es sich nicht leisten, sich ohne eine Grundausrüstung aus Seilen und soliden Felshaken auf den Weg zum Gipfel zu machen. Wenn Sie sich uneingeschränkt Ihrer persönlichen Vision von finanzieller Freiheit verpflichtet fühlen, müssen Sie sich schützen und einen Beitrag zu Ihrer eigenen Rettung leisten.

Abhängig von Ihrer aktuellen Situation mag finanzielle Freiheit wie ein schöner Traum wirken; vielleicht befinden Sie sich bereits auf dem richtigen Kurs, *verspüren* aber das Gefühl von Freiheit nicht. Vielleicht sind Sie ein Millennial mit einem erdrückenden Ausbildungskredit. Oder ein Babyboomer, der zusehen muss, wie er seine Schäfchen ins Trockene bringt. Vielleicht sind Sie sogar wohlhabend, haben aber große Angst, alles zu verlieren, was Sie mit so viel Mühe aufgebaut haben. Unabhängig davon, welche Beschreibung auf Sie zutrifft, wird dieses Buch Ihnen erprobte Instrumente, Strategien und den Seelenfrieden geben, den Sie brauchen, um nicht nur finanzielle Freiheit zu erlangen, sondern auf Ihrem Weg auch das Gefühl echter Erfüllung zu empfinden.

ES DAUERT JAHRZEHNTE, BIS MAN EINEN BLITZERFOLG HAT

Ich will Ihnen das größte Geheimnis der finanziellen Freiheit verraten: Wahrscheinlich werden Sie sich Ihren Weg dorthin nicht mit Arbeit verdienen. Für die überwältigende Mehrheit der Menschen ist es unmöglich, so viel zu sparen, dass sie finanzielle Sicherheit erlangen, selbst wenn sie sehr gut verdienen. Ist es nicht eigenartig, dass wir umso mehr auszugeben scheinen, je mehr Geld wir zur Verfügung haben? In unzähligen Gesprächen über dieses Thema haben die meisten Menschen immer wieder gesagt, sie hofften einfach auf einen finanziellen Glücksfall: den Verkauf eines Unternehmens, einen Lottogewinn, eine gewaltige Gehaltserhöhung oder Beförderung oder eine überraschende Erbschaft. Aber seien wir ehrlich: Hoffnung ist keine Strategie. Es gibt einfach zu viele Unwägbarkeiten, auf die Sie keinen Einfluss haben, als dass diese Szenarien realistisch wären. Stattdessen sollten wir auf die Macht setzen, die Albert Einstein als das achte Weltwunder bezeichnet hat: den Zinseszins.

In seinem Buch *Tipping Point* beschreibt Malcolm Gladwell den kritischen Punkt als »den Moment der kritischen Masse, die Schwelle, den Siedepunkt«. **Das gilt ganz besonders im Hinblick auf die Macht des Zinseszinses.** Sie wollen also Millionär werden? Das geht, vor allem, wenn Sie früh beginnen. **Das Balkendiagramm in Abbildung 1.1 ist wahrscheinlich eines der wichtigsten, das Sie je sehen werden** (Sie können sich allerdings schon mal darauf vorbereiten, dass Sie in einem Finanzbuch wie diesem noch wesentlich mehr davon finden werden!). Es bildet die Summe ab, die Sie jedes Jahr investieren müssen, um mit 65 Jahren ein Vermögen von 1 Million Dollar aufgebaut zu haben. Die Rechnung geht aus von einer Ertragsrate von 7 Prozent und einer Investition in eine Anlage mit nachgelagerter Besteuerung, wie beispielsweise in den USA ein 401(k)-Rentenplan oder ein IRA-Konto, in Deutschland vergleichbar wäre etwa ein Rürup- oder Riester-Fondsplan. Wenn Sie in jungen Jahren damit beginnen, können Sie bis zu Ihrer Rente eine erstaunliche Summe ansparen. Wenn Sie 20 Jahre alt sind, müssen Sie nur 3217 Dollar pro Jahr oder 268 Dollar pro Monat sparen. Wenn Sie aber warten, bis Sie 50 sind, müssen Sie schon 37 191 Dollar pro Jahr oder 3099 Dollar pro Monat auf die hohe Kante legen.

Abbildung 1.1: JÄHRLICHE SPARRATE, UM MIT 65 JAHREN MILLIONÄR ZU SEIN

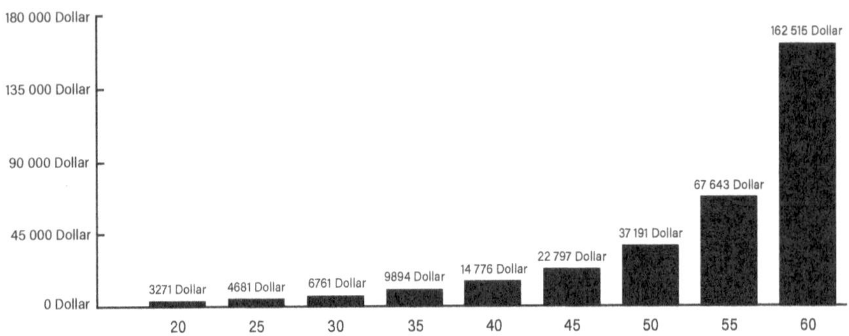

Quelle: Bieber, Christy: »The Most Important Retirement Chart You'll Ever See«, The Motley Fool, November 2018, S. 18, https://www.fool.com/retirement/2018/11/18/the-most-important-retirement-chart-youll-ever-see.aspx, aufgerufen am 28. April 2019.

Ist dieses Balkendiagramm eine grobe Vereinfachung? Sicher. Es gibt keine magische Geldanlage, die Ihnen Jahr für Jahr 7 Prozent Rendite einbringt. Von 2000 bis Ende 2009 (ganze zehn Jahre lang) erzielte der S&P 500 eine erschütternde Rendite von 0 Prozent. Dieser Zeitraum wurde als »verlorene Dekade« bekannt. Kluge Anleger investieren aber nicht nur in Aktien. Im Verlauf meiner eigenen Reise zu finanzieller Freiheit hatte ich die Gelegenheit, mit der Investmentlegende Burt Malkiel zu sprechen, Co-Autor des berühmten Titels *A Random Walk Down Wall Street*. Darin erklärte er, dass man während der verlorenen Dekade – einem Zeitraum, in den die Dotcom-Blase, der 11. September und die Finanzkrise von 2008 fielen – durchschnittlich 6,7 Prozent jährliche Rendite erzielt hätte, wenn man eine diversifizierte Anlagestrategie verfolgt und in US-Aktien, Aktien sonstiger Länder, Emerging-Market-Titel, Anleihen und Immobilien[3] investiert hätte.

Während ich dieses Buch schreibe, befinden wir uns inmitten einer Covid-19-Pandemie, und die Sorge vor einer globalen Rezession, deren Tiefe und Dauer niemand überblicken kann, nimmt zu. Wichtig ist aber, sich daran zu erinnern, dass diese ökonomischen »Winter« einige der besten Chancen zum Vermögensaufbau bieten. Wenn Sie Ihre Furcht disziplinieren und Ihre Emotionen steuern können, können große Markteinbrüche die Chance Ihres Lebens sein. Warum? Weil es alle Wertpapiere zum Ausverkaufspreis gibt! Während der Großen Depression gelang es Joseph Kennedy Sr., sein Vermögen dramatisch zu steigern, indem er umfangreich in Immobilien investierte, deren Preis auf einen Bruchteil ihres früheren Wertes gesunken war. Im Jahr 1929 wurde Kennedys Vermögen auf 4 Millionen Dollar geschätzt (das entspricht heute 59,6 Millionen Dollar). Nur sechs Jahre später, im Jahr 1935, hatte sich sein Vermögen vervielfacht, und zwar auf 180 Millionen Dollar (das entspricht heute 3,36 Milliarden Dollar).

Sind ökonomische Winter eine Herausforderung? Eines ist sicher: Kein Winter dauert ewig! Auf jeden Winter folgt unweigerlich der Frühling. Und selbst im Winter gibt es nicht jeden Tag einen wüsten Eissturm,

3 Und zwar mit der folgenden Aufteilung, die jährlich neu ausbalanciert wird: 33 Prozent festverzinsliche Wertpapiere (VBMFX), 27 Prozent US-Aktien (VTSMX), 14 Prozent Auslandsaktien aus entwickelten Ländern (VDMIX), 14 Prozent Titel aus Emerging Markets (VEIEX), 12 Prozent Real Estate Investment Trusts (REITs) (VGSIX).

sondern zwischendurch auch sonnige Tage, die uns daran erinnern, dass der Winter irgendwann wieder vorbei ist. Wie Sie in diesem Buch erfahren werden, kommt es darauf an, wie Sie Ihre Finanzen sicher durch die wechselnden »Investment-Jahreszeiten« steuern.

Um den Gipfel der finanziellen Freiheit zu erreichen (und dort zu bleiben), müssen Sie sich die folgenden Fragen beantworten:

- Welche Geldanlagen stehen Ihnen zur Verfügung und welche passen zu Ihren Zielen?
- Welchen Anlagemix wollen Sie verfolgen und wie sollen die betreffenden Anlagen gemanagt werden?
- Welche Strategie werden Sie verfolgen, um die Steuerlast möglichst gering zu halten? (Steuern sind der größte »Ausgabenposten« Ihres Lebens.)
- Wie werden Sie überhöhte Gebühren und unnötige Provisionszahlungen vermeiden und auf diese Weise Ihr zukünftiges Vermögen steigern?
- Wie werden Sie durch Phasen der Marktkorrekturen und -zusammenbrüche steuern?
- Wie können Sie einen Berater auswählen, der gesetzlich dazu verpflichtet ist, im Umgang mit Ihrem Geld die höchsten Sorgfaltspflichten walten zu lassen (ganz nebenbei: Die meisten sind es nicht)?

Dies sind die Fragen, die mein Freund und Co-Autor Peter Mallouk in diesem unglaublich informativen Buch beantwortet. Peter verfügt über fast 20 Jahre Erfahrung in der Leitung von »Creative Planning« (www.creativeplanning.com), einer unabhängigen Investmentberatung mit einem verwalteten Vermögen von fast 50 Milliarden Dollar, die vielen Tausend Familien in den gesamten Vereinigten Staaten umfassende Vermögensmanagementleistungen bietet. In diesem Buch stellt Peter großzügig sein umfassendes Wissen und seine praktische Erfahrung allen zur Verfügung, die wissen möchten, wie sie echte finanzielle Sicherheit und Freiheit erlangen.

Zu wissen, was man tun muss, und dieses Wissen in die Tat umzusetzen, sind jedoch zwei verschiedene Dinge. Aktive Umsetzung ist dem theoretischen Wissen zu jedem Zeitpunkt überlegen. Wenn die Erlangung finanzieller Freiheit keine Geheimwissenschaft ist, wie kommt es dann, dass wir zwar im größten Wohlstand seit Menschengedenken leben, es aber dennoch so vielen Menschen nicht gelingt, sich wenigstens eine grundlegende finanzielle Sicherheit zu verschaffen? Erschreckenderweise haben 60 Prozent der Amerikaner nicht einmal 1000 Dollar für ihre Rente gespart. Und weniger als 40 Prozent könnten in einer Notsituation 500 Dollar aufbringen. In Deutschland hat der Ergo-Risikoreport, erstellt von Professor Gerd Gigerenzer vom Max-Planck-Institut für Bildungsforschung im Auftrag der Ergo-Versicherungsgruppe, ergeben: Mehr als 40 Prozent der Menschen legen nichts oder weniger als 50 Euro pro Monat für die Altersvorsorge zurück.

Für viele Menschen in den westlichen Ländern steht der Konsum im Vordergrund. Wenn wir aber unseren kollektiven Wohlstand steigern wollen, müssen wir das Eigentum in den Mittelpunkt stellen. Viele Menschen besitzen iPhones, warum besitzen sie keinen Anteil an Apple? Viele Menschen finden jeden Tag Pakete von Amazon vor ihrer Tür, aber warum besitzen sie keinen Anteil an diesem extrem erfolgreichen Onlinehändler?[4] Nichts verbietet uns, unabhängig von unserem sozioökonomischen Status, von der Macht des innovativen Kapitalismus zu profitieren. Jeder, der einige Dollar oder Euro erübrigen kann, kann einen Anteil an den besten US-Unternehmen besitzen und Eigentümer der wahrscheinlich wohlhabendsten und profitabelsten Volkswirtschaft der Welt werden.

DIE ÜBERWINDUNG DER ANGST

Zweifellos haben wir eine emotionale Beziehung zu Geld. Die Strategien und Informationen, die wir alle brauchen, um finanzielle Freiheit zu erlangen, sind frei verfügbar. Warum gehen dann so viele Menschen ziellos und in finanzieller Zwangsjacke durchs Leben oder wissen überhaupt nicht, dass es einen Pfad zu finanzieller Freiheit gibt? Und warum sind so viele Menschen finanziell erfolgreich, aber dennoch vollkommen unerfüllt und emotional bankrott?

Der Grund ist der schlimmste Bremsklotz, den man sich vorstellen kann ...

A-N-G-S-T

4 Das ist keine Empfehlung einer konkreten Einzelaktie – nur, um es klarzustellen.

Angst ist eine unsichtbare Macht, die verhindert, dass wir das Leben leben, das wir wirklich verdienen. Sie ist das größte Hindernis, das uns den Weg versperrt, und wenn sie nicht besiegt wird, verleitet sie uns dazu, unglaublich schlechte Finanzentscheidungen zu treffen.

Wie Sie auf den folgenden Seiten erfahren werden, ist unser Gehirn darauf programmiert, sich auf die Dinge zu konzentrieren, die potenziell schädlich sind – also alles, was unseren Lebensstil bedrohen könnte. Oft stellen wir Gewissheit über alles. Aber wissen Sie was? Wenn Sie ein erfolgreicher Anleger werden wollen, müssen Sie Ungewissheit akzeptieren! Finanzielle Freiheit bedarf der richtigen Strategie, aber wenn Sie Ihre Gedanken und Gefühle nicht disziplinieren, wird Ihre Strategie an Ihren fehlgeleiteten Eingriffen scheitern (zum Beispiel, wenn Sie in Zeiten großer Kursschwankungen Ihre Geldanlagen verkaufen und Ihr Geld unter die Matratze legen).

FÄHIGKEITEN VERBESSERN SICH DURCH WIEDERHOLUNG

Im Jahr 2014 schrieb ich das Buch *MONEY: Die 7 einfachen Schritte zur finanziellen Freiheit* – eine Sammlung aller Lektionen, die ich über mehrere Jahre in Interviews mit den herausragendsten Geldmanagern wie Carl Icahn, Ray Dalio und Jack Bogle gewonnen hatte. Ungefähr zu dieser Zeit schrieb Peter ein Buch mit dem Titel *5 einfache Schritte zur optimalen Geldanlage*. Zwei Jahre später schrieben Peter und ich das Buch *UNANGREIFBAR: Deine Strategie zu finanzieller Freiheit*, um den Lesern die Funktionsweise der Märkte zu verdeutlichen und ihnen die Angst vor Marktkorrekturen und -zusammenbrüchen zu nehmen. Derzeit befinden wir uns inmitten einer »Großen Pause«, in der die Welt plötzlich zum Stillstand gekommen ist, und wenn wir zur Normalität zurückkehren, wird es mit Sicherheit Gewinner und Verlierer geben.

Verglichen mit den vorhergehenden Büchern taucht Peter nun wesentlich tiefer in die Grundlagen der Erstellung eines Finanzplans für den erfolgreichen Vermögensaufbau ein. Dieses Buch handelt von einer meisterhaften Anlagestrategie, nicht nur von dem Wissen um die richtigen Konzepte. Ich habe außerdem zwei Kapitel über die Selbstbeherrschung eingefügt. In Kapitel 3 untersuchen wir die »sechs menschlichen Bedürfnisse«, die jeder von uns hat, und zeigen, wie sie Ihren privaten, Ihren beruflichen und Ihren finanziellen Lebensweg beeinflussen. Diese Erkenntnisse werden Ihre Lebensqualität verändern. In Kapitel 12 gehen wir auf die Fragen ein, warum Menschen, die in Wohlstand und Überfluss leben, trotzdem oft nicht glücklich sind, und wie Sie schon heute Fülle und Erfüllung empfinden können. Jeder von uns ist dafür anfällig, in einem Leidenszustand zu leben (Angst, Wut, Frustration), wenn wir uns unserer eigenen undisziplinierten Gedanken- und Gefühlswelt ausliefern. Wir müssen lernen, zu verhindern, dass wir Gefangene unserer eigenen Ängste und Befürchtungen werden. Wenn Ihnen das gelingt, können Sie echten Reichtum empfinden: ein Leben voller Freude, Glück, Großzügigkeit, spannenden Dingen und innerem Frieden.

Wenn Sie meine bisherigen Bücher gelesen haben, sind diese beiden Kapitel für Sie eine gewisse Wiederholung. Die Prinzipien, die ihnen zugrunde liegen, lohnen jedoch, wiederholt zu werden. Ich habe von meinen eigenen Mentoren gelernt, dass man seine Fähigkeiten nur durch ständige Wiederholung verbessern kann. Sie werden kein LeBron James oder Stephen Curry, wenn Sie nur ganz gelegentlich einen Ball werfen. Auch wenn diese beiden Champions wissen, wie man einen Freiwurf macht, üben sie ihn jede Woche viele Tausend Mal. Auf diese Weise ist er ihnen in Fleisch und Blut übergegangen, sodass sie ihn auch unter Druck ausführen können. Das ist der Weg zu echter Meisterschaft! Achten Sie bei der Lektüre dieses Buches also auf wichtige Hinweise, wie sich diese Prinzipien in Ihrem Leben und Ihren Beziehungen manifestieren. Wenn wir einen Film sehen oder einen Song hören, den wir schon einmal gehört haben, versetzen wir uns in eine andere Zeit und an einen anderen Ort und können daraus neue Erkenntnisse ziehen. Ich meine, das Gleiche gilt auch hier.

KURSKORREKTUR

Wir leben in einer Zeit, in der unsere Angst von den traditionellen und sozialen Medien potenziert und ausgenutzt wird. Fügen Sie dieser Mischung eine Pandemie hinzu, und die Angst wird auf ein höchst ungesundes Niveau hochgepeitscht. Jeden Tag werden wir von einer Informationsflut überwältigt, die unsere Aufmerksamkeit erheischen will – daher der Ausdruck »*Clickbait*« oder »Klickköder«. Gute Nachrichten verschwinden hinter der neuesten Tragödie oder Gefahr oder dem neuesten Schwarm an Killerhornissen, der auf Ihren Nachbarort zurast. Der Teil Ihres Gehirns, der die Angst steuert, wird ständig angestachelt, sodass sich unsere nervöse Anspannung dauerhaft auf Rekordniveau befindet.

Aber sehen wir der Wahrheit ins Auge. Wenn wir nicht lernen, unsere Angst unter Kontrolle zu bringen und unsere Gedanken zu disziplinieren, werden wir nie in der Lage sein, die großartigen Prinzipien dieses Buches in die Praxis umzusetzen. Denken Sie daran, dass Mut nicht bedeutet, keine Angst zu empfinden, sondern die eigene Angst zu überwinden und zu handeln. Vielleicht lesen Sie dieses Buch und ziehen daraus einige großartige Informationen, machen aber trotzdem nie die Schritte, um die Ziele zu erreichen, die Sie und Ihre Familie verdienen. Ich weiß aber, dass das auf Sie nicht zutrifft. Wenn Sie dieses Buch gekauft haben und immer noch lesen, dann weiß ich, dass Sie zu den wenigen gehören, die handeln werden, und nicht zu den vielen, die nur davon reden.

Der erste Schritt zur Disziplinierung unserer auf Angstszenarien fokussierten Gedanken besteht in der Neuausrichtung unseres Blickwinkels. An dieser Stelle übergebe ich den Stab an Peter Mallouk und freue mich, dass Sie in das nächste Kapitel eintauchen. WENN Sie die richtigen Informationen und das richtige Wissen erwerben und lernen, Ihre Ängste zu überwinden, werden Sie erkennen, in welch unglaublichen Zeiten wir derzeit leben und welch unvorstellbare Zukunft auf uns wartet.

Machen wir uns auf die Reise!

Wie bei unseren bisherigen Büchern werden 100 Prozent der Einnahmen für wohltätige Zwecke gespendet. Peter und ich haben uns entschieden, unsere Einnahmen aus diesem Buch zu 100 Prozent an Feeding America zu spenden, eine in den gesamten USA aktive Dachorganisation von Tafelläden.

KAPITEL ZWEI
DIE WELT IST BESSER, ALS SIE GLAUBEN

von Peter Mallouk

Welcher Grundsatz lässt uns in der Vergangenheit nichts als Verbesserung sehen, für die Zukunft aber nur Verschlechterung erwarten?
THOMAS BABINGTON MACAULAY

London im Jahr 1858. Es war ein wunderschöner Morgen – zumindest bis Königin Victoria im Buckingham-Palast ihre Balkontür öffnete. Augenblicklich schlug ihr ein fürchterlicher Gestank, der ihr heftige Übelkeit verursachte. Im heißen Sommer des Jahres 1858, der auch unter der Bezeichnung »Der große Gestank« in die Geschichte einging, war ganz London in die übel riechenden Ausdünstungen menschlicher und tierischer Exkremente eingehüllt. 50 Jahre lang hatten eine halbe Million Einwohner der Stadt Abfall und Fäkalien direkt auf die Straßen und in die Themse geschüttet, bis der buchstäbliche Gipfelpunkt erreicht war. Vergeblich bemühten sich sogenannte »*night soil men*«, nächtliche Fäkalienaufsammler, die Berge von Exkrementen wegzuschaufeln. Schließlich hatten die Abwässer die Sickergruben und Zisternen unter den Häusern überschwemmt, das Trinkwasser verseucht und die Flüsse erreicht. Cholera und alle möglichen anderen Krankheiten waren die Folge.

ÜBERLEBEN WAR DAS ZIEL

Wir alle scheinen uns nach den guten alten Zeiten zurückzusehnen, in denen angeblich alles besser war. Wenn man genauer hinsieht, stellt man jedoch fest, dass die guten alten Zeiten nicht ganz so gut waren. Vor 700 Jahren wurden fast 30 Prozent der europäischen Bevölkerung von einer einzigen Krankheit ausgelöscht: der Beulenpest. Vor nur 200 Jahren, während des »großen Gestanks« in London, starben 45 Prozent der Kinder vor dem sechsten Lebensjahr. Ob Kinder im Viktorianischen Zeitalter das Erwachsenenalter erreichten, war reine Glückssache. Stellen Sie sich die Stimmung in einer Gesellschaft vor, der regelmäßig die Hälfte ihres Nachwuchses wegstirbt.

Und wir müssen gar nicht bis ins viktorianische England zurückblicken. Vor nur 100 Jahren wurden in den vier Jahren des Ersten Weltkriegs 20 Millionen Menschen getötet. Im Jahr 1918, demselben Jahr, in dem der Erste Weltkrieg endete, wütete die Spanische Grippe in Europa und infizierte 500 Millionen Menschen – ein Drittel der damaligen Weltbevölkerung. Mehr als 50 Millionen Menschen starben.

Okay, ich verspreche, dass ich mit diesem Ausflug durch die deprimierenden Ereignisse in der Menschheitsgeschichte fertig bin. Ich erinnere nur daran, weil es wichtig ist, dass wir unser Gehirn auf die guten und segensreichen Dinge im Hier und Jetzt ausrichten. Unser Gehirn verführt uns zur nachträglichen romantischen Verklärung der Vergangenheit, aber diese Erzählungen haben einen echten Schönheitsfehler: Sie geben selten das Gesamtbild wieder. In der Geschichte wimmelt es nur so von Kriegen, Epidemien und Hungersnöten, und wenn man die Vergangenheit mit der Gegenwart vergleicht, ist sie oft brutal ernüchternd. Selbst moderne Pandemien wie die Covid-19-Pandemie bieten weitaus höhere Überlebenschancen als die Seuchen, von denen frühere Generationen betroffen waren.

Heute sterben nur noch 4 Prozent der Kinder bis zum Alter von fünf Jahren, und die Gesundheit von Müttern und Kindern befindet sich insgesamt auf einem Allzeithoch. Wir hatten keinen größeren Krieg in dieser Generation, und die meisten Krankheiten lassen sich mit moderner Medizin bekämpfen. Auch die Hygiene ist viel besser geworden (wofür ich sehr dankbar bin). Es fällt uns manchmal schwer, uns daran zu erinnern, weil wir oft von unseren Alltagserfahrungen bestimmt sind. Nicht nur verklären wir die Vergangenheit im Rückblick fälschlicherweise als »goldenes Zeitalter«, unser Blick auf die Zukunft ist außerdem unberechtigterweise pessimistisch.

Der verstorbene Professor für Internationale Gesundheit Dr. Hans Rosling schrieb in seinem Buch *Factfulness: Wie wir lernen, die Welt so zu sehen, wie sie wirklich ist*, dass »jede Gruppe von Menschen die Welt für erschreckender, gewalttätiger und hoffnungsloser – kurzum, dramatischer – hält, als sie tatsächlich ist«. Trotz dieser Tatsache sind wir für einen negativen Fatalismus anfällig. Diese düstere Weltsicht manifestiert sich oft in meinen Gesprächen mit Menschen über ihre persönlichen Finanzen. Wenn wir uns gemeinsam ihre Zukunft vorstellen und ihre Pläne analysieren, nimmt das Gespräch stets eine scharfe Wendung von optimistischem Sparen für einen komfortablen Ruhestand zu einer kurzfristigen Survival-Mentalität, die auf eine schnelle Gewinnerzielung fokussiert, »weil man nicht weiß, was noch kommt«. Darin offenbart sich eine fatalistische Weltsicht über die Auflösung und den Zerfall der Gesellschaft (die, da bin ich sicher, von einschlägigen Websites und YouTube-Videos unterstützt wird). Niemand weiß, was die Zukunft bringt, aber ein Blick in unsere jüngere Vergangenheit sollte unsere Sorgen vertreiben. In seinem Buch *The Rational Optimist* lässt sich Matt Ridley eloquent über die rasante Beschleunigung des menschlichen Fortschritts und Wachstums in den vergangenen 50 Jahren aus:

> »Verglichen mit dem Jahr 1955 hat der durchschnittliche Mensch im Jahr 2005 fast dreimal so viel verdient (inflationsbereinigt), ein Drittel mehr Kalorien zu sich genommen, ein Drittel weniger seiner Kinder beerdigen müssen und genoss eine um ein Drittel höhere Lebenserwartung. Die Wahrscheinlichkeit, an den Folgen eines Kriegs, bei einer Geburt, durch Mord, Unfälle, Tornados, Überschwemmungen oder an Hunger, Keuchhusten, Tuberkulose, Malaria, Diphtherie, Bauchtyphus, Fleckfieber, Masern, Windpocken, Skorbut oder Polio zu sterben, ist gesunken. Ebenso das Risiko, an Krebs, einem Herzleiden oder einem Schlaganfall zu sterben. Die Wahrscheinlichkeit, lesen und schreiben zu können und einen Schulabschluss zu erwerben, ist gestiegen. Ebenso die Wahrscheinlichkeit, dass ein Mensch ein Telefon, eine Wassertoilette, einen Kühlschrank und ein Fahrrad besitzt. All das wurde innerhalb eines halben Jahrhunderts erreicht, während sich die Weltbevölkerung mehr als verdoppelt hat … das ist nach jedem Maßstab eine beeindruckende menschliche Errungenschaft.«

DAS GEGENMITTEL

Betrachten Sie die fünf nachfolgenden Diagramme als visuelles Gegenmittel für unsere Neigung, uns über die Zukunft zu grämen. Auf Basis von Recherchen über das Ausgabeverhalten, die Lebenserwartung, das globale Wohlergehen, Armut und Bildung sind diese Diagramme beruhigende Erinnerungen an die Richtung, die unsere Welt einschlägt. Als Vater bin ich hoffnungsfroh, was die Zukunft der Menschheit und die Lebensqualität meiner Kinder und Enkelkinder angeht. Und wie wir in Kürze sehen werden, empfinde ich als Investor große Vorfreude auf die kommenden Chancen. Ich glaube, das werden Sie auch.

Abbildung 2.1 zeigt, dass wir in den USA immer weniger Geld für die grundlegende Sicherung unseres Lebensunterhalts aufwenden müssen – in Deutschland ist das übrigens nicht anders. Mit anderen Worten, noch nie hatten wir so viel Geld zur Verfügung wie heute. Ausbildung oder Studium, Kreuzfahrten, selbstfahrende Luxusautos, abendliche Verabredungen in der Stadt, Kinos mit riesigen Komfort-Ledersesseln und natürlich unsere Möglichkeit, für einen komfortablen Lebensabend zu sparen: All das sind relativ neue Phänomene, wenn man sie im Kontext der historischen Entwicklung betrachtet. Das ist keine Überraschung! Wir sind heute frei, uns in unserer höchstpersönlichen Bedürfnispyramide über die Stufen des baren Überlebens zu erheben, uns mit existenzielleren Fragen über Lebenssinn und Erfüllung zu beschäftigen und uns zu überlegen, wie wir unsere kostbare Zeit verbringen wollen. Befreit vom tagtäglichen Überlebenskampf und der Frage, wie wir unsere Miete und das Essen bezahlen, können wir mehr Zeit für wichtige Dinge verwenden und dabei eine größere Lebenszufriedenheit empfinden.

Abbildung 2.3 ist wirklich erstaunlich! Die Lebenserwartung steigt weltweit an. Wer 2020 geboren wird, hat eine um drei Monate höhere Lebenserwartung als jemand, der 2019 geboren wurde. In früheren Jahren meiner beruflichen Laufbahn baten mich meine älteren Kunden, die mit ernsten gesundheitlichen Problemen konfrontiert waren, oft um Hospizplanung oder Kosteneinschätzungen für private Intensivpflege. Heute sind sie bestrebt, so lange wie möglich am Leben zu bleiben, und suchen nach experimentellen Behandlungsmethoden oder den neuesten Durchbrüchen in globaler Medizin. Diese Kunden wissen, dass die Wahrscheinlichkeit, dass eine innovative Behandlungsmethode für ihr Leiden entwickelt wird, mit jedem Lebensjahr steigt.

Abbildung 2.1: LEBENSNOTWENDIGE AUSGABEN

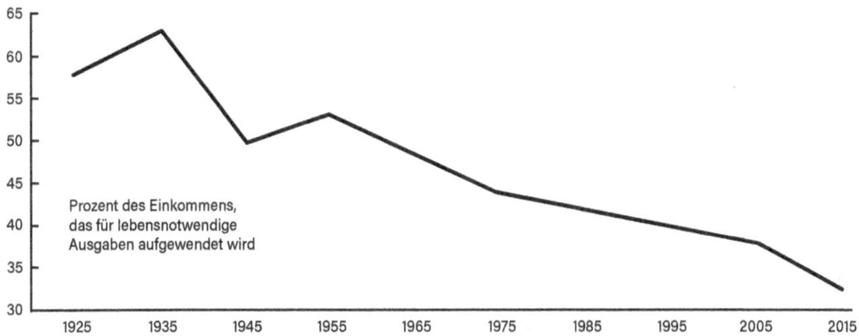

Quelle: HumanProgress, http://humanprogress.org/static.1937, überarbeitete Grafik von Mark Perry unter Verwendung der Daten des Bureau of Economic Analysis, http://www.bea.gov/iTable.cfm?ReqID=9&step=1&isuri=1.

Abbildung 2.2: ENTWICKLUNG DES GLOBALEN WOHLERGEHENS

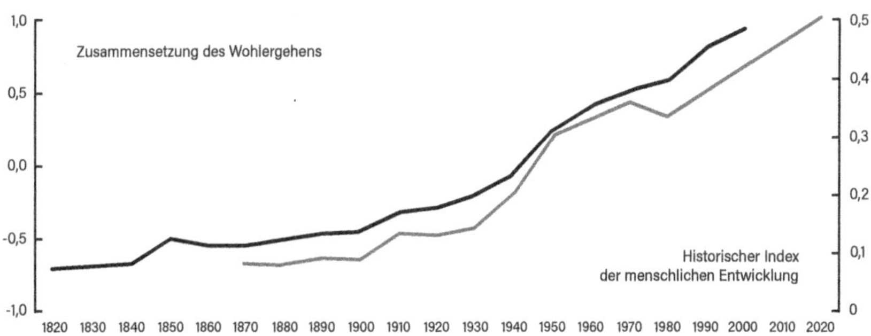

Quelle: Historical Index of Human Development: Prados de la Escosura 2015, 0–1 scale, verfügbar unter Our World in Data, Rover 2016h. Well-Being Composite: Rijpma 2014, S. 259, Standardabweichung über Länder-Jahrzehnte.

Abbildung 2.3: LEBENSERWARTUNG

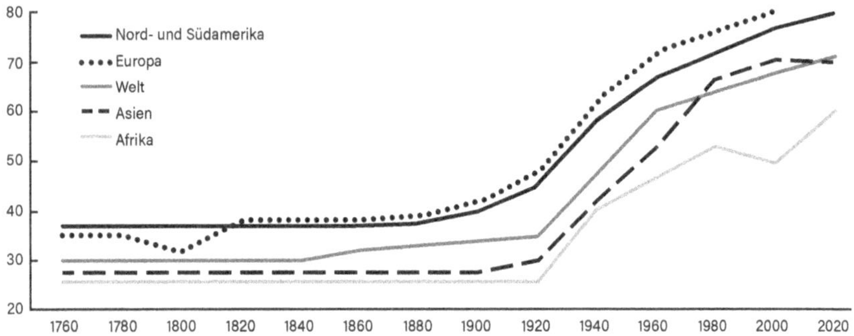

Quelle: Roser, Max, Ortiz-Ospina, Esteban & Hannah Ritchie: »Life Expectancy«, Our World in Data, *https://ourworldindata.org/life-expectancy, aufgerufen am 30. Oktober 2020.*

Abbildung 2.4: EXTREME ARMUT

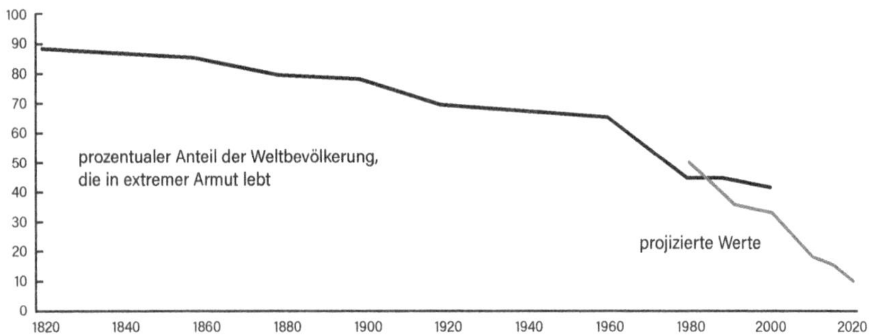

Quelle: Roser, Max & Ortiz-Ospina, Esteban: »Global Extreme Poverty«, Our World in Data, *https://ourworldindata.org/extreme-poverty, aufgerufen am 30. Oktober 2020.*

Abbildung 2.5: ANZAHL AN SCHULJAHREN

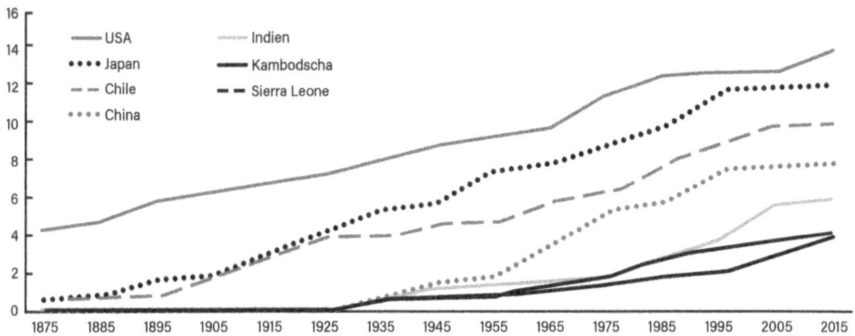

Quelle: Roser, Max & Ortiz-Ospina, Esteban: »Global Education«, Our World in Data, *https://ourworldindata.org/global-rise-of-education, aufgerufen am 28. April 2019.*

Am aufschlussreichsten ist vielleicht Abbildung 2.4. Wenn Sie kein Abkömmling einer Königsfamilie sind, müssen Sie wahrscheinlich nicht sehr weit in Ihren Familienstammbaum zurückblicken, um Vorfahren zu finden, deren Existenz vom Überlebenskampf geprägt war. Bis in die 1950er-Jahre hatte die überwältigende Mehrheit der Menschen auf diesem Planeten irgendwann in ihrem Leben extreme Armut kennengelernt. »Extreme Armut« bedeutet, von weniger als 2 Dollar am Tag leben zu müssen (inflationsbereinigt). In den 1980er-Jahren traf das noch auf 44 Prozent der Weltbevölkerung zu. Heute, kaum vier Jahrzehnte später, sind es nur noch 10 Prozent. Was hat sich verändert? Das technologische und ökonomische Wachstum hat viele Hundert Millionen Menschen aus der Armut befreit und ihnen den Aufstieg in die Mittelschicht ermöglicht. Wollen Sie noch mehr gute Nachrichten? Die Weltbank schätzt, dass wir die extreme Armut innerhalb von 20 Jahren vollständig beseitigen können!

Und schließlich trägt die Bildung stark zur Nivellierung der Unterschiede bei (Abbildung 2.5). Wenn Familien um ihr Überleben kämpfen müssen, verlassen ihre Kinder häufig schon sehr früh die Schule, um zu arbeiten und zum Lebensunterhalt beizutragen. Für Kinder, die gezwungen sind, jeden Tag viele Stunden lang Backsteine aufzustapeln, Tiere zu hüten und schwere Wasserkanister zu schleppen, ist Bildung ein unerreichbarer Luxus. Wenn die Wirtschaftskraft steigt, können diese Kinder davon befreit werden, mit ihrer Arbeit zum Lebensunterhalt der Familie beizutragen, und mehr Zeit in der Schule verbringen. Je länger sie zur Schule gehen, desto größer sind ihre Chancen, die Fähigkeiten zu erwerben, die sie benötigen, um sich über ihre Lebensumstände zu erheben und neue Chancen zu ergreifen. Bildung ermöglicht Kindern, später eine besser bezahlte Arbeit zu finden, ihre eigenen Kinder zur Schule zu schicken und den Armutskreislauf der Familie ein für alle Mal zu beenden.

DIE CHAOS-PREDIGER

Warum fühlt es sich bei all diesen guten Nachrichten nicht so an, als würden wir irgendwelche Fortschritte machen? Warum haben wir das Gefühl, als wären wir eine Nussschale auf einem tosenden Meer? Ich glaube, zum Teil ist die allgegenwärtige Nachrichtenflut daran schuld. Unser Gehirn hat eine Hauptfunktion: das Überleben zu sichern. Es ist darauf programmiert, ständig nach Gefahrenquellen und Bedrohungen Ausschau zu halten. Die Nachrichtenproduzenten wissen das; mit einem stetigen Strom aus Angst, Krisen, Countdowns und Anspannung machen sie uns süchtig nach den neuesten Meldungen.

Um die Zuschauerzahlen zu steigern, werden Ereignisse oft überdramatisiert. Viele Ereignisse werden in Geschichten mit einer sogenannten Tagline – einem ergänzenden Untertitel – und einem dreistufigen Erzählbogen gepackt. Oft werden sie von einer Art Countdown durch eine tickende Uhr begleitet, wie es im Film gerne gemacht wird, um die Spannung zu erhöhen und ein Gefühl der Dringlichkeit zu erzeugen[5] (»Wenn Sandra Bullock nicht in 90 Minuten an der Raumstation ankommt, wird sie von einem Stück Weltraummüll getroffen und sterben!«).[6] Wenn über ein Ereignis berichtet wird, wird in der unteren rechten Ecke des Bildschirms oftmals eine Uhr abgebildet. Tick, tack, tick, tack.

Bei der Berichterstattung über die aktuelle Finanz- und Wirtschaftssituation werden die gleichen Taktiken angewendet. Denken Sie nur an

5 Danke an meinen Bruder Mark, der als Drehbuchautor arbeitet, dass er mir dieses Konzept verraten hat. Gratis.

6 Bezieht sich auf den erfolgreichen Weltraumthriller *Gravity* (2013). Nicht zu verwechseln mit »Wenn Sandra nicht dabei hilft, eine Bombe in diesem Bus zu entschärfen, bevor der Bus auf eine bestimmte Geschwindigkeit abbremst, werden alle sterben!« – Verweis auf den Kassenschlager *Speed* (1994).

Begriffe wie »Enteignung« und »Finanzdebakel«. Diese Begriffe wurden entwickelt, um Nachrichten, die eigentlich undramatisch sind, eine Aura von unmittelbar drohender Gefahr zu verleihen. Nehmen wir ein jüngstes Beispiel. Erinnern Sie sich an die Schuldenuhr, die Minute für Minute vorrückte, bis sie 2019 die maximal erlaubte Verschuldungsgrenze erreichte? (Brauchen wir wirklich eine minütliche Anzeige?) Und was passierte, als sie dort angekommen war? Die Politiker einigten sich auf einen Kompromiss, Papiere wurden unterschrieben und die Schuldengrenze ohne großes Tamtam angehoben. Auch in den Finanznachrichten scheint es immer Kassandrarufe zu geben, egal in welche Richtung der Markt zielt. Das ist nichts Neues. Seit der Marktpanik von 1907 verkaufen die Finanzmedien Angst. Viele Bücher wurden über die unzutreffenden Finanzprognosen der Medien im Zusammenhang mit Ereignissen aus der jüngeren Geschichte veröffentlicht, zum Beispiel die Stagflation der 1970er-Jahre, der Marktzusammenbruch von 1987, die Dotcom-Blase (die mit der Einführung der 24-stündigen TV-Nachrichtenberichterstattung zusammentraf und damit die Hysterie auf ein ganz neues Niveau trieb), die Finanzkrise von 2008, die europäische Schuldenkrise, das Erreichen der Schuldengrenze von 2019 … die Liste geht weiter.

Welche Folgen hat eine derartige Manie? Anleger geraten unnötigerweise in Panik und machen vermeidbare Fehler. Zahlreiche Rentenpläne brachen zusammen, als die Anleger während der Finanzkrise von 2008 alles versilberten und Bargeld horteten. Sie fügten sich damit selbst nachhaltige Verluste zu, weil sie nicht von den Kursgewinnen profitierten, die nach dem Abflauen der Krise stattfanden. Mit anderen Worten, sie fuhren mit dem Aufzug nach unten, stiegen aus und versäumten, rechtzeitig wieder hochzufahren (üblicherweise zu neuen Höchstnotierungen!).

Und was ist mit dem gesundheitlichen Tribut, den diese Dauerbelastung fordert? Anleger geraten über die Finanzdiskussionen in den Medien in größten Stress. In dem Beitrag »Financial News and Client Stress« (2012) zeigten Dr. John Grable von der University of Georgia und Dr. Sonya L. Britt von der Kansas State University, dass der Stresspegel eines Menschen erheblich steigt, wenn er Finanznachrichten sieht, egal wovon diese handeln. Wenn der Markt einbricht, machen sich die Menschen Sorgen um ihre Geldanlagen. Steigt er, sind sie wütend, weil sie nicht aggressiver zugekauft haben. Jedenfalls wiesen laut Grable und Britt 67 Prozent der Zuschauer von Finanznachrichten einen erhöhten Stresspegel auf.

Selbst bei positiven Finanznachrichten zeigten 75 Prozent eine erhöhte Stressreaktion.

Ich will damit nicht sagen, dass es keine echten Marktschwankungen und -korrekturen gibt (wir werden an späterer Stelle erkunden, wie man sich in diesen Situationen am besten verhält), aber betrachten wir die Realität. Auf jeden Bärenmarkt folgte anschließend ein Bullenmarkt und auf jede Konjunkturkrise eine Wachstumsphase. Während ich diese Zeilen schreibe, kämpfen die Anleger als Folge einer globalen Pandemie mit einem Bärenmarkt. Aber wie bei jedem Bärenmarkt in der Geschichte wird sich der Markt auch dieses Mal vollständig erholen und seinen normalen Kurs wieder aufnehmen. Das wüssten Sie aber nicht, wenn Sie immer nur auf die Nachrichten achten würden.

Ein großer Teil des Problems mit den Finanzmedien ist, dass viele Menschen ihren Zweck missverstehen. Medien sind Unternehmen, und Unternehmen haben den Zweck, Gewinne zu erwirtschaften. Der Hauptzweck der Medien besteht nicht darin, zu informieren, sondern Geld zu verdienen. Medien verdienen ihr Geld damit, Werbung zu verkaufen, und Nachrichtenkanäle können umso höhere Preise für jede Werbeminute verlangen, je höher ihre Einschaltquoten sind. Deswegen sind Nachrichtenkanäle darauf erpicht, möglichst viele Zuschauer anzulocken – sie werden im Werbejargon »Eyeballs« (wörtlich: »Augäpfel«, also Zuschauerzahlen) genannt – und sie möglichst lange bei der Stange zu halten. Die Gleichung lautet ungefähr folgendermaßen:

Mehr Zuschauer = höhere Werbepreise = mehr Gewinn = zufriedene Aktionäre

Auf dem Wetterkanal gibt es nie mehr Zuschauer als dann, wenn über Hurrikane oder Tornados berichtet wird. Meistens sind die Wetterberichte aber ziemlich langweilig: teils sonnig, eine Niederschlagswahrscheinlichkeit von 30 Prozent mit leichter Gewitterneigung. Diese Schlagzeilen locken keinen Hund hinter dem Ofen hervor. Auch aus der Finanzwelt gibt es oft nicht viel Neues zu berichten. Der Markt steigt, der Markt gibt nach, Unternehmen gehen an die Börse. Das sind wirklich keine revolutionären Neuigkeiten. Um ihnen mehr Pep zu verleihen, bauschen die Medien einen vorübergehenden Kursrutsch innerhalb eines einzigen Handelstages zu Geschichten über eine kommende Finanzkrise auf, obwohl diese

Kursschwankungen oft keine oder nur geringe Auswirkungen auf den langfristigen Markterfolg haben. Aus diesem Grund gehört Abbildung 2.6 auf der nächsten Seite zu meinen bevorzugten Darstellungen. Passenderweise trägt sie die Überschrift »Menschliche Innovation triumphiert stets über die Angst«. Wie Sie sehen, bietet die Grafik kaum genug Platz, um all die »Krisenschlagzeilen« unterzubringen, die bis 1896 zurückreichen. Und was macht der Markt? Er zuckt kaum mit den Achseln, setzt seinen Aufwärtskurs fort und belohnt langfristig orientierte Anleger.

Abbildung 2.6: DER DOW JONES INDUSTRIAL AVERAGE 1896–2016
MENSCHLICHE INNOVATION TRIUMPHIERT STETS ÜBER DIE ANGST

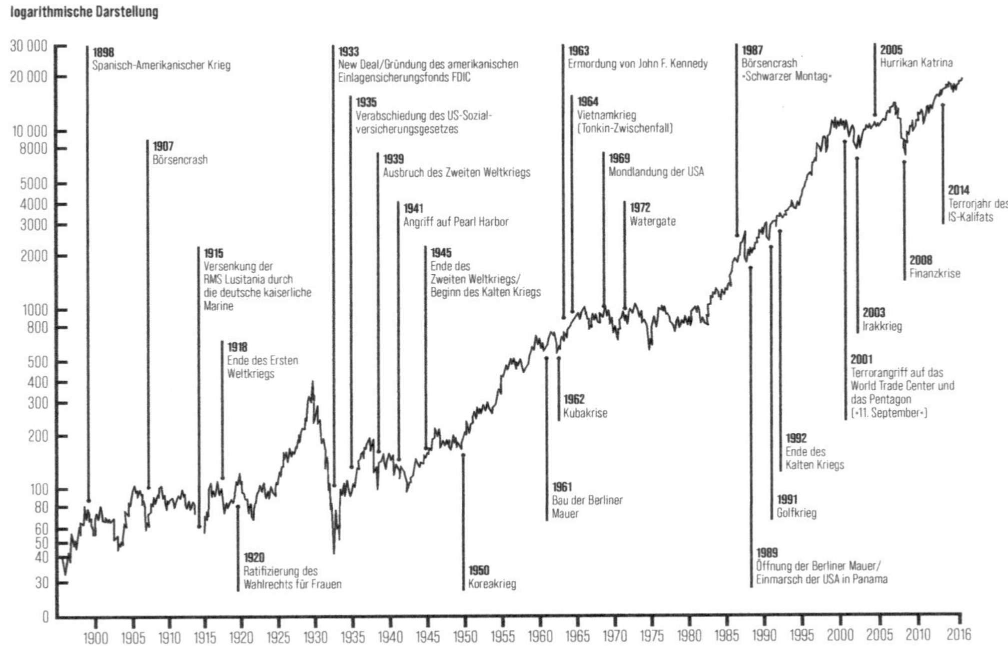

Quelle: 1896–2016: Kacher, Chris & Morales, Gil: »Human Innovation Always Trumps Fear—120 Year Chart of the Stock Market«, Seeking Alpha, 21. März 2017, https://seekingalpha.com/article/4056932-human-innovation-always-trumps-fear-120-year-chart-stock-market, aufgerufen am 16. April 2019.

WEN KÜMMERT ES?

Man vergisst das zwar leicht, aber eine Aktie ist
kein Lottoschein ... sondern ein Anteilsschein über ein Stück
Eigentum an einem Unternehmen.
PETER LYNCH

Wenn ein Unternehmen gut geführt wird, drückt sich das schließlich
auch in seinem Aktienkurs aus.
WARREN BUFFETT

Oft fragen die Menschen: Warum steigen oder fallen die Börsenkurse? Einige sind sich sicher, dass sie die Antwort kennen, aber fast immer irren sie sich. Investoren nennen oft eines der folgenden Kriterien als Haupttreiber der Kursbewegungen: Arbeitslosigkeit, Immobilienmarkt und -politik, Wirtschaftspolitik, Geldpolitik, die Stärke des Dollar oder Euro, Verbrauchervertrauen, Einzelhandelsabsatz und Zinssätze. Das sind alles populäre Antworten, in Wahrheit interessiert den Börsenmarkt jedoch vor allem eine Sache: die erwarteten oder zukünftigen Gewinne. Wenn Unternehmen mehr Geld verdienen, sind ihre Aktien mehr wert, und dann steigt ihr Kurs. Der Aktienpreis ist nichts anderes als der Ausdruck der Ertragskraft eines Unternehmens. Alles andere ist Lärm.

Nehmen wir einen Augenblick an, Sie würden einen Sandwich-Shop kaufen. Worauf achten Sie dabei? Für Sie als frischgebackener Kleinunternehmer sind die zukünftigen Gewinne das wichtigste Kriterium. Wenn Sie ein Geschäft kaufen, machen Sie das, weil Sie davon überzeugt sind, dass die Gewinne, die Sie damit erzielen können, den Kaufpreis durch eine gute Rendite rechtfertigen. Um zu dieser Einschätzung zu gelangen, nehmen Sie jeden Faktor unter die Lupe, der Einfluss auf Ihre Fähigkeit haben könnte, mit dem Sandwich-Shop Geld zu verdienen. Wenn die Zinsen niedrig sind, sind Ihre Kreditraten möglicherweise niedriger und Ihr Geschäft profitabler. In diesem Fall sind die Zinssätze nur insoweit interessant, als sie Ihre erwarteten Gewinne beeinflussen. Auch die Warenpreise sind wichtig, da Öl, Käse, Schinken und Brot alles Waren sind, die Preisschwankungen unterworfen sind. Wenn die Ölpreise steigen, werden Sie wahrscheinlich mehr für die Warenlieferung an Ihr Geschäft zahlen müssen. Auch eine Steigerung der Lebensmittelpreise erhöht Ihre Ausgaben. Zwar können niedrige Zinssätze Ihr Geschäftsergebnis verbessern, aber dieses könnte von gestiegenen Lebensmittelpreisen wieder zunichte gemacht werden. Beide Faktoren wirken sich auf Ihre zukünftigen Gewinne aus. Auch das Verbrauchervertrauen ist wichtig, denn wenn die Verbraucher befürchten, dass ihre Finanzen einbrechen, werden sie lieber auf ein Sandwich für 8 Dollar verzichten und ihren Kindern zu Hause ein Butterbrot schmieren. Das führt dazu, dass Sie weniger verkaufen und als Folge auch weniger Gewinn erzielen. Sie verstehen, was ich meine.

Beachten Sie jedoch, dass das wichtige Wort hier »zukünftige« (Gewinne) ist. Niemand interessiert sich für die Gewinne von gestern. Gehen wir noch einmal zurück zum Sandwich-Shop, auf den Sie ein Auge geworfen haben. Sie sprechen mit dem aktuellen Eigentümer, prüfen seine Zahlen und sehen, dass er in den letzten drei Jahren rund 20 000 Sandwiches verkauft und damit 100 000 Dollar Gewinn pro Jahr erwirtschaftet hat. Das macht einen stabilen Eindruck, daher überlegen Sie, ihm 200 000 Dollar für sein Geschäft anzubieten – in dem Wissen, dass Sie 100 000 Dollar pro Jahr verdienen können, sobald Sie den Kredit für den Kauf abbezahlt haben. Im dritten Jahr werden Sie schwarze Zahlen schreiben. Sie sind aber viel zu klug, um diese Absatzzahlen nicht zu hinterfragen. Ihnen fällt auf, dass der Eigentümer 5000 Sandwiches pro Jahr an einen großen Unternehmenskunden verkauft hat, der soeben pleitegegangen ist. Wenn Sie diese Absätze aus der Gleichung herausnehmen, ist der Sandwich-Shop weitaus weniger profitabel und die erwarteten zukünftigen Gewinne niedriger, als die erste Schätzung vermuten lässt. Als cleverer Verhandler bieten Sie also keine 200 000 Dollar, sondern weniger. Dabei konzentrieren Sie sich auf das Einzige, was wirklich zählt: die zukünftigen Gewinne.

Letztlich geht es um Folgendes: Alle anderen Faktoren sind nur deswegen wichtig, weil diejenigen, die Aktien kaufen und verkaufen, versuchen, zu bestimmen, wie sich die Veränderungen der verschiedenen sogenannten Indikatoren – Arbeitslosigkeit, Zinssätze und so weiter – letztlich auf die erwarteten zukünftigen Gewinne eines Unternehmens auswirken. Niemand will wissen, wie viel ein Automobilunternehmen in der Vergangenheit verdient hat. Alle wollen wissen, wie sich die neuen Emissionsgesetze auf die zukünftige Gewinnerzielung des Unternehmens auswirken. Niemand ist daran interessiert, ob Starbucks letztes Jahr 1 Million oder 1 Milliarde Dollar verdient hat. Alle wollen wissen, ob sich der Umstand, dass McDonald's seit Neuestem Gourmetkaffee verkauft, negativ auf Starbucks' zukünftige Gewinnerzielung auswirken wird. Niemand interessiert sich dafür, wie viel Geld General Dynamics in der Vergangenheit mit dem Verkauf von Rüstungsgütern an die Regierung verdient hat. Alle wollen wissen, ob die weltweiten militärischen Konflikte anhalten und den Absatz von Rüstungsgütern ankurbeln.

Aus diesem Grund kauften Investoren während des US-Bärenmarktes von 2008 Walmart-Aktien. Der Gedanke dahinter war, dass Walmarts zukünftige Gewinne steigen würden, weil die Verbraucher in der Krise den Gürtel enger schnallen und möglichst bei Discountern einkaufen würden. Aus dem gleichen Grund brach der Aktienkurs von Nordstrom ein. Die McDonald's-Aktie hielt sich relativ gut, weil die Investoren glaubten, die Verbraucher würden, falls sie außer Haus essen, eher wenig Geld ausgeben wollen. Die gleiche Logik führte zu einem Kursverlust der Aktie höherpreisiger Restaurantketten wie The Cheesecake Factory. Hersteller von Alkoholika machten dagegen hohe Umsätze, denn wenn Menschen deprimiert sind, neigen sie dazu, mehr Alkohol zu konsumieren. (Das gilt auch, wenn sie sehr zufrieden sind. Deswegen gilt Alkohol als krisenfest.)

Wollen Sie eine weitere interessante Tatsache hören? Der Börsenmarkt als Ganzes tendiert dazu, sich früher zu erholen als die Wirtschaft. Der Markt interessiert sich nicht für das, was heute passiert. Er nimmt die Gewinnerzielung der Unternehmen in der Zukunft voraus. Wenn der Aktienmarkt einbricht, liegt es daran, dass die Investoren glauben, dass sich die zukünftige Gewinnerzielung verschlechtert. Wenn der Aktienmarkt anzieht, liegt es daran, dass die Investoren glauben, dass sich das Wirtschaftsklima verbessert und die Unternehmen in der Zukunft profitabler werden.[7]

Allerdings fließen so viele Variablen in die Vorhersage der zukünftigen Gewinne ein, dass der Markt kurzfristig nicht immer richtig liegt (auch wenn er langfristig fast immer recht hat). Zum Beispiel könnten Sie den perfekten Sandwich-Shop unter perfekten Bedingungen kaufen, Ihre Gewinnerzielung könnte dann aber von einer Reihe böser

7 Natürlich kann das Ganze ein wenig komplizierter werden, weil Investoren ihre erwarteten zukünftigen Gewinne mit den Gewinnen vergleichen, die sie mit anderen Geldanlagen erzielen könnten. Wenn eine zehnjährige Schatzanleihe 10 Prozent abwirft, könnte das laute Rascheln, das Sie hören, von dem Geld stammen, das gerade aus dem Aktienmarkt flieht und in den Anleihemarkt flattert.

Überraschungen zunichtegemacht werden, zum Beispiel einer ansteigenden Kriminalität im Viertel, unvorhergesehenen Straßenbauarbeiten, die den Zugang zu Ihrem Geschäft erschweren, oder einer neuen Modediät, die den Verzehr von Brot ausschließt. Wir können auch eine perfekte Konjunktur haben, und dann fliegt jemand absichtlich ein Flugzeug in ein Gebäude und stellt plötzlich alles auf den Kopf. Anders als Ihr Sandwich-Shop, der seinen gesamten Wert verlieren kann, ist der Aktienmarkt aber widerstandsfähig.

Egal wie schlecht die Situation auch sein mochte, haben sich die besten US-Unternehmen (S&P 500) letztlich immer wieder aufgerappelt und nach der Krise sogar noch mehr verdient als vorher, und zwar nach jeder einzelnen Krise. Und wie immer folgt der Aktienmarkt der Gewinnentwicklung.

WOHIN STEUERN WIR?

Nach meiner Meinung und der Meinung zahlreicher Experten liegen die besten Tage der Menschheit noch vor uns. Wie wir in diesem Kapitel bereits gesehen haben, zeigt die Menschheitsentwicklung auf jeden Fall aufwärts. Das ist auch der Grund, warum dies potenziell eine der besten Zeiten für Anleger in der Geschichte ist.

Der menschliche Fortschritt ist eine unaufhaltsame Kraft: Unsere Zukunft ist nicht linear, sondern exponentiell. Ein Beispiel: Im Jahr 1975 entwickelte ein 24-jähriger Ingenieur namens Steven Sasson, der bei Eastman Kodak arbeitete, die erste Digitalkamera der Welt. Sie wog 3,6 Kilo und es dauerte 23 Sekunden, um ein Foto mit 0,01 Megapixel zu schießen, das man nur auf einem großen Fernseher ansehen konnte. Seine Vorgesetzten ließ das völlig kalt. »Sie waren davon überzeugt, dass sich niemand Fotos auf einem Fernsehbildschirm ansehen würde«, erzählte Sasson der *New York Times*.

Sasson arbeitete an der Weiterentwicklung seiner Erfindung und die Auflösung seiner Fotos wurde immer besser. Mit jedem Schritt wurde die verschwommene Ansicht ein klein wenig deutlicher. Die Führungskräfte von Kodak waren aber immer noch unbeeindruckt, weil sie die Macht der Potenzierung nicht verstanden:

- Verdoppele etwas zehnmal, und es wird 1000-mal besser.
- Verdoppele es 20-mal, und es wird eine Million Mal besser.
- Verdoppele es 30-mal, und es wird eine Milliarde Mal besser.

So funktioniert Technik. Und so können Fotos, die Sie mit Ihrem iPhone gemacht haben, heute mit den Aufnahmen eines Profifotografen konkurrieren. Nachdem Sasson die Digitaltechnologie erfunden hatte, dauerte es noch 18 Jahre, bis Kodak von physischen Filmrollen zu Digitalfotografie umschwenkte. Leider viel zu spät. Unternehmen wie Sony und Apple übernahmen die Digitaltechnologie schneller und konnten ihre Konkurrenten abhängen. Der Rest ist Geschichte.

Derzeit befinden wir uns auf dem Gipfel zahlreicher transformativer »exponentieller« Technologien. Dem ungeschulten Auge mögen sie als Äquivalent zum frühen Digitalfoto erscheinen, aber täuschen Sie sich nicht: Sie verändern das gesamte Spiel für Anleger, um nicht zu sagen für die ganze Menschheit.

Zum Beispiel haben wir in den vergangenen 20 Jahren mehr über den menschlichen Körper gelernt als in der gesamten bisherigen Menschheitsgeschichte. Dieses Wissen wird in dramatische Fortschritte in der Entwicklung von Werkzeugen übersetzt, mit denen sich die Ausbreitung von Krankheiten bekämpfen und die Gesundheitsfürsorge radikal neu erfinden lässt. Die Fortschritte in der Genom-Editierung zeigen das Potenzial zur Verhinderung der Übertragung von Krankheiten wie Malaria. Damit ließen sich eine Million Menschen (zumeist Kinder) retten, die jedes Jahr unnötigerweise sterben, und mehr als 300 Millionen zusätzliche Infektionen vermeiden. Ähnliche Fortschritte auf dem Gebiet der Stammzellenforschung treiben die regenerative Medizin voran und ermöglichen Ärzten, aus dem genetischen Material eines Menschen neue Organe zu züchten, um erkrankte oder geschädigte Organe bei Bedarf zu ersetzen und auf diese Weise das Potenzial für eine dramatische Verlängerung des Lebens und eine entsprechende Steigerung der Lebensqualität zu bieten.

Auch der Zugang zu Nahrung und Wasser wird durch spannende Innovationen verbessert, die sich gleichzeitig positiv auf unsere Ökobilanz auswirken. Die amerikanische Bevölkerung konsumiert rund 11,8 Milliarden Kilogramm Fleisch pro Jahr. Eine einzige Kuh verbraucht ungefähr 40 000 Liter Wasser und Nutzvieh ist weltweit für 15 Prozent der gesamten Treibhausgase verantwortlich. Fast 80 Prozent der globalen landwirtschaftlichen Flächen entfallen auf die Viehzucht, und dennoch trägt Fleisch weniger als 20 Prozent zur weltweiten Kalorienzufuhr bei. Sosehr ich ein gutes Steak liebe, ist es doch offensichtlich, dass unser aktuelles Modell weder ökonomisch noch ökologisch nachhaltig ist, was den Ernährungsbedarf der sieben Milliarden Menschen betrifft (mit wachsender Tendenz), die unseren Planeten bewohnen. Unternehmen entwickeln bereits »laborgezüchtetes Fleisch« (die Marketingexperten arbeiten bestimmt daran, einen besseren Namen dafür zu finden), um eine unbegrenzte Menge an perfekt nahrhaften, köstlichen Fleischstücken mit optimaler Textur aus einem einzigen kleinen Stück Originalfleisch herzustellen. Die Möglichkeit einer nachhaltigen, humanen Nahrungsmittelkette rückt näher.

Ähnliche Innovationen finden auch auf dem Markt für frische Lebensmittel statt. Das Obst und Gemüse, das an Ihre lokalen Supermärkte und Restaurants geliefert wird, ist oft um die halbe Welt gereist, bis es auf Ihrem Teller landet. Schätzungsweise fast die Hälfte der Kosten einer Restaurantmahlzeit entfällt auf den Lebensmitteltransport. Stellen Sie sich vor, Sie könnten den Bedarf an frischen Lebensmitteln Ihrer Gemeinde das ganze Jahr lang mit Produkten aus der Region decken, und das selbst an Orten wie Anchorage in Alaska oder Albuquerque in New Mexico, sodass für alle Produkte immer Saison wäre. Unternehmen sind dabei, diese Vision Wirklichkeit werden zu lassen, und zwar mit neuen Technologien, die es ermöglichen, dass in einer geschlossenen, vollautonomen und klimaresistenten Halle mit einer Fläche von nur 4000 Quadratmetern mehr als zwölf Hektar an Nahrungsmitteln wachsen. Und nicht nur das. Diese »Farmen« verbrauchen nur 5 Prozent der Wassermenge, die normalerweise für den Anbau von Kulturpflanzen benötigt wird. Diese Technologie bietet mehr Nutzen, als der entwickelten Welt Vielfalt und Bequemlichkeit zu garantieren; für diese Art von Innovationen gibt es spannende Anwendungsmöglichkeiten zur Bekämpfung der Nahrungsmittelknappheit auf der ganzen Welt, vor allem in extrem unwirtlichen Klimazonen, in denen der traditionelle Ackerbau eine große Herausforderung darstellt.

Nahrungsmittelknappheit ist nicht die einzige Bedrohung, mit der ein großer Teil der heutigen Welt konfrontiert ist. Trotz großer Fortschritte haben mehr als eine Milliarde Menschen keinen Zugang zu sauberem Wasser und Millionen sterben jedes Jahr an den Folgen von kontaminiertem

Wasser. Der Zugang zu sauberem Wasser hat Auswirkungen auf alle Lebensbereiche; sauberes Wasser bedeutet eine bessere Gesundheit, Zeit für Bildung und andere Aktivitäten. Allein in Afrika verbringen Frauen 40 Milliarden Stunden pro Jahr mit der Suche nach Wasserquellen. Stellen Sie sich den Produktivitätsanstieg vor, wenn die Entfernung zu sauberem Wasser vier Gehminuten und nicht einen vierstündigen Fußmarsch betragen würde. Unternehmen arbeiten daran, den Zugang zu Wasser zu revolutionieren, indem sie den Bedarf an traditionellen Brunnen oder der Verbesserung von Filtersystemen beseitigen und stattdessen Wasser aus dem Wasserdampf in der Luft gewinnen. Es existiert bereits eine Technologie, mit der sich pro Tag fast 2000 Liter frisches Wasser aus der Luft extrahieren lassen! Und was geschieht, wenn Menschen Wasser haben? Sie sind frei! Frei, zur Schule zu gehen, Arbeit zu suchen, Wassertoiletten zu benutzen, ein Geschäft zu gründen, und frei von vermeidbaren Krankheiten und Tod. Und auch frei, einen Beitrag zur Weltwirtschaft zu leisten (womit die Produktivität und der Wohlstand für alle steigen).

Die unaufhörlich wachsende Geschwindigkeit der Mobilfunk-Kommunikation erreicht mit der sich ausbreitenden 5-G-Technologie neue Höhen. Diese neuen Netzwerke versprechen eine drahtlose Übertragungsgeschwindigkeit auf Ihre Mobilgeräte, die die Leistungsfähigkeit von DSL oder Glasfaserkabeln, die physisch bis in Wohnhäuser oder Büros verlegt werden, bei Weitem übertrifft. Die Wirkung der 5-G-Technologie reicht weit über die Möglichkeit hinaus, im Urlaub die klassischen Folgen der Serie *Friends* zu streamen. Ganze Kontinente werden einen sofortigen Internetzugang erhalten – in einigen Fällen zum allerersten Mal; Kinder werden einen beispiellosen Zugang zu Informations- und Bildungsressourcen erhalten; Unternehmer erhalten Zugang zu Märkten und digitalen Werkzeugen, die die globalen Markteintrittsbarrieren beseitigen werden. Darüber hinaus wird diese Hochgeschwindigkeitstechnologie die Verbreitung anderer neuer Technologien wie Augmented Reality, Virtual Reality und Ultra-HD-Streaming fördern. Google-CEO Sundar Pichai bezeichnete die Künstliche Intelligenz als »eines der wichtigsten Dinge, an denen die Menschheit arbeitet. Sie ist wichtiger als Elektrizität oder Feuer.«

Aktuell leben wir in einer Periode, in der Science-Fiction Wirklichkeit wird. Was würde wohl der bekannte Science-Fiction-Schriftsteller Jules Verne sagen? Im 19. Jahrhundert stellte er sich U-Boote,

Nachrichtensendungen, Sonnensegel, Mondfähren, Himmelsschriften, Videokonferenzen, Elektroschocker und Flugzeuglandungen auf dem Ozean vor – all das ist inzwischen Realität.

Ich habe lediglich an der Oberfläche der unglaublichen und exponentiellen Zukunft gekratzt, die vor uns liegt. Eine Reihe weiterer Technologien, wie zum Beispiel Robotik, autonome Autos, Passagierdrohnen, 3-D-Druck und Blockchains haben ebenso tiefgreifende Auswirkungen. Der Punkt ist, dass die Zukunft, die vor uns und unseren Kindern liegt, aufregend und spannend ist. Nie zuvor in der Menschheitsgeschichte hat es in derart großer Geschwindigkeit bahnbrechende Innovationen gegeben! Wenn Sie mehr über dieses Thema lesen wollen, empfehle ich Ihnen die Bücher *Abundance: The Future Is Better Than You Think* (deutsch: *Überfluss: Die Zukunft ist besser, als Sie denken*) von Peter Diamandis und Steven Kotler und *The Rational Optimist* (deutsch: *Wenn Ideen Sex haben*) von Matt Ridley.

An diesem Punkt fragen Sie sich womöglich: »Was haben all diese Innovationen mit meiner finanziellen Freiheit zu tun?« Die Antwort lautet: Alles!

Erinnern Sie sich, wofür sich der Markt interessiert? Die erwarteten zukünftigen Gewinne! Schätzungsweise 1,2 Milliarden Menschen sind dabei, die Armut zu überwinden und in die Mittelschicht aufzusteigen. Geschätzte drei Milliarden Menschen, die noch nicht online sind, werden schon bald einen Hochgeschwindigkeitszugang zum Internet und allen seinen Inhalten haben. Wir befinden uns auf dem Scheitelpunkt einer gewaltigen Flut an neuen Konsumenten, die auf den Markt strömen. Sie werden iPhones besitzen, Nike-Turnschuhe tragen, bei McDonald's essen, bei H&M einkaufen, einen Volkswagen fahren, auf Instagram posten, Netflix sehen und Uber benutzen wollen. Sie werden Produkte und Dienstleistungen von Unternehmen wollen, die es heute noch gar nicht gibt! Das nächste Google, das nächste Apple und das nächste Facebook warten nur darauf, entwickelt zu werden, um die Weiterentwicklung der Menschheit zu prägen.

Wenn Sie diese erstaunlichen demografischen Trends betrachten und sie mit den exponentiellen Technologien kombinieren, die wir in diesem Kapitel angesprochen haben, haben Sie meiner Meinung nach eine der besten Zeiten in der Geschichte, um ein langfristig orientierter, global diversifizierter Anleger zu sein. Sie werden nicht blind Unternehmen herauspicken müssen in der Hoffnung, in das nächste milliardenschwere Start-up (von Investoren oft als »Einhörner« bezeichnet) zu investieren. Sie können ein Stück von *allen* Spitzenunternehmen besitzen, die auf natürliche Weise an die Spitze gelangen (mehr dazu später). Was Sie *nicht* tun sollten, ist, aus selbstfabrizierter Zukunftsangst in eine Angststarre zu verfallen. Das hilft niemandem und am wenigsten Ihnen selbst.

Lassen Sie uns also diese Reise beginnen und einen Kurs für Ihren Weg zu finanzieller Freiheit bestimmen. Die gespannte Vorfreude auf die Zukunft wird Ihnen den nötigen Antrieb verleihen!

KAPITEL DREI
DIE TREIBENDE KRAFT HINTER JEDER ENTSCHEIDUNG

von Tony Robbins

Der Kopf hat seinen eigenen Kopf.
ALTES SPRICHWORT

Ein guter Freund von mir – nennen wir ihn Jason – hat mir erlaubt, die Geschichte seiner Achterbahnfahrten zu erzählen, in der Hoffnung, dass sie Ihnen nützlich sein wird. Schnallen Sie sich an …

Jason war und ist ein unglaublich intelligenter Mann. Anfang der 2000er-Jahre baute er von null aus eine überaus erfolgreiche Werbeagentur auf. Er war immens stolz auf das, was er geschaffen hatte, und als Unternehmensführer hatte er eine glasklare Vision und kannte seine Kompetenzen sehr genau. Anders ausgedrückt besaß er als Unternehmenskapitän eine sehr große »Gewissheit«, und sein Team vertraute ihm blind. Im Jahr 2004 verkaufte Jason sein Geschäft für ungefähr 125 Millionen Dollar. Diese hohe Summe war ein Ausdruck seines ausgeprägten Geschäftssinns und seiner Kompetenzen. Damals war er gerade erst 40 Jahre alt. Zwar war Jason nun unglaublich reich, aber der Verkauf hatte eine wesentlich größere Bedeutung für ihn. Er hatte seine Wettbewerber besiegt, die Ziellinie überschritten und sich (und allen anderen) bewiesen, dass er als Person genau dem Image entsprach, das ihm vorauseilte. Bald darauf zog Jason von New York nach Las Vegas – eine maßgeschneiderte Stadt für einen jungen Multimillionär. Wo er auch hinkam, rollte man ihm den roten Teppich aus, und Jason hatte das Gefühl, er sei »angekommen«.

Es dauerte nicht lange und Jasons Unternehmergeist regte sich erneut. Und so beschloss er, sich im Immobiliengeschäft zu versuchen. Aber anstatt sich langsam heranzutasten, beschloss er, seinen gesamten Einsatz auf den Tisch zu legen und nicht ein, nicht zwei, sondern drei Hochhäuser mit Luxus-Eigentumswohnungen gleich neben dem berühmten »Strip« – der Vergnügungsmeile des Las Vegas Boulevard, an dem sich Luxushotels und Casinos aneinanderreihen – zu bauen. In seiner Vorstellung spielte es keine Rolle, dass er keinerlei Erfahrung im Immobiliengeschäft besaß. Er war ein Mogul, und Mogule sind doch immer erfolgreich, oder?

Innerhalb von zwölf Monaten befand sich das Immobilienprojekt auf einem guten Kurs und seine anzahlungsfreien Eigentumswohnungen verkauften sich wie geschnitten Brot. Extravagante Verkaufspartys brachten erstklassige Promi-Kunden, die ohne mit der Wimper zu zucken Millionen für ein Penthouse hinblättern konnten. Es war das Jahr 2006 und die Wirtschaft boomte, genau wie Jasons Nettovermögen, das auf ungefähr 800 Millionen Dollar angewachsen war ... auf dem Papier.

Jason und ich lernten uns auf einer meiner Veranstaltungen kennen. Ich erinnere mich, dass ich mit ihm zusammensaß und ihn beschwor, zu diversifizieren und etwas zu seinem Schutz zu unternehmen. Traurigerweise war er weniger daran interessiert, mir zuzuhören, als mir eine Wohnung zu verkaufen, deren Wert »nur steigen konnte«.

»Nimm einige Chips vom Tisch und heb sie für Regentage auf. Leg nicht alle Eier in ein Nest.« Mir gingen langsam die Analogien aus, aber Jason stellte sich taub. Er war ganz klar vergiftet – nicht durch Alkohol oder Drogen, sondern von seinen »emotionalen Bedürfnissen«. Jason fühlte sich seiner Sache vollkommen sicher. Er war »The Man« – unaufhaltsam auf dem Weg zu seiner ersten Milliarde Dollar. Das war ein stratosphärischer Meilenstein, der signalisieren würde, dass er ganz oben angekommen war. »Jeder Tag ist unglaublich aufregend und spannend: neue Auswahlmöglichkeiten, neue Erfahrungen, neue hochkarätige Beziehungen, neue Verkäufe, neue Chancen, um zu wachsen«, erklärte er.

Das Ende dieser Geschichte können Sie sich wahrscheinlich vorstellen. Die Finanzkrise von 2008 traf den Immobilienmarkt von Las Vegas mehr als jede andere Stadt der Vereinigten Staaten. Im Jahr 2010 waren 65 Prozent der Wohnimmobilien weniger wert als die Kredite, die die Käufer für sie aufgenommen hatten. Dieses Untergangsszenario hatte titanische Dimensionen. Die Große Rezession vertrieb fast alle von Jasons Käufern; zurück blieben er und seine unfertigen Wohntürme. Jasons Vermögen betrug nun minus 500 Millionen Dollar. Ja, genau. Er schuldete verschiedenen Banken, die ihn nun umkreisten wie Aasgeier, eine halbe Milliarde Dollar.

Ich erzähle Ihnen diese schmerzhafte Geschichte nicht nur, um die Bedeutung der Diversifizierung klarzumachen. Solche Storys gibt es zuhauf. Vielmehr zeigt dieses Beispiel, wie unser Gehirn arbeitet und wie uns unsere emotionalen Bedürfnisse vom Pfad der Weisheit abbringen können – dem Pfad zu finanzieller Freiheit. Wie Jason selbst bestätigte, wird im Rückblick viel klarer, wie seine emotionalen Bedürfnisse die Entscheidungsfähigkeit eines ansonsten brillanten Mannes vernebelt hatten. Es ist leicht, Jasons Story als eine Geschichte über blinde Gier abzutun, aber ich kann Ihnen versichern, dass das menschliche Gehirn – Ihres und meines eingeschlossen – wesentlich komplexer ist. Wenn wir nicht verstehen, wie unsere emotionalen Bedürfnisse funktionieren, werden wir auf unserer Lebensreise immer auf der Rückbank sitzen und nie wirklich das Lenkrad übernehmen.

IHRE SOFTWARE IST TIEF EINGEBRANNT

Meine Mission, Menschen dabei zu helfen, ihr Leben grundlegend zu verändern, dauert nun schon vier Jahrzehnte an. Ich habe das Privileg gehabt, mit mehr als vier Millionen Menschen auf Live-Events in allen Teilen der Welt zu arbeiten. Die Vielfältigkeit des menschlichen Lebens, die ich erlebt habe und mit der ich in Interaktion getreten bin, ist breit und tief. Von Präsidenten über Profisportler bis zu Müttern und Hausfrauen. Von Industrietitanen bis zu Teenagern, die in sozialen Wohnprojekten leben. Meine einzigartige Position hat mir erlaubt, die Muster des menschlichen Verhaltens zu beobachten, jenseits von Alter, Geografie, Kultur und sozioökonomischem Status. Einfach ausgedrückt läuft bei allen Menschen die gleiche Software. Natürlich ist jeder von uns einzigartig, was seine Bedürfnisse und seine Geschichte angeht, aber das, was die Menschen antreibt, was sie zum Handeln anregt und motiviert, ist einfach der Versuch ihres Gehirns, eines oder mehrere der »sechs menschlichen Bedürfnisse« zu erfüllen. Mein Freund und Co-Autor Peter Mallouk sagt, er greife oft auf diese Bedürfnisse zurück, wenn er seinen Kunden dabei helfe, herauszufinden, was sie und ihre Entscheidungen wirklich motiviert.

Diese sechs menschlichen Bedürfnisse bestimmen unser Verhalten. Sie sind universell und der Motor unseres Handelns, unserer Zwänge und sogar unserer Süchte. Sie können eine positive oder eine zerstörerische Kraft sein. Wir alle haben die gleichen sechs Bedürfnisse, priorisieren sie aber auf unterschiedliche Weise. Und wir erfüllen sie auf unterschiedliche Weise. Wie Sie zur Erfüllung dieser Bedürfnisse vorgehen, entscheidet letztlich darüber, ob Sie ein erfülltes Leben leben.

Meine Hoffnung lautet, dass Ihnen das vorliegende Kapitel die Augen für dieses einfache, aber einflussreiche Konzept öffnet, damit Sie erkennen können, welche Bedürfnisse in Ihrem Leben Priorität genießen und ob Sie ihre Erfüllung auf produktive Weise anstreben. Sie werden zudem entdecken, wie diese sechs Bedürfnisse Sie auf Ihrem Weg zu finanzieller Freiheit voranbringen oder behindern.

MANCHE MENSCHEN SIND SO ARM, DASS SIE NICHTS AUSSER GELD HABEN

Sie werden sich vielleicht fragen: »Was haben meine emotionalen Bedürfnisse mit meiner finanziellen Freiheit zu tun? Tony, bleib beim Thema, wie man Geld verdient!« Dann will ich Sie mal etwas fragen: Warum wollen Sie denn ein Vermögen aufbauen? Wir sind uns sicher alle einig, dass es nicht darum geht, bunte Papierfetzen mit den Köpfen toter Präsidenten zu sammeln. Wollen Sie sich vielleicht das Gefühl von Sicherheit verschaffen? Möchten Sie die Freiheit besitzen, zu tun und zu lassen, was Ihnen beliebt und wann es Ihnen beliebt? Wollen Sie reich sein, um sich ganz besonders oder einzigartig zu fühlen? Oder suchen Sie nach einer Möglichkeit, einen sozialen Beitrag zu leisten – etwas für andere zu tun und eine nachhaltige Wirkung zu erzielen? Vielleicht ist es ein wenig von allem. All das sind Gefühle, die Sie suchen. Und Gefühle werden von Bedürfnissen getrieben.

Damit Sie sich auf Ihrer Reise zu finanzieller Freiheit erfolgreich fühlen, müssen Sie ein wenig besser verstehen, wie unsere »geistige Software« funktioniert, und sie idealerweise so programmieren, dass Sie gewinnen können! Während wir über jedes der nachfolgenden sechs grundlegenden menschlichen Bedürfnisse sprechen, werde ich Ihnen einige kurze, wahre Begebenheiten aus meiner Erfahrung in der Zusammenarbeit mit Menschen auf dem Gebiet der persönlichen Finanzplanung erzählen. Diese Geschichten illustrieren, wie die persönlichen Bedürfnisse eines

Menschen seine Finanzentscheidungen bestimmen – zum Guten oder zum Schlechten.

EINE KURZE BETRACHTUNG IHRER BEDÜRFNISSE

1. Bedürfnis: Sicherheit

Ich für meinen Teil weiß nichts mit Sicherheit, aber der Anblick der Sterne bringt mich zum Träumen.
VINCENT VAN GOGH

Unser Bedürfnis nach Sicherheit ist vielleicht der am tiefsten verwurzelte Überlebensmechanismus des menschlichen Gehirns. Unser »Betriebssystem« basiert auf dem Selbsterhaltungstrieb, und die Vermeidung unnötiger Risiken genießt in Ihrer Millionen Jahre alten »Software« die höchste Priorität. Bei der Geldanlage gehört die Risikobereitschaft aber naturgemäß dazu. Sie können also sehen, dass ein dringendes Bedürfnis nach Sicherheit Sie zu wirklich schlechten Entscheidungen verleiten könnte (zum Beispiel dazu, Ihre Ersparnisse unter der Matratze zu verstecken oder alle Ihre Aktien beim ersten Anzeichen von Kursschwankungen sofort zu verkaufen).

Wenn das Bedürfnis nach Sicherheit auf Ihrem Weg zu finanzieller Freiheit das Steuer übernimmt, könnte es sein, dass es sich ein wenig zu stark am Lenkrad festhält. Die Motivation, jedes Risiko zu vermeiden, kann überhandnehmen und Ihre Erfolgschancen beeinträchtigen. Mit der richtigen Balance und dem richtigen Kontext kann Sicherheit jedoch sehr viel bewirken. Sobald Sie Gewissheit über die Funktionsweise der Märkte haben und wissen, was Sie tun müssen, um auf Ihrem Kurs zu bleiben, werden Sie echte Freiheit verspüren, und das bereits auf Ihrem Weg dorthin.

Betrachten Sie, wie sich SICHERHEIT in den folgenden Finanzszenarien auswirkt:

- Die Babyboomerin, die 2009 panikartig den Markt verlassen hat und immer noch auf ihrem Bargeld sitzt in der Hoffnung, es mögen bessere Zeiten kommen, um wieder in den Markt einzusteigen. Sie hat den

längsten Bullenmarkt in der Geschichte verpasst und ihre Chancen auf einen langen, sorgenfreien Ruhestand sind nun in Gefahr.
- Das frisch verheiratete Paar, das klugerweise für seine Zukunft plant, investiert umfangreich in seine Altersversorgung, legt Geld für die spätere Ausbildung seiner Kinder beiseite und hat sich mit einem Finanz- und Vermögensplan geschützt. Das Paar ist finanziell solide verankert, während viele seiner Freunde planlos ihr gesamtes Gehalt verpulvern.
- Der Mann, der ausschließlich in Credit Default Swaps und Schatzanweisungen investiert, um seine »Garantie«-Besessenheit zu befriedigen. Ohne eine größere Risikotoleranz, um höhere Renditen zu erzielen, ist die Wahrscheinlichkeit, dass er seine Investmentziele fürs Alter erreicht, ironischerweise sehr gering. Seine psychologischen Bedürfnisse haben sich gegenüber seinem tatsächlichen Finanzbedarf durchgesetzt.
- Das Mittelschichtspaar, das auf Luxus und Konsum verzichtet und seit Beginn der Erwerbstätigkeit jedes Jahr 25 Prozent seines Haushaltseinkommens gespart hat (der Ehemann arbeitet beim Staat, um eine garantierte Pension zu erhalten). Inzwischen sind beide im Ruhestand und besitzen ein siebenstelliges Rentenvermögen.
- Das Paar, das mehr hat, als es während seines Ruhestands überhaupt ausgeben kann, aber dennoch auf Urlaub verzichtet, sich nie einen Latte Macchiato für 4 Dollar gönnen oder das Luxusauto leasen würde, von dem es immer geträumt hat. Ironischerweise wird es sein ganzes Vermögen seinen Kindern hinterlassen, die kein Problem damit haben werden, es mit vollen Händen auszugeben!

Meine Frage an Sie lautet nun: Wie manifestiert sich Ihr Bedürfnis nach Sicherheit auf Ihrer Reise zu finanzieller Freiheit? Haben Sie genug, nicht genug oder viel zu viel?

Lebenstipp: Zwar ist Sicherheit in der richtigen Dosierung etwas sehr Gutes, aber wenn Sie zulassen, dass dieses Bedürfnis überhandnimmt und alles bestimmt, lähmt es jede Aktivität. Denn nur eines ist gewiss: Das Leben ist unsicher.

2. Bedürfnis: Abwechslung/Ungewissheit

Abwechslung ist die Würze des Lebens, die diesem ihr Aroma verleiht.
WILLIAM COWPER

Abwechslung macht das Leben bunt! Und sie trägt zur Entwicklung von Resilienz bei, damit Sie wissen, dass Sie mit jeder Situation im Leben fertig werden. Spontaneität ist ein weiterer Aspekt dieses Bedürfnisses, das Ihren Sinn für Abenteuer und Staunen stärken kann. Wie ich schon sagte, haben alle Menschen alle sechs Bedürfnisse, sie sind nur unterschiedlich ausgeprägt. Vielleicht können Sie schon sagen, ob Sie eher zu Sicherheit oder zu Abwechslung tendieren. Sind Sie in Ihrem Herzen ein Zigeuner, der ungebunden durch die Welt streifen will? Hassen Sie Terminkalender und Aufgabenlisten? Oder sind Sie eher ein Kontrollfreak, der Struktur, Vorhersagbarkeit und klare Regeln bevorzugt?

Betrachten Sie in den folgenden Szenarien, wie sich das Bedürfnis nach ABWECHSLUNG im Verhalten der Personen manifestieren kann:

- Der Mann, der immer auf der Suche nach der nächsten »sexy« Geldanlage ist, die niemand sonst erkennt, damit er bei der nächsten Dinnerparty endlos darüber reden kann. Er liebt es, für seine nächste Idee zu recherchieren und alle möglichen Artikel zu lesen.
- Das Paar, das endlose Stunden damit verbringt, die Details seines nächsten Urlaubs oder Wochenendtrips zu planen, aber nicht eine Stunde pro Jahr auf seine Finanzplanung verschwendet. Beide zahlen nur die Zinsen für ihre Kreditkartenschulden und investieren nur einen mageren Betrag in ihren privaten Rentenplan, weil sie ihr Geld lieber hier und jetzt ausgeben.
- Der Spieler, der glaubt, er müsse immer aufs Ganze gehen, um finanzielle Freiheit zu erlangen. Er geht gewaltige unnötige Risiken ein, um den Kitzel einer großen Wette zu spüren.

Lebenstipp: Wenn Ihr ausgeprägtes Bedürfnis nach Abwechslung der größte Motor in Ihrem Leben ist, haben Sie wahrscheinlich keinerlei Bindung an irgendeine Sache oder irgendeinen Menschen.

3. Bedürfnis: Bedeutung

Was im Leben zählt, ist nicht die reine Tatsache,
dass wir gelebt haben, sondern der Unterschied, den wir im Leben
anderer Menschen bewirkt haben. Er wird bestimmen,
welche Bedeutung unser Leben gehabt hat.
NELSON MANDELA

Wir alle wollen uns bedeutend fühlen. Wir alle wollen uns einzigartig fühlen. Wir alle wollen wissen, dass wir wichtig sind und etwas bewirken. Das kann sich auf unterschiedlichste positive Art und Weise manifestieren, zum Beispiel in der Art und Weise, wie unser Partner oder unsere Freunde uns das Gefühl geben, dass wir großartig und kostbar sind. Bedeutung kann sich in der Lebensaufgabe manifestieren, die wir zu unserer Mission gemacht haben, in der Arbeit, die wir auswählen, oder den Titeln, die wir anstreben. Wir können uns bedeutend fühlen als wunderbare Eltern, als liebender Seelenverwandter oder wichtige Freundin oder einfach als Kreatur unseres Schöpfers.

Daneben gibt es aber auch die offensichtlicheren und üblicherweise weniger erfüllenden Wege, nach Bedeutung zu streben. Das herausragendste Beispiel sind die Produkte, die wir kaufen. Ein Mensch kauft einen orangefarbenen Lamborghini, der an jeder Ampel aufröhrt, und ein anderer kauft einen umweltbewussteren Toyota Prius (beide Käufer erwarten, dass ihre Entscheidung eine bestimmte Bedeutung hat, und treffen damit eine Aussage über sich selbst). Einige wollen mit Tätowierungen und Piercings auffallen, während andere sich für Schuhe mit hellrot lackierten Sohlen und eine Handtasche mit Monogramm für 2500 Dollar entscheiden.

Einige Menschen befriedigen ihr Bedürfnis nach Bedeutung auf subtilere und destruktivere Weise, zum Beispiel, indem sie ständig noch mehr oder noch größere Probleme haben – auch bekannt als »Opfermentalität«. Ich habe oft gesagt, unsere größte Sucht als Gesellschaft sind keine Drogen, sondern Probleme. Wir alle kennen den Typen, der jedes Gespräch mit seinem Lamento kapert, wie besch... sein Leben ist, und dabei nicht sieht, wie viel Gutes ihm das Leben beschert hat. Zur Krönung glaubt er, die ganze Welt schulde ihm irgendetwas, und ist schnell mit der Verurteilung anderer Menschen. Mehr denn je wirken die sozialen Medien als Verstärker dieser toxischen Eigenschaften. Traurigerweise heilen einige ihre Wunden nie mit sinnvollen, stärkenden Dingen. Wir alle haben Verwundungen; die interessantesten und einflussreichsten Menschen sind jedoch die, die glauben, dass sie das Leben gestalten, und nicht, dass es ihnen widerfährt. Ihre Wunden sind nicht ihre Identität, sondern ihr Antrieb.

Der eigentlich wichtige Punkt lautet, dass das Streben nach Bedeutung ein Bedürfnis ist, das mit Sorgfalt zu behandeln ist. Wie wir vorgehen, um uns das Gefühl der eigenen Bedeutung zu verschaffen, ist ausschlaggebend für unsere langfristige Erfüllung, unsere Beziehungen und unseren finanziellen Erfolg.

Betrachten Sie, wie sich das Bedürfnis nach BEDEUTUNG im Finanzverhalten dieser Menschen manifestiert:

- Der Typ, der cleverer sein will als alle anderen. Also verschlingt er alle möglichen Finanzmedien und versucht dann, Einzelaktien auszuwählen – »Stockpicking« genannt (ein Rezept für Verluste, selbst für Profianleger). Er liebt es, seinen Golfkumpels von seinen erfolgreichen Investitionen zu erzählen, die Verluste verschweigt er lieber.
- Der Millennial, der sich bewusst gegen die Börse entscheidet. Er dämonisiert die »Kapitalistenschweine« der Wall Street und vernachlässigt seine eigene finanzielle Sicherheit.
- Die Person, die ihre Spiritualität mit ihrer Finanzweisheit verschmilzt und zu dem Schluss kommt, dass Geld die Wurzel allen Übels ist (und damit auch jeder, der Geld besitzt). Sie beschließt, sich keine Sorgen darüber zu machen, dass ihr Geld nicht fürs Alter reichen wird. Ironischerweise wird sie sich am Ende genau darüber die Haare raufen. Kleine Randbemerkung: Die LIEBE zum Geld ist die Wurzel allen Übels, nicht das Geld selbst.
- Der Typ, der die Masse der Menschen als »dumme Schafe« verachtet, die sich von der Regierung täuschen lassen. Er investiert seine gesamten Ersparnisse in eine Kryptowährung mit einem cleveren Namen, weil er davon überzeugt ist, dass es sich dabei um eine Form der »dezentralisierten Zukunft« handelt, und versucht ständig, seine Freunde zu missionieren.

Lebenstipp: Machen Sie keinen Fehler: Kurzfristige, dysfunktionale Methoden, um sich das Gefühl von Bedeutung zu verschaffen, sind etwas für Dumme: ein unstillbarer Durst. Wie für alle anderen Bedürfnisse gilt auch hier: Wenn das Bedürfnis auf ungesunde Weise befriedigt wird, wird man zum Gefangenen seiner eigenen Wünsche. Ohne entsprechende Gegengewichte kann das Bedürfnis nach Bedeutung einen Menschen in einen ausgewachsenen Egomanen verwandeln, der blind vor Stolz und zu egoistisch ist, um für eine dauerhafte Beziehung Opfer zu bringen.

4. Bedürfnis: Liebe und Verbindung

Die besten und schönsten Dinge auf der Welt kann man weder hören noch sehen; sie müssen mit dem Herzen erspürt werden.
HELEN KELLER

Liebe ist der Sauerstoff der Seele. Sie ist das, wonach wir wirklich streben. Wir sind für selbstlose, bedingungslose Liebe gemacht, und das wissen wir intuitiv (daher der unstillbare Appetit auf Liebeslieder und romantische Filme). Das kann die Liebe eines Lebensgefährten, eines Familienmitglieds oder eines engen Freundes oder einer Freundin sein. Es kann auch die Macht der Verbindung sein – ein subtileres und etwas anderes Gefühl. Sich mit der Natur verbunden zu fühlen oder mit einer bewegenden Geschichte oder Ihrem Lieblingssong, kann dafür sorgen, dass Sie sich mit sich selbst und der Welt im Einklang fühlen. Die wichtigste Verbindung ist allerdings die zu sich selbst. Auf Ihre eigenen Bedürfnisse achtzugeben, ist Ihre gottgegebene Pflicht als Hüter Ihrer Seele.

Wie würde sich das Bedürfnis nach Liebe oder Verbindung auf unserem Finanzpfad bemerkbar machen? Sie werden vielleicht überrascht sein ...

- Die beiden besten Freundinnen, die ein gemeinsames Shopping-Ritual pflegen und mit dem Kauf von teuren Haute-Couture-Marken immense Schulden aufhäufen. Ihre Co-Abhängigkeit hat ein gefährliches und kostspieliges Ventil gefunden. Sie sind sogar stolz auf die Farbe ihrer Kreditkarte, weil sie sich damit von den übrigen Shopaholics unterscheiden (Hinweis: Sie können daran erkennen, wie stark sich in diesem Verhalten auch das Bedürfnis nach Bedeutung manifestiert).

- Das Paar, das mit kluger Planung gemeinsam seine finanziellen Freiheitsziele verfolgt hat und sich bei der Erreichung bestimmter Meilensteine gegenseitig mit Urlauben und luxuriösen Launen überrascht.
- Der Mann, der seinen Kumpel aus dem College zu seinem Börsenmakler bestimmt hat und weiß, dass dieser ihm Finanzprodukte verkauft, um saftige Provisionen zu kassieren. Dennoch kann er sich nicht überwinden, zu einem treuhänderischen Finanzberater zu wechseln, aus Sorge, einen Freund zu verlieren.

Lebenstipp: Liebe ist das, wonach wir uns am meisten sehnen, und oft verfolgen wir eigenartige Wege, um dieses Bedürfnis zu befriedigen. Einige Menschen fürchten sich davor, dass jemand sie wirklich kennenlernt und liebt, und geben sich lieber mit falschen »Freunden« in sozialen Medien oder mit Intimität mit eher fremden Menschen zufrieden.

Die ersten vier Bedürfnisse sind das, was ich als »persönlichkeitsbezogene Bedürfnisse« bezeichne. Die letzten beiden entstehen mit fortschreitender Weiterentwicklung unserer Persönlichkeit und dem Verständnis für unsere tieferen seelischen Bedürfnisse.

5. Bedürfnis: Wachstum

Wachstum beginnt in dem Moment, in dem wir
unsere Schwächen akzeptieren.
JEAN VANIER

Das Gesetz des Lebens besagt, dass wir sterben, wenn wir aufhören, zu wachsen. Finanzielle Freiheit ist nutzlos, wenn wir in unserem Leben nicht das Gefühl von Wachstum verspüren. Unsere Beziehungen müssen wachsen, unsere Geschäfte müssen wachsen, unsere Spiritualität und unsere Überzeugungen müssen wachsen, unser Verstand muss wachsen und unser Vermögen sollte natürlich auch wachsen. Der Grund, aus dem wir wachsen, lautet, dass wir dann etwas zu geben haben. Auf alle Fälle können wir Geld geben, und das sollten wir auch. Aber wir können auch etwas von uns selbst geben – unsere Weisheit, unsere Liebe und noch mehr.

Ich glaube, eine Geschichte aus meinem eigenen Leben dient als perfektes Beispiel. Wie ich zuvor schon einmal geschrieben habe, bin ich in einer ziemlich armen Familie aufgewachsen. Als ich elf Jahre alt war, hatten wir an Thanksgiving keine Lebensmittel im Haus und zwischen meinen Eltern herrschte eine spürbare Anspannung. Plötzlich hörte ich ein Klopfen an der Haustür und davor stand ein Engel: Ein Lieferkurier hielt mir Einkaufstüten voller Lebensmittel entgegen, mit allem, was man sich nur vorstellen konnte. Er sagte, es sei das Geschenk eines Freundes. Meine Geschwister und ich waren hellauf begeistert, aber mein stolzer Vater wollte erst ablehnen, weil er »keine Almosen annehmen« wollte. Der Lieferkurier bestand mit Entschiedenheit darauf, also nahm mein Vater die Tüten schließlich widerwillig an. An jenem Abend genossen wir ein richtiges Festessen, weil ein Fremder sich um uns gekümmert hatte. Die Botschaft war unmissverständlich: Wenn sich Fremde um mich sorgen, sollte ich mich um Fremde sorgen.

Schnelldurchlauf zu meinem 19. Lebensjahr. Ich spendete für zwei bedürftige Familien aus unserem Ort, indem ich das Thanksgiving-Geschenk an sie weitergab. Sie waren unglaublich dankbar und hörten nicht auf, mich zu umarmen, obwohl ich ihnen sagte, ich sei nur der Lieferkurier.

Als ich nach der Übergabe der Lebensmittel an die beiden Familien in einem geliehenen Lieferwagen saß, brach ich in Tränen aus. Ich blickte zurück auf das frühere Thanksgiving, das einer der schlimmsten Tage meiner Kindheit hätte sein können. Doch stattdessen wurde es einer der besten Tage und prägte mich nachhaltig. Ich gestaltete das Leben, es widerfuhr mir nicht. Ich wette, es gibt auch in Ihrem Leben einen Moment, auf den das zutrifft. Von da an begann ich, jedes Jahr zu Thanksgiving noch mehr bedürftigen Menschen zu helfen, und konnte sogar einige Freunde gewinnen, die mir halfen, riesige Körbe mit Lebensmitteln und anderen Produkten zu füllen. Wir nannten unsere Mission »Basket Brigade«. Inzwischen ernährt meine Stiftung International Basket Brigade jedes Jahr viele Millionen Menschen.

Im Jahr 2014 fand ich heraus, dass die US-Regierung das Programm für Lebensmittelmarken kürzte. Die Kürzung entsprach 21 Mahlzeiten pro Monat für eine vierköpfige Familie. Anders ausgedrückt, eine Familie musste jeden Monat eine Woche lang ohne Essen auskommen, falls es keine privaten Spender, Lebensmitteltafeln und wohltätige Organisationen gab, die einsprangen. Es war der richtige Zeitpunkt, zu wachsen und meine Großzügigkeit zu steigern. Ich tat mich mit Feeding

America zusammen, um das gewaltige Ziel »100 Million Meals Challenge« – 100 Millionen Mahlzeiten für Bedürftige – zu erreichen. Mit der Spende der Einkünfte aus zwei früheren Büchern, ergänzt durch einige persönliche Spenden, ist es uns gelungen, unser Ziel weit zu übertreffen. Inzwischen sind wir bei mehr als 400 Millionen Mahlzeiten! Wir haben die Initiative nun umbenannt in »1 Billion Meals Challenge« – eine Milliarde Mahlzeiten – und sind auf einem guten Weg, dieses ehrgeizige Ziel zu erreichen. Ja, es geht darum, einen Beitrag zu leisten. Aber noch viel mehr geht es um Wachstum – das Wachstum unserer Vision, unserer Ziele, unserer Fähigkeit, großzügig zu sein, und vieles mehr.

Lebenstipp: Einige der finanziell erfolgreichsten Menschen, die ich kennengelernt habe, haben alles, was man sich nur vorstellen kann, aber ihre Überzeugung, sie seien »angekommen«, es gebe nichts mehr zu erobern, hat ihr Wachstum zum Halt gebracht und dazu geführt, dass sie sich trotz ihres Reichtums unerfüllt fühlen.

6. Bedürfnis: Wohltätigkeit

Wir leben mit dem, was wir bekommen, und wir leben von dem, was wir geben.
WINSTON CHURCHILL

Wie ich gerade sagte, glaube ich von ganzem Herzen daran, dass das Geheimnis des Lebens das Geben ist. Über sich selbst hinauszuwachsen, macht das Leben erst lebenswert. Betrachten Sie es auf folgende Weise: In Ihrem Leben kommt es darauf an, welchen Sinn Sie stiften können. Wenn Sie ein sinnvolles Leben führen, egal wie viel Sie auf dem Bankkonto haben, wird Ihre Seele erfüllt sein. Sinnhaftigkeit erwächst aber nicht aus der Nabelbeschau, sondern daraus, dass man gibt, und zwar mit vollen Händen. Geben Sie Ihre Zeit, Ihre Liebe und Ihre Ressourcen – ohne dafür eine Gegenleistung zu erwarten. Wenn Ihr Glas übervoll ist, sind Sie ein Segen für alle Menschen in Ihrer Umgebung, und gleichzeitig sind Sie derjenige, der am meisten davon profitiert!

Nachfolgend einige weitere schöne Beispiele über die Macht der WOHLTÄTIGKEIT:

- Das Paar, das sorgfältig geplant hat und klug mit seinem Geld umgegangen ist, sodass es großzügige Spenden an seine Kirche und den College-Fonds seiner Enkelkinder leisten und als ehrenamtliche Helfer in seinem lokalen Kinderkrankenhaus arbeiten kann. Der Ruhestand dieser beiden Menschen ist angefüllt mit einem tiefen, sinnstiftenden Zweck.
- Die vierköpfige Familie, die zusammensitzt, um zu entscheiden, welchem Zweck sie ihre jährliche Spende zukommen lassen will, und jedem Familienmitglied eine Stimme gibt. Jedes Kind ist dafür verantwortlich, seine bevorzugte wohltätige Organisation auszuwählen, und hat die Aufgabe, der Familie über all das Gute zu berichten, das mit der Familienspende bewirkt wurde. Diese Familie kultiviert ein großzügiges Herz, das Generationen überdauert.
- Ein älterer Mann, der sein Vermögen nach seinem Tod einem wohltätigen Zweck vermachen will. Peter überzeugte ihn davon, dass »es besser ist, mit warmen Händen zu geben als mit kalten«. Der Mann begann, lokalen wohltätigen Organisationen Geld zu spenden und sie zu besuchen, um zu sehen, welche Früchte seine Großzügigkeit trug. Er war tief davon berührt und erkannte, um wie viel erfüllender das Leben sein kann, wenn man nicht geizig am Geld klebt.

Lebenstipp: Geben ist eine Disziplin. Wenn Sie heute keinen Cent auf einen Dollar geben, werden Sie nie 1000 von 10 000 oder 1 Million von 10 Millionen Dollar geben. Beginnen Sie noch heute mit dieser Disziplin und kultivieren Sie einen lebensfrohen, großzügigen Geist!

JASON, ÜBERNIMM DAS STEUER!

Erinnern Sie sich noch an die Geschichte über Jason aus Las Vegas? Der Jason, der zum Schluss Schulden von einer halben Milliarde Dollar hatte? Bevor wir ihn vorschnell verurteilen, wollen wir betrachten, wie die sechs menschlichen Bedürfnisse in seinem Kopf arbeiten. War Jason von einem drängenden Bedürfnis nach Bedeutung geblendet? Zweifellos! Es gibt kein besseres Beispiel, als der heißeste neue Immobilienentwickler in dieser sündigen Stadt zu sein. Jason war sich seines Geschäftssinns mehr als gewiss, nachdem er sein Unternehmen für eine neunstellige Summe verkauft hatte (diese Summe aber leider völlig fehlplatziert hatte, da er nie zuvor als Immobilienentwickler gearbeitet hatte). Seine neue Heimat Las Vegas, der Kick und die Herausforderungen, ein frischgebackener Immobilienentwickler zu sein, die Jetset-Partys und Verkaufsförderungs-Events bescherten ihm Abwechslung und machten sein Leben bunt. Sein prosperierendes soziales Umfeld und sein Umgang mit betuchten potenziellen Käufern ermöglichten ihm außerdem, Verbindungen zu knüpfen.

Ich sehe oft, dass bei einer Erfüllung von drei oder mehreren Bedürfnissen gleichzeitig alle Zutaten für eine Sucht vorhanden sind (sei sie positiv oder negativ). In jeder der Geschichten aus diesem Kapitel manifestierten sich eines oder mehrere der sechs menschlichen Bedürfnisse. Ich könnte ein ganzes Buch darüber schreiben, wie diese Bedürfnisse zusammenspielen und sich in den verschiedenen Lebensphasen ausformen und verändern. Es gibt eine endlose Zahl an Beispielen, wie unsere Bedürfnisse unsere Lebensgeschichte prägen, die bessere Frage lautet jedoch: Wie prägen sie Ihr Leben derzeit? Welches ist die treibende Kraft hinter Ihrem Wunsch nach finanzieller Freiheit? Welche Bedürfnisse könnten Sie auf diesem Weg ausbremsen? Welche Bedürfnisse sollten vielleicht Priorität genießen? Welche Bedürfnisse sollten hintangestellt werden?

Wenn Sie verstehen, was Sie innerlich antreibt, können Sie die selbst auferlegten Hindernisse aus dem Weg räumen und Ihre Bedürfnisse auf erfüllendere und wirkungsvollere Art und Weise priorisieren. In meinem eigenen Leben habe ich festgestellt, dass echte Freiheit über die Grundbedürfnisse hinausreicht und das höhere Bedürfnis nach Wachstum und Wohltätigkeit erfüllt. Sicher, die Symbole des Reichtums (Autos, Häuser und so weiter) können für kurze Zeit höchst befriedigend sein, aber wenn ich mich darauf konzentriere, eine Herausforderung zu meistern, die größer ist als ich selbst, finde ich endlosen Antrieb und eine immer größere Fähigkeit, echte Freude zu empfinden. Als ich mir das Ziel setzte, eine Milliarde Mahlzeiten für Bedürftige bereitzustellen (derzeit sind es 400 Millionen), war das eine gewaltige Aufgabe, die eine unglaubliche Kraftanstrengung erforderte. Das Gleiche gilt für mein Versprechen, 250 000 Menschen für den Rest ihres Lebens mit sauberem Wasser zu versorgen. Ich spüre das Gewicht der traurigen Tatsache, dass Kinder ohne meine Unterstützung sterben würden. Diese kühnen Ziele für meinen sozialen Beitrag haben dazu geführt, dass ich meine Finanzen und meine Geldanlagen mit einem neuen Blick betrachtet habe, weil sie nun mehr waren als Zahlen auf einem Bildschirm. Sie stehen für die Chance, zu geben, zu unterstützen, zu ernähren, zu baden und so weiter. Sie sind der greifbare Ausdruck meiner Liebe zu anderen Menschen und meiner tiefen Dankbarkeit für ein Leben, das meine kühnsten Träume übersteigt.

Vergessen Sie auf Ihrer Reise zu finanzieller Freiheit nicht die Gründe, aus denen Sie sie angetreten haben: Sie versuchen, Ihre emotionalen und psychologischen Bedürfnisse zu erfüllen. Ich habe zahlreiche Menschen getroffen, die finanzielle Sicherheit genießen, aber keine finanzielle Freiheit. Sie sind reich an Geld, aber emotional verarmt. Sie erleben weder Freude noch Wachstum oder die Erfüllung durch einen sozialen Beitrag. Sie haben viel und leben doch im Mangel.

Zwar sollten Sie messbare finanzielle Ziele anstreben, der Schlüssel liegt jedoch in der Entscheidung, welche Emotionen Sie als Teil Ihrer Reise verspüren möchten (zum Beispiel Dankbarkeit, Begeisterung, das Gefühl der Großzügigkeit, Leidenschaft), und der Entscheidung, dass Sie diese hier und jetzt verspüren möchten, nicht zu irgendeinem Zeitpunkt in der Zukunft, der von einer Zahl definiert wird. Finanzielle Freiheit ist Teil einer inneren Haltung, und diese können Sie schon heute entwickeln, unabhängig von Ihrer aktuellen finanziellen Situation. Ja, Sie werden die richtige Strategie brauchen (darum geht es in den übrigen Kapiteln), aber Ihre Einstellung, Ihr Wunsch und Ihr Wille, Ihre emotionalen Bedürfnisse zu steuern, werden letztlich darüber bestimmen, wie frei Sie tatsächlich sein werden.

Nun, da Peter Ihnen einen Einblick in die Zukunft gewährt hat und ich Ihnen einen Einblick in Ihre geistigen Prioritäten gegeben habe, ist es Zeit, sich einen Partner für Ihre Reise auszusuchen.

TEIL II
Die Route bestimmen

KAPITEL VIER
SUCHEN SIE SICH EINEN FÜHRER FÜR IHRE REISE

von Peter Mallouk

Kein Weg wird lang in guter Gesellschaft.
TÜRKISCHES SPRICHWORT

Der Weg zu finanzieller Freiheit ist lang. Er beginnt mit der Aufnahme Ihrer Erwerbstätigkeit – ja, auch der Job als saisonaler Bademeister zählt – und endet mit dem finanziellen Vermächtnis, das Sie Ihren Nachkommen hinterlassen. Ob Sie beschließen, diese Reise allein anzutreten oder mit einem Berater, hängt allein von Ihnen und Ihren finanziellen Bedürfnissen ab. Jeder erfahrene Bergsteiger weiß, dass es nicht ratsam ist, den Mount Everest ohne einen Führer zu erklimmen, weil die Gefahren einfach zu groß sind. Diejenigen, die gerne langfristig planen, die das Wissen und die Informationen über den Markt besitzen und die Zeit haben, sich mit dem Thema Geldanlage zu beschäftigen, wollen diesen Weg womöglich allein gehen. Andere arbeiten aus unterschiedlichsten Gründen lieber mit einem Berater zusammen. Wie wir erfahren werden, kann die Auswahl des richtigen Beraters den Unterschied zwischen dem Erreichen des Gipfels und dem ziellosen Umherirren rund um das Basislager bedeuten.

Ungefähr die Hälfte der Amerikaner arbeitet mit einem Finanzberater zusammen. In Deutschland ist die Beratung durch Bankberater und Versicherungsvermittler nach wie vor gefragt. Sie denken vielleicht, dass eine vermögende Person eher über das nötige Finanzwissen verfügt und das Selbstvertrauen besitzt, sich ohne Unterstützung von außen um die eigene Finanzplanung zu kümmern. Tatsächlich ist aber die Wahrscheinlichkeit, dass jemand mit einem Finanzberater zusammenarbeitet, umso größer, je größer sein Vermögen ist. Vermögende Menschen sind sich meistens dessen bewusst, was sie alles nicht wissen. Und sie wissen, wie wichtig Geldanlagen für ihren langfristigen finanziellen Erfolg sind.

Aus meiner Zusammenarbeit mit vielen Tausend vermögenden Familien kann ich Ihnen sagen, dass auf die meisten eine oder mehrere der folgenden Charakterisierungen zutreffen:

- Sie empfinden Wertschätzung für ihren Finanzberater und glauben, dass sich der richtige Experte im Laufe der Zeit mehr als bezahlt macht.
- Sie wissen, wie wichtig es ist, große Fehler bei der Geldanlage zu vermeiden.
- Sie schätzen den Zugang zu Geldanlagen, zu denen sie auf sich allein gestellt möglicherweise keinen Zugang haben.
- Die Wahrscheinlichkeit, dass sie auch von nicht-investmentbezogener Beratung erheblich profitieren, ist hoch. Sie sind daran gewöhnt, mit professionellen Dienstleistern wie Rechtsanwälten, Unternehmens- und Steuerberatern zusammenzuarbeiten.
- Sie wissen den Wert der Zeit zu schätzen und wollen keine Zeit verschwenden.
- Sie wollen, dass ihr Finanzberater ihnen oder ihrer Familie als Ressource für laufende Problemstellungen dient.
- Sie wollen, dass ihr Finanzberater im Falle einer Erwerbsunfähigkeit oder im Todesfall Beratungskontinuität bietet.

Viele Amerikaner warten mit der Suche nach professioneller Unterstützung, bis sie ein beträchtliches Vermögen angesammelt haben. Das ist ein schwerer Fehler! Warum wollen Sie den halben Berg erklimmen, nur um dann festzustellen, dass Sie umkehren müssen, wenn Sie von Anfang an einen erfahrenen Bergsteiger, der den Gipfel schon unzählige Male erklommen hat, um Orientierung hätten bitten können? Wenn Sie zu Beginn Ihrer finanziellen Reise eine Route festlegen und den Aufstieg planen, können Sie langfristig Zeit und Geld sparen.[8] Zwar trifft es zu, dass der Nutzen, den ein Berater für das Wachstum hat, nicht der gleiche ist, wenn Sie 100 000 Dollar investieren können, als wenn Ihnen 1 Million Dollar für Geldanlagen zur Verfügung stehen, dennoch kann die Auswahl

8 Möglicherweise sehen Sie sich gar nicht als Investor, es ist aber wichtig, dass Sie diese Rolle als Teil Ihrer Identität begreifen.

des richtigen Beraters ein Schlüsselfaktor für das Erreichen Ihrer finanziellen Ziele sein. Welche Schulden sollten Sie als Erstes abzahlen? Welche Summe sollten Sie in Ihre private Altersvorsorge einzahlen? Wie viel sollten Sie für das Studium Ihrer Kinder zurücklegen? Das sind nur einige der Fragen, die zu Beginn der Finanzplanung beantwortet werden müssen. Und auf diese Fragen sind Finanzberater bestens vorbereitet.

Vermögenden Menschen fällt die Entscheidung, mit einem Finanzberater zusammenzuarbeiten, leicht. Diejenigen, die nur über bescheidene Summen verfügen, sind womöglich eher zögerlich. Sie sollten sich aber mindestens zu Anfang Ihrer Reise eine qualitativ hochwertige Beratung[9] gönnen, um den richtigen Weg zu finanzieller Freiheit einzuschlagen. Ich verrate Ihnen ein großes Geheimnis der Finanzdienstleistungsindustrie: Die meisten Berater richten mehr Schaden als Nutzen an.

DIE MEISTEN BERATER RICHTEN MEHR SCHADEN ALS NUTZEN AN

Wenn du helfen kannst, hilf anderen; wenn du es nicht kannst, füge ihnen zumindest keinen Schaden zu.
DALAI LAMA XIV.

Die überwältigende Mehrheit der Finanzberater fällt in eine der nachfolgenden vier Kategorien:

- Sie übernehmen die Verwahrung (»Depotverwaltung«)[10] Ihres Geldes als Teil ihres regelmäßigen Geschäfts.
- Sie sind als Berater verkleidete Verkäufer.
- Sie verfolgen Strategien, die für die finanziellen Ziele ihrer Kunden nachteilig sind, weil sie versuchen, ihnen etwas zu verkaufen, das sie

9 Beachten Sie die Betonung von »qualitativ hochwertig«. Bedauerlicherweise geben viele Berater Empfehlungen, die eher ihnen als ihren Kunden nutzen.

10 »Depotverwaltung« ist ein Modewort für die Verwahrung und Bestimmung der Verwendung von Geldern. Bernie Madoff hatte zum Beispiel die volle Hoheit über die von ihm verwalteten Depots.

hören möchten. Das machen Berater wohl wissend, dass ihre Strategie nicht funktionieren wird, oder weil sie nicht wissen, was sie tun.[11]
- Sie bezeichnen sich selbst als »Vermögensverwalter«, die Beratung zu allen Aspekten Ihrer Finanzen anbieten, aber in Wirklichkeit sind sie »Geldmanager«, die Ihnen ein fertiges Portfolio aus Investmentfonds verkaufen und anschließend nur noch alle Jubeljahre mit Ihnen über dessen Entwicklung sprechen wollen.

Es gibt viele Kriterien, die bei der Auswahl eines guten Beraters beachtet werden sollten, aber wenn es Ihnen gelingt, einen Berater nach den vier zentralen Kriterien *Interessenkonflikte, Depotverwaltung, Kompetenz und individuelle Abstimmung des Investmentportfolios auf Ihre Bedürfnisse* auszuwählen, werden 90 Prozent der möglichen Kandidaten durchs Raster fallen.

Ihre Chancen, einen kompetenten Berater zu finden, der sich nicht an Ihrem Geld bereichert, Ihnen seine Produkte andreht oder Sie von Ihrem Weg abbringt, werden sehr viel höher sein, wenn Sie diese vier Punkte bei der Auswahl eines Finanzberaters beachten.

ERSTES KRITERIUM ZUR AUSWAHL EINES BERATERS: INTERESSENKONFLIKTE

Interessenkonflikt: Ein Konflikt zwischen den privaten Interessen und der offiziellen Verantwortung einer Person in einer treuhänderischen Position
MERRIAM WEBSTER´S COLLEGIATE DICTIONARY, 11. Auflage[12]

Es gibt so viele Wege, über die ein Finanzberater seine Kunden hinters Licht führen kann, dass es geradezu schockierend ist, dass dieser Beruf überhaupt noch existiert. Ich kenne keine andere Branche, in der Menschen einen Experten um Hilfe bitten und am Ende oft schlechter dastehen als am Anfang. Diese Feststellung wird so einige in der Branche zu Protest veranlassen, aber die Realität ist, dass die Finanzdienstleistungsindustrie

11 Ich kann mir schon die Hass-Mails vorstellen, die ich von einigen Finanzberatern erhalten werde.

12 Beispiel Finanzdienstleistungsindustrie

dysfunktional ist. Auch eine weitere Feststellung wird für Unmut sorgen: Wenn Sie sich einen typischen Berater suchen, stehen die Chancen gut, dass Sie ohne Beratung besser dran wären.

Der Grund dafür ist einfach: Die überwältigende Mehrheit der Berater steht nicht auf Ihrer Seite. Viele Berater werden dafür bezahlt, dass sie Ihnen bestimmte Produkte andrehen. Einige haben gar nicht die treuhänderische Pflicht, zu Ihrem Besten zu handeln, und ein Teil von ihnen arbeitet für Unternehmen, die unternehmenseigene Fonds auflegen. Wenn eines dieser Kriterien auf Ihre Situation zutrifft, ist es Zeit, sich einen anderen Berater zu suchen – je schneller, desto besser. Wie können Sie feststellen, ob Ihr Berater, so angenehm er persönlich sein mag, im Interessenkonflikt steht? Ich werde diese Frage auf drei Teile herunterbrechen, um Ihnen die Beurteilung, ob Ihr Finanzberater diesen Test besteht, möglichst leicht zu machen.

Erster Test: Sind Sie ein Berater oder ein Verkäufer auf Provisionsbasis?

»Entgegen allem, was man Verbrauchern weismachen will, haben nicht alle Finanzberater das Beste ihrer Kunden im Sinn, wenn sie eine Geldanlage empfehlen. Sie arbeiten nicht nach einem treuhänderischen Standard.«
US-BUNDESVERBAND DER FINANZPLANER
(NATIONAL ASSOCIATION OF PERSONAL FINANCIAL ADVISORS)

Neun von zehn Amerikanern stimmen der Aussage zu (76 Prozent geben eine starke Zustimmung an), ein Finanzberater, der ihnen Anlageempfehlungen gebe, solle die Interessen seines Kunden zu seiner höchsten Priorität machen und jegliche Interessenkonflikte offenlegen, die seine Empfehlungen möglicherweise beeinflussen. Wenn Sie mich fragen, klingt das sehr vernünftig, und das Handeln zum Besten des Kunden ist auch ein Anspruch, den die Deutschen mehrheitlich erheben. Eine internationale Studie des CFA-Institute, eines gemeinnützigen Zusammenschlusses von Finanzanalysten mit Sitz in den USA, hat aber ergeben: Nur 9 Prozent der deutschen Privatanleger vertrauen darauf, dass ihre Kundeninteressen in der Finanzberatung immer an erster Stelle stehen. Im internationalen Durchschnitt vertrauen immerhin 35 Prozent darauf, dass ein Finanzberater die Kundeninteressen – und nicht seine eigenen Interessen – verfolgt.[13] Doch ist Misstrauen sehr viel eher angebracht als blindes Vertrauen: Denn die Mehrheit der Berater ist gar nicht gesetzlich verpflichtet, zum Besten ihrer Kunden zu handeln. Das gilt in den USA genauso wie in Deutschland. Außerdem machen es die Gesetze nicht gerade leicht, zwischen den verschiedenen Verantwortlichkeiten zu unterscheiden, die ein Finanzberater Ihnen gegenüber hat – auch das haben die USA und Deutschland gemein. Lassen Sie uns mit einigen Definitionen beginnen, damit wir die verschiedenen Arten von Beratern, die es in Deutschland gibt, kategorisieren können.

»Finanzberater« – das kann vieles bedeuten

Sie werden sich vielleicht wundern, aber Begriffe wie »Finanzberater« oder »Vermögensberater« sind in Deutschland nicht gesetzlich geschützt. Folglich tummeln sich auf diesem Markt ganz unterschiedliche Typen, bei denen nicht immer klar ist, wie stark sie an einen einzelnen Anbieter gebunden und wie sehr sie bei ihrer »Beratung« auf Provisionen aus den vermittelten Geldanlagen und Versicherungsprodukten angewiesen sind. Einzig einen Sachkundenachweis verlangt das Gesetz üblicherweise von ihnen – entweder in Form einer einschlägigen Ausbildung (z. B. Bankkaufmann, Bankfachwirt) oder einer entsprechenden Fortbildung (z. B. Fachwirt für Finanzberatung oder Fachwirt für Versicherungen und Finanzen). Manchmal genügt auch eine bestimmte Prüfung, um diesen Sachkundenachweis zu erbringen (z. B. beim Finanzanlagen- oder Versicherungsfachmann).

Nun stellt sich bei einem »Finanzberater« zusätzlich noch die Frage, zu welchen Fragen er Sie denn beraten kann. Zunächst einmal werden Sie hierzulande auf »Berater« stoßen, die für alle Finanzfragen Lösungen anbieten: von Krediten über Versicherungen bis hin zur Geldanlage. Am ehesten werden sie solchen Allfinanz-Beratern bei Ihrer Hausbank über den Weg laufen, die zumeist mit Versicherungen und Investmentgesellschaften kooperieren. Es gibt aber auch Allfinanz-Vertriebe, die nicht zu

13 Vgl. https://e-fundresearch.com/newscenter/181-cfa-society-germany/artikel/37820-cfa-institute-studie-nur-ein-viertel-der-anleger-vertraut-der-finanzbranche, aufgerufen am 30.10.2020.

den Banken zählen. Dazu gehören etwa MLP oder die Deutsche Vermögensberatung AG (kurz: DVAG) als die beiden größten Allfinanzvertriebe in Deutschland. Auch wenn solche Beratungsorganisationen zumeist die Produkte mehrerer Versicherungs- und Fondsgesellschaften anbieten und nicht nur hauseigene: Unabhängig sind sie deshalb meistens trotzdem nicht. Aber dazu später mehr.

Wenn Sie sich nicht gerade an eine Bank oder einen Finanzvertrieb wenden, landen Sie häufig bei einem Berater, der nur einen Teil der ganzen Produktpalette vertritt. Er wird Sie also entweder zu Krediten beraten. Oder zu Geldanlagen. Oder zu Versicherungen. Auch hier gilt es genau zu unterscheiden, wessen Produkte der jeweilige »Berater« vertreibt und wie (bzw. von wem) er sich dafür vergüten lässt. Da lohnt sich in den wichtigsten Bereichen der Finanzberatung – sprich der Geldanlage und den Versicherungen – ein genauerer Blick auf das jeweilige Geschäftsmodell.

Geldanlage – Honorarberatung versus Provisionsvermittlung

Beim Thema Geldanlage müssen Sie zwischen zwei Kategorien von »Beratern« unterscheiden. Die erste sind *Vermittler*, die sich von den Fondsgesellschaften und sonstigen Anbietern von Geldanlagen dafür bezahlen lassen, dass sie Ihnen als Kunden bestimmte Investmentfonds und sonstige Investments verkaufen. Die Mehrheit davon sind Bankberater, aber es gibt auch einige freie Berater, die dieses Geschäftsmodell verfolgen. Sie können sich vorstellen: Unabhängig ist eine solche Beratung keineswegs, wenn der Vermittler dafür Abschlussprovisionen und womöglich auch verdeckte Rückvergütungen (sogenannte Kickbacks) erhält.

Zwar hat der Gesetzgeber in Deutschland im Jahr 2014 die Grundlage für die sogenannte unabhängige Honorarberatung geschaffen. *Honorarberater* (oder »Honorar-Finanzanlagenberater« beziehungsweise »Honorar-Anlagenberater«, wie die offiziellen Bezeichnungen lauten) lassen sich ausschließlich von den Anlegern bezahlen, die sie beraten. Sie dürfen keine Provisions- und Kickbackzahlungen von Fonds- und sonstigen Investmentgesellschaften annehmen. Ist ein Anlageprodukt an die Zahlung von Vergütungen gekoppelt, dürfen Honorarberater diese nicht behalten, sondern müssen sie an ihre Kunden weiterreichen. Auch dürfen Honorarberater nicht einfach beides machen, mal für den einen Kunden auf Provisionsbasis tätig werden und mal den anderen auf Honorarbasis beraten.

Das ist zwar ein schöner Ansatz, bloß leider ziemlich praxisfern. Das Geschäftsmodell lohnt sich für die wenigsten. Nur rund 200 Honorarberater gibt es in Deutschland.[14]

Versicherungen – hier gibt es vier verschiedene Berater-Kategorien

Noch unübersichtlicher ist die Lage bei Versicherungen. Auch hier spielen im Wesentlichen zwei Fragen eine Rolle. Die erste lautet: Wie viele Versicherungsgesellschaften berücksichtigt der jeweilige Berater bei der Erstellung seines Angebots? Die zweite lautet: Von wem erhält er seine Vergütung – von Ihnen als Kunden oder von der Versicherungsgesellschaft, deren Angebote er vermittelt? Je nach Antwortkombination landen Sie dann bei einem mehr oder weniger unabhängigen »Berater«. Konkret:

Versicherungsvermittler oder -agenten arbeiten ausschließlich für eine einzige Versicherungsgesellschaft. Sie sind leicht zu erkennen, weil das Logo des jeweiligen Versicherers auf dem Schild ihrer Agentur prangt. Sie leben von den Abschluss- und Bestandsprovisionen, die der betreffende Versicherer an sie auszahlt. Zur Erläuterung: Abschlussprovisionen werden einmalig bei Neuabschluss einer Police gezahlt. Am lukrativsten sind dabei aus Sicht des Vermittlers die besonders hochpreisigen Policen mit langer Laufzeit, zum Beispiel eine Kapitallebens- oder Rentenversicherung. Bestandsprovisionen werden Jahr für Jahr an den Vermittler ausgekehrt – solange eine Police Bestand hat, also nicht gekündigt wird oder das Laufzeitende erreicht hat.

Mehrfachagenten haben im Prinzip das gleiche Geschäftsmodell wie die oben genannten Versicherungsvermittler. Allerdings vertreten sie nicht nur eine, sondern meist zwei, selten auch drei Versicherungsgesellschaften. Aber auch sie leben von der Provision der Versicherer – und auch sie wählen die Angebote, die sie Ihnen vorlegen, ausschließlich aus einer sehr begrenzten Anzahl aus, sprich aus dem, was die wenigen Versicherer hergeben, für die sie tätig sind.

Versicherungsmakler sind unabhängig von einzelnen Versicherungsgesellschaften. Sie berücksichtigen viele verschiedene Versicherer bei der Suche nach der für Sie als Kunden optimalen Police. Das macht sie

14 Vgl. https://www.fondsprofessionell.de/news/vertrieb/headline/zahl-der-honorarberater-sinkt-erstmals-149740/, aufgerufen am 30.12.2020.

zumindest etwas objektiver bei der Auswahl. Allerdings sollten Sie auch hier wissen: Nicht Sie als Kunde zahlen das Honorar direkt. Sondern der Makler erhält seine Provisionen vom vermittelten Versicherer. Sie können sich sicherlich denken: Auch wenn offiziell der gesetzliche Auftrag besteht, allein im Interesse des Kunden, also in Ihrem Interesse zu beraten, wird ein Makler Ihnen sicher nicht die supergünstige Police mit hohem Schutzumfang empfehlen, die ihm kaum Provisionen bringt. Aber besser als ein Vermittler oder Agent ist ein Makler auf jeden Fall schon mal.

Versicherungsberater sind wirklich unabhängig, denn sie sind weder an einzelne Anbieter gebunden noch lassen sie sich von ihnen bezahlen. Sie suchen Ihnen als Kunden also nach Ihren Vorgaben dasjenige Versicherungsangebot heraus, das am besten zu Ihnen passt. Dafür verlangen sie ein Honorar, das sich üblicherweise nach ihrem Aufwand bemisst und das Sie selbst als Kunde berappen müssen. Abschluss- und Bestandsprovisionen nehmen Versicherungsberater dafür keine – es ist ihnen gesetzlich auch nicht erlaubt. Bei Versicherungen gibt es übrigens Berater, die mal auf Provisions- und mal auf Honorarbasis arbeiten.

Ob Geldanlagen, ob Versicherungen: Die meisten »Finanzberater« sind Vermittler, die von Provisionen leben. Das bedeutet, dass der größte Teil der Finanzdienstleistungsindustrie bei der Beratung oder bei der Betreuung Ihrer Gelder nicht der höchsten Sorgfaltspflicht unterliegt. Klingt furchterregend, oder nicht? Sie können herausfinden, ob Ihr Berater eigentlich ein Vermittler auf Provisionsbasis ist, indem Sie ihm diese Frage stellen:

– Leben Sie von Provisionen oder lassen Sie sich als Honorarberater ausschließlich von Ihren Kunden bezahlen?

Nun, da der größte Teil der Finanzberater durchs Raster gefallen ist, können wir das verbleibende Feld weiter eingrenzen.[15]

15 Beachten Sie, dass ich nicht sage, alle Vermittler, die von Provisionen leben, seien schlecht. Das ist auch nicht der Fall. Es gibt ethische und unethische Vermittler, so wie es ethische und unethische Honorarberater gibt. Ich sage nur, dass Sie als Mindestanforderung verlangen sollten, dass die Person, die Sie zu Ihrer Unterstützung engagieren, die Pflicht hat, stets und zu allen Zeiten zu Ihrem Besten zu handeln, und diesen Anspruch erfüllt längst nicht jeder »Finanzberater«.

Zweiter Test: »Sind Sie grundsätzlich unabhängig oder nur manchmal?«

Ein Berater, der beides tut, ist der ultimative
Wolf im Schafspelz.

In Deutschland gibt es im Bereich Geldanlagen ein Verbot, Honorarberatung mit Provisionen zu koppeln. Ein Berater muss sich grundsätzlich für eines der beiden Geschäftsmodelle entscheiden. Anders sieht es im Bereich Versicherungen aus, wo ein Makler beziehungsweise Berater von Kunde zu Kunde überlegen kann, ob er auf Honorar- oder auf Provisionsbasis tätig wird. Hier erlauben die deutschen Gesetze eine doppelte Registrierung, und auch im Bereich Geldanlagen wird zumindest darüber diskutiert, weil sich das Modell »Honorarberatung« ansonsten kaum lohnt. Rechnen Sie also damit, dass ein »Finanzberater« sich sowohl als unabhängiger Honorar- beziehungsweise Versicherungsberater als auch als Vermittler auf Provisionsbasis registrieren lassen kann. Ich hoffe, dass Ihnen bei diesen Worten der Mund offensteht. Wie kann jemand ein unabhängiger Berater und der höchsten gesetzlichen Sorgfaltspflicht unterworfen und gleichzeitig Börsenmakler ohne diese Verpflichtung sein?

Das ist eine extrem gefährliche Situation, weil der Berater in diesem Fall wahrheitsgemäß behaupten kann, er sei ein unabhängiger Honorarberater und damit nur seinen Kunden verpflichtet. Allerdings – und das ist ein »ALLERDINGS« in Großbuchstaben – kann dieselbe Person zwischen ihrer Eigenschaft als unabhängiger Berater mit der Pflicht, zu Ihrem Besten zu handeln, und ihrer Eigenschaft als Vermittler auf Provisionsbasis ohne diese Sorgfaltspflicht wechseln, *ohne dass Sie dies womöglich mitbekommen*. Die Gesetzeslage ist das eine. Aber wie offen und ehrlich die Berater damit umgehen, ist eine andere Sache. Viel Glück dabei, wenn Sie herausfinden wollen, welche Position ein Berater einnimmt. Macht er beides, ist er womöglich der ultimative Wolf im Schafspelz. Wenn Sie mit so jemandem arbeiten, seien Sie nicht überrascht, wenn Ihr Anlageportfolio am Ende nur Geldanlagen enthält, für die Ihr Berater saftige Provisionen kassiert, wie beispielsweise Rentenversicherungen oder Fonds ganz bestimmter Anbieter, an die er bei seiner Tätigkeit gebunden ist.

Und das bringt uns zum dritten und letzten Test.

Dritter Test: »Verkaufen Sie Ihre eigenen Produkte?«

Fragen Sie nie einen Friseur, ob Sie einen Haarschnitt brauchen.
WARREN BUFFETT

Nach meiner Meinung ist die Zusammenarbeit mit einem Berater, der seine eigenen Produkte verkauft, die schlimmstmögliche Konstellation für einen Anleger. Dieser hat sich die Mühe gemacht, einen unabhängigen Berater zu finden, und endet stattdessen bei einem verkleideten Verkäufer. Und eines sollte Ihnen klar sein: Wenn Sie einen Vermittler engagieren, machen Sie einen Vertrag mit einem Verkäufer. Wenn Sie sich an einen Berater wenden, damit er Sie objektiv berät, sollten Sie verlangen, dass diese Person in Ihrem Interesse handelt und keinen Anreiz hat, eigene Produkte zu verkaufen.

Sie würden zum Beispiel auch nicht erwarten, zu einem Honda-Händler zu gehen und dort eine unabhängige Beratung zu der Frage zu erhalten: »Welche Automarke soll ich kaufen?« Ohne irgendeine Marktrecherche oder ein Verbraucher-Feedback wird der Händler Ihnen den Kauf eines Wagens der Marke Honda empfehlen. Dem vergleichbar sollten Sie nie mit einem Berater zusammenarbeiten, dessen Unternehmen oder Dachorganisation nur Fonds im Angebot hat, die dem Unternehmen gehören und an deren Verkauf es beziehungsweise sie ein großes Eigeninteresse hat. Wenn Sie das tun, dürfen Sie sich nicht wundern, wenn diese in Ihrem Portfolio landen.

Wenn Sie mit einem bestimmten Finanz- oder Bankberater arbeiten, dann werfen Sie einen eingehenden Blick auf Ihr Anlageportfolio. Achten Sie genau darauf, welche Geldanlagen Sie besitzen. Wahrscheinlich werden Sie feststellen, dass sich einige Fonds des Unternehmens darin befinden – manchmal unter einem separaten Markennamen –, für das Ihr Berater arbeitet beziehungsweise für deren Verkauf er eine Provision erhält. Fragen Sie sich: »Sind das die absolut besten Fonds für mich?« Die Antwort lautet wahrscheinlich »nein«. Wie groß sind die Chancen, dass Ihr Berater zufällig für ein Unternehmen arbeitet, das die absolut besten Geldanlagen für jede erdenkliche Kapitalallokation in Ihrem Portfolio hat? Das mag bisweilen so sein, aber es ist unwahrscheinlich. Wenn ein Berater für ein Unternehmen arbeitet, das eigene Fonds verkauft oder die

Fonds eines Anbieters, der irgendwie zu seiner Unternehmensgruppe gehört, dann suchen Sie nach einem anderen Berater.

Abschließende Gedanken zu den Interessenkonflikten

Oft habe ich Menschen sagen hören, zwar würden sie mit einem Berater arbeiten, der einen Interessenkonflikt hat, aber das spiele in diesem besonderen Fall keine Rolle, weil ihr Berater vertrauenswürdig sei oder weil sie mit ihm zusammen studiert hätten oder weil ihre Kinder dieselbe Schule besuchten. All diejenigen, die diese Art Loyalität empfinden, seien daran erinnert, dass Ihre Finanzen Sie überleben werden. Welche Art Beratung wird Ihre Frau oder werden Ihre Kinder erhalten, wenn Sie nicht mehr da sind? Als Vermögensplaner habe ich viele Beispiele überlebender Ehepartner gesehen, denen ein Berater teure Rentenversicherungen beziehungsweise Leibrenten aufgeschwatzt hat, während die gutgläubige Witwe oder der Witwer noch nicht einmal Zeit hatte, das geerbte Vermögen zu ordnen! Es könnte auch sein, dass Sie zwar schon im vorgerückten Alter, aber immer noch recht unerfahren sind. Wenn Sie und Ihre Familie vor großen persönlichen Problemen stehen, haben Sie idealerweise einen Finanzberater, der Sie unabhängig, objektiv und konsistent berät. Warren Buffett pflegt zu sagen, er kaufe gerne Unternehmen, die auch von einem Idioten geführt werden können, denn eines Tages werde genau das passieren. Ich empfehle, grundsätzlich mit einem unabhängigen Berater zusammenzuarbeiten (der nicht auf Vermittlungsprovisionen angewiesen ist), denn auch wenn der Interessenkonflikt heute vielleicht nicht sichtbar ist, wird er sich eines Tages manifestieren.

ZWEITES KRITERIUM ZUR AUSWAHL EINES BERATERS: INDIVIDUELLE ABSTIMMUNG DES PORTFOLIOS AUF IHRE BEDÜRFNISSE

Eins von diesen Dingen ist nicht wie die anderen.
BIBO AUS DER *SESAMSTRASSE*

Eines der wichtigsten Elemente einer angemessenen Portfolio-Zusammenstellung ist die individuelle Abstimmung der Geldanlagen auf Ihre Bedürfnisse. Die überwältigende Mehrheit der Portfolios sind jedoch vorgefertigte Standardlösungen auf Basis einer Risikotoleranz-Einstufung. Diese Modelle sind leicht skalierbar und erklären, wie Großbanken und Finanzberater Gelder in Billionenhöhe verwalten können. Im Wesentlichen erhalten Sie dabei eine von mehreren vorgefertigten Standardlösungen. Ein maßgeschneidertes Portfolio, das auf die individuelle Situation eines Anlegers zugeschnitten ist, ist für den individuellen Finanzerfolg jedoch ganz entscheidend. Allerdings macht das mehr Arbeit – die sich aber lohnt. Wir wollen einige Beispiele betrachten, wie Sie von einem individuell zusammengestellten Anlageportfolio profitieren können.

Nehmen wir an, Sie müssten Ihr Portfolio diversifizieren, indem Sie einen Teil Ihrer Investitionen umschichten. In den meisten Fällen würde ein Berater alle vorhandenen Positionen verkaufen und ein ganz neues Portfolio mit seinen bevorzugten Anlagen zusammenstellen. Das Problem mit diesem Vorgehen ist, dass es sich wahrscheinlich negativ auf Ihren Steuerbescheid auswirkt: Sie müssten Kapitalertragssteuer (Abgeltungssteuer) auf alle realisierten Kursgewinne zahlen. Und diese Steuerzahlungen lassen sich nicht durch die Performance Ihres neuen Portfolios ausgleichen. Anders ausgedrückt: Durch den Verkauf Ihrer bisherigen Geldanlagen und die Neuzusammenstellung Ihres Portfolios fügen Sie sich einen finanziellen Schaden zu, den Sie wahrscheinlich nicht wiedergutmachen können.

Nehmen wir ein anderes Beispiel. Sagen wir, Sie beschließen, breit in Energieaktien zu investieren und diese in Ihr Portfolio aufzunehmen. Und Sie gelangen zu dem Schluss, dass sich das am besten mit einem Energie-ETF erreichen lässt, der 30 bis 50 der größten Energieunternehmen der USA enthält. Sie haben aber bereits einen erheblichen Teil Ihres Portfolios in ExxonMobil und Chevron investiert, die zusammen einen großen Teil des Index ausmachen. Beide Positionen sind um 100 Prozent angewachsen, seit Sie sie gekauft haben. Anstatt die Kapitalertragssteuer in Höhe von 25 Prozent (ggf. zuzüglich Kirchensteuer) zu zahlen, die bei einem Verkauf anfallen, könnte es besser sein, wenn Sie diese Positionen halten und stattdessen einen kleineren Anteil an einem Energie-ETF erwerben. Diese Art individueller Anlageentscheidung kann überaus sinnvoll sein, aber die meisten vorgefertigten Portfolios erlauben derart wichtige Anpassungen nicht.

Der Unterschied zwischen einem Geldmanager und einem Vermögensverwalter

Die Gefahr bei der Zusammenarbeit mit einem Geldmanager, also einem Berater, dessen einzige Aufgabe darin besteht, Ihr Portfolio zu managen, ist, dass diese Person nicht gerüstet ist, Ihre individuellen Bedürfnisse zu berücksichtigen. Die Erfahrung der meisten Anleger mit einem Finanzberater sieht so aus, dass dieser ihnen eine Reihe von Fonds verkauft und anschließend einmal im Jahr ein Gespräch stattfindet, in dem die Ergebnisse betrachtet werden (und der Berater ihnen eine neue Geldanlage andrehen will). Diese Einheitslösungen nach dem Motto »One size fits all« sind ungenügend. Ein Geldmanager könnte in irgendeinem Moment zum Beispiel beschließen, Ihr Geld in Immobilienfonds zu investieren. Das mag für seine typischen Kunden eine gute Entscheidung sein, aber wahrscheinlich nicht für einen Anleger, der sein Vermögen mit Immobilienbesitz erworben hat. Dieser Kunde hat bereits Geld in den Immobiliensektor investiert und eine Überinvestition in einen einzigen Sektor wäre ein Risiko, weil sie ihn anfälliger für eine plötzliche Immobilienkrise machen würde.

Diese Art Entscheidungen kann dramatische Auswirkungen auf Ihren finanziellen Gesamterfolg haben. Sie sollten Ihre Finanzen genauso managen, wie ein Arzt Ihre Gesundheit managt, nämlich indem er einen ganzheitlichen Blick verfolgt und nicht jeden Körperteil einzeln betrachtet. Indem Ihr Berater darauf achtet, dass alle Bestandteile des Portfolios zusammenpassen, sollte er in der Lage sein, kluge Investmententscheidungen zu treffen und dabei Ihre vorhandenen Vermögenswerte und Ihre Zukunftsziele zu berücksichtigen. Wenn Sie einen guten Vermögensverwalter haben, ist Ihr Portfolio besser diversifiziert, als wenn Sie ein halbes Dutzend Geldmanager beschäftigen. Es gibt einen gewaltigen Unterschied zwischen dem Einheitsmanagement der Portfolios unterschiedlicher Kunden und einer individuell abgestimmten Finanzberatung.

Ein weiterer Vorteil der individuellen Portfoliogestaltung? Sie hilft Ihnen, in marktschwachen Zeiten oder in einer persönlichen Krise an der Kapitalallokation festzuhalten. Wenn Sie wissen, dass das Portfolio auf Ihre persönlichen Ziele und Bedürfnisse abgestimmt ist, wissen Sie auch, warum Sie jede einzelne Position halten. Damit ist die Wahrscheinlichkeit viel größer, dass Sie an dem Portfolio festhalten und in Krisenzeiten keine vorschnellen emotionalen Entscheidungen treffen.

Die Bedeutung eines Finanzplans

Ein Flugzeug ist eine Maschine, die aus vielen Tausend Teilen besteht, die fein aufeinander abgestimmt sind. Das Flugzeug kann aber technisch noch so perfekt sein, ohne einen Flugplan und ständige Kurskorrekturen ist die Wahrscheinlichkeit, dass Sie an Ihren Zielort gelangen, fast null. Dem vergleichbar ist Ihr Portfolio nur ein Teil Ihres Finanzplans. Betrachten Sie es als Treibstoff für Ihre Flugzeugturbinen und Ihren Finanzplan als das Fluginstrument, das Sie auf Kurs hält.

Und so, wie die Koordinaten für Island ganz andere sind als die für Singapur, sollte auch Ihr Finanzplan auf Ihre individuellen Ziele und Bedürfnisse abgestimmt sein. Alle Anlageentscheidungen sollten von einem schriftlichen, klar ausformulierten Finanzplan bestimmt sein (in Kapitel 5 werden Sie erfahren, wie Sie einen Finanzplan erstellen). Wenn Sie mit einem Berater zusammenarbeiten, sollte dieser mindestens Informationen über Ihre vorhandenen Vermögenswerte und Ihre geplanten Ersparnisse und Einkommensquellen besitzen und Ihre Finanzziele umfassend verstehen, bevor er Sie über mögliche Geldanlagen berät. Jeder möchte sofort anfangen zu investieren, aber nur ein gut definierter Plan wird Sie auf Kurs halten.

Zwar kann ein Finanzplan noch viel mehr, wie »Creative Planning« demonstriert, auf jeden Fall ist er aber eine zwingende Voraussetzung dafür, dass ein Vermögensmanager Ihnen kompetente Beratung erteilen kann. Ob es sich um einen grundlegenden oder einen komplexen Plan handelt – wenn Sie Ihr Geld ohne einen Finanzplan verwalten lassen, arbeiten Sie mit einem Geldmanager und nicht mit einem Vermögensverwalter und werden wahrscheinlich nicht annähernd die Renditen erzielen, die Sie mit einem gründlicheren Ansatz für Ihr finanzielles Wohlergehen erzielen könnten.

DRITTES KRITERIUM ZUR AUSWAHL EINES BERATERS: DEPOTVERWALTUNG

Anlagen- und Finanzberater sollten unabhängige Depotverwalter haben. Der Staat hätte mich dazu zwingen sollen. Kundengelder sollten von unabhängigen Depotverwaltern verwahrt werden. Wäre das der Fall gewesen, hätte man mich schon vor langer

> Zeit geschnappt. Hätte die SEC eine Inspektion bei mir durchgeführt, hätte sie sich die Depotkonten angesehen und festgestellt, dass die in meinen Büchern aufgeführten Summen nicht den jeweiligen Kontosummen entsprechen, und dann hätte man mich erwischt.
>
> BERNIE MADOFF

Im Jahr 2008 sorgte der Skandal um Bernie Madoff mächtig für Schlagzeilen. Madoff, der als einer der besten Geldmanager des Landes galt, gab zu, eines der größten Schneeballsysteme in der Geschichte aufgebaut zu haben: Er bezahlte die Gelder, die Kunden abriefen, mit Geldern von neuen Kunden. Das Ganze kam nur deswegen ans Licht, weil viele seiner Kunden plötzlich gleichzeitig ihre Gelder abziehen wollten, als der Markt einbrach. Da er den größten Teil der Kundengelder schon seit geraumer Zeit ausgegeben oder versteckt hatte, konnte er das Geld nicht mit neuen Einzahlungen zurückzahlen. Während der Börsenpanik von 2008 gab es wesentlich weniger Zuflüsse als Abflüsse. Da kein frisches Geld mehr hereinkam, hinter dem er sich hätte verstecken können, blieb ihm nichts anderes übrig, als den größten Finanzbetrug der Geschichte zu beichten.

Was Bernie Madoff tat, war verabscheuungswürdig. Er betrog nicht nur die Superreichen und Prominenten um ihr Geld, er trieb auch hart arbeitende Menschen und Unternehmenseigentümer in den Bankrott und stahl viele Hundert Millionen Dollar von Stiftungen und gemeinnützigen Organisationen. Viele seiner ehemaligen Kunden waren gezwungen, ihre Häuser und sonstiges Eigentum zu verkaufen. Hoch angesehene Stiftungen verloren den größten Teil ihres Vermögens; einige mussten sogar schließen. René-Thierry Magon de La Villehuchet, ein vermögender Geschäftsmann, der Madoff Kunden vermittelt hatte, beging aus Scham über seine Verbindung zu dem Betrüger Selbstmord. Ich arbeite mit Kunden, die zu Madoffs Opfern gehörten, und es ist sehr befriedigend, zu sehen, dass sie durch die Arbeit des Insolvenzverwalters, der alle auf Rückzahlung verklagte, die von dem Schneeballsystem profitiert hatten, den größten Teil ihrer Investitionen wiedererlangen konnten.

Die Medienberichterstattung überschlug sich vor allem deswegen, weil der Skandal als erster wirklich globaler Finanzbetrug in der Geschichte gilt, aber auch, weil Madoff nicht der einzige Geldmanager ist, der seine Kunden bestohlen hat. Jetzt kann ich förmlich hören, wie Sie sagen: »Aber das ist doch mehr als zehn Jahre her. Seitdem hat es keine Skandale mehr gegeben.« Da haben Sie recht, aber es liegt in der Natur eines Schneeballsystems, dass es meistens erst bei einem Markteinbruch sichtbar wird, so wie beim Börsencrash von 2008/09. Das liegt nicht daran, dass es in solchen Zeiten mehr Betrüger gibt, sondern daran, dass es leichter ist, ihre Machenschaften aufzudecken, weil sie in einem einbrechenden Markt die steigenden Geldrückforderungen nicht erfüllen können. Wie Warren Buffett sagte: »Wenn die Ebbe einsetzt, sieht man, wer nackt geschwommen ist.«

Einige Menschen in den Medien gaben den Investoren die Schuld, weil sie nicht genügend über ihren Berater recherchiert hatten. Aber wie hätte ein Investor wissen können, was Bernie Madoff trieb? Ein sogenannter Background-Check hätte ergeben, dass Bernie Madoff Mitglied zahlreicher exklusiver Klubs, Vorstandsmitglied von wohltätigen Einrichtungen und Krankenhäusern und ein aktives Mitglied seiner religiösen Gemeinde war. Madoff spendete Millionenbeträge an verschiedene gemeinnützige Organisationen und zu seinen Kunden gehörten einige der cleversten Investoren der Welt. Madoff war sogar Vorsitzender der Technologiebörse NASDAQ. Ja, es gab Alarmsignale. Die Wirtschaftsprüfungsgesellschaft, die seine Bücher prüfte, bestand aus genau drei Mitarbeitern – einem Wirtschaftsprüfer und zwei Assistenten. Seine Investmentrenditen, die jedes Jahr rund 10 Prozent betrugen, entsprachen in ihrer Entwicklung nicht einer realen Rendite. Dennoch ist es falsch, den Investoren die Schuld zu geben.

Die eigentliche Lektion, die wir aus dem Skandal um Bernie Madoff ziehen können, betrifft die Depotverwaltung. Wenn ein Anleger mit seinem Berater spricht, sollte er eine ganz wichtige Frage stellen: »Wer verwaltet mein Geld?« Madoffs Kunden stellten einen Scheck auf den Namen »Madoff Investments« aus und ihr Geld wurde auf einem Konto des Unternehmens Madoff Investments deponiert, was bedeutet, dass Madoff zu jeder Zeit vollen Zugriff auf die Gelder seiner Kunden hatte. Wenn er ein Konto leerräumte, um es einem anderen Kunden auszuzahlen, der sein Geld abziehen wollte, war das für die Investoren nicht ersichtlich. Sie erhielten frisierte Berichte (die Madoffs eigenes Unternehmen erstellte), in denen eine Rendite ausgewiesen war, die jeden Monat anstieg. Leider spiegelten diese Berichte in keinerlei Weise die wahren Kontobewegungen wider.

Um einen finanziellen Albtraum wie diesen zu vermeiden, ist die ideale Form der Zusammenarbeit mit einem Finanzberater eine Trennung zwischen Vermögensverwaltung und Beratung. Arbeiten Sie zum Beispiel mit einem Berater, der bei einer nationalen Brokerfirma oder einer Fondsbank ein Depot für Sie eröffnet. Dann können Sie Ihrem Berater eine begrenzte Vollmacht ausstellen, die ihn dazu befugt, Wertpapiertransaktionen durchzuführen und sie dem Depot in Rechnung zu stellen. Darüber hinaus sollte der Berater keine Befugnis besitzen, dem Depot Geld zu entnehmen. Und wenn Ihr Finanzberater Ihnen einen Bericht aushändigt, sollten Sie außerdem einen unabhängigen Depotauszug von der Brokergesellschaft beziehungsweise Fondsbank anfordern, die Ihr Depot verwaltet.

Buchstäblich Tausende von Investmentmanagern im ganzen Land beraten ihre Kunden auf diese Weise. Daher gibt es keine Notwendigkeit, Ihre Finanzen jemandem anzuvertrauen, der darauf besteht, die Verwaltung Ihrer investierbaren Vermögenswerte zu übernehmen.[16] Wenn Sie niemandem die Gelegenheit bieten wollen, Sie zu bestehlen, dann überlassen Sie niemandem die Depotverwaltung. So einfach ist das.

16 Bestimmte Geldanlagen verlangen, dass Sie die Verwaltung Ihres Geldes abgeben, darunter einige Hedgefonds, Private-Equity-Fonds und Immobilienfonds. Wenn Sie nicht in der Lage sind, diese Fonds genauestens zu prüfen, dann fragen Sie sich, ob Sie diese Formen der Geldanlage wirklich brauchen. Für Menschen mit einem erheblichen Vermögen können diese Alternativen jedoch sehr attraktiv sein. Wie Sie in Kapitel 10 erfahren werden, bin ich von vielen dieser Geldanlagen überzeugt, bin auch persönlich dort investiert und wir verwenden sie, wo angemessen, für Kunden von »Creative Planning«. Bei der Bewertung dieser Anlageformen für eigene Zwecke oder für Kunden wenden wir allerdings ganz andere Messgrößen an, vor allem im Vergleich zu börsennotierten Vermögenswerten. Es kommt oft vor, dass ein Kunde mir einen »Deal« vorstellt und sagt, er habe kein Problem damit, die Depotverwaltung abzugeben, weil die Person, die für die Geldanlage verantwortlich ist, derselben religiösen Gemeinde, ethnischen Gruppe oder Ähnlichem angehört. Das bedeutet aber gar nichts. Tatsächlich sind die Opfer der meisten Schneeballsysteme Menschen, die dem Betrüger nahestehen, so wie es bei Madoff der Fall war.

VIERTES KRITERIUM FÜR DIE AUSWAHL EINES BERATERS: KOMPETENZ

Schreibe nie der Bösartigkeit zu, was sich mit Dummheit erklären lässt.
NAPOLEON BONAPARTE

Bisher haben wir Finanzberater nach den Kriterien »mögliche Interessenkonflikte«, »Individualisierung« und »Depotverwaltung« bewertet. Wir haben zahlreiche Berater auf Basis dieser Kriterien eliminiert und können uns nun den vielen Tausend unabhängigen Beratern widmen, die alle bisherigen Anforderungen erfüllen. Das sind echte Treuhänder: Sie verkaufen keine eigenen Produkte und wollen auch nicht Ihr Depot verwalten – aber sie müssen immer noch nach ihrer Kompetenz sortiert werden. Ein Finanzberater kann die besten Absichten verfolgen, aber wenn er nicht qualifiziert ist, sind Ihre Chancen, Ihre langfristigen Ziele zu erreichen, begrenzt.

Das Feld der Finanzberater unterscheidet sich stark von anderen Berufsfeldern wie Medizin, Recht, Ingenieurswesen oder Bildung. Ärzte und Rechtsanwälte haben an einer Universität studiert, Ingenieure häufig an einer Technischen Hochschule und Lehrer haben auf Lehramt studiert. Dagegen hat die überwältigende Mehrheit der Finanzberater – ich würde schätzen, mehr als 95 Prozent – keinen akademischen Abschluss in Finanzplanung oder Investmentmanagement. Einige Finanzberater haben nie eine vollständige Ausbildung zu ihrem Sujet gemacht, geschweige denn eine Fachhochschule oder Universität besucht. Sie haben sich ihr gesamtes Wissen in der Praxis angeeignet. Wie können Sie also einen kompetenten Berater identifizieren?

Ein Hinweis auf Finanzkompetenz sind aussagekräftige Qualifikationen. Ein Berater kann eine ganze Litanei an hochtrabenden Titeln und Bezeichnungen tragen,[17] aber die meisten sind nicht aussagekräftig. Dabei handelt es sich um Titel, die nur innerhalb der Finanzdienstleistungsindustrie irgendetwas bedeuten. Wenn es um Finanzplanung geht, wollen Sie zumindest mit einem Bank- oder Versicherungskaufmann beziehungsweise mit einem Kaufmann (respektive einer Kauffrau) für

17 Die US-Aufsichtsbehörde für das Finanzwesen FINRA, die die Tätigkeit der Broker reguliert, verzeichnet und anerkennt fast 200 solcher Titel!

Versicherungen und Finanzen zusammenarbeiten. Wenn Sie Steuerberatung brauchen, sollten Sie mit einem Steuerberater arbeiten. Für beide Titel muss der Berater spezifische Ausbildungsanforderungen erfüllen und eine umfassende Abschlussprüfung ablegen. Wenn Beratung zur Nachlassplanung oder Rechtsberatung erteilt wird, muss der Berater zudem zwingend ein Jurastudium absolviert haben.

Wir von »Creative Planning« wissen, dass vermutlich kein Berater alle Kriterien erfüllt, daher stellen wir unseren Kunden ein Team aus Profis zur Verfügung, die über die entsprechenden Qualifikationen verfügen, um eine qualifizierte, umfassende Beratung zu erteilen. Sie sollten sicherstellen, dass Ihr Team auch über entsprechende Qualifikationen verfügt. Eine ganze Reihe offizieller beruflicher Qualifikationen lassen sich auch durch eine Fortbildung und Sachkundeprüfung erwerben – so zum Beispiel der »Fachwirt für Finanzdienstleistungen« oder der »Finanzanlagenfachmann«. Leider sind die Berufsbezeichnungen ein ziemlich undurchdringlicher Dschungel – und selten geben sie Auskunft über das, was ein Berater wirklich kann.

Eine Qualifikation kann also allein noch nicht garantieren, dass Sie die bestmögliche Beratung erhalten, so wie Sie nicht den bestmöglichen Arzt anhand der Universität bestimmen können, an der er studiert hat. Der Titel zeigt jedoch, dass er auf seinem Tätigkeitsgebiet Kompetenz bewiesen hat. Und das ist das Mindeste, was man von einem Berater verlangen kann.

Ist es jedoch der richtige Berater für Sie?

Ein unabhängiger Berater kann frei von Interessenkonflikten sein, ein individuell auf Sie abgestimmtes Portfolio zusammenstellen, auf die Depotverwaltung verzichten, eine Ausbildung oder gar ein Studium in seinem Bereich vorweisen und trotzdem für Ihre Ziele und Zwecke ungeeignet sein. Erstens sollten Sie darauf achten, dass der Berater mit Kunden wie Ihnen arbeitet. Wenn Sie sich einer Herzoperation unterziehen müssen, wollen Sie von einem Herzchirurgen operiert werden, der solche Operationen ständig durchführt. Wenn Sie fälschlicherweise einer Straftat beschuldigt werden,[18] wollen Sie einen Strafverteidiger, der Erfahrung mit

18 Oder auch berechtigterweise. Ich gewähre Ihnen hier einen Vertrauensbonus!

Beschuldigten in Ihrer Situation hat. Dem vergleichbar sollten Sie einen Finanzberater auswählen, der sehr viele Kunden hat, die sich in einer ähnlichen Situation befinden wie Sie. Wenn Sie gerade erst mit der Geldanlage beginnen, suchen Sie einen Berater, der hauptsächlich mit jungen Menschen arbeitet, die am Anfang ihrer finanziellen Karriere stehen. Wenn Sie vermögend sind, wählen Sie einen Berater, der hauptsächlich mit vermögenden Privatpersonen arbeitet. Sie wollen keinen Berater, der seine Lernkurve auf Kosten Ihrer finanziellen Sicherheit absolviert. Wenn ein Problem auftaucht, wollen Sie, dass Ihr Berater selbstbewusst sagen kann: »Die Situation kenne ich, habe ich schon x-mal gemeistert.«

Zweitens: Stellen Sie sicher, dass das, was Ihr Berater Ihnen verkauft, auch funktioniert. Die meisten Berater verkaufen irgendetwas, ob es für ihre Kunden ersichtlich ist oder nicht. Selbst diejenigen, die wirklich unabhängig sind, verkaufen oft eine Strategie, von der sie wissen, dass sie die Menschen überzeugt. Einige gewinnen ihre Kunden mit der Behauptung, es gebe einen Weg, von einem steigenden Markt zu profitieren und rechtzeitig vor einer Trendumkehr auszusteigen. Ein kompetenter, ethischer Berater weiß, dass das nicht systematisch möglich ist, und wird es daher nicht behaupten. Ein kompetenter, aber unethischer Berater weiß, dass das nicht geht, wird es aber dennoch behaupten, um einen Kunden zu gewinnen.

Ich habe bereits erwähnt, dass die meisten Berater mehr Schaden als Nutzen anrichten. Und ich habe Ihnen mehrere Kriterien zur Auswahl eines Finanzberaters genannt. Nun sagen Sie vielleicht: »Oh je! Lohnt es sich überhaupt, einen Berater zu suchen?« Einer kürzlich veröffentlichten Studie zufolge kann ein Berater, der den in diesem Buch vorgestellten Prinzipien folgt, für seine Kunden und ihr Investment einen Mehrwert von rund 3 Prozent jährlich erzielen. Forscher haben festgestellt, dass der Wert in einigen Jahren vernachlässigbar war, aber in anderen deutlich über 10 Prozent lag, vor allem in Zeiten großer Marktausschläge. Ich persönlich halte die Studie für stark überschätzt, aber ich habe keine Zweifel, dass ein Berater, der die in diesem Kapitel genannten Kriterien erfüllt, wahrscheinlich einen erheblichen Mehrwert erzielt.

Wenn die Prinzipien, die in diesem Buch genannt werden, Sie überzeugen, dann sollten Sie einen erprobten Berater suchen, der engagiert mit Ihnen zusammenarbeitet, um einen Plan für Ihre finanzielle Zukunft zu entwerfen.

SIND SIE BEREIT FÜR EINE ZWEITE MEINUNG?
»Creative Planning« bietet Ihnen eine kostenlose zweite Meinung über Ihre aktuellen Geldanlagen und Ihre Finanzsituation. Wir helfen Ihnen dabei, die wichtigsten Alarmsignale zu identifizieren, die in diesem Kapitel besprochen wurden, und zwar …

- unnötige Provisionen oder überhöhte Gebühren,
- Fonds, die als Eigenmarke vertrieben werden,
- Interessenkonflikte,
- Chancen zur Individualisierung.

Besuchen Sie www.creativeplanning.com

Tabelle 4.1

VERMEIDEN	GRUND
Vermittler	Vermittler handeln nicht vorrangig im Interesse ihrer Kunden. Die Gefahr ist groß, dass sie Ihnen Geldanlagen oder Versicherungen andrehen, an denen wegen guter Provisionen vor allem sie gut verdienen. Als Kunde verdienen Sie Besseres.
Berater, die sowohl auf Honorar- als auch auf Provisionsbasis arbeiten	Im Versicherungsbereich gibt es Dienstleister, die manchmal auf Provisionsbasis arbeiten (als Makler) und manchmal auf Honorarbasis (als Versicherungsberater). Optimal ist das zumindest dann nicht, wenn nicht von Anfang an klar ist, welches Modell der jeweilige Dienstleister verfolgt und ob er das wirklich ausschließlich tut. Im Geldanlagenbereich müssen Berater sich eigentlich für eines von beiden Modellen entscheiden – es kann aber gut sein, dass sich hier die Gesetzeslage bald ändert. Ideal ist ein Honorarberater – aber angesichts der geringen Anzahl ist es schwierig, einen zu finden.

VERMEIDEN	GRUND
Jeder Berater oder Vermittler, der Sie auffordert, Ihr gesamtes Portfolio zu verkaufen, um in eines seiner Anlagemodelle zu investieren	Dieses Vorgehen zeigt eine eklatante Vernachlässigung der steuerlichen Konsequenzen. Der finanzielle Schaden kann selbst für einen herausragenden Vermögensverwalter unter Umständen nicht wiedergutzumachen sein.
Ein Stockpicker	*Stockpicking* – die gezielte Auswahl von Einzelaktien – ist an sich nicht verkehrt, aber es ist keine Finanzberatung. Die Rolle eines Finanzberaters besteht darin, einen individuellen Finanz- und Investmentplan für Sie zu erarbeiten und Ihre Geldanlagen auf Ihre finanziellen Ziele abzustimmen. Wenn ein Berater sich darauf beschränkt, Einzelaktien auszuwählen, ist er ein Geldmanager, aber kein Berater. Wenn Sie glauben, dass *Stockpicking* funktioniert und Sie nichts anderes wollen, dann kaufen Sie einfach einen kostengünstigen Investmentfonds und verzichten Sie auf den Berater.
Jeder Berater, der mit mehreren vorgefertigten Standardmodellen arbeitet, aus denen Sie auswählen sollen	Achtung, hier soll etwas mit Gewalt passend gemacht werden. Sie wollen einen Berater, der ein Portfolio nach Ihren Bedürfnissen zusammenstellen kann, und nicht einen, der Ihr Portfolio an eine leicht zu managende vorgefertigte Standardlösung anpasst.
Ein Berater, der mit dem Verkauf von Geldanlagen Provisionen verdient	Heutzutage können Sie in die besten Geldanlagen investieren, ohne Ihrem Berater eine Provision zahlen zu müssen. Vermeiden Sie diesen Konflikt.
Ein Berater, der Anlageempfehlungen ausspricht, bevor er einen umfassenden schriftlichen Finanzplan erarbeitet hat	Wie kann ein Berater wissen, was für Sie das Richtige ist, wenn er Ihre Situation nicht kennt und nicht weiß, welche Ziele Sie verfolgen?

Tabelle 4.2

WONACH SIE SUCHEN SOLLTEN
Ein Berater, der möglichst unabhängig ist und idealerweise auf Honorar- statt auf Provisionsbasis arbeitet.
Ein Berater, der Ihnen nicht die hauseigenen Produkte aufschwatzt.
Ein Berater, der sich die Zeit nimmt, Sie und Ihre Ziele kennenzulernen, indem er zunächst einen umfassenden schriftlichen Finanzplan erstellt, bevor er irgendwelche Geldanlagen empfiehlt.
Ein Berater, dessen Firma umfassende Erfahrung in der Zusammenarbeit mit Kunden wie Ihnen hat.
Ein Berater, dessen Firma in der Lage ist, ein Portfolio zu erstellen, das auf Ihre individuellen Ziele und Bedürfnisse abgestimmt ist.
Ein Berater, der Ihr Portfolio niemals komplett liquidiert, um es anschließend neu zu investieren.

Abbildung 4.3: NICHT ALLE TREUHÄNDER SIND GLEICH

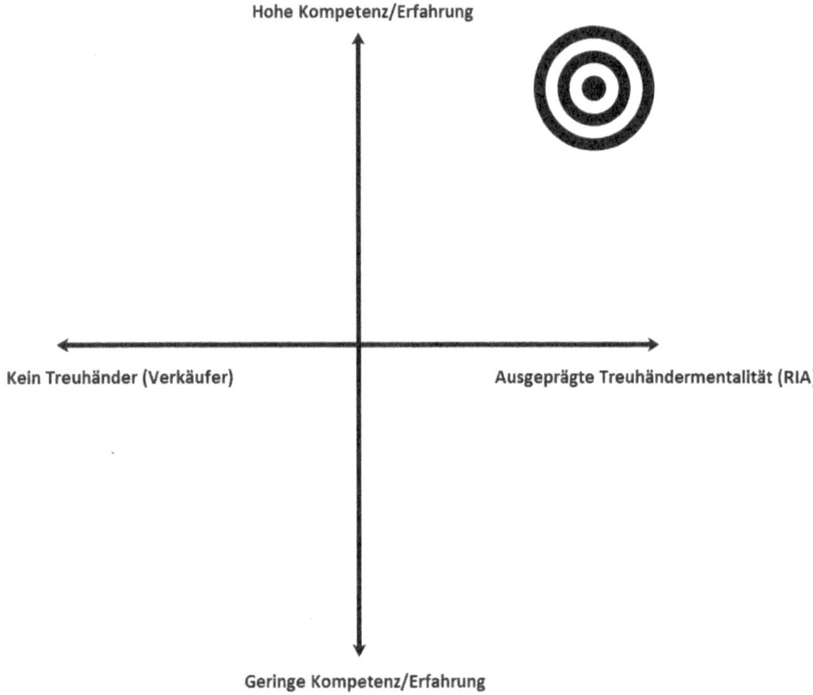

Quelle: Robbins, Tony & Mallouk, Peter (2017): Unshakeable: Your Financial Freedom Playbook, New York: Simon & Schuster, Seite 86; deutsch: Robbins, Tony & Mallouk, Peter (2017): Unangreifbar: Deine Strategie für finanzielle Freiheit, München: FinanzBuch Verlag Seite 113.

KAPITEL FÜNF
DIE VIER INVESTMENTREGELN

von Peter Mallouk

Ein Ziel ohne Plan ist nur ein Wunsch.
ANTOINE DE SAINT-EXUPÉRY

Es heißt immer, wir sollten Geld anlegen, aber es wird selten darüber gesprochen, warum. Dabei ist das Warum bei der Geldanlage von zentraler Bedeutung. Welche Art Zukunft streben wir an, wenn wir für die Zukunft sparen? Im Verlauf meiner langen Karriere in der Finanzberatung habe ich zahllose Familien und Einzelpersonen kennengelernt. Oft waren sie so darauf fixiert, die höchstmöglichen Renditen zu erzielen, dass sie die wirklich wichtigen Dinge vernachlässigten. Als Folge mussten sie zusehen, wie ihre Investitionen – und ihre Beziehungen – zusammenbrachen wie ein Kartenhaus. Ich habe Familien erlebt, die nicht an den Wert von Versicherungen glaubten und unnötige Härten erfuhren, als der Hauptverdiener verstarb. Ich habe Menschen erlebt, die gewaltige Vermögen angehäuft hatten und dann fast alles verloren, weil ihre Geldanlagen nicht ausreichend diversifiziert waren. Ich habe andere Menschen erlebt, die in Panik von ihrem Plan abwichen und ihrem »Bauchgefühl« folgten und als Folge mehrere Hunderttausend oder sogar Millionen Dollar verloren haben, die sie womöglich nie wiedersehen werden. In jedem einzelnen Fall reichte ein Schock aus, um ihren Finanzplan und oftmals die Arbeit eines ganzen Lebens zu vernichten. Wir wollen sicherstellen, dass Ihnen das nie passiert.

Ich habe aber auch Gelegenheit gehabt, mit dem beeindruckenden Team von »Creative Planning« zu arbeiten, um vielen Tausend Familien bei der Sicherung ihrer finanziellen Zukunft zu helfen. Das geschieht, indem wir einen Investmentplan erstellen, der auf ihre spezifischen

Ergebnisse abgestimmt ist, und wir unternehmen die nötigen Schritte, um sie vor katastrophalen Verlusten zu schützen. Außerdem erarbeiten wir einen angemessenen Nachlassplan, um zu gewährleisten, dass ihre Vision weiterlebt, wenn sie nicht mehr unter uns weilen. Diese Familien genießen Seelenruhe, weil sie wissen, dass sie eine solide Grundlage haben, die sie vor den unvermeidlichen Überraschungen des Lebens schützt. Sie folgen diszipliniert ihrem Weg, in dem Wissen, dass er sie an ihr Ziel führen wird.

Bei der Erstellung eines Investmentplans beginnen Sie am besten mit den folgenden vier Investmentregeln.

ERSTE REGEL: ERSTELLEN SIE EINEN KLAR DEFINIERTEN PLAN – OHNE EINEN PLAN IST DAS SCHEITERN VORPROGRAMMIERT

Plane für die Schwierigkeiten, solange es leicht ist;
tue große Dinge, während sie klein sind.
SUN TZU

Bevor Sie auch nur einen einzigen Dollar investieren, müssen Sie einen Plan haben, so wie Sie vor der Zubereitung einer Mahlzeit ein Rezept für alle Zutaten brauchen, die auf dem Küchentisch liegen. Ein Plan muss keine 150-seitige minutiöse Beschreibung Ihrer Investitionstätigkeit für den Rest Ihres Lebens sein. Ein Plan kann unkompliziert und einfach sein, aber er wird Ihnen auf Ihrer Reise als Leitstern dienen.

Für viele Menschen ist die Gewissheit, dass sie sich in einem vernünftigen Alter zur Ruhe setzen können, das Hauptziel, und es wird zum Brennpunkt ihrer Investmentstrategie. Für einige Anleger, die bereits ein beachtliches Vermögen angehäuft haben, ist der Ruhestand vielleicht nicht das vorrangige Thema; ihre Investmentziele konzentrieren sich unter Umständen auf andere Dinge, zum Beispiel auf die Finanzierung einer bevorzugten gemeinnützigen Organisation oder des Studiums ihrer Enkelkinder. Egal wie Ihre jeweiligen Ziele lauten, ich habe noch nie einen Anleger getroffen, der nicht finanziell unabhängig sein wollte.

Finanzielle Unabhängigkeit ist etwas anderes als Altersruhegeld. Letzteres bedeutet, dass Sie nicht mehr arbeiten. Finanzielle Unabhängigkeit bedeutet, dass Sie noch heute Ihren Job an den Nagel hängen und den

Lebensstil pflegen könnten, den Sie sich vorstellen, und für den Rest Ihres Lebens nie wieder arbeiten müssen. Es gibt viele Menschen, die sich im Ruhestand befinden, aber nicht finanziell unabhängig sind und womöglich wieder arbeiten müssen.

Sie können aber auch arbeiten und trotzdem finanziell unabhängig sein. Es gibt viele Menschen, die so erfolgreich investiert haben, dass sie arbeiten, weil sie möchten, nicht weil sie müssen. Wenn Sie sich im Ruhestand befinden und finanziell unabhängig sind, bedeutet das, dass Ihr Portfolio und Ihre Einkommensquellen so stabil und zuverlässig sind, dass Sie nie wieder arbeiten müssen. Was für ein Gefühl! Da das Ziel der finanziellen Unabhängigkeit beinahe allgemeingültig ist, wollen wir mit dem Pfad beginnen, der dorthin führt. Er besteht aus fünf Schritten: der Aufstellung des vorhandenen Nettovermögens, der Entwicklung eines Finanzplans, der Durchführung von Prognoserechnungen und der Überwachung Ihrer Fortschritte.

Erster Schritt: Machen Sie eine Vermögensaufstellung

Eine Vermögensaufstellung ist eine Gegenüberstellung Ihrer Aktiva und Passiva. Ihre *Aktiva* sind alles, was Sie besitzen, und zwar zu dem Wert, den Sie erzielen würden, wenn Sie Ihre gesamten Besitztümer heute verkaufen würden. Ihre *Passiva* oder Verbindlichkeiten sind alles, was Sie zahlen müssten, wenn Sie Ihre gesamten Schulden heute tilgen müssten. Die Differenz zwischen Ihren Aktiva und Ihren Passiva ist Ihr Nettovermögen. Die meisten Menschen blicken gerne auf das, was sie besitzen, und nicht auf ihre Schulden. Dabei sind diese wahrscheinlich wichtiger als ihr Besitz. Für jeden, der Hypothekenschulden, einen Autokredit oder erhebliche Kreditkartenschulden besitzt, könnte das eine unangenehme, aber aufschlussreiche Übung sein.

Bei der Vermögensaufstellung ist es wichtig, sich zu überlegen, welche Aktiva oder Vermögenswerte Sie besitzen, die einen Beitrag zu Ihrem Ziel der finanziellen Unabhängigkeit leisten können. Stellen wir uns zwei Anleger vor, die das gleiche Ziel verfolgen: Beide wollen mit 65 Jahren ein Vermögen aufgebaut haben, das für den Rest ihres Lebens inflationsbereinigt 100 000 Dollar pro Jahr an Einkünften abwirft. Beide sind 55 Jahre alt und schuldenfrei. Sybille Sparsam besitzt ein Nettovermögen von 1 Million Dollar: ihr Haus im Wert von 200 000 Dollar und 800 000 Dollar an

Altersvorsorgevermögen und sonstigen Anlageformen. Das Nettovermögen von Larry Lebemann beträgt ebenfalls eine Million Dollar: Sein Haus ist 600 000 Dollar wert, sein Ferienhaus am See 200 000 Dollar und außerdem besitzt er 200 000 Dollar an Altersvorsorgevermögen und anderen Geldanlagen. Angenommen, weder Sybille noch Larry wollen ihre Häuser verkaufen, um ihre finanzielle Freiheit zu finanzieren, steht Sybille mit Geldanlagen im Wert von 800 000 Dollar, die ihr – vorausgesetzt, sie investiert klug – jeden Tag Geld einbringen, wesentlich besser da als Larry. Larry besitzt nur 200 000 Dollar an Geldanlagen, die jeden Tag für ihn arbeiten, aber er besitzt Aktiva im Wert von 800 000 Dollar, die sein Vermögen jeden Tag schmälern (zum Beispiel durch Hypothekenzahlungen, Grundsteuern und Instandhaltungskosten). Die gute Nachricht für Sybille: Entweder wird sie ihr Ziel der finanziellen Unabhängigkeit schneller erreichen als in den von ihr geschätzten zehn Jahren, oder sie wird in der Lage sein, einen kleineren Prozentsatz ihrer jährlichen Einkünfte für ihren Investmentplan aufzuwenden.

Ihr Nettovermögen ist eine wichtige Zahl für Ihre Finanzplanung, aber es erzählt nicht die ganze Geschichte. Prüfen Sie Ihre Vermögensaufstellung immer daraufhin, welche Aktiva Ihnen Geld bringen und welche Ihnen Geld entziehen. Ihr Auto oder Ihre Segeljacht mag in Ihrer Vermögensaufstellung als Aktivposten auftauchen, aber was Ihre finanziellen Ziele betrifft, ist es höchstwahrscheinlich eine Verbindlichkeit.

Zweiter Schritt: Benennen Sie Ihre finanziellen Ziele und entwickeln Sie einen Finanzplan

Das klingt einfach, aber die meisten Menschen sind nicht in der Lage, ihre Finanzziele klar und deutlich zu benennen. Ein finanzielles Ziel muss konkret und realistisch sein. Ein Beispiel für ein vages (und somit unrealistisches) Ziel lautet: »Ich möchte viel Geld verdienen.« Also bitte! Sie müssen ein klar definiertes Ziel verfolgen. Ein wesentlich konkreteres und erreichbares Ziel wäre: »Ich möchte mit 62 Jahren in den Ruhestand gehen und ein inflationsbereinigtes Jahreseinkommen nach Steuern von 100 000 Dollar haben. Und außerdem möchte ich davon ausgehen, dass ich nicht auf die Sozialversicherung angewiesen bin.« Das ist ein Ziel, mit dem wir arbeiten können!

Wenn Sie Ihre Ziele klar und präzise formuliert haben, ist es Zeit, einen Finanzplan zu entwickeln, der Sie dorthin bringt. Selbst wenn Sie vermögend oder sogar superreich und bereits finanziell unabhängig sind, ist die Erstellung eines Finanzplans zur Realisierung Ihrer Vision immer noch wichtig. Ihr Plan wird Ihnen dabei helfen, zu bestimmen, welchen Teil Ihres Nettovermögens Sie heute investieren müssen, um Ihre Ziele zu erreichen, und wie viel Sie für Schenkungen an die nächste Generation oder für Spenden an Ihre bevorzugten gemeinnützigen Einrichtungen vormerken können.

Sie sollten sich außerdem über Techniken zum Schutz Ihrer Aktiva informieren, zum Beispiel eine Haftpflichtversicherung mit Ausfalldeckung oder die Gründung einer Stiftung, denn die unangenehme Wahrheit ist, dass Ihr Vermögen Sie zur Zielscheibe für Gerichtsprozesse macht. Und schließlich sollte Ihr Berater die potenziellen Erbschaftssteuern bestimmen und Strategien entwickeln, um den Vermögenstransfer auf Ihre Erben so zu gestalten, dass möglichst wenig Steuern anfallen.

Ein guter Finanzplan bewertet mehr als nur Ihre Fortschritte auf dem Weg zur finanziellen Freiheit. Er sollte auch bewerten, wie sich Unwägbarkeiten – Dinge, die Sie nicht kontrollieren können – auf die Entwicklung Ihres Vermögens auswirken. Zum Beispiel die Frage, welche Konsequenzen eine längere oder permanente Erwerbsunfähigkeit für Sie und Ihre Familie hätte oder ein möglicher intensiver Pflegebedarf im Alter oder – bei verheirateten Paaren – der verfrühte Tod des Ehepartners.

Dritter Schritt: Führen Sie eine Prognoserechnung durch

Wenn ich von Kansas City nach Florida fahren will, sollte ich mich vergewissern, dass das Auto aufgetankt ist und ich genügend Vorräte im Kofferraum habe. Dem vergleichbar müssen Sie wissen, ob Sie sich effektiv auf Ihr Ziel vorbereiten. Das machen Sie am besten, indem Sie eine Prognoserechnung durchführen (es gibt Online-Tools, die Ihnen dabei helfen, oder Ihr Berater kann das für Sie tun). Achten Sie darauf, dass Sie alle Aktiva ausklammern, die nicht zur Finanzierung Ihrer Unabhängigkeitsziele zur Verfügung stehen. Wenn die Vermögensaufstellung zeigt, dass Sie heute 800 000 Dollar besitzen, aber 150 000 Dollar für die Ausbildung und Hochzeit Ihrer Kinder ausgeben wollen, dann sollte die Prognoserechnung mit 650 000 Dollar beginnen, die Sie zur Finanzierung

Ihres Ziels einsetzen können (800 000 Dollar minus 150 000 Dollar, die Sie für Ihre Kinder reserviert haben). Dann nehmen Sie das Geld hinzu, das Sie regelmäßig ansparen, ob Sie es in eine private oder betriebliche Altersvorsorge stecken oder in eine andere Geldanlage. Diese Prognoserechnungen können komplexer werden, wenn Sie Ihre gesetzlichen Rentenansprüche, andere Einkünfte oder Mieteinnahmen, ein mögliches Erbe und andere Variablen miteinbeziehen.

Wegen der Vielfalt der Szenarien, die während des Planungsprozesses bewertet werden müssen, suchen viele Anleger Hilfe bei einem professionellen Finanzplaner. Finanzplaner können mithilfe einer speziellen Software und unter Anwendung verschiedener Investmentrenditen schnell und gründlich mögliche Ergebnisse bewerten. Sie können Ihnen auch dabei helfen, zu bestimmen, wie hoch Ihre Ausgaben sein werden und wie viel Sie daher ansparen müssen, um im Alter Ihren Lebensstil aufrechtzuerhalten. Ein Finanzplaner kann zudem Strategien empfehlen, mit denen sich Ihr Plan weiter optimieren lässt, zum Beispiel durch Einzahlungen in einen steuerbegünstigten Rürup-Vertrag oder die Umschuldung Ihres Hypothekenkredits.

Vierter Schritt: Wenn Sie Ihr Ziel anpassen müssen

Nach der Prognoserechnung stellen viele fleißige Sparer fest, dass sie auf ihrem Weg zu finanzieller Freiheit schon sehr viel weiter sind, als sie dachten, und sind glücklich, dass sich ihr Sparverhalten und ihre Investitionen auszahlen. Wenn Sie jedoch feststellen, dass Sie sich nicht auf dem Pfad zu finanzieller Freiheit befinden, müssen Sie entweder Ihre Ziele anpassen oder Ihr Ausgabeverhalten oder Ihr Sparverhalten. Wenn Ihre Projektion zum Beispiel ergibt, dass Sie nur mit einer Investmentrendite von 20 Prozent jährlich Ihr Ziel erreichen können, müssen Sie Ihr Ziel ändern, weil Ihre Strategie höchstwahrscheinlich nicht funktionieren wird. Sie können Ihr Ziel anpassen, indem Sie andere Hebel betätigen, zum Beispiel Ihre notwendigen Ausgaben reduzieren, mehr sparen, Ihren Ruhestand aufschieben oder Ihre Kinder bitten, das Budget für ihre Märchenhochzeit, die Sie finanzieren sollen, zu kappen.

Kehren wir noch einmal zu Sybille Sparsam und Larry Lebemann zurück. Wenn Sybille in den folgenden zehn Jahren nur etwas mehr als 7 Prozent Rendite erzielt, wird sie mit 65 Jahren rund 1,6 Millionen Dollar mit ihren verschiedenen Geldanlagen verdient haben. Wenn sie im Ruhestand konservativer investiert und ihre erwartete Rendite auf 5 Prozent senkt, wird sie mit ihrem Portfolio 80 000 Dollar pro Jahr verdienen. Wenn wir davon ausgehen, dass sie ab dem Alter von 66 Jahren jedes Jahr 20 000 Dollar an staatlicher Rente erhält, ist Sybille auf einem guten Weg, ein Einkommen von 100 000 Dollar jährlich zu erzielen, und wird ihr Ziel der finanziellen Freiheit erreicht haben.

Um die Wahrscheinlichkeit zu steigern, dass Sybille ihre finanzielle Unabhängigkeit bewahren kann, sollte sie genug ansparen, um einen größeren Puffer zu haben. Wenn sie zum Beispiel jeden Monat zusätzliche 1000 Dollar anspart, kann man davon ausgehen, dass ihr Portfolio bis zum Alter von 65 Jahren auf rund 1,8 Millionen Dollar angewachsen sein wird. Die zusätzlichen 200 000 Dollar, die sie bis zum Ruhestand angespart hat, machen sie weniger abhängig von der staatlichen Rente und den jährlichen Ergebnissen ihres Portfolios. Diese zusätzliche Summe (200 000 Dollar) ist ihr zusätzliches Altersruhegeld.

Zu planen, um zusätzliches Geld zur Verfügung zu haben, garantiert, dass Sie immer über genügend Reserven für einen Notfall verfügen. Damit haben Sie ein Polster, um unerwartete Ausgaben zu bestreiten (zum Beispiel, wenn Sie das Dach Ihres Hauses neu decken müssen), und es verringert Ihre Abhängigkeit von den Märkten, um Ihr Ziel zu erreichen. Wenn Sie mit Ihrem aktuellen Sparplan gerade eben an den Rand der finanziellen Freiheit gelangen, werden Sie wahrscheinlich bei jeder Marktbewegung in Stress geraten. Jeder schlechte Handelstag wird Ihnen das Gefühl geben, dass Sie in Ihren goldenen Jahren von Fertiggerichten und Katzenfutter leben müssen. Für Ihre vollkommene Seelenruhe sollten Sie etwas mehr ansparen, als Sie brauchen.

Und jetzt wollen wir uns noch einmal Larry Lebemann zuwenden. Larry muss einige schwere Entscheidungen treffen. Um die rund 1,6 Millionen Dollar zu erreichen, die er für sein Ziel benötigt, mit 65 Jahren finanziell unabhängig zu sein, muss er rund 7000 Dollar pro Monat ansparen (erinnern Sie sich, dass Sybille viel weniger ansparen musste, weil ein wesentlich größerer Teil ihres Vermögens investiert ist und wächst). Wenn Larry jeden Monat so viel erübrigen kann, großartig. Dann kann er regelmäßig einen deutlich höheren Betrag ansparen als Sybille und trotzdem weiterhin seine Wochenenden in seinem Ferienhaus am See verbringen. Falls er diesen Betrag jedoch nicht übrig hat, muss Larry eines seiner beiden

Häuser verkaufen oder bescheidener leben und somit sein monatliches Einkommen erhöhen, wenn er sich nicht von seinem Ziel der finanziellen Unabhängigkeit verabschieden will.

Diese Art von Entscheidungen müssen Sie sehr früh auf Ihrem Weg treffen. Sie wollen bestimmt keine reuigen Gespräche mit Ihrem Ehepartner und Ihren Kindern führen und bedauern, dass Sie nicht größere Summen gespart haben. Sie sollten Ihre aktuelle finanzielle Situation genau kennen; Sie sollten wissen, welche Vermögenswerte Sie reicher machen und welche Ihnen Geld entziehen und wie viel Zeit Sie haben, um Ihre finanziellen Ziele zu erreichen. Auf diese Weise können Sie bestimmen, ob Sie heute einige Ihrer Vermögenswerte veräußern sollten oder bei Eintritt ins Rentenalter, oder ob Sie es sich leisten können, alle Ihre nicht produktiven Vermögenswerte zu behalten (zum Beispiel Ihr Ferienhaus oder Ihre Segeljacht), und Ihre Ziele für den Ruhestand trotzdem erreichen. Sie müssen auch bestimmen, ob Sie mehr oder weniger sparen müssen, als Sie ursprünglich glaubten.

Fünfter Schritt: Stellen Sie ein maßgeschneidertes Portfolio zusammen

Wenn Sie Ihre finanziellen Ziele kennen und wissen, wie Sie Ihre finanziellen Gewohnheiten möglicherweise verändern müssen, um diese Ziele zu erreichen, sollten Sie ein Portfolio zusammenstellen, mit dem Sie Ihr Vorhaben höchstwahrscheinlich realisieren können.

Unter Umständen benötigen Sie für Ihre verschiedenen Portfolien auch unterschiedliche Pläne mit einem unterschiedlichen Risikoprofil. Sie könnten zum Beispiel separate Geldanlagen zur Ausbildungsfinanzierung haben. Für diese Anlagen gibt es jeweils einen anderen Ausgangsbetrag (die Summe, die Sie für Studiengebühren vorgesehen haben) und ein anderes Ziel (das Ausbildungsniveau, das Sie finanzieren wollen). Möglicherweise haben Sie ein weiteres Ziel für ein Ferienhaus, für die Finanzierung der Hochzeit Ihrer Kinder oder eine Stiftung für Ihre Kinder und Enkel. Wenn Sie mehr Geld haben, als Sie zur Erreichung Ihrer Ziele brauchen, ist es völlig legitim, dass Sie den entsprechenden Teil Ihres Portfolios darauf verwenden, »den S&P 500 zu schlagen« oder was Ihnen auch immer einfällt. Worauf es ankommt, ist, dass Sie ein solides Portfolio zusammengestellt haben, um den richtigen Kurs in Richtung finanzieller Unabhängigkeit einzuschlagen. Danach können Sie überschüssige Gelder auf unterschiedliche Weise investieren.

Ob Sie Ihren Ruhestand oder die Ausbildung Ihrer Kinder absichern, finanziellen Überfluss oder irgendetwas anderes erreichen wollen, auf jeden Fall müssen Sie zuerst ein konkretes Ziel formulieren. Alles andere ergibt sich daraus.

Und nun?

Ein Arzt, der eine Prognose über eine langfristige Krankheit geben soll, benötigt sehr viel Information, bevor er den Verlauf der Behandlung bestimmen kann. Das Gleiche gilt für die Geldanlage. Wenn Sie auf Basis Ihrer Ziele einen Plan erstellt haben und wissen, wie viel Sie ansparen müssen, kann ein Finanzberater die besten Finanzinstrumente bestimmen, um Ihre Ziele zu erreichen.

Das Erste, was die meisten Finanzberater (mich selbst eingeschlossen) Ihnen empfehlen werden, ist, dass Sie in eine betriebliche Altersvorsorge einzahlen, zu der Ihr Arbeitgeber etwas beisteuert. In Deutschland muss der Arbeitgeber bei Abschlüssen, die Sie 2019 oder später tätigen, immer 15 Prozent beisteuern. Ab 2022 gilt diese Zuschusspflicht sogar für alle bestehenden Verträge. Das heißt: Allein fast 18 Prozent Rendite erwirtschaften Sie automatisch auf Ihren Einsatz, weil der Arbeitgeber einen Teil dazu beiträgt – und dadurch seinerseits Sozialversicherungsbeiträge spart. Viele Arbeitgeber bieten außerdem sogenannte Vermögenswirksame Leistungen (kurz: VL) an, sprich feste monatliche Geldgeschenke von bis zu 40 Euro, die einzig an die Bedingung gebunden sind, in einen Sparvertrag mit mindestens siebenjähriger Laufzeit eingezahlt und nicht vorzeitig entnommen zu werden. Zu solchen Vorsorgeverträgen kann man Sie nur beglückwünschen! Das ist eine sehr clevere Sache! Vergeben Sie nie die Chance auf betriebliche Altersvorsorge und Vermögenswirksame Leistungen – das ist höchst empfehlenswert.

Außerdem sollten Sie als Anleger versuchen, Ihre Einzahlungen in einen staatlich geförderten Altersvorsorgevertrag zu maximieren. Einen Rürup-Vertrag, bei dem die staatliche Förderung aus einer großzügigen Steuerersparnis besteht, können Sie auf jeden Fall abschließen. Er lohnt sich vor allem für Gutverdiener. Einen Riester-Vertrag können Sie abschließen, wenn Sie wahlweise verbeamtet oder rentenversicherungspflichtig angestellt sind oder wenn Ihr Ehepartner das ist und seinerseits einen Riester-Vertrag abschließt. Hier besteht die Förderung vorrangig in staatlichen Zulagen, die umso höher ausfallen, desto mehr Kinder Sie haben, für die noch eine Kindergeldberechtigung besteht. Manchmal gibt es außerdem die Chance auf eine noch weitaus höhere Steuerersparnis. Wie viel Sie einzahlen müssen, um die maximale Förderung zu bekommen, hängt von Ihrem Einkommen und der Zahl Ihrer Kinder ab. Für Riester- wie auch für Rürup-Verträge gilt: Die Einzahlungen können Sie steuerlich geltend machen, die späteren Auszahlungen sind steuerpflichtig. Man spricht hier von einer »nachgelagerten Besteuerung«.

Nachdem Sie die Möglichkeiten der betrieblichen beziehungsweise staatlich geförderten Altersvorsorge maximal ausgeschöpft haben, werden die Investitionsentscheidungen komplexer. Wo Sie Ihr Geld platzieren wollen, wird im Wesentlichen davon abhängen, ob Ihnen andere Altersvorsorgemöglichkeiten offenstehen. Aber auch die steuerlichen Gegebenheiten spielen eine Rolle. Worauf es ankommt, ist, dass Sie so viel Geld ansparen, dass Sie Ihr Ziel der finanziellen Unabhängigkeit auf steuereffizienteste Art und Weise erreichen.

Wie gelange ich dorthin?

Zu wissen, wie viel Geld Sie investieren müssen, um an Ihr Ziel zu gelangen, und die Ressourcen zum Investieren zu besitzen, sind oft zwei unterschiedliche Dinge. Einige potenzielle Anleger haben das Geld zur Hand – auf einem Sparkonto oder einem ähnlichen Konto –, aber sie fürchten sich davor, es in den Markt zu investieren, aus Sorge, sie könnten das Geld in einem Notfall dringend benötigen. Andere haben vielleicht den Wunsch, zu investieren, aber ihr Bargeld ist durch Schuldenrückzahlung oder große Ausgaben gebunden. Diesem Personenkreis erscheint es vielleicht unmöglich, die Ressourcen zu finden, um ihren angestrebten Finanzplan umzusetzen. Wir wollen nun zwei der häufigsten Faktoren betrachten, die die Geldanlage behindern, und die Möglichkeiten, diese Hindernisse zu überwinden.

Bargeldreserven für Notfälle

Eine Bargeldreserve für Notfälle zu haben, ist wichtig, unabhängig davon, ob Sie Multimillionär oder ein frisch gebackener Uniabsolvent sind. Es gibt aber einen Unterschied zwischen dem Zugang zu Bargeld und der Aufbewahrung von Geld auf einem Konto (das jeden Tag durch die Inflation ein wenig entwertet wird). In unserem heutigen Niedrigzinsumfeld ist das Anhäufen großer Beträge auf einem Sparkonto oder einem Tagesgeldkonto ungefähr so nützlich für Ihre finanzielle Unabhängigkeit, als würden Sie es 20 Jahre lang unter der Matratze verstecken. Inzwischen erheben sogar die ersten Banken Strafzinsen, was nicht allein die Kaufkraft, sondern den tatsächlichen, nominalen Betrag auf dem Konto immer weiter reduziert. Jeder überschüssige Betrag, den Sie daher nicht kurzfristig brauchen, zum Beispiel für eine geplante Anschaffung im nächsten oder übernächsten Jahr, sollte idealerweise in langfristiges Wachstum investiert werden. Ein vernünftiger Betrag für Notfälle – sagen wir, eine Summe, die Ihren Ausgaben für drei bis sechs Monate entspricht – sollte ebenfalls auf dem Bankkonto beziehungsweise einem separaten Tagesgeldkonto bleiben.

Schuldentilgung

Von Ausbildungskrediten bis zum Hypothekenkredit, der amerikanische Traum ist bei den meisten Menschen auf Schuldenfinanzierung aufgebaut. Auch in Deutschland sind Studienschulden nicht zu vernachlässigen – und Gleiches gilt für Kredite, die etwa zur Finanzierung eines Eigenheims aufgenommen werden. Bei einem verantwortlichen Umgang mit Krediten können diese den Menschen einen Start ins Erwachsenenleben ermöglichen oder als Ressource für unerwartete Ausgaben dienen. Ein unverantwortlicher Umgang mit geliehenem Geld kann zu einer niederdrückenden Last werden, die verhindert, dass die Betroffenen ihre Träume verwirklichen.

Wahrscheinlich gibt es kaum ein umstritteneres Thema auf dem Gebiet der persönlichen Finanzen als die Kreditaufnahme. Dabei gibt es auf beiden Seiten überzeugte »Experten«: Die einen preisen die Vorzüge der strategischen Verwendung von Schulden, die anderen betrachten sie als eine Geißel der Menschheit, die unter allen Umständen vermieden werden sollte. Unabhängig von Ihrer eigenen Auffassung zum Thema Schulden ist eines jedoch gewiss: Die Fähigkeit, Schulden aufzunehmen, ist grundsätzlich von Ihrer Fähigkeit begrenzt, diese zu bedienen. Ich habe 80-jährige Kunden gehabt, die noch immer glücklich und zufrieden ihre Hypothek abgestottert haben, weil sie eine fantastisch niedrige Kreditrate und hohe, vorhersagbare, stabile Einkünfte hatten, mit denen sie ihre Kreditraten bezahlen konnten. Ich habe aber auch Leute kennengelernt, die Mühe hatten, irgendeinen Investmentplan umzusetzen, weil nach der Schuldentilgung am Ende des Monats nichts übrigblieb.

Wenn die Schuldentilgung die Erreichung Ihrer finanziellen Ziele behindert, ist es wichtig, alle Schulden zu beseitigen oder zu reduzieren, die die Effektivität Ihres Investmentplans beeinträchtigen. Die meisten Konsumschulden, wie zum Beispiel Kreditkartenschulden, sind mit Zinsen behaftet, die weit über der erwarteten Rendite Ihrer Geldanlagen liegen. Wenn Sie eine einstellige Investmentrendite erzielen, aber einen zweistelligen Zinsbetrag auf Ihre Schulden bezahlen müssen, ist das so, als würden Sie versuchen, mit einem 100 Kilo schweren Rucksack, der Sie immer wieder in die Tiefe zieht, einen Berg zu erklimmen.

Was können Sie also tun? Das Beste ist, zunächst die Schulden mit den höchsten Zinsen anzugehen. Wenn Sie diese Kredite zuerst abzahlen, sind Sie die hohen Zinszahlungen los und können verhindern, dass Ihre Finanzsituation außer Kontrolle gerät. Gleichzeitig sollten Sie wenigstens den gesetzlichen Mindestbetrag in eine staatliche geförderte Altersvorsorge einzahlen, der Ihnen die Höchstförderung garantiert. Während Sie sich durch die Schuldentilgung zusätzlichen finanziellen Freiraum verschaffen, können Sie beginnen, in einen Sparplan oder andere Anlagekonten einzuzahlen oder Ihre Beiträge zur betrieblichen Altersvorsorge zu erhöhen, um Ihren Zielen schneller näher zu kommen.

Manchmal sind die Schulden keine große Belastung und die Betroffenen fragen sich, ob sie wirklich mit ihren Ersparnissen den gesamten Kredit abzahlen sollen. Die Antwort hängt von den Alternativen ab. Diejenigen, die davor zurückscheuen, das Geld zu investieren, und ihre Ersparnisse lieber auf der Bank lassen, sollten ihre Schulden besser zurückzahlen. Wenn sie jedoch bereit sind, das Geld zu investieren und eine Investmentrendite erwarten können, die über ihren Kreditzahlungen liegt, empfehle ich, das Geld zu investieren und die Schuldentilgung wie bisher fortzusetzen. Falls sie dann doch beschließen, lieber ihre Schulden abzuzahlen, können sie das Geld von ihrem Investmentkonto nehmen, wo es sich stetig vermehrt hat.

Nehmen wir ein Beispiel: Ein US-Amerikaner, der einen Hypothekenkredit mit einem Festzins von 2,5 Prozent (der zum Teil steuerlich geltend gemacht werden kann) abzahlt, kein Problem mit der Schuldentilgung hat und in 20 Jahren ein sattes Nettovermögen erwarten kann, möchte sein Geld womöglich lieber investieren, als damit auf einen Schlag den Kredit auszulösen. Ein Amerikaner in der gleichen Situation, dessen Kredit aber mit 7 Prozent verzinst ist, sollte auf jeden Fall zuerst die Schulden abzahlen. In Deutschland dagegen können Hypothekenkredite nicht jederzeit beliebig gekündigt werden, ohne der Bank einen Ersatz für die entgangenen Zinsen (eine sogenannte Vorfälligkeitsentschädigung) zahlen zu müssen. In der Regel können Sie einen Hypothekenkredit erst nach zehn Jahren kündigen, ohne dass eine Vorfälligkeitsentschädigung anfällt. Die oben genannten Überlegungen sind gleichwohl auch für Kreditnehmer in Deutschland relevant – etwa bei der Frage, ob sie vorhandene Geldreserven lieber in eine im Kreditvertrag vereinbarte Sondertilgung stecken oder in eine Geldanlage, die womöglich mehr bringt.

Ausbildung

Bildung kostet Geld, Unbildung aber auch.
CLAUS MOSER

Für viele Anleger ist die Finanzierung des Studiums ihrer Kinder ein vorrangiges Finanzziel. Viele schrecken jedoch vor den hohen Kosten zurück. Es stimmt, dass die Studiengebühren beziehungsweise die Wohnungsmieten in Studentenstädten astronomisch hoch sind. Ab und zu erzählen mir ältere Kunden: »Ich habe mir mein Studium durch Arbeit finanziert.« Heute ist das kaum noch möglich. Während die Lohninflation jedes Jahr nur wenige Punkte ansteigt, sind die Kosten eines Universitätsstudiums explodiert. Die Rechnung, das eigene Studium durch Arbeit zu finanzieren, geht nicht mehr auf.

Auch hier müssen Sie zunächst eine finanzielle Standortbestimmung vornehmen. Viele beginnen bei null. Sie haben nichts für die Ausbildung ihrer Kinder beiseitegelegt. Dann müssen Sie Ihren Zielort bestimmen – das ist das Studium, für das Sie sparen. Wollen Sie ein vierjähriges

Studium an einer Privatuni bezahlen oder ein sechsjähriges Studium an einer staatlichen Universität? Wollen Sie das gesamte Studium finanzieren oder nur einen Teil? In welcher Stadt soll das Studium aufgenommen werden und wie hoch sind dort die Mieten?

Nehmen wir als Beispiel Gisela Großzügig. Sie möchte ihren Kindern bei der Finanzierung ihres Studiums helfen, indem sie für vier Jahre 75 Prozent der Kosten eines Studiums an einer staatlichen Universität übernimmt. Mit einigen schnellen Recherchen können wir die Gesamtkosten für Unterricht, Gebühren, Bücher, Unterkunft und Verpflegung an der anvisierten Universität bestimmen. Dann passen wir die Summe an den durchschnittlichen jährlichen Anstieg der Ausbildungskosten an. Und am Ende haben wir den Gesamtbetrag, den Gisela zu dem Zeitpunkt braucht, wenn ihre Kinder ihr jeweiliges Studium aufnehmen.

Anschließend rechnen wir aus, wie viel Gisela jeden Monat ansparen muss, um dieses Ausbildungsziel zu erreichen. Die Kalkulation geht davon aus, dass sie jedes Jahr eine vernünftige Investmentrendite erzielt, und basiert auf einer Kapitalallokation, die auf den verfügbaren Anlagezeitraum (bis die Kinder ihr Studium aufnehmen) abgestimmt ist. Nehmen wir zum Beispiel an, 75 Prozent der gesamten Ausbildungskosten an Giselas Zieluniversität würden heute 17 500 Dollar betragen und die jährliche Kostensteigerung 4 Prozent. Auf Basis dieser Zahlen kommen wir zu der Schätzung, dass sie 225 000 Dollar ansparen muss, um ihrer heute neunjährigen Tochter und ihrem sechsjährigen Sohn mit 18 Jahren den College-Besuch zu ermöglichen. Wenn wir von einer Investmentrendite in Höhe von 6 Prozent ausgehen, muss Gisela jeden Monat 700 Dollar für ihre Tochter und rund 575 Dollar für ihren Sohn ansparen, um zum Zeitpunkt ihres jeweiligen Studienbeginns genügend Geld für die Ausbildung zu haben.

Wie bei der Altersvorsorge reicht es auch hier nicht, Ihre aktuelle Finanzsituation und Ihr Ziel zu kennen und zu wissen, wie viel Sie jeden Monat beiseitelegen müssen. Wenn Sie für die Ausbildung Ihrer Kinder sparen, müssen Sie auch wissen, welches die besten Sparinstrumente sind. Für die meisten Eltern in den USA ist das ein 529-College-Saving-Plan. Die Einzahlungen in diesen Plan können steuerfrei wachsen und die Verteilung für die Ausgaben einer qualifizierten höheren Ausbildung kann ebenfalls steuerfrei erfolgen. In Deutschland gibt es nichts Vergleichbares – aber doch immerhin die Möglichkeit, für die Kinder eigene Depots mit eigenen Sparplänen anzulegen, ohne auf die Kapitalerträge Steuern zahlen zu müssen. Denn solange diese Kapitalerträge mitsamt den anderen Einkünften der Kinder unter dem Grundfreibetrag (9 408 Euro im Jahr 2020, mit Sparerpauschbetrag sogar 10 209 Euro) liegen, fallen keine Steuern an. Mit einer sogenannten Nichtveranlagungsbescheinigung sorgen Sie zudem dafür, dass die Depotbank von vornherein keine Abgeltungssteuer ans Finanzamt abführt.

Angesichts der explodierenden Kosten einer akademischen Ausbildung greifen viele Familien nach jedem Strohhalm. Staatliche Ausbildungsförderung (in Deutschland: BAföG) kann eine wichtige Komponente sein, also sollten Sie es rechtzeitig beantragen. Die Gewährung ist allerdings an bestimmte Einkommens- und Vermögensgrenzen gekoppelt – berücksichtigt wird hier vorrangig das Einkommen und Vermögen des oder der Studierenden selbst, aber bis zu einem gewissen Grad auch dasjenige der Eltern oder des Ehepartners beziehungsweise der Ehepartnerin. Der Vorteil von BAföG besteht darin, dass nur die Hälfte des gewährten Geldes nach Ende des Studiums zurückgezahlt werden muss und dass die Rückzahlungssumme auf 10 000 Euro begrenzt ist.

ZWEITE REGEL: ERSTELLEN SIE EIN PORTFOLIO, DAS AUF IHRE ZIELE ABGESTIMMT IST

Wenn Sie nicht wissen, wohin Sie gehen, geraten Sie auf Abwege.
YOGI BERRA

Die meisten von uns haben irgendwann ein Auto gekauft. Bevor wir das tun, haben wir eine Vorstellung, wozu wir das Auto brauchen. Während meines Studiums brauchte ich ein Auto, das mich einfach von A nach B brachte, daher suchte ich nach einem billigen und zuverlässigen Auto. Als ich heiratete, suchte ich nach einem Auto, dass mich nicht nur von A nach B brachte, sondern darüber hinaus Annehmlichkeiten wie eine Klimaanlage bot. Als ich Kinder hatte, wurde Sicherheit meine höchste Priorität, und ich brauchte ein Auto, aus dem man leicht ein- und aussteigen konnte, während man zappelnde Kleinkinder im Arm hielt. Als meine Kinder älter wurden, wurde ich zum Fahrdienst und brauchte ein Auto, das Platz hatte für ungestüme Jugendliche und reichlich Sportgeräte.

Wir alle wissen, welche Mühen und Gedanken man sich beim Kauf eines neuen Autos macht. Interessanterweise verschwenden die meisten Anleger weitaus weniger Gedanken auf ihre langfristigen Geldanlagen. So ist es zum Beispiel nicht unüblich, dass ein durchschnittlicher Anleger fragt: »Ist heute ein guter Tag, um Aktien von Apple zu kaufen?«

Anleger mit Finanzbildung würden ganz anders an diese Entscheidung herangehen. Sie würden sich zunächst klarmachen, welches ihre übergeordneten Ziele sind, dann ihre spezifischen Finanzziele formulieren und anschließend die folgenden Fragen stellen: »Welchen Anteil sollte ich in Aktien investieren? Und welcher Anteil meiner Aktieninvestitionen sollte in große Unternehmen fließen? Welchen Anteil sollte ich in US-Unternehmen investieren?« Und erst wenn diese Fragen beantwortet sind, fragen sie sich vielleicht: »Passt Apple zu meinem Investmentplan?« Womöglich betrachten Sie sich zu diesem Zeitpunkt noch nicht als ein finanzgebildeter Anleger, aber ich versichere Ihnen, dass Sie nach der Lektüre dieses Buches mehr Wissen besitzen als so mancher Finanzprofi!

JENSEITS DER REINEN FINANZZIELE

Wir haben bereits über mehrere spezifische Ziele gesprochen, die Anleger verfolgen, zum Beispiel finanzielle Unabhängigkeit oder die Finanzierung der Ausbildung ihrer Kinder. Einige verfolgen noch breitere Ziele, zum Beispiel die Finanzierung eines noch angenehmeren Lebensstils für ihre Familie. Andere blicken sogar noch weiter und wollen ihr Vermögen ihren Nachkommen übertragen oder gemeinnützigen Einrichtungen spenden.

Diese Ziele setzen unter Umständen ein ganz anderes Portfolio mit einer ganz anderen Zusammensetzung voraus. Die »Zutaten« werden bestimmen, welche Vermögenswerte am besten für eine Balance zwischen dem Wunsch nach Wachstum und der Notwendigkeit des Vermögensschutzes geeignet sind.

Dieser Ansatz unterscheidet sich radikal von dem populären Narrativ, man solle einfach so viel Geld wie möglich anhäufen. Natürlich wollen die meisten Menschen möglichst viel Geld, aber wenn das Ihr einziges Ziel ist, bedeutet es üblicherweise, dass Sie unkluge Anlagerisiken eingehen. Das Ziel, das Sie mit den Vermögenswerten in Ihrem Portfolio verfolgen, sollte ihre Allokation bestimmen, und nicht umgekehrt. Ich kann förmlich hören, was einige von Ihnen jetzt denken: »Ich will möglichst viel Geld verdienen. Alles andere ist mir vollkommen egal.« Ich möchte Ihnen ein Beispiel dafür nennen, warum das vielleicht nicht zutrifft.

Nehmen wir an, Sie hätten genügend Geld für Ihren Lebensabend angespart, um zusammen mit Ihrer gesetzlichen Rente in zehn Jahren in den Ruhestand zu gehen und rund 100 000 Dollar pro Jahr zur Verfügung zu haben. Wenn ich Sie frage, wie Ihr Ziel für die kommenden zehn Jahre lautet, und Sie mir sagen, Sie wollen möglichst viel Geld ansammeln, dann haben wir ein Investitionsdilemma. Wenn das Ihr wahres Ziel ist, ist es auf Basis der historischen Daten und Statistiken empfehlenswert, einen Anteil von 10 Prozent oder weniger Ihres Portfolios in Anleihen zu investieren, weil Anleihen über einen Zehnjahreszeitraum meistens erheblich weniger abwerfen als Aktien. Nun könnten Sie sagen: »Das ist doch großartig! Wenn das ist, was die Statistiken sagen, investieren wir eben alles in Aktien.«

Das Ziel, in zehn Jahren in den Ruhestand zu gehen und für den Rest des Lebens 100 000 Dollar pro Jahr zur Verfügung zu haben, erfordert ein anderes Portfolio als das Ziel der Vermögensmaximierung. Wenn Sie das Ziel verfolgen, möglichst viel Geld anzuhäufen, um in zehn Jahren in den Ruhestand gehen zu können, dann wäre ein Portfolio mit einem Anteil von 20 bis 30 Prozent in Anleihen angemessen. Und das liegt an Folgendem: Zwar werfen Anleihen weniger ab, aber ihre Rendite ist weitaus vorhersagbarer als eine Aktienrendite. Auf diese Weise wird die Schwankungsanfälligkeit des gesamten Portfolios reduziert, und das erhöht die Chance, dass Sie eine bestimmte Zielrendite erreichen. Ein stark aktienlastiges Portfolio besitzt zwar eine höhere Wahrscheinlichkeit, Ihre Zielrendite zu übertreffen, aber es erhöht auch das Risiko, dass Sie weit unterhalb Ihrer Zielrendite bleiben. Angesichts dieser Alternativen entscheiden sich die meisten Anleger für die erste Option, die mehr Sicherheit bietet. Zwar gibt es keine Garantien, aber sie wollen die höchste Wahrscheinlichkeit, dass sie ihr Altersvorsorgeziel erreichen.

Für sehr reiche Menschen gilt das gleiche Prinzip. Allgemein herrscht die Wahrnehmung, die Superreichen hätten eine geheime Gelddruckmaschine, würden gewaltige Marktrisiken eingehen und ihren Reichtum ständig verdoppeln. Diese Wahrnehmung hat allerdings wenig mit der Realität zu tun. Sehr vermögende Menschen konzentrieren sich wesentlich stärker auf den Vermögenserhalt als auf die Vermögensmehrung.

Viele nennen die Nachlassplanung oder ein gemeinnütziges Vermächtnis als ihre Hauptziele, und daraus ergibt sich oft eine Nachlassplanung mit vielen beweglichen Bestandteilen. Diese Menschen gründen Stiftungen, die als Gerüst für ihre Finanzplanung dienen, und legen großen Wert auf die Steueroptimierung, damit ihr Vermögen nicht unnötig geschmälert wird. Sie wissen, dass ihre Ziele ein Portfolio erfordern, dessen Hauptziel nicht die Vermögensmaximierung ist, sondern das Risikomanagement oder Steuereffizienz in den Mittelpunkt stellt.

Nehmen wir zum Beispiel an, ein superreicher Investor würde eine Familienstiftung gründen, nach deren Statuten 5 Prozent des Stiftungsvermögens jedes Jahr an wohltätige Zwecke gespendet werden müssen. Ein Portfolio, das für diese Stiftung erstellt würde, hätte nicht zum Ziel, eine maximale Rendite zu erwirtschaften. Tatsächlich enthalten fast alle Familienstiftungen, die von sehr reichen Personen gegründet wurden, einen substanziellen Anteil an Anleihen.

Der Hauptgrund, aus dem sehr vermögende Familien Anleihen den Vorzug geben, ist die Sicherheit, die sie bieten. Wenn Sie Anleihen in Ihrem Portfolio haben, haben Sie eine größere Gewissheit, dass sich die jährliche Ausschüttungssumme erreichen lässt, ohne dass Sie schwankungsanfälligere Vermögenswerte in Ihrem Portfolio verkaufen müssen, wenn deren Wert sinkt. Bei einem Blick auf eine der größeren Krisen der vergangenen Jahre – den 11. September, den Börsenzusammenbruch von 2008/2009 oder die Corona-Pandemie – werden Sie feststellen, dass qualitativ hochwertige Anleihen in jeder einzelnen Krise an Wert gewonnen haben, wohingegen die Aktienkurse zwischen 40 und 50 Prozent eingebrochen sind. In diesen turbulenten Phasen könnte eine Stiftung, die in Anleihen investiert ist, den jährlichen Verteilungsbedarf mit einer Kombination aus dem Portfolio-Einkommen und den Anleihen decken, anstatt während einer schwachen Marktphase Aktien zu verkaufen. Denn das würde das Risiko erhöhen, dass die Stiftung ihr gesamtes Geld verliert und aufgelöst wird.

In Kapitel 10 werden Sie die spezifischen Details der Zusammenstellung und des Managements eines Investmentportfolios erfahren. Dabei kommt es nicht darauf an, ob Sie gerade erst anfangen, zu investieren, oder bereits eine halbe Milliarde Dollar besitzen: Sie müssen immer bei Ihrem gedanklichen Ziel oder Ihrer Vision beginnen. Wenn Sie eine klare Vorstellung davon haben, was Sie erreichen wollen, wird alles andere erheblich leichter.

DRITTE REGEL: ÜBERPRÜFEN SIE IHREN PLAN

Für Sprünge aus großer Höhe brauchen Sie keinen Fallschirm. Sie brauchen nur einen, wenn Sie mehrmals aus großer Höhe abspringen wollen.
UNBEKANNT

Wir haben alle schon einmal an einem Wettrennen teilgenommen. Ob es ein Wettlauf unter Nachbarn um den nächsten Straßenblock ist oder ein olympischer 400-Meter-Lauf, alle haben zwei Dinge gemeinsam: einen Startpunkt und eine Ziellinie. Und alle ernsthaften Athleten wissen genau, von wo aus sie starten und wo sich die Ziellinie befindet, die sie erreichen müssen.

Überprüfen Sie Ihren Finanzplan und Ihre Prognoserechnungen einmal im Jahr oder immer dann, wenn es eine große Veränderung in Ihrem Leben gibt (zum Beispiel eine Hochzeit, die Geburt eines Kindes oder erhebliche Veränderungen in Ihrer Einkommenssituation). Bei dieser Prüfung werden Sie vielleicht feststellen, dass sich Ihr Nettovermögen verändert hat, weil sich Ihr Portfolio im vergangenen Jahr besser oder schlechter entwickelt hat als erwartet. Sie könnten eine überraschende Bonuszahlung erhalten oder einen Vermögenswert veräußert haben (zum Beispiel ein Haus). Dann hat sich die Startlinie verändert.

Vielleicht verfolgen Sie inzwischen aber auch andere Ziele. Vielleicht wollen Sie früher in den Ruhestand gehen als ursprünglich geplant, oder Sie rechnen nun damit, dass Sie im Rentenalter noch in Teilzeit arbeiten müssen. Vielleicht ist das Studium, das Ihre Tochter anvisiert, doppelt so teuer wie Sie gedacht hatten, oder es stellt sich bei der Schwangerschaft heraus, dass Sie nicht ein Kind bekommen, sondern Drillinge. Vielleicht haben Sie inzwischen geheiratet oder sind geschieden oder gesünder oder kränker, als Sie dachten. Dann hat sich die Ziellinie verändert.

In Ihrem Leben können alle möglichen Dinge passieren, die eine Umschichtung in Ihrem Portfolio nötig machen. Achten Sie darauf, dass die Betonung dabei auf den persönlichen Lebensveränderungen liegt und nicht auf den Veränderungen in den verschiedenen Märkten.

Nehmen wir an, eine 60-jährige Anlegerin verfolgt das Ziel, mit 62 Jahren ein Jahreseinkommen von 100 000 Dollar zu erzielen. Ihre Prognoserechnungen gehen von einer Investmentrendite von 6 Prozent aus, und sie befand sich auf dem richtigen Kurs. Bei der jährlichen Überprüfung ergab sich jedoch, dass sich ihr Portfolio wegen eines ausgeprägten Bullenmarktes wesentlich besser entwickelt hat als erwartet. Außerdem will die Anlegerin nun, da ihr Ruhestand näher rückt, die Schwankungsanfälligkeit ihres Portfolios reduzieren. Zu ihrem Glück ist sie nicht mehr auf eine Rendite von 6 Prozent angewiesen, um ihr Ziel eines dauerhaften Jahreseinkommens von 100 000 Dollar zu erreichen. Die Portfolio-Hochrechnungen zeigen, dass 5 Prozent Rendite ausreichen. Angesichts dieser Perspektive beschließt die Anlegerin, den Aktienanteil in ihrem Portfolio zu verringern und Anleihen mit einem erstklassigen Rating stärker zu gewichten. Das tut sie in dem Wissen, dass sie damit ihre langfristige Rendite senkt, aber die Wahrscheinlichkeit erhöht, eine Rendite von 5 Prozent zu erzielen und gleichzeitig die Volatilität ihres Portfolios zu reduzieren.

DIE ULTIMATIVE REGEL: MACHEN SIE KEINE FEHLER!

Auf CNBC gesehen:
Moderator: Dann ist das eine Kaufgelegenheit?
Gast: Ich würde bei dem heutigen Markt nicht kaufen (S&P bei 2.710), aber ich würde auf alle Fälle bei S&P 2.680 kaufen.

Dieser Dialog illustriert genau die falsche Art der Portfolio-Betrachtung. Warum sollte ein Anleger Aktien bei einem Stand des S&P von 2.680 kaufen, aber nicht bei 2.710? Wenn Sie Ihr Portfolio zusammengestellt haben, müssen Sie diszipliniert bleiben. Folgen Sie dem Muster der Investmententscheidungen in diesem Kapitel oder arbeiten Sie mit einem Finanzberater zusammen, der diese Prinzipien versteht, akzeptiert und auf der entsprechenden Basis investiert. Ignorieren Sie den Lärm, geraten Sie nie in Panik, lassen Sie sich auch in Krisen nicht von Ihrem Kurs abbringen und – ganz wichtig – konzentrieren Sie sich immer auf Ihre Ziele.

Wenn alle hier genannten Faktoren dazu führen, dass Sie eine zweite Meinung über Ihr Portfolio einholen möchten, bieten wir Ihnen gerne eine kostenlose Überprüfung an. Besuchen Sie die Website www.creativeplanning.com.

KAPITEL SECHS
RISIKOMANAGEMENT

von Peter Mallouk

Jeder hat einen Plan, bis er eine aufs Maul kriegt.
MIKE TYSON

Das Risikomanagement ist Teil Ihres Alltags: Sie schließen die Tür ab, wenn Sie das Haus verlassen; Sie legen den Gurt an, bevor Sie mit dem Auto losfahren, und Sie blicken in beide Richtungen, bevor Sie eine Straße überqueren. Im Zusammenhang mit Geldanlage bedeutet Risikomanagement, dafür zu sorgen, dass Sie sich möglichst gut vor finanziellen Verlusten schützen. Für Anleger, die bereits einen disziplinierten Sparplan verfolgen oder ein erhebliches Vermögen angesammelt haben, ist die größte Bedrohung ihrer finanziellen Unabhängigkeit ein katastrophaler Verlust als Folge eines *marktfremden* Ereignisses, auf das sie *keinen* Einfluss haben, zum Beispiel ein Hausbrand oder ein Todesfall in der Familie. Die stetige Verbesserung Ihrer Investmentrendite spielt keine Rolle, wenn Sie wegen eines unglücklichen Vorfalls alles verlieren.

Viele von uns verbringen mehr Zeit mit der Entscheidung, welche Pizza sie für die Familie bestellen (»Wird Susi dieses Mal Peperoni essen wollen?«), als mit der Frage, welche Versicherung sie zum Schutz ihrer Familie abschließen sollten.[19] Zwar ist das Risikomanagement Teil des Vermögensmanagements, aber Sie fragen sich vielleicht, welchen Platz dieses Thema in einem Buch hat, das aus Ihnen einen gewieften Anleger

19 Einige von uns verbringen sogar mehr Zeit damit, darüber nachzugrübeln, für welchen Pizzaboden sie sich entscheiden sollen. Gerechterweise muss man aber sagen, dass das auch eine Entscheidung ist, die eine sorgfältige Abwägung erfordert.

machen will. Im Wesentlichen geht es um die Bedeutung eines bestmöglichen Schutzes vor finanziellen Risiken. Wenn Sie keine Versicherung haben, dann sind Sie *auf sich allein gestellt* – soll heißen, dass Sie bei allen Risiken (und das Leben ist voller Risiken) die volle wirtschaftliche Last der negativen Folgen tragen. Oft geben Anleger ihre Investmentpläne in einer schlechten Marktlage auf, weil sie die potenziellen finanziellen Auswirkungen ihrer persönlichen Risikobelastung fürchten, falls ihr Portfolio an Wert verliert. Zum Beispiel könnte ein Anleger in einem Bärenmarkt seine Aktien verkaufen, aus Sorge, dass seine Familie nicht genügend Geld hat, falls ihm etwas zustoßen sollte.

Erfahrene Anleger sorgen dafür, dass sie gar nicht in eine derartige Lage geraten. Mit einem guten Plan sind alle Ihre Risiken unter Kontrolle, egal wie sich der Markt entwickelt, und das ermöglicht Ihnen, an Ihrer Strategie festzuhalten (und nachts gut zu schlafen).

Wir wollen nun sicherstellen, dass Sie geschützt sind, okay?

LEBENSVERSICHERUNG

> Die Angst vor dem Tod ist die Folge der Angst vor dem Leben. Ein Mensch, der das Leben voll ausschöpft, ist stets für den Tod bereit.
>
> MARK TWAIN

Es heißt, Lebensversicherungen werden verkauft, nicht gekauft. Kaum ein Paar wacht morgens auf, guckt sich an und sagt: »Liebling, lass uns eine Versicherung abschließen!« Für viele Menschen spielt die Lebensversicherung aber eine kritische Rolle, und zwar sowohl im Risikomanagement als auch im Vermögensmanagement.

Das Grundkonzept einer Lebensversicherung ist einfach: Falls Sie im Versicherungszeitraum versterben, bekommt der oder die Begünstigte eine bestimmte Summe ausgezahlt. Im Gegenzug bezahlen Sie der Versicherungsgesellschaft eine bestimmte Prämie. Ziemlich einfach, stimmt's? Natürlich ist das in den vergangenen Jahren wesentlich komplizierter geworden. Die Versicherungsindustrie hat alle möglichen Arten von Versicherungsprodukten entwickelt – und Investmentprodukte, die als Versicherung verkleidet sind –, die aus dem Abschluss einer Lebensversicherung eine schwierige und komplexe Entscheidung gemacht haben.

Eine der Herausforderungen im Zusammenhang mit der Auswahl der richtigen Versicherung ist die Struktur der Versicherungsindustrie. In der Regel arbeiten Versicherungsagenten und -makler auf Provisionsbasis. Wenn sie eine Versicherung verkaufen, erhalten sie einen bestimmten Prozentsatz der Versicherungsprämien als Provision. Zwar ist nichts daran verwerflich, dass Menschen eine Provision für den Verkauf von Versicherungsprodukten erhalten, aber diese Praxis erzeugt einen Interessenkonflikt. Vor die Wahl gestellt, ob er Ihnen das Produkt empfiehlt, das für Sie am besten geeignet ist (also die Versicherung, die die gewünschte Absicherung zu den geringsten Kosten bietet), oder das Produkt, das am besten für ihn selbst ist (das Produkt, für das er die höchste Provision kassiert), welche Versicherung wird der Agent Ihnen voraussichtlich empfehlen? Als Verbraucher können Sie sich zum Beispiel dadurch schützen, dass Sie genau wissen, welchen Schutz Sie brauchen und warum Sie ihn brauchen, bevor Sie sich von einem Versicherungsagenten beraten lassen.

Wir von »Creative Planning« wissen, dass das Risikomanagement ein kritischer Aspekt der Unterstützung unserer Kunden bei ihrer Absicherung ist, und weil das so ist, arbeiten wir mit Versicherungsgesellschaften zusammen, die Lebensversicherungen anbieten. In einem typischen Jahr sind 95 Prozent der Lebensversicherungen, die unsere Kunden abschließen, Risikolebensversicherungen. Das sind die am wenigsten profitablen Produkte der Versicherungsindustrie, aber sie sind für die Bedürfnisse der meisten Kunden am besten geeignet.

Risikolebensversicherung

Eine Risikolebensversicherung ist für fast alle Amerikaner die beste Lebensversicherung – und Gleiches gilt auch für die Deutschen. Vermittler oder Makler empfehlen sie aber nicht so gerne, weil sie ihnen die geringsten Provisionen einbringt. Mit einer Risikolebensversicherung versichern Sie Ihr Leben für einen bestimmten Zeitraum. Nehmen wir an, Ihr Finanzplan ist so angelegt, dass Ihre Angehörigen genug Geld haben, um für den Rest ihres Lebens ihren gesamten Finanzbedarf abzudecken, unter der Voraussetzung, dass Sie die nächsten 15 Jahre fleißig weitersparen. Ein potenzieller Fallstrick ist, dass, wenn Sie morgen versterben, Ihre

Familie Sie *und* Ihr Einkommen verliert.[20] Anstatt in 15 Jahren auf das Geld zurückgreifen zu können, das Sie angespart haben, braucht sie sofort Geld. Das bedeutet: (1) Das eingezahlte Geld hat keine Zeit, sich zu vermehren, und (2) es finden keine weiteren Einzahlungen mehr statt.[21] Um dem Ganzen die Krone aufzusetzen, werden die Entnahmen nicht nur 15 Jahre früher beginnen als geplant, sondern das Geld muss auch 15 Jahre länger reichen. Diese Art Ereignisse können sowohl Ihren Investmentplan als auch die Zukunft Ihrer Familie aus dem Gleis bringen.

Zu Beginn meiner beruflichen Laufbahn empfahl ich die Risikolebensversicherung einem Arzt. Er winkte ab, weil er einen Artikel gelesen hatte, in dem es hieß, Versicherungen würden nichts taugen. Unglücklicherweise verstarb er unerwartet innerhalb eines Jahres nach unserem Gespräch. Sein Tod stürzte seine Familie in große finanzielle Probleme. Abgesehen von dem emotionalen Verlust des Ehemanns und Vaters litten seine Frau und seine Tochter viele Jahre unnötigerweise unter finanzieller Not. Ich arbeite heute noch mit der Familie zusammen, und es macht mich traurig, zu wissen, dass eine Risikolebensversicherung, die nur wenige Hundert Dollar pro Jahr kostet, ihr Leid um einiges hätte mildern können.

Alle verantwortlichen Menschen sollten sicherstellen, dass sie genügend Vermögenswerte angesammelt haben, um ihre Familie im Falle ihres vorzeitigen Ablebens zu schützen. Wenn Sie kein nennenswertes Vermögen besitzen und die Last dieses Risikos nicht selbst schultern können, ist eine Risikolebensversicherung eine einfache Lösung. Sie ist vergleichsweise kostengünstig, weil die Chancen hoch sind, dass Sie das Ende des Versicherungszeitraums erleben werden. Wenn Sie eine solche Versicherung zum Beispiel für eine Laufzeit von 15 Jahren abschließen, geht die Versicherungsgesellschaft bei der Kalkulation Ihrer Versicherungsprämie davon aus, dass Sie das Ende der Laufzeit erleben, und das senkt die Wahrscheinlichkeit, dass sie die Versicherungssumme an die Hinterbliebenen auszahlen muss. Viele Versicherungsvermittler greifen auf diese Statistik zurück, um Anleger davon abzubringen, eine Risikolebensversicherung abzuschließen. Ihr Argument: Sie würden keine Rendite sehen.

20 Das Wort »Fallstrick« ist zugegebenermaßen eine Untertreibung.

21 Selbst wenn Sie wie Patrick Swayze in *Ghost – Nachricht von Sam* zurückkehren und beim Töpfern helfen, können wir getrost davon ausgehen, dass Sie keinen nennenswerten Beitrag zum Familieneinkommen leisten werden.

Dabei geht das am wesentlichen Punkt vorbei. Genauso gut könnte man sagen, Sie sollten enttäuscht sein, weil Sie jahrelang für eine Gebäudeversicherung gezahlt haben und Ihr Haus doch nicht abgebrannt ist! Genau dazu dient eine Versicherung: Sie gegen ein unwahrscheinliches, aber nicht unmögliches Ereignis abzusichern, indem Sie eine kleine Portion Ihres Vermögens bezahlen und im Gegenzug Schutz vor einer finanziellen Katastrophe genießen.

Die Bestimmung der angemessenen Versicherungssumme einer Lebensversicherung sollte ein integraler Bestandteil Ihres Finanzplans sein. Es gibt zahlreiche Methoden zur Kalkulation der benötigten Summe. Leider sind die meisten vollkommen sinnlos.[22] Eine beliebte Daumenregel ist zum Beispiel die Empfehlung, die Versicherungssumme solle das Fünffache Ihres Einkommens betragen. Wenn Ihr Jahreseinkommen 100 000 Dollar beträgt und Sie 5 Millionen Dollar gespart haben, werden Sie vermutlich keine Risikolebensversicherung über 500 000 Dollar abschließen müssen, weil Ihre Familie von Ihren Ersparnissen gut leben kann. Wenn Sie jedoch gerade erst Ihr Medizinstudium abgeschlossen haben und einen Ausbildungskredit von 250 000 Dollar zurückzahlen müssen, ein Haus für 700 000 Dollar gekauft haben und drei kleine Kinder ernähren müssen, reicht das Fünffache Ihres Einkommens nicht annähernd aus, um Ihre Familie abzusichern.

Wie Sie bei der Zusammenstellung eines Portfolios erfahren haben, ist die beste Methode zur Bestimmung der Versicherungssumme die Betrachtung Ihrer spezifischen Situation. Rechnen Sie zuerst alle nicht finanzierten Ziele zusammen, die vorhanden sind, wenn Sie morgen versterben sollten, zum Beispiel das zusätzliche Einkommen zur Ernährung Ihrer Familie, das Geld für die Ausbildung Ihrer Kinder oder die Rückzahlung ausstehender Kredite (einschließlich des Hypotheken- und Autokredits). Wenn Sie die Versicherungssumme festgelegt haben, lässt sich die Laufzeit (die Dauer der Versicherungspolice) errechnen, indem Sie sich überlegen, wie lange es dauert, bis Sie aus Versicherungsperspektive

22 Das sollte Sie zu diesem Zeitpunkt nicht mehr schockieren.

finanziell unabhängig werden.[23] Wenn Sie heute zum Beispiel eine Risikolebensversicherung über 500 000 Dollar abschließen müssen, wann werden Sie diese Versicherung nicht mehr brauchen? Die Antwort können Sie ausrechnen, indem Sie sich überlegen, wie lange es dauert, bis Sie ein Vermögen aufgebaut haben, das der Versicherungssumme entspricht. Wenn Sie auf Basis Ihrer individuellen Sparquote in 15 Jahren weitere 500 000 Dollar angespart haben werden, muss die Laufzeit der Risikolebensversicherung 15 Jahre betragen.

Eine abschließende Bemerkung zur Risikolebensversicherung: Viele Menschen vergessen den möglichen Bedarf an einer Lebensversicherung für einen nicht erwerbstätigen Ehepartner. Selbst wenn bei seinem Ableben kein Einkommen ersetzt werden muss, übernimmt der nicht erwerbstätige Ehepartner typischerweise zahlreiche Aufgaben im Haushalt (zum Beispiel Kinderbetreuung, Fahrdienste, Putzen, Kochen, Waschen und Einkaufen), die der überlebende Ehepartner als Dienstleistungen einkaufen müsste. Das ist eine wichtige Überlegung.

Über-Kreuz-Lebensversicherung

Theoretisch könnten Sie jetzt hergehen und zwei Risikolebensversicherungen abschließen, für jeden Partner oder jede Partnerin in einer Ehe oder sonstigen Zweiergemeinschaft eine solche Police. Steuerlich wäre das allerdings – und wir reden jetzt von den Verhältnissen in Deutschland – alles andere als optimal. Denn die Todesfallleistung fällt üblicherweise in den Nachlass, und auf diesen Nachlass wird Erbschaftsteuer erhoben, sobald sein Wert einen bestimmten Freibetrag übersteigt. Bei Eheleuten liegt dieser Freibetrag immerhin bei 500 000 Euro. Das heißt: Übersteigt der Wert des Nachlasses, den der Ehepartner oder die Ehepartnerin bekommt, inklusive der Todesfallleistung diese Summe, muss alles versteuert werden, was über den besagten 500 000 Euro liegt. Die Steuersätze variieren dann in Abhängigkeit davon, wie hoch der Nachlasswert ist. Sie liegen bei Ehepartnern und einem Nachlasswert von bis zu 6 Millionen

23 Das kann ein anderer Zeitpunkt sein als Ihre finanzielle Unabhängigkeit aus Rentenperspektive. Zum Beispiel brauchen Sie die Risikolebensversicherung nicht mehr, wenn Ihre Kinder ihr Studium abgeschlossen haben oder Ihr Hypothekenkredit abgezahlt ist. Dann müssen Sie nur noch für Ihr Alter weitersparen.

Euro zwischen 7 und 19 Prozent. Steuerlich weitaus ungünstiger ist allerdings die Situation, wenn Sie als Paar unverheiratet geblieben sind. Dann nämlich beläuft sich der persönliche Erbschaftsteuer-Freibetrag auf nur 20 000 Euro, und die Steuersätze für den Nachlass nach Abzug des Freibetrags liegen bis 6 Millionen Euro einheitlich bei 30 Prozent. Doch mit einer Über-Kreuz-Versicherung lässt sich auf ziemlich simple Weise verhindern, dass die Auszahlung der Risikolebensversicherung in den Nachlass fällt und damit erbschaftsteuerpflichtig ist. Das Prinzip ist einfach: Jeder der beiden Partner zahlt die Beiträge in die Versicherung des jeweils anderen Partners ein, die ihre Leistung dann erbringt, wenn dieser stirbt. Wenn derjenige, der die laufenden Beiträge zahlt, identisch ist mit demjenigen, der die Todesfallsumme erhält, dann kann von einer Erbschaft nicht die Rede sein und ein Anspruch des Staates auf Erbschaftssteuer entsteht erst gar nicht. Denn letztlich hat ja jeder seine eigenen Ansprüche auf die Todesfallsumme aus eigenen Prämien bestritten. Wenn Sie also zu dem klugen Schluss kommen, »Wir brauchen unbedingt zwei Risikolebensversicherungen«, dann seien Sie konsequent und schließen Sie diese in Form einer Über-Kreuz-Versicherung ab.

Die Kapitallebensversicherung

Die grundsätzliche Daumenregel lautet, dass die gewählte Versicherung Ihren spezifischen Absicherungsbedarf erfüllen muss. Der finanzielle Bedarf von Hinterbliebenen wird am besten von einer Risikolebensversicherung gedeckt – oder manchmal auch von zwei solchen Policen, idealerweise in Form einer Über-Kreuz-Versicherung. Doch sollten Versicherungen aber *niemals* als Geldanlage dienen. Daher haben Kapitallebensversicherungen eigentlich keinen Platz im Portfolio eines kundigen, erfahrenen Anlegers. Die Kapitallebensversicherung kombiniert Versicherung mit Geldanlage und verteuert beides.[24] Kluge Anleger investieren ihr Geld effizient und schließen eine separate Risikolebensversicherung ab, um den Finanzbedarf ihrer Angehörigen zu decken.[25]

---

24 Einer wird damit reich – das sind allerdings nicht Sie, sondern Ihr Versicherungsagent!

25 Egal was Ihr Versicherungsagent Ihnen erzählt. Und ja, ich weiß, er ist ein unheimlich sympathischer Typ.

Berufsunfähigkeit

Zeit und Gesundheit sind zwei kostbare Dinge, deren Wert man erst erkennt, wenn sie vergangen sind.
DENIS WAITLEY

Was ist nach Ihrer Meinung Ihr größter Vermögenswert? Sie glauben vielleicht, das sei Ihr Haus oder Ihre zu erwartende Rente. Für die meisten Menschen ist es jedoch ihre Erwerbsfähigkeit. Denken Sie an die Ziele, die Sie sich gesetzt haben – für sich und für Ihre Familie. Ob es das Ansparen für Ihr erstes Haus ist, die Ausbildung Ihrer Kinder oder Spenden für wohltätige Zwecke, die einem Vermächtnis gleichkommen, für all diese Ziele sind Sie auf eine Sache angewiesen: Ihre Fähigkeit, Geld zu verdienen.

Mein Vater ist Arzt und hat in seinem gesamten Berufsleben sehr hart gearbeitet. Als er jung war und eine Hypothek abzahlen und drei Kinder durch das Studium bringen musste und außerdem reisen und sich auf einen sorgenfreien Lebensabend freuen wollte, waren seine Ziele, das Haus abzuzahlen, seinen Kindern eine gute Ausbildung zu ermöglichen und finanzielle Unabhängigkeit zu erlangen. Außer einem vorzeitigen Tod gab es nur eine Sache, die ihn von diesem Plan hätte abbringen können: Berufsunfähigkeit. Wäre er berufsunfähig geworden, ohne dieses Risiko abgesichert zu haben, hätte er keines seiner Ziele erreichen können. Aus diesem Grund sollten sich alle Menschen, die für die Erreichung ihrer Ziele Geld verdienen müssen, gegen eine mögliche Berufsunfähigkeit absichern. Das gilt auch in Deutschland. Zwar gibt es eine Erwerbsminderungsrente aus der gesetzlichen Rentenversicherung. Doch ihre Auszahlung ist an strenge Voraussetzungen gebunden – und selbst wenn sie gezahlt wird, reicht sie in der Regel bei Weitem nicht aus, um den Verdienstausfall zu kompensieren.

In den ersten Jahren meiner Karriere arbeitete ich mit einem Schmerztherapeuten, der einen Teil seines Daumens verloren hatte. Das war wesentlich gravierender, als es klingt, weil er seinen Daumen täglich brauchte, um seinen Patienten Spritzen zu geben. Nach dem Verlust seines Daumens wurde er berufsunfähig. Glücklicherweise griff seine Berufsunfähigkeitsversicherung und glich die Einkommensverluste aus. Diese Art von Szenario kommt häufiger vor, als man glaubt. Ich habe mit Kunden zusammengearbeitet, die traumatische Verletzungen erlitten hatten oder schwer erkrankten, zum Beispiel an Multipler Sklerose, Lyme-Borreliose und ALS. In vielen Fällen war es die Berufsunfähigkeitsversicherung, die die betroffenen Familien vor dem Ruin bewahrte.

Entsprechend der Lebensversicherung geht es bei der Berufsunfähigkeitsversicherung darum, einen kleinen Betrag Ihres Vermögens an eine Versicherungsgesellschaft zu zahlen, um im Gegenzug die Gewissheit zu erhalten, dass Ihre Familie finanziell abgesichert ist, falls Sie dauerhaft berufsunfähig werden sollten. Wir fühlen uns alle unverwundbar, bis wir es nicht mehr sind. Daher ermuntere ich Sie dazu, diesen Abschnitt nicht zu überblättern. Wenn Sie bereits genügend Vermögen angesammelt haben, um Ihr Haus abzuzahlen, finanzielle Unabhängigkeit zu erlangen, Ihren Kindern das Studium zu finanzieren und so weiter, gibt es natürlich keinen Grund, eine Berufsunfähigkeitsversicherung abzuschließen oder die bestehende Versicherung aufrechtzuerhalten. Wenn jedoch das Risiko besteht, dass eine Berufsunfähigkeit die finanzielle Zukunft Ihrer Familie beeinträchtigen könnte, lohnt es sich, sich mit der Berufsunfähigkeitsversicherung zu beschäftigen, unter Berücksichtigung Ihres gegenwärtigen Gesundheitszustands, Ihres Einkommens und anderer relevanter Faktoren. Übrigens ist eine Berufsunfähigkeitsversicherung umso günstiger, je jünger Sie bei Abschluss sind. Auf diese Weise lassen sich auch Risikozuschläge vermeiden, die sich beispielsweise aus der Berufswahl ergeben könnten. Denn Sie können sich vorstellen: Ein Dachdecker zahlt weitaus mehr als eine Büroangestellte, weil in seinem Beruf die Wahrscheinlichkeit viel größer ist, berufsunfähig zu werden.

PFLEGEZUSATZVERSICHERUNG

40 Prozent der Menschen, die das Alter von 65 Jahren erreichen, werden später in einem Pflegeheim leben.
MORNINGSTAR

Die Pflegekosten im Alter sind für viele Menschen ein großes Thema, und das mit Recht. Die Leistungen der gesetzlichen Pflegeversicherung oder aus Beihilfeansprüchen reichen bei Weitem nicht aus, um die monatlichen Kosten zu decken. Die »Pflegelücke« liegt bei einer stationären Unterbringung im Heim in Deutschland bei durchschnittlich knapp

2 000 Euro pro Monat, wie der Verband der Privaten Krankenversicherungen mitteilt.[26] Dass bei schwer pflegebedürftigen Personen diese Lücke weitaus größer ist, können Sie sich bestimmt vorstellen. Welche Schlüsse soll man daraus ziehen?

Nun, wenn Sie das Glück haben, ein viele Millionen Dollar schweres Portfolio zu besitzen, sollte eine gut strukturierte Kapitalallokation das Geld abwerfen, das Sie brauchen, um Ihre langfristige Pflege zu decken. Für jemanden, der sich in dieser privilegierten Situation befindet, würde der Umzug in ein qualifiziertes Pflegeheim üblicherweise eine Senkung der Lebenshaltungskosten bedeuten. Vielleicht haben diese sehr vermögenden Personen in ihren goldenen Jahren die Welt bereist und 200 000 Dollar im Jahr ausgegeben. In den meisten Regionen des Landes kosten Pflegeheime nur die Hälfte. Weil langfristige Pflege bedeutet, dass viele andere Ausgaben entfallen, brauchen sehr vermögende Personen keine private Pflegezusatzversicherung. Selbstverständlich sparen Sie auch als weniger vermögende Person bei einer Unterbringung im Pflegeheim zumindest dadurch Geld, dass Sie möglicherweise weniger für Reisen und Hobbys ausgeben. Ihre Rente, Pension oder sonstigen Einkünfte können Sie dann ebenso für die Pflegekosten einsetzen wie die Auszahlungen von Pflegekasse, Beihilfe oder privater Pflegeversicherung. Diese Auszahlungen hängen üblicherweise vom Pflegegrad ab. Gleichwohl besteht in vielen Fällen eine Lücke, die es bei Bedarf mit einer Pflegezusatzversicherung zu decken gilt.

Langfristiger Pflegebedarf ist für viele Menschen das größte Risiko. Die Bestimmung der richtigen Art der Vorsorge erfordert eine qualifizierte Beratung eines Finanzplaners, der Ihnen die verschiedenen Optionen nennen kann, um Ihr persönliches Risiko abzusichern, ohne Ihre allgemeine Finanzplanung aus der Bahn zu werfen.

KRANKENVERSICHERUNG

Ärzte haben heute Zugang zu Instrumenten und Therapien, die noch vor einer Generation undenkbar gewesen wären. Jeden Tag finden Forscher neue Wege zur Behandlung von Krankheiten, die noch vor zehn Jahren als unheilbar gegolten hätten. Der unangenehme Nebeneffekt dieser

26 Vgl. https://www.pkv.de/presse/meldungen/pflegeluecke/ (24.09.2019)

Innovation sind die Kosten. Ohne eine Krankenversicherung können die Ausgaben für alle Arztbesuche außer den grundlegendsten Routineuntersuchungen schnell ins Unermessliche steigen und die meisten Familien finanziell überfordern. Eine Krankenversicherung ist unverzichtbar. In Deutschland besteht daher Krankenversicherungspflicht. Jeder Bundesbürger muss sich entweder in einer gesetzlichen oder einer privaten Krankenversicherung absichern. Daneben existieren freiwillige private Krankenzusatzversicherungen, um die Krankheitsrisiken abzudecken, die durch die Pflichtversicherung nicht gedeckt sind.

WOHNGEBÄUDEVERSICHERUNG

Abbildung 6.1: VERLUSTE VON IMMOBILIENBESITZERN IN DEN USA NACH SCHWERE DES SCHADENSFALLS (DURCHSCHNITTLICHER SCHADEN), 2013 – 2017 (1)

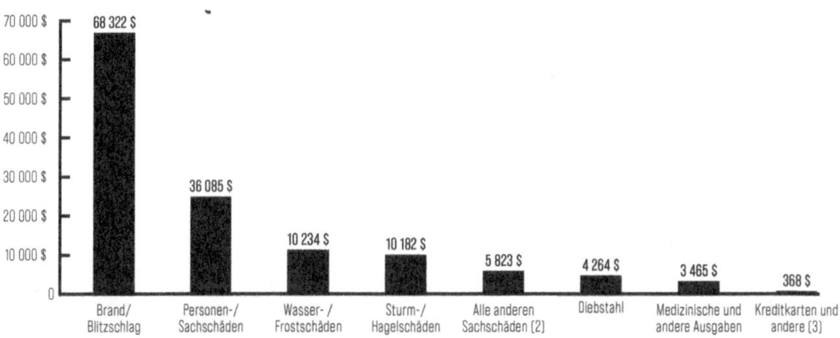

(1) Für Gebäude-Mehrgefahrenversicherungen (HO-2, HO-3, HO-5 und HE-7 in North Carolina). Nicht berücksichtigt sind Versicherungen für Mieter und Kondominium-Besitzer. Verluste pro Schadenanfalljahr, ausschließlich Schadenrückstellungen (Schadenersatz pro Versicherungsfall im Schadenanfalljahr). Nicht berücksichtigt sind Alaska, Texas und Puerto Rico.

(2) Schließt Vandalismus und mutwillige Sachbeschädigung ein.

(3) Schließt die nicht autorisierte Verwendung verschiedener Karten, Kartenfälschung, Falschgeld und andere nicht klassifizierte Verluste ein.

Jedes Jahr hat von 17 versicherten Häusern ungefähr
eines einen Schaden.
*INFORMATIONEN DES INSURANCE INFORMATION INSTITUTE
Auf Basis von ISO®-Daten – ein Unternehmen von
Verisk Analytics® – über Schadensmeldungen im Bereich
Wohngebäudeversicherung von 2013 – 2017.

Die Wohngebäudeversicherung schützt Sie vor Schäden an Ihrem Haus, beschränkt sich aber auf die abgesicherten Risiken. Traurigerweise finden die meisten Menschen die Grenzen ihrer Versicherungspolice erst heraus, wenn sie einen Schaden melden. Nur wenige von uns könnten es sich leisten, unser Traumhaus nach einem Brand, einer Überschwemmung, einem Erdbeben oder einer anderen Naturkatastrophe wiederaufzubauen, dennoch nehmen die meisten dieses Risiko auf sich. Die Gefahr, dass unser Haus vollständig zerstört wird, ist gering, aber solche Dinge passieren. Weil es glücklicherweise nur selten vorkommt, ist die Wohngebäudeversicherung im Vergleich zum Wert des versicherten Eigentums zumeist relativ kostengünstig.

Wie bei allen anderen Versicherungen ist der erste Schritt auch hier die Bestimmung des Schutzumfangs. Dafür müssen Sie die Wiederbeschaffungskosten – nicht zu verwechseln mit dem Marktwert – Ihres Hauses heranziehen. Die Wiederbeschaffungskosten bilden die Kosten ab, die Ihnen durch einen Neubau des Hauses mit den gleichen oder ähnlichen Materialien entstehen würden. In Deutschland üblich – und rundum empfehlenswert – ist eine Versicherung zum sogenannten gleitenden Neuwert. Dieser Neuwert bezieht sich auf eine fiktive Referenzgröße, den sogenannten Wert 1914. Auch wenn Ihr Haus im Jahr 1914 noch gar nicht bestanden hat, ermöglicht der Wert 1914 doch eine realistische Ermittlung der Auszahlungssumme im Schadensfall, sollte die ganze Immobilie – etwa durch einen Brand oder ein Hochwasser – zerstört worden sein.

Viele Versicherte stellen allerdings im Schadensfall fest, dass ihre Police nicht die Abdeckung bietet, die sie erwartet haben. In den meisten Gebäudeversicherungen sind Schäden durch bestimmte Naturgefahren wie Hochwasser und Überschwemmungen, Schnee und Lawinen, Erdbeben und Erdrutsche nicht automatisch mitversichert. Wenn Sie diese Schäden mitversichern wollen, müssen Sie zusätzlich eine sogenannte

Elementarschadenversicherung abschließen, also eine Art erweiterten Schutz für Ihre Gebäudeversicherung.

Zudem sollten Sie beachten: Die reine Wohngebäudeversicherung deckt nur die Schäden am eigentlichen Gebäude und den damit fest verbundenen Teilen ab, also Fenster, Türen, Treppen etc. Schäden an Möbeln und Einrichtungsgegenständen sind dagegen nicht eingeschlossen. Falls Sie sich dagegen absichern wollen, müssen Sie zusätzlich eine Hausratversicherung abschließen – und auch hier empfiehlt es sich, Elementarschäden mitzuversichern. Im Gespräch mit einem Versicherungsmakler oder -berater sollten Sie sich unbedingt beraten lassen, was in Ihrem Fall ratsam ist.

Wie Sie heute Ihre Versicherungsprämien senken

Eine weitere wichtige Komponente Ihrer Wohngebäudeversicherung ist der *Selbstbehalt*. Das ist die Summe, die Sie in einem Schadensfall aus eigener Tasche aufbringen müssen, bevor Ihre Versicherung greift. Bei einer Wohngebäudeversicherung können Sie einen Teil des Schadens selbst übernehmen, indem Sie einen entsprechenden Selbstbehalt vereinbaren.

Die Versicherer honorieren einen Selbstbehalt, indem sie Ihnen einen Nachlass auf die Prämien gewähren. Üblich ist in Deutschland bei Wohngebäudeversicherungen ein Selbstbehalt von beispielsweise 500 Euro. Manche Versicherer bieten sogar höhere Selbstbeteiligungen an, was durchaus sinnvoll sein kann, vorausgesetzt, die Versicherungsprämie wird dadurch deutlich günstiger. Da Sie mit einem höheren Selbstbehalt ein größeres Risiko übernehmen, sollten Ihre Versicherungsbeiträge so weit sinken, dass die Summe, die Sie im Schadensfall aus eigener Tasche bezahlen müssen, gerechtfertigt ist.

Aber Vorsicht: Der Preis Ihrer Wohngebäudeversicherung hängt stark von der Region ab, in der Sie leben. Die Versicherer haben sehr genaue Daten zur bisherigen Schadenshäufigkeit – also beispielsweise dem Auftreten von Überschwemmungen oder Erdbeben. Lassen Sie sich von einem Versicherungsmakler beziehungsweise -berater das beste Angebot ermitteln, um sicherzustellen, dass Sie den bestmöglichen Schutz genießen.

KFZ-VERSICHERUNG

Hätte ich die Menschen gefragt, was sie wollen,
dann hätten sie gesagt, schnellere Pferde.
HENRY FORD

Wenn Sie ein Auto haben, brauchen Sie eine Kfz-Haftpflicht, um am Straßenverkehr teilzunehmen. Damit wird sichergestellt, dass Sie genügend Ressourcen haben, um für die Kosten eines Unfalls aufzukommen, den Sie verursacht haben. Viele Fahrzeughalter schließen außerdem eine Teil- oder Vollkaskoversicherung ab, die zusätzlichen Schutz bietet. Bevor Sie das tun, überlegen Sie sich, welchen Selbstbehalt Sie vereinbaren wollen. Sofern Sie es sich leisten können, senkt ein höherer Selbstbehalt die Versicherungsbeiträge. Sollten Sie aber auch Ihren jugendlichen Sohn ans Steuer lassen, ist ein niedrigerer Selbstbehalt unter Umständen besser, weil die Gefahr, dass er in einen Unfall verwickelt wird, höher ist. Wie auch bei der Wohngebäudeversicherung sollten Sie bei der Entscheidung für oder gegen einen höheren Selbstbehalt aber immer ausrechnen, ob die im Gegenzug eingesparten Versicherungsprämien das erhöhte Risiko lohnen.

Wenn Ihr Auto schon älter ist, könnte es zudem eine gute Idee sein, auf die Teil- oder Vollkaskoversicherung zu verzichten. Zu irgendeinem Zeitpunkt im Leben haben wir alle schon einmal ein Auto für 1000 Dollar besessen, und es gibt keinen Grund, es rundum zu versichern.[27]

Bei einer Kfz-Versicherung können Sie viel Geld sparen, indem Sie genau ermitteln, wie viel Sie pro Jahr fahren – eine höhere jährliche Fahrleistung verteuert die Prämien. Auch eine Beschränkung des Fahrerkreises – etwa auf Sie und Ihre(n) Partner(in) – kann sich lohnen. Manche Versicherer gewähren außerdem einen Rabatt, wenn Sie keine ganz jungen oder ganz alten Fahrer ans Steuer Ihres Wagens lassen – denn diese führen die Statistiken zur Unfallhäufigkeit an. Übrigens profitieren Sie von langen Zeiten ohne selbstverschuldete Unfälle. Denn dann gewährt Ihnen die Versicherung einen Schadensfreiheitsrabatt, den Sie übrigens bei einem Wechsel auch zu einem anderen Versicherer mitnehmen können.

27 Ich hatte drei!

HAFTPFLICHTVERSICHERUNG MIT AUSFALLDECKUNG

Bei jedem Ereignis passieren so viele Dinge, und wenn Sie versuchen, sie zu manipulieren, heißt das, dass Sie gegen das gesamte Universum ankämpfen. Und das ist einfach dumm.
DEEPAK CHOPRA

Eine Haftpflichtversicherung brauchen Sie unbedingt – ohne Wenn und Aber. Denn durch einen dummen Zufall kann es passieren, dass Sie um Millionen Dollar oder Euro ärmer sind, weil Sie haftbar gemacht werden. Etwa, wenn Sie im Winter vergessen haben, den Gehweg vor Ihrem Haus frühmorgens zu streuen und jemand unglücklich ausrutscht. Angenommen, die betreffende Person kann nicht mehr für ihren Lebensunterhalt sorgen – dann haften Sie für eine lebenslange Erwerbsunfähigkeitsrente. Haftungsgefahren drohen auch, wenn Sie etwa den Akku eines in die Jahre gekommenen Gartengeräts an einer Außensteckdose unbeaufsichtigt laden, er in Brand gerät und das Nachbarhaus abfackelt. Dieses Haus können Sie unmöglich aus eigener Tasche ersetzen. Oder wenn der morsche Ast eines Baumes, der auf Ihrem Grundstück steht, herunterfällt und einen Passanten schwer verletzt. Die Behandlungskosten sind das Mindeste, wofür Sie einstehen müssen – und auch hier kann eine Erwerbsunfähigkeitsrente zu den teuren Folgen gehören. Eine Haftpflichtversicherung springt in solchen Fällen ein und übernimmt die Kosten. Die meisten Versicherungen bieten eine Deckungssumme von fünf bis zehn Millionen – und das zum bezahlbaren Preis. Die Deckungssumme ist aber nicht das Einzige, worauf Sie bei einem Neuabschluss achten sollten.

In die engere Wahl kommen nur Haftpflichtpolicen, die zugleich eine sogenannte Ausfalldeckung bieten. Was bedeutet das? Ganz einfach: Dann zahlt Ihr Versicherer nicht nur, wenn Sie selbst für einen Schaden haftbar gemacht werden. Vielmehr kommt Ihre Versicherung auch dafür auf, wenn Sie die geschädigte Person sind und derjenige, der Ihnen den Schaden zugefügt hat, keine (ausreichende) Haftpflichtversicherung vorweisen kann und auch nicht genug Vermögen hat, um Ihnen den Schaden aus eigener Tasche zu ersetzen.

Wie gesagt, eine Haftpflichtversicherung kostet nicht die Welt – auch dann nicht, wenn eine Ausfalldeckung im Schutzumfang inbegriffen ist. Erfreulicherweise gibt es sogar einen Spartipp, der bei Paaren greift. Wer als Paar zusammenwohnt, gleichgültig ob mit Trauschein oder ohne, kann sich gemeinsam ohne Aufpreis versichern. Es reicht also eine Versicherung für zwei Personen. Wenn Sie zusammenziehen, können Sie also eine von zwei vorhandenen Haftpflichtpolicen kündigen – Sie müssen dann nur dem verbleibenden Versicherer mitteilen, dass Ihr(e) Partner(in) als versicherte Person in die verbleibende Police aufgenommen werden soll. Damit lassen sich die Kosten problemlos halbieren. Famos, oder nicht?[28]

28 Puuh! Wir haben es geschafft. Sie können sich selbst auf die Schulter klopfen. Sie sind bereit, alles zu tun, um Ihre finanzielle Situation zu verbessern. Oder Sie sind ein echter Versicherungsfan. Ich nehme an, Ersteres ist der Fall. Dieses Kapitel war ein hartes Stück Arbeit. Ab jetzt wird es leichter.

KAPITEL SIEBEN
NACHLASSPLANUNG: IHR FINANZIELLES VERMÄCHTNIS

von Peter Mallouk

Jemand sitzt heute im Schatten, weil jemand anderes
vor langer Zeit einen Baum gepflanzt hat.
WARREN BUFFETT

Wenn Sie alles getan haben, was wir im vorhergehenden Kapitel besprochen haben, dann kann ich Sie nur beglückwünschen! Sie sind bei der Behandlung der wichtigsten Komponenten Ihres Finanzplans ein großes Stück vorangekommen. Jetzt ist es an der Zeit, über Ihre finanziellen Vorteile hinauszublicken und sich darauf zu konzentrieren, wer von Ihrem Vermögen profitieren wird, wenn Sie nicht mehr da sind. Denn eines ist gewiss: Egal wie erfolgreich Ihr Plan ist, es wird der Zeitpunkt kommen, an dem Sie nicht mehr da sind, um seine Früchte zu genießen. Und wenn Sie Ihren Nachlass nicht richtig planen, wird der Fiskus mit ausgestreckten Händen nach Ihrem Vermögen greifen.

Ob Sie im Fall Ihres Todes die Dinge für Ihre Familie möglichst unkompliziert gestalten oder ob Sie ein Erbe hinterlassen wollen, das Ihre Nachkommen begünstigt, die richtige Nachlassplanung sorgt dafür, dass Ihre Wünsche zu einem minimalen Kosten-, Steuer- und Verwaltungsaufwand umgesetzt werden. Die Planung, was im Falle Ihres Todes mit Ihrem Vermögen geschehen soll, erhöht nicht die Wahrscheinlichkeit, dass Sie sterben. Sie trägt aber dazu bei, die Umsetzung Ihrer Ziele und Visionen über Ihr Leben hinaus zu gewährleisten.

BEGINNEN WIR BEI DEN GRUNDLAGEN

Dinge vor sich herzuschieben, ist wie ein Einkauf mit Kreditkarte: Es macht viel Spaß, bis die Abrechnung kommt.
CHRISTOPHER PARK

Wenn ich das Thema Nachlassplanung anspreche, höre ich oft als erste Frage: »Wann sollte ich über Nachlassplanung nachdenken?« Die Antwort ist einfach: Wenn Sie keinerlei schriftliche Verfügungen getroffen haben, dann ist *jetzt* der richtige Zeitpunkt. Falls Sie ohne schriftliche Verfügungen sterben, überlassen Sie potenziell wichtige Entscheidungen (zum Beispiel wer Ihr Haus erben und wer das Sorgerecht für Ihre Kinder erhalten soll) den bestehenden Gesetzen, dem Nachlassgericht und anderen staatlichen Institutionen. Wollen Sie, dass die Gesetzeslage sowie fremde Menschen darüber entscheiden, wie Ihr Vermögen unter den Familienangehörigen aufgeteilt wird und wer das Sorgerecht für Ihre Kinder erhält? Ich glaube nicht. Und selbst wenn Sie entsprechende Verfügungen getroffen haben, macht jede erhebliche Veränderung Ihrer Lebens- oder Finanzsituation eine Überprüfung Ihrer Nachlassplanung erforderlich, zum Beispiel:

- ein weiteres Kind
- der Umzug in ein anderes Land
- eine erhebliche Veränderung Ihrer Vermögenssituation (zum Beispiel ein Lottogewinn oder eine Erbschaft)
- der Kauf oder Verkauf eines Unternehmens
- Hochzeit und Scheidung (Ihre eigenen oder die eines oder einer Begünstigten)
- der Wunsch, die Begünstigten oder die Vermögensaufteilung zu ändern
- der Tod eines Familienangehörigen
- jede Änderung des Vermögens oder der Schenkungssteuer

Da »hier und jetzt« nicht die Antwort ist, die die meisten Menschen hören wollen, nachfolgend einige typische Ausreden:

- *Ich besitze gar nicht so viel, das ist nicht so wichtig.* Selbst wenn Ihre Situation unkompliziert ist, brauchen Sie trotzdem einen Nachlassplan. Warum arbeiten Sie, wenn es nicht so wichtig ist? Warum investieren Sie? Warum planen Sie Ihre Ausgaben? Sie wissen, dass es wichtig ist. Sie wollen sich nur nicht damit beschäftigen.
- *Ich besitze sehr viel, das wird ein Riesenaufwand.* Wenn Sie glauben, dass es ein Riesenaufwand ist, hier und jetzt die entsprechenden Dokumente aufzusetzen, dann stellen Sie sich vor, welcher Aufwand Ihren nächsten Angehörigen entsteht, wenn Sie berufsunfähig werden oder sterben. Wenn Sie ein großes Vermögen besitzen, sollten Sie auf der Stelle mit der Nachlassplanung beginnen.
- *Meine persönliche Situation ist kompliziert.* Wenn Sie glauben, dass Ihre persönliche Situation kompliziert ist und einige schwierige Entscheidungen erfordert (zum Beispiel was mögliche Problemkinder oder Kinder aus verschiedenen Ehen betrifft oder 14 Ex-Ehefrauen), dann stellen Sie sich vor, wie kompliziert es wird, wenn das Nachlassgericht sich damit beschäftigen muss. Es wird all diese harten Entscheidungen für Sie treffen, nur haben Sie dann kein Mitspracherecht mehr.

Tatsache ist, dass die meisten Menschen für ihre Nachlassplanung nur einige wenige wichtige Dokumente aufsetzen müssen, um Vorsorge für einen möglichen Verlust der Geschäftsfähigkeit und die Aufteilung ihres Vermögens nach ihrem Tod zu treffen und auf diese Weise eine staatliche Einmischung zu vermeiden und die Erbschaftssteuer so weit wie möglich zu senken oder ganz zu vermeiden. Das ist alles! Für Superreiche kommt noch der Vermögensschutz hinzu. Bei den meisten Menschen genügt es jedoch, Vorsorge für diese vier Punkte zu treffen, die wir nun jeweils näher beleuchten wollen.

ERSTER PUNKT: VORSORGE FÜR EINE SITUATION, IN DER SIE KEINE EIGENEN ENTSCHEIDUNGEN TREFFEN KÖNNEN

Stellen wir uns vor, ein Kunde käme zu mir ins Büro und würde sagen: »Wenn ich nicht mehr selbst entscheiden kann, dann ist es mir egal, wer gesundheitliche Entscheidungen für mich trifft, und es ist mir auch egal, wer meine finanziellen Angelegenheiten regelt. Ich glaube, dass der Staat kluge Entscheidungen treffen wird, daher überlasse ich das gerne den Behörden.« Das mag absurd klingen, aber wenn Sie keine Vorsorge für eine solche Situation getroffen haben, sagen Sie genau das.

»Geschäftsunfähig« ist der juristische Begriff für die Situation, in der Sie aufgrund einer schweren geistigen Beeinträchtigung Ihre eigenen Angelegenheiten nicht mehr regeln können. Das kann eine Demenz sein oder ein Komazustand. Es könnte aber auch an einem natürlichen Alterungsprozess liegen, wenn ein Mensch aufgrund von natürlichen geistigen Abbauprozessen nicht mehr in der Lage ist, informierte Entscheidungen in eigener Sache zu treffen.[29] Unabhängig von den Gründen sollten Sie für den Fall, dass Sie geschäftsunfähig werden, bestimmen, wer Sie vertreten darf und wie weit die Befugnisse der betreffenden Person reichen.

Dazu ein sehr eingängiges Beispiel: Vor einigen Jahren erhielt ich einen Anruf von einer völlig aufgelösten Kundin. Vor lauter Schluchzen konnte ich sie kaum verstehen. Ihre Tochter hatte auf der Heimfahrt vom College einen schweren Autounfall gehabt und war mit einem Rettungshubschrauber ins Krankenhaus geflogen worden. Da die Tochter volljährig war, hatte meine Kundin keine Rechtsvertretungsbefugnis, um Entscheidungen im Namen ihrer Tochter zu treffen. Am Ende erholte sich ihre Tochter vollständig, aber meine Kundin war erschüttert über ihre eigene Ohnmacht in der akuten Situation. Seitdem rate ich allen meinen Kunden und ihren erwachsenen Kindern, sich frühzeitig um die nötigen Vollmachten zu kümmern – Vorsorgevollmacht, Betreuungsverfügung und Patientenverfügung – und ergänzend dazu möglichst auch eine Bankvollmacht.

Um die Vertretungsfrage zu regeln, kommen drei verschiedene Möglichkeiten infrage – und bei den folgenden Ausführungen stehen wieder die Verhältnisse in Deutschland im Mittelpunkt: die Vorsorgevollmacht, die Betreuungsverfügung und die Patientenverfügung. Hier die wichtigsten Informationen zu diesen extrem wichtigen Vorkehrungen für den Notfall.

29 Bitte beachten Sie, dass es einen Unterschied zwischen Geschäftsunfähigkeit im juristischen Sinne und »Unfähigkeit, sich um Dinge zu kümmern« gibt. Ich habe versucht, den Unterschied meiner Frau zu erklären, die jedes Mal, wenn ich für Wegbeschreibungen, die Fahrdienste unserer Kinder oder das Management unserer sozialen Verpflichtungen verantwortlich bin, behauptet, ich sei unfähig.

Vorsorgevollmacht und Betreuungsverfügung:

Solange Sie noch im vollen Besitz Ihrer geistigen und körperlichen Kräfte sind, sollten Sie eine Person bestimmen, die stellvertretend in Ihren Namen handelt und entscheidet, wenn Sie dazu je nicht mehr in der Lage sein sollten. Falls Sie einer Person voll und ganz vertrauen, dann ist eine Vorsorgevollmacht das richtige Mittel für Sie. Damit kann die bevollmächtigte Person in Ihrem Auftrag handeln, ohne sich vom zuständigen Betreuungsgericht kontrollieren lassen und ohne ihr Handeln regelmäßig rechtfertigen zu müssen. Falls Ihnen aber an einer gewissen Kontrolle liegt, dann erreichen Sie das mit einer Betreuungsverfügung. Sie legen damit zwar fest, wer notfalls Ihr rechtlicher Betreuer (früher: »Vormund«) sein soll, der Ihre Angelegenheiten stellvertretend für Sie regelt. Durch diese Festlegung verhindern Sie, dass im Notfall das Betreuungsgericht womöglich eine Person zu Ihrem rechtlichen Betreuer bestimmt, mit der Sie nicht einverstanden wären. Ein rechtlicher Betreuer hat aber nicht gänzlich freie Hand. Er muss gegenüber dem Betreuungsgericht Rechenschaft ablegen über sein Tun. Zum Beispiel muss er die Ausgaben belegen, die er mit Ihrem Geld für Sie getätigt hat. Sie können Vorsorgevollmacht und Betreuungsverfügung auch kombinieren, wenn Sie nur in einem Bereich gerichtliche Kontrolle wünschen. Üblicherweise sind für folgende Bereiche Vollmachtnehmer oder rechtliche Betreuer zu bestimmen (und idealerweise legen Sie alles in eine Hand):

- Aufenthalt und Wohnungsangelegenheiten (z. B. die Entscheidung über eine Unterbringung im Heim)
- Vertretung bei Behörden
- Geld und Vermögen
- Post und elektronische Korrespondenz
- Vertretung vor Gericht
- Gesundheit und Pflege (sinnvollerweise in Verbindung mit einer Patientenverfügung, siehe weiter unten in diesem Abschnitt)

Vorsorgevollmacht und Betreuungsverfügung können Sie ohne Notar erstellen. Eine sehr praktische Vorlage dafür liefert etwa das Bundesjustizministerium (www.bmjv.de). Sie kreuzen einfach an, welche Festlegungen Sie treffen wollen, und unterschreiben das fertige Dokument. Dann registrieren Sie es für kleines Geld im Zentralen Vorsorgeregister der Bundesnotarkammer (www.vorsorgeregister.de). Das stellt sicher, dass es im Notfall auch gefunden wird. Auch dazu brauchen Sie keinen Notar. Einen Notar müssen Sie lediglich hinzuziehen, wenn der Vollmachtnehmer berechtigt sein soll, in Ihrem Namen Grundstücksgeschäfte durchzuführen, Firmenanteile zu verkaufen oder einen Kredit aufzunehmen. Dann geht es nicht ohne.

Bankvollmacht:

Um jemandem Zugriff auf Ihre Bankkonten und Depots zu geben, brauchen Sie entweder eine notarielle Vorsorgevollmacht (eine selbst erstellte wird wegen Fälschungsgefahr keine Bank akzeptieren). Alternativ können Sie aber auch mit der selbst ausgestellten vorliebnehmen und zusätzlich eine Bankvollmacht erteilen. Dazu gehen Sie mit der Person, die die Vollmacht erhalten soll, zu einer Filiale. Sie beide müssen sich dort mit Ihrem Personalausweis legitimieren. Außerdem müssen Sie auch beide das bankeigene Vollmachtsformular unterschreiben. Idealerweise erteilen Sie eine »Bankvollmacht über den Tod hinaus«. Übrigens sind weder Vorsorge- noch Bankvollmacht auf ewig in Stein gemeißelt. Sie können diese jederzeit widerrufen – Testierfähigkeit voraussetzt.

Patientenverfügung:

Ungefähr 75 Prozent der Amerikaner – und 80 der Deutschen, wie eine DAK-Studie aus dem Jahr 2016 ergab[30] – sterben im Krankenhaus oder in einer Pflege- oder Hospizeinrichtung. Wenn Sie keine Patientenverfügung haben, werden die gesundheitlichen Entscheidungen nach dem Ermessen der Ärzte und jeweiligen Entscheidungsverantwortlichen dieser Einrichtungen getroffen. Meistens ist das der Arzt, der Sie gerade versorgt und verpflichtet ist, Ihr Leben unter allen Umständen zu erhalten. Bestimmte Formen der lebenserhaltenden Maßnahmen könnten gegen Ihren Glauben verstoßen oder einfach nicht Ihren zu gesunden Zeiten geäußerten Wünschen entsprechen. Selbst wenn die Angehörigen

30 Vgl. DAK Pflegereport 2016, https://www.dak.de/dak/gesundheit/pflege-das-sollten-sie-wissen-2124258.html#/ (Abruf am 01.10.2020)

hinzugezogen werden, könnte es innerhalb der Familie ganz unterschiedliche Auffassungen geben. Das kann so weit gehen, dass ein Gericht entscheiden muss, welche medizinischen Maßnahmen angemessen sind und welche nicht. Das kann teuer, zeitaufwendig und für alle Beteiligten aufwühlend und schmerzvoll sein. Mit einer Patientenverfügung, in der Sie festlegen, welche Untersuchungen, Heilbehandlungen, medizinischen Eingriffe oder lebenserhaltenden Maßnahmen Sie genehmigen oder nicht, falls Sie zum gegebenen Zeitpunkt nicht mehr in der Lage sind, sich zu äußern, können Sie dafür sorgen, dass Sie die Kontrolle über wichtige gesundheitliche Entscheidungen behalten und Ihre Wünsche umgesetzt werden. Zugegeben, es macht wirklich keinen Spaß, sich mit all den gesundheitlichen Katastrophen zu befassen, die potenziell eintreten könnten. Aber Sie entlasten (auch) Ihre Angehörigen enorm, wenn Sie dazu in einer Patientenverfügung Ihre eigenen Festlegungen treffen. Sie sollten dabei aber nicht vergessen, dafür auch eine Person zu bestimmen, die Ihre Wünsche dann auch für Sie durchsetzen soll beziehungsweise darf. Deshalb sollten Sie eine Patientenverfügung stets koppeln mit einer Vorsorgevollmacht beziehungsweise Betreuungsverfügung (siehe oben).

ZWEITER PUNKT: VERMÖGENSAUFTEILUNG

The best things in life are free.
But you can keep 'em for the birds and bees.
Now give me money (that's what I want).
BERRY GORDY UND JANIE BRADFORD,
»Money (That's What I Want)«

Die meisten Menschen denken bei der Nachlassplanung üblicherweise zuerst an die Verteilung ihres Erbes. Genau wie in den Bereichen Gesundheit und Finanzen bestimmen die Gesetze, wer was erbt, wenn Sie keine entsprechenden schriftlichen Verfügungen getroffen haben. In Deutschland sind das vor allem die Regelungen im Bürgerlichen Gesetzbuch (§ 1922 ff.).

Falls Sie nicht eindeutig festgelegt haben, wer was erben soll, öffnen Sie familiären Konflikten und einem finanziellen Chaos Tür und Tor. Geschichten von Nachkommen, die sich über das Erbe eines verstorbenen Familienmitglieds streiten, Geschwister, die sich gegenseitig den

Verlobungsring der Großmutter streitig machen, und Verwandte, die wie aus dem Nichts auftauchen, um selbst an ein bescheidenes Vermögen Erbansprüche zu stellen, sind weitaus häufiger, als man glauben möchte. Wenn ein Familienmitglied stirbt, entsteht viel Anspannung, und die eine Person, die die Dinge klar regeln und ordnen könnte, ist nicht mehr da. Aus diesem Grund ist es wichtig, dass Sie Ihre Wünsche klar und deutlich niederlegen und Ihrer Familie den Stress und die Konflikte ersparen, das selbst herauszufinden. Sie glauben, Ihre Kinder sind sich gegenseitig wohlgesinnt? Das mag durchaus sein, aber ob es wirklich so ist, stellt sich erst lange nach Ihrem Tod heraus, wenn Ihr Vermögen, für das Sie zu Lebzeiten so hart gearbeitet haben, unter ihnen aufgeteilt wurde. Zwar geschieht das meistens einvernehmlich, aber es ist auch keine Seltenheit, dass einer Ihrer Nachkommen sich so verhält, wie es hier beschrieben wurde.

Wenn Sie ohne eine Nachlassplanung, also eine testamentarisch festgelegte Erbfolge, versterben, tritt die *gesetzliche* Erbfolge ein. Sie bestimmt, wer Anspruch auf welchen Anteil des Erbes hat. In anderen Worten: Wenn Sie es nicht bestimmen, wird es das Nachlassgericht auf Basis der geltenden Gesetze für Sie tun! Oft führen der Zeitaufwand, bis alles geregelt ist, die Verwaltung und die Kosten einer gesetzlichen Erbregelung zu einer Schmälerung des Nachlasses (und möglicherweise entspricht die Verteilung und der Kreis der Begünstigten auch nicht Ihren Vorstellungen!).

Das Testament

Wenn du den wahren Charakter eines Mannes kennenlernen willst,
dann teile eine Erbschaft mit ihm.
BENJAMIN FRANKLIN

Das wichtigste Dokument im Rahmen der Nachlassplanung ist das Testament. Wenn Sie Ihr Testament aufsetzen, müssen Sie drei wichtige Entscheidungen treffen:

- *Bestimmen Sie die Erben.* Mit dem Testament haben Sie die Gelegenheit, zu bestimmen, wer Ihr Erbe antreten soll. Es ist nicht nur aus juristischer Sicht wichtig, dass Sie Ihre Wünsche schriftlich niederlegen, es trägt auch dazu bei, Zwist unter Familienangehörigen über die Aufteilung Ihres Vermögens nach Ihrem Tod zu vermeiden. Erben sind übrigens in der Gesamtverantwortung, haben als nicht nur Rechte, sondern auch Pflichten. Sie müssen also beispielsweise die noch offenen Rechnungen des Erblassers sowie die Bestattungs- und Grabkosten aus dem Nachlass bezahlen oder sich bei einer geerbten Immobilie um die Mieter kümmern. Wenn Sie dagegen nur Ihren Verlobungsring, eine bestimmte Geldsumme oder einen Teppich einer bestimmten Person zuwenden wollen, wählen Sie dafür lieber ein Vermächtnis. Das ist ganz einfach ein Herausgabeanspruch gegenüber den Erben – aber anders als ein Erbe hat ein Vermächtnisnehmer keine weiteren Pflichten, darf aber bei der Verwaltung und Verwendung des Nachlasses auch nicht mitreden.

- *Bestimmen Sie die Aufteilung.* Wer soll wie viel erhalten? Wer soll was erhalten? Wer soll zweckgebunden bestimmte Nachlassteile erhalten (z. B. eine bestimmte monatliche Summe aus dem Nachlass für die Ausbildung)? Und wer hat womöglich schon zu Lebzeiten von Ihnen eine größere Schenkung von Ihnen erhalten, die auf sein Erbe angerechnet werden soll? Diese Fragen sollte Ihre letztwillige Verfügung zweifelsfrei beantworten. Aufgepasst heißt es zudem beim Thema »Enterben«, hier geht Deutschland einen Sonderweg, den es in den USA nicht gibt: Zwar können Sie bestimmte Personen im Testament bewusst vom Nachlass ausschließen. Aber besonders enge Angehörige, vor allem Ihr/-e Ehepartner/-in, Ihre Kinder beziehungsweise Enkel und Ihre Eltern, können dann den sogenannten Pflichtteil geltend machen. Das heißt: Egal, was im Testament steht, diese Personen haben einen Anspruch gegen die Erben, ihnen diesen Pflichtteil auszuzahlen. Der Pflichtteil ist die Hälfte des gesetzlichen Erbteils. Und dieser wiederum ist der Anteil des Nachlasses, der ihnen laut Bürgerlichem Gesetzbuch zustünde, wenn es kein Testament gäbe. Ganz schön kompliziert, nicht wahr? Im Klartext heißt das in den meisten Fällen: Beim Ehemann beziehungsweise der Ehefrau beläuft sich der Pflichtteil auf ein Viertel des Nachlasses. Beim Nachwuchs hängt es von der Zahl der Sprösslinge ab, wie groß der Pflichtteil ist. Er beträgt ebenfalls ein Viertel bei einem Kind, ein Achtel bei zwei Kindern, ein Zwölftel bei drei Kindern, ein Sechzehntel bei vier Kindern etc. Der Pflichtteil kann übrigens nur bei sehr schweren Vergehen entzogen werden.

- *Bestimmen Sie einen Testamentsvollstrecker.* Das ist die Person, die sich um die Verwaltung und Verteilung des Erbes kümmert. Der Testamentsvollstrecker kümmert sich also um Ihr Vermögen und gewährleistet, dass die Verfügungen, die Sie in Ihrem Testament getroffen haben, auch umgesetzt werden. Sie brauchen aber nicht zwingend jemanden zum Testamentsvollstrecker zu ernennen. Empfehlenswert ist es aber bei komplizierten Vermögensverhältnissen (etwa, wenn auch Immobilien oder Firmenanteile im Nachlass enthalten sind) oder wenn sich die Hinterbliebenen potenziell uneinig sind.

Um Ihr Testament zu machen, brauchen Sie übrigens nicht unbedingt einen Notar. Sie können Ihre letztwillige Verfügung auch selbst verfassen, dann allerdings muss das gesamte Dokument von Anfang bis Ende handschriftlich zu Papier gebracht und eigenhändig unterschrieben sein. Beim gemeinsamen Testament eines Ehepaares reicht es, wenn einer es vollständig von Hand schreibt und der andere Ehepartner es dann unterschreibt. Ein notarielles Testament empfiehlt sich vor allem bei größeren Vermögen, beim Vorhandensein von Firmenanteilen im Nachlass oder auch bei drohendem Streit zwischen den Hinterbliebenen.

DRITTER PUNKT: DIE MINIMIERUNG ODER VERMEIDUNG VON ERBSCHAFTS- UND SCHENKUNGSSTEUER

Ich möchte meinen Kindern so viel vermachen, dass sie wissen, sie können *alles* tun, was sie wollen, aber nicht so viel, dass sie *nichts* tun.
WARREN BUFFETT

Längst nicht alle Menschen müssen sich mit der Erbschafts- und Schenkungssteuer beschäftigen. Denn erfreulicherweise gibt es steuerliche Freibeträge, die verschont bleiben. In Deutschland sind diese persönlichen Freibeträge allerdings erheblich niedriger als in den USA, wo Millionen steuerfrei vererbt werden können. Konkret: Der Ehepartner oder die Ehepartnerin kann in Deutschland bis zu 500 000 Euro erben oder auch geschenkt bekommen, ohne dass Erbschafts- oder Schenkungssteuer anfällt. Die eigenen Kinder haben einen persönlichen Freibetrag von je 400 000 Euro. Bei den Enkeln liegt der persönliche Freibetrag bei

200 000 Euro. Den Eltern stehen immerhin noch 100 000 Euro zu. Alle anderen Personen, selbst der Lebensgefährte respektive die Lebensgefährtin ohne Trauschein, die Geschwister oder auch die Neffen und Nichten, haben nur einen Freibetrag von 20 000 Euro. Alles, was oberhalb dieser Freibeträge liegt, muss bei Erbschaft oder Schenkung versteuert werden. Die Steuersätze hängen vom Empfänger und seiner Stellung zum Erblasser, aber auch vom Wert des Erbes oder der Schenkung ab. Das Finanzamt verlangt zwischen 7 und 50 Prozent. Bei diesen Steuersätzen erscheint es sinnvoll, nach Wegen zu suchen, um die Besteuerung zu umgehen.

Die unkomplizierteste Methode zur Vermeidung von Erbschaftssteuern ist, dass Sie Ihr Geld ausgeben.[31] Die Erbschaftssteuer betrachtet nur das Vermögen, das zum Zeitpunkt Ihres Todes vorhanden ist, das ist in den USA genauso wie in Deutschland. Wenn Sie also – und jetzt kommen wir zurück zu den deutschen Verhältnissen – so viel ausgeben, dass Ihr Vermögen unter der Summe der Freibeträge Ihrer Nachlassempfänger bleibt, sind Sie von der Erbschaftssteuer nicht betroffen. Verwenden Sie Ihr Geld also ruhig dazu, mit Ihrer Familie zu verreisen, Zeit mit Freunden zu verbringen, Konzerte zu besuchen und anderen Leidenschaften nachzugehen.

Für viele Menschen mit größerem Vermögen ist die Strategie, ihr Geld auszugeben, um Steuern zu vermeiden, keine vernünftige Lösung. Sie brauchen eine ausgefeiltere Planung. Letztlich reduziert sich die Nachlassplanung auf Strategien, um die folgenden drei Optionen bestmöglich zu nutzen: die Freibeträge alle zehn Jahre auszuschöpfen, das selbstgenutzte Eigenheim steuerfrei zu übertragen, Geld an gemeinnützige Einrichtungen zu spenden oder eine Stiftung zu gründen. Viele dieser Strategien können Sie zu Lebzeiten umsetzen, andere bei Ihrem Tod und manche in Kombination aus beidem. Hier ein Überblick:

- *Schenken Sie den ausgewählten Begünstigten alle zehn Jahre Vermögen in Höhe des Freibetrags.* Denn die oben genannten Freibeträge dürfen Sie nach Ablauf von zehn Jahren wieder aufs Neue nutzen. Das »Vererben mit warmer Hand« kann sich also lohnen, Sie können die Freibeträge mehrfach nutzen.

31 Ich wette, an diese Strategie haben Sie nicht gedacht, oder?

- *Stecken Sie möglichst viel Geld in Ihr Eigenheim.* Denn erfreulicherweise gibt es in Deutschland fürs selbstgenutzte Eigenheim großzügige Verschonungsregeln. Das gilt zumindest, wenn Sie dieses Eigenheim an Ihr/-e Ehepartner/-in oder Ihre Kinder beziehungsweise Enkel vererben beziehungsweise verschenken und diese dann für mindestens zehn Jahre darin wohnen (bleiben). Erfreulicherweise gibt es hier keine Deckelung des Immobilienwertes. Eine Luxusvilla bleibt als vererbtes oder verschenktes Eigenheim genauso steuerfrei wie ein einfaches Appartement. Hier also die nötige Dachsanierung, den Badumbau oder den Anbau eines Wintergartens vor der Vermögensübertragung vorzunehmen, ist eine kluge Steuersparstrategie. Denn das Geld, das im Eigenheim verbaut ist, weckt beim Finanzamt keine Begehrlichkeiten. Wichtig: Es muss sich aber um den Hauptwohnsitz handeln, mit Ferienwohnungen funktioniert diese Strategie nicht.
- *Spenden Sie Geld.* Spenden sind grundsätzlich von der Erbschafts- und Schenkungssteuer befreit.

Spendenplanung

Wir bestreiten unseren Lebensunterhalt mit dem, was wir bekommen,
und wir leben von dem, was wir geben.
WINSTON CHURCHILL

Die amerikanische Bevölkerung gehört zu den großzügigsten Völkern der Welt. Laut einer Studie der Organisation Charities Aid Foundation sind die USA in Sachen Spendenbereitschaft führend, gefolgt von Myanmar und Neuseeland. Deutschland liegt auf dem 18. Platz dieser Rangliste – vielleicht auch deshalb, weil die Menschen darauf vertrauen, dass der Staat von ihren Steuermitteln schon sehr viel materielle Not lindert. Gleichwohl gilt hier wie dort: Für viele Anleger ist die Spendenplanung ein wichtiges Ziel ihrer Finanzplanung. Geld zu spenden, sollte einfach sein (und oft ist es das auch). Für sehr vermögende Menschen, die ein gemeinnütziges Vermächtnis hinterlassen wollen, gibt es ausgefeiltere Optionen, die einen eingehenderen Blick lohnen.

Viele sehr vermögende Menschen machen jedes Jahr großzügige Spenden. Viele würden ihre philanthropischen Aktivitäten aber gerne nach ihrem Tod fortgesetzt sehen und möchten ein entsprechendes Vermächtnis hinterlassen, das von nachfolgenden Generationen weitergeführt wird.

Mit der richtigen Planung lassen sich diese Ziele erreichen und es können die angemessenen rechtlichen Strukturen geschaffen werden. Dabei kann festgelegt werden, wie sie finanziert und verwaltet werden sollen, und es können Treuhänder bestimmt werden, die das Vermächtnis nach dem Tod des Spenders weiterführen.

Nachfolgend wollen wir einige Wege beleuchten, mit denen Sie Ihre gemeinnützige Spendentätigkeit maximieren und ein finanzielles Vermächtnis schaffen können:

- Lassen Sie die richtigen Vermögenswerte gemeinnützigen Zwecken zukommen.
- Leisten Sie eine Zustiftung. Sie zahlen damit in den Vermögensstock einer bestehenden Stiftung ein. Das Geld wird angelegt und erhöht damit die Erträge der Stiftung. Durch die Zustiftung können Sie direkt von einem Steuerabzug profitieren. Das kann für Menschen mit einem mittleren oder sogar erheblichen Vermögen eine hervorragende Möglichkeit sein, dauerhaft zu einem gemeinnützigen Zweck beizutragen. Übrigens ist es auch möglich, einen Sachwert, also beispielsweise eine Immobilie, zuzustiften.
- Gründen Sie selbst eine Stiftung. Das allerdings lohnt sich erst bei größeren Vermögen. Es gibt privatnützige und gemeinnützige Stiftungen sowie eine Kombination aus beiden. Bei privatnützigen kommen die Ausschüttungen Menschen zugute, die Sie im Stiftungszweck festgelegt haben, zum Beispiel Ihren Familienmitgliedern und deren Nachkommen bis zu einem gewissen Verwandtschaftsgrad. Zwar lässt sich damit die Besteuerung nicht ganz umgehen. Aber es gibt mit der sogenannten Erbersatzsteuer eine Pauschalbesteuerung, die nur alle 30 Jahre anfällt und die meistens deutlich günstiger ist als die Erbschaftssteuer. Bei gemeinnützigen Stiftungen umgehen Sie eine Besteuerung ganz. Bei einer Kombination aus privat- und gemeinnützig fällt die Erbersatzsteuer nur auf den privatnützigen Teil an. Stiftungen sind allerdings für die Ewigkeit gedacht. Sie zu gründen erfordert eine sehr sorgfältige Planung. Sie sollten ein solches Projekt nicht ohne die fachliche Beratung durch Steuerberater und Anwalt beziehungsweise Notar angehen.

Eine Vision für die Art von gemeinnützigem Vermächtnis zu entwickeln, das Sie hinterlassen wollen, ist für die Bestimmung der richtigen

Instrumente und Techniken der Portfolio-Zusammenstellung äußerst wichtig. Nehmen wir zum Beispiel an, Sie wollten eine Stiftung gründen, die ab sofort auf unbestimmte Zeit jedes Jahr 50 000 Dollar beziehungsweise Euro (inflationsbereinigt) für gemeinnützige Zwecke ausgibt. Dafür müssten Sie Ihre Stiftung aktuell mit ungefähr 1 Million Dollar beziehungsweise Euro ausstatten. Außerdem müsste das Stiftungs-Portfolio so strukturiert sein, dass der größte Teil der jährlichen Ausschüttungen aus Kapitalerträgen gezahlt werden könnte, sodass der Vermögensgrundstock unangetastet bliebe. Wie bei jedem anderen Ziel gilt auch hier, dass Sie erst dann ein entsprechendes Portfolio zusammenstellen können, wenn Sie Ihre Ziele festgelegt und ein Gerüst dafür entwickelt haben.

Bisher haben wir über Altersvorsorgeplanung, Ausbildungsplanung und Spendenplanung gesprochen, aber wie Ihnen vielleicht aufgefallen ist, haben wir noch keine konkrete Geldanlage ausgewählt. Allerdings haben wir über die wichtigsten Entscheidungen gesprochen – die Bestimmung Ihrer Ziele, die Entwicklung eines Gerüsts für Ihren Sparplan und die Bestimmung der besten Vehikel mit der größten Erfolgswahrscheinlichkeit – und die Grundlagen für alles Weitere gelegt. Nun, da Ihre Planung abgeschlossen ist, können Sie damit beginnen, für jedes Ziel ein Portfolio zusammenzustellen.

Wenn Sie reich werden wollen, sollten Sie beginnen, sich wie ein reicher Mensch zu verhalten.[32] Beginnen Sie mit einer klar artikulierten Vision und richten Sie Ihre Anstrengungen anschließend darauf aus.

FANGEN SIE AN!

Just do it!
NIKE[33]

Ob Ihr Nettovermögen 100 000 oder 100 Millionen beträgt, Sie brauchen einen Nachlassplan, und nicht nur Sie. Ihre erwachsenen Kinder

32 Das bedeutet übrigens nicht, dass Sie versnobt auftreten oder nur zum Spaß Champagner auf den Boden schütten.

33 Nike hat für dieses Zitat nichts bezahlt. Hinweis an Nikes Anwälte: Wir akzeptieren Rucksackbeutel – sogenannte *Swag Bags*. Wir wissen, dass Sie das bereits mit Rappern machen. Dies hier ist so etwas Ähnliches.

brauchen einen, Ihre Eltern und Ihre Nachbarn sollten wahrscheinlich auch einen haben. Das ist der einfachste Teil Ihres Vorhabens, finanzielle Freiheit zu erlangen, und er nimmt lediglich ein oder zwei Stunden mit einem auf Erbschaftsrecht spezialisierten Anwalt in Anspruch. Trotzdem ist die Nachlassplanung der Teil Ihrer Strategie, der am häufigsten vernachlässigt wird. Woran liegt das? Es gibt drei Gründe, warum Menschen vor der Nachlassplanung zurückscheuen: Erstens möchten sie sich nicht mit ihrer eigenen Sterblichkeit auseinandersetzen, zweitens möchten sie keine harten Entscheidungen treffen[34] und drittens glauben sie, dass es eine zeitaufwendige Angelegenheit ist.

Was den Nachlassplan angeht, ist alles besser, als überhaupt keinen zu haben. Ihre Dokumente können zu jedem Zeitpunkt an mögliche Veränderungen Ihrer Lebensumstände angepasst werden. Ein Nachlassplan wird Ihnen und Ihrer Familie Seelenruhe bieten, weil Sie wissen, dass Sie unnötigen Stress, unnötige Steuerzahlungen und das Schreckgespenst eines Nachlassverfahrens vermieden haben. Und wenn Sie in der glücklichen Lage sind, ein großes Vermögen zu besitzen und Ihre Ziele einen generationsübergreifenden Vermögenserhalt oder ein gemeinnütziges Vermächtnis beinhalten, kann die richtige Nachlassplanung dazu beitragen, dass der größere Teil Ihres sauer verdienten Geldes Menschen und Projekten zugutekommt, die Ihnen wichtiger sind als der Staat. Auch wenn es schwerfällt, sich vorzustellen, wie die Dinge sein werden, wenn Sie nicht mehr da sind, lohnt sich der bescheidene Aufwand an Zeit und Mühe. Just do it!

SIE HABEN ES GESCHAFFT!

Ja! Sie haben einen Nachlassplan erstellt. Wir wollen nun kurz rekapitulieren, welche weiteren Pläne Sie brauchen, bevor wir uns dem Thema Investition zuwenden (falls Sie bereits Geld anlegen, erfahren Sie nachfolgend, welche weiteren Geldanlagen Sie auswählen sollten):

34 Es wirkt nur wie eine Überforderung – genau wie die Speisekarte der Cheesecake Factory: endlose Optionen, aber nach einem kurzen Überlegen liegt die Wahl auf der Hand, und wenn auch nur durch Ausschlussverfahren. Irgendwie arbeiten Sie sich da durch.

- eine Vermögensaufstellung
- eine Prognoserechnung für Ihren Ruhestand
- weitere Prognoserechnungen, zum Beispiel für die Ausbildung
- die Planung Ihres Versicherungsbedarfs
- einen Risikomanagementplan, einschließlich einer Lebensversicherung, einer privaten Berufsunfähigkeitsversicherung, einer privaten Pflegeversicherung, Wohngebäude- und Kfz-Versicherung und Haftpflicht mit Ausfalldeckung (die abgesicherten Risiken und die Deckungssummen sollten stets die genauen Anforderungen Ihres Plans erfüllen, aber nicht mehr)
- eine Nachlassplanung, einschließlich aller notwendigen Dokumente wie Testament, Vorsorgevollmacht/Betreuungsverfügung, Bankvollmacht, Patientenverfügung und Spendenplan.

Diese Elemente bilden die Grundlagen der Finanzplanung und sind *zwingende* Bestandteile der Absicherung Ihres finanziellen Wohlergehens. Betrachten Sie diese Elemente als notwendige Basisausrüstung, mit der Sie einen Gipfel bezwingen wollen. Ohne diese Ausrüstung werden Sie den Gipfel nie erreichen. Diese Pläne, die in diesem Kapitel beschrieben wurden, versetzen Sie in die Lage, Ihre Route festzulegen und sich und Ihre Familie im Fall einer unerwarteten Bedrohung zu schützen.

Bei »Creative Planning« bewerten wir alle diese Überlegungen, bevor wir für unsere Kunden auch nur eine einzige Geldanlage auswählen. Wir können kein angemessenes Portfolio für Sie zusammenstellen, bevor wir wissen, wo Sie stehen und wohin Sie steuern. Wenn Sie aufgrund einer Berufsunfähigkeit, des Todes eines Familienangehörigen oder irgendeines anderen Ereignisses, das in Ihrer übergeordneten Vermögensplanung nicht berücksichtigt wurde, alles verlieren, spielt es auch keine Rolle, ob Sie bis dahin ein herausragender Investor waren. Achtet Ihr Finanzberater darauf? Falls nicht, können Sie auf Ihrer Planungsliste ganz oben eine neue Aufgabe eintragen: einen neuen Vermögensmanager suchen.

TEIL III
Der Ausgangspunkt

KAPITEL ACHT
DIE FUNKTIONSWEISE DER MÄRKTE

von Peter Mallouk

Risiken entstehen dann, wenn Anleger nicht wissen, was sie tun.
WARREN BUFFETT

Da dieses Buch offensichtlich von Geldanlage handelt, wollen wir dieses Kapitel mit einem heißen Tipp für einen bewährten Gewinner beginnen. Diese Geldanlage hat in den vergangenen 88 Jahren eine Rendite von rund 10 Prozent erzielt und zeigt einen konstant positiven Verlauf. Sehen Sie sich Abbildung 8.1 an!

Abbildung 8.1

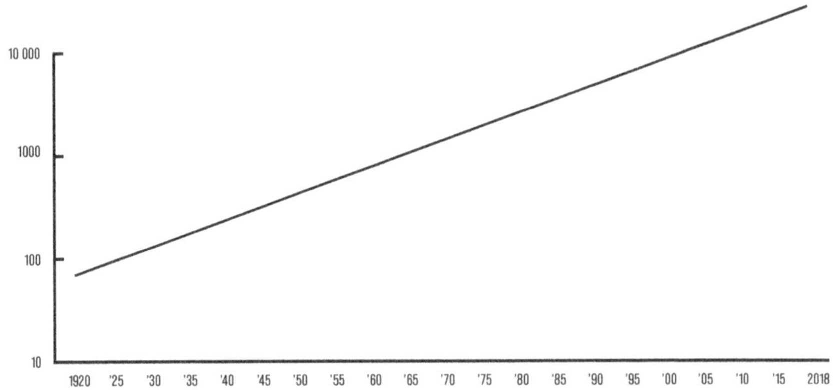

Wenn Sie ticken wie die meisten Amerikaner, erscheint Ihnen eine derart anhaltend hohe Rendite wie ein Traum. Und wenn ich Ihnen sage, dass sie echt ist? Das ist sie, und was noch spannender ist, Sie können sie jederzeit erzielen. Und worum handelt es sich bei dieser unglaublichen, magischen Geldanlage? Sie haben definitiv schon davon gehört: Es handelt sich um den Aktienmarkt.

DAS MARKTTIMING-PARADOX

Es gibt zahlreiche wichtige Studien, die die Renditen, die durchschnittliche Einzelanleger erzielen, mit der Performance der großen Börsenindizes wie S&P 500 oder Dow Jones vergleichen. Alle diese Studien zeigen, dass Einzelanleger schlechter abschneiden, zum Teil in der Größenordnung von mehreren Prozentpunkten pro Jahr. Was hält Anleger also davon ab, sich die volle Marktrendite zu sichern?

Einer der Gründe ist, dass Anleger versuchen, den richtigen Zeitpunkt zu bestimmen, um in den Markt ein- oder auszusteigen. Das wird auch als »Markttiming« bezeichnet. Dahinter steckt die Vorstellung, es gebe einen idealen Zeitpunkt, um zu investieren oder zu verkaufen. Oberflächlich betrachtet klingt das verlockend. Warum sollte man schließlich in einen Bärenmarkt investiert sein? Wie Sie sehen werden, ist es jedoch unmöglich, beständig die Kursauf- und -abschwünge vorherzusagen. Und wie bei vielen anderen Dingen ist die Konsistenz der Schlüssel zur Erzielung der vollen Marktrendite.[35]

Eines wollen wir von Anfang an klarstellen: Markttiming funktioniert nicht. Und sagen Sie mir nicht, dass Sie es noch nie versucht hätten. Haben Sie jemals Sätze wie die folgenden geäußert?

- »Ich halte Bargeld vor und warte nur darauf, dass sich die Situation beruhigt.«
- »Ich habe eine Bonuszahlung erhalten, warte aber darauf, dass die Kurse nachgeben.«
- »Ich werde investieren, sobald [fügen Sie hier irgendeine lahme Ausrede ein; einige Optionen: die Wahlen, die Feiertage vorbei sind, die Schuldenkrise ausgestanden ist, der Markt korrigiert hat, der Staatshaushalt verabschiedet ist, der Brexit vollzogen ist et cetera].«

All das ist Markttiming.

35 Von Steuern, Transaktionskosten und den schlaflosen Nächten ganz zu schweigen.

Warum sollte irgendjemand auf eine Investition verzichten wollen, die Jahr für Jahr derart umwerfende Renditen abwirft? Markttiming wirkt auf den ersten Blick wie eine rationale Entscheidung, tatsächlich verrät es aber eine emotionale Herangehensweise. Das will ich Ihnen erklären. Der Börsenmarkt steigt nicht linear an. Wenn man den tatsächlichen Börsenverlauf betrachtet, sieht die Kurve aus wie in Abbildung 8.2. Im Rückblick erkennt man, dass der Markt im Verlauf der 88 Jahre zwar viele Kursabschwünge erlebt hat, die Entwicklung aber insgesamt nach oben zeigt. Denjenigen, die die Abschwünge erleben, können sie wie eine Ewigkeit vorkommen. Stellen Sie sich die emotionalen Turbulenzen während der Großen Depression oder die Stagflation in den 1970er-Jahren vor. Aus der jüngsten Vergangenheit sind uns das Gefühl der Ohnmacht während der Panik von 2008 und die nachfolgende Rezession noch sehr gut in Erinnerung. Einem Anleger können selbst wenige Wochen wie eine Ewigkeit vorkommen, vor allem, wenn sich der Markt gegen ihn wendet. Im Zeitalter der 24-Stunden-Berichterstattung und der modernen Smartphone-Technologie kann es leicht passieren, dass man sklavisch selbst die kleinsten Kursschwankungen beobachtet. Solche Momente verleiten Anleger oft zu der Überzeugung, sie sollten Abwärtstrends tunlichst vermeiden, dabei sind das ganz normale Börsenphänomene. Und dann kann es passieren, dass sich Anleger entschließen, ihre Aktien zu verkaufen. Das führt dazu, dass sie den nächsten Aufschwung verpassen.

Abbildung 8.2: DOW JONES INDUSTRIAL AVERAGE, NICHTLINEARER VERLAUF

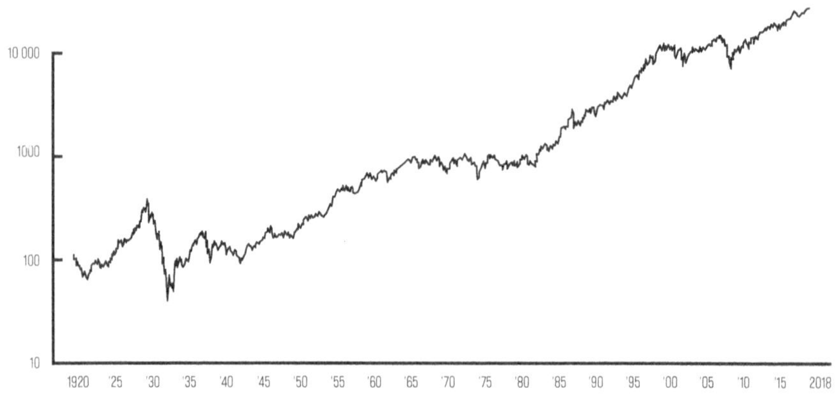

Im ersten Schritt auf dem Weg zu einer informierten Investmententscheidung müssen Sie sich von allen Fehlannahmen über den Aktienmarkt befreien. Wenn Sie die normalen Kursbewegungen akzeptieren, werden Sie Ihre Rendite wahrscheinlich dramatisch steigern können. Als Nebeneffekt dieser neuen Sichtweise wird wahrscheinlich auch Ihr Stresspegel sinken und es wird wahrscheinlicher, dass Sie Ihre Investmentziele erreichen und dass Ihre Lebensqualität steigt.

Es gibt viele Arten von »Märkten«. Die beiden letzten Abbildungen stellen den Index Dow Jones Industrial Average dar, an dem die 30 größten US-Unternehmen notiert sind und der uns Aufschluss über 100 Jahre Finanzgeschichte gibt. Der wichtigere Index ist heute allerdings der S&P 500, an dem die 500 größten US-Unternehmen wie Microsoft, Google, Procter & Gamble und McDonald's notiert sind. Zwar gibt es Tausende von Aktien, aber die 500 größten Unternehmen machen 80 Prozent der gesamten US-Marktkapitalisierung, also des gesamten Marktwertes, aus.[36] Das liegt daran, dass am S&P 500 notierte Unternehmen wie McDonald's 50- bis 100-mal größer sind als Unternehmen wie The Cheesecake Factory.[37]

Damit niemand glaubt, meine Vorliebe würde allein dem allgemein am meisten anerkannten Aktienindex gelten, möchte ich betonen, dass die kontinuierliche Aufwärtstendenz auch für kleine US-Aktien, internationale Aktien und Aktien aus aufstrebenden Ökonomien – sogenannte Emerging Markets – gilt. Der Punkt ist, dass alle Märkte dieselbe Tendenz aufweisen: Sie steigen. Und zwar stark.

Das sieht alles ziemlich gut aus, nicht wahr? Um diese Renditen zu erzielen, müssen Sie allerdings den ersten großen Investmentfehler vermeiden: Markttiming. Das ist nicht so einfach, wie es aussieht, weil viele Menschen Sie vielleicht sogar zu diesem Fehler ermutigen.

36 »Marktkapitalisierung« ist ein Modewort für den aktuellen Börsenwert eines Unternehmens. Er errechnet sich aus dem Aktienkurs multipliziert mit der Zahl aller Aktien, die das Unternehmen ausgegeben hat.

37 Ganz eindeutig spiegelt die Marktkapitalisierung nicht wider, welches Unternehmen die besseren Desserts herstellt. Das ist außerdem bereits die zweite Erwähnung der Cheesecake Factory in diesem Buch. Ich sollte wirklich mal wieder hingehen.

Abbildung 8.3: DIE MARKTTIMER

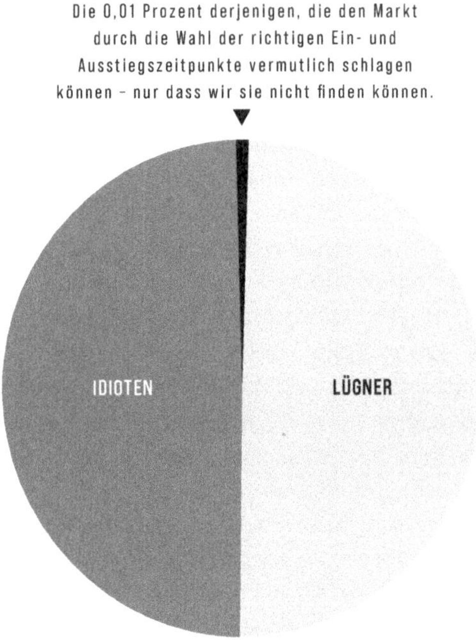

Dazu gehören Schaumschläger im Fernsehen, Ihr Arbeitskollege, Ihr Schwager, der »gerade noch vor dem letzten Crash ausgestiegen ist«[38], und der größte Teil der Finanzdienstleistungsindustrie. Diese Gruppe von Markttimern lässt sich in zwei Lager unterteilen, wie in Abbildung 8.3 dargestellt. Dabei handelt es sich nicht um eine wissenschaftliche Abbildung. Ich kann nicht sagen, welcher Anteil der Markttimer dumm ist und welcher unehrlich. Ich glaube allerdings, dass sich alle einem dieser beiden Lager zuordnen lassen, und beide sind gefährlich. Lassen Sie uns einen näheren Blick auf sie werfen.

Die Dummköpfe

> Was tun, wenn der Markt nachgibt? Lesen Sie die Meinungen der Investmentgurus, die im *Wall Street Journal* zitiert werden. Und lachen Sie

38 Viele Menschen behaupten auch, den legendären Affenmenschen Bigfoot oder das Ungeheuer von Loch Ness gesehen zu haben.

dabei. Wir wissen alle, dass diese Experten keine kurzfristigen Marktbewegungen vorhersagen können. Und trotzdem melden sie sich zu Wort und versuchen verzweifelt, intelligent zu klingen, obwohl sie in Wahrheit nicht den leisesten Schimmer haben.
JONATHAN CLEMENTS

Es gibt durch und durch ehrliche Investoren und Berater, die wirklich glauben, sie könnten den richtigen Zeitpunkt für einen Marktein- oder -ausstieg bestimmen. Sie glauben, sie wüssten Dinge, die andere nicht wissen, oder sie könnten Entwicklungen voraussehen, für die alle anderen blind sind. Oft werden sie Ihnen sagen, sie hätten mit ihrer Prognose schon einmal richtiggelegen, und vielleicht war das auch so – einmal. Sie klingen wie Ihr Freund, der vom Glücksspiel in Las Vegas zurückkehrt und Ihnen sagt: »Baby, ich habe die Kasse geknackt!«, aber die fünf Abende verschweigt, an denen er Unsummen verloren hat. Diese Berater vergessen gerne ihre schlechten Ratschläge und erinnern sich nur an ihre guten Tipps. Sie mögen gute Absichten verfolgen, aber am Ende fügen sie Ihrem Portfolio und den Portfolios aller Anleger, die ihnen vertrauen, Schaden zu.

Die Lügner

Es gibt drei Arten von Leuten, die Marktprognosen treffen: diejenigen, die nichts wissen; diejenigen, die nicht wissen, dass sie nichts wissen, und diejenigen, die genau wissen, dass sie nichts wissen, aber viel Geld dafür kassieren, dass sie so tun, als wüssten sie Bescheid.
BURTON MALKIEL[39]

Andere Berater wissen, dass es keinen »richtigen« Investitionszeitpunkt gibt, aber sie verdienen sich ihren Lebensunterhalt damit, Sie davon zu überzeugen, dass sie Sie mit ihrem »Kursschwankungsschutz« zum richtigen Zeitpunkt »rausholen« können. Das ist das zugkräftigste Scheinargument in der Welt der Investmentberatung. Wer würde die Idee, von den

39 Burton Malkiel hat ein revolutionäres Buch mit dem Titel *»A Random Walk Down Wall Street«* über dieses Thema geschrieben. Er plädiert für Indexfonds als Portfolioschwerpunkt und ein aktives Management in bestimmten »Randbereichen« – eine Philosophie, der ich nur zustimmen kann.

Kursaufschwüngen zu profitieren und die Kursabschwünge zu vermeiden, nicht gut finden? Erfahrene Investoren wissen, dass das unmöglich ist, aber es wird immer Leute geben, die genau das hören wollen. So lange wie es leichtgläubige Anleger gibt, wird es Zehntausende von Investmentberatern geben, die ihren Kunden Schlangenöl verkaufen.

Ich habe zudem festgestellt, dass viele Finanzberater alle Informationen besitzen, um von der Idee des Markttimings Abstand zu nehmen, allerdings macht es ein dicker Gehaltsscheck schwer, die Fakten zu akzeptieren. So wie ein Sektenmitglied den unwiderlegbaren Beweis, dass der Sektenführer ein Betrüger ist, nicht verkraften kann, finden auch viele Finanzberater die Realität schwer verdaulich und ziehen es vor, sich Täuschungen hinzugeben. Wie sagte René Descartes? »Der Mensch ist unfähig, Argumente zu verstehen, die seinem Einkommen im Wege stehen.«[40]

WARUM IST ES SO SCHWER, DEN RICHTIGEN EIN- UND AUSSTIEGSZEITPUNKT ZU BESTIMMEN?

In einem effizienten Markt gibt der aktuelle Preis eines Wertpapiers zu jedem beliebigen Zeitpunkt eine gute Einschätzung über seinen intrinsischen Wert.

EUGENE FAMA

Es gibt viele Gründe, warum Markttiming nicht funktioniert, und es gibt genauso viele Gründe, warum Investmentmanager versuchen werden, Sie vom Gegenteil zu überzeugen. Beginnen wir mit einem Blick auf das Gesamtbild, und dann betrachten wir die Investmentgurus und ihre tatsächlichen Ergebnisse.

Effiziente Märkte

Die von Nobelpreisträger Eugene Fama entwickelte *Markteffizienzhypothese* besagt, dass es sehr schwer ist, den Markt zu schlagen, weil die Märkte alle relevanten Informationen auf sehr effiziente Weise verarbeiten. Da die intelligenten (und nicht so intelligenten) Experten alle über das gleiche Wissen

40 Auch ein sehr kluger Kopf, allerdings lernen Sie aus seinen Büchern nichts über Geldanlage.

über eine Aktie oder Anleihe verfügen, ist es unmöglich, einen nachhaltigen Wissensvorsprung zu besitzen, mit dem Sie den Markt schlagen können.

In der Praxis bedeutet das: Weil es so viele Marktteilnehmer gibt – Einzelanleger, institutionelle Investoren, Hochgeschwindigkeitscomputer –, die ständig die gleichen Wertpapiere kaufen und verkaufen, werden neue Informationen fast augenblicklich »eingepreist«. Immer wenn es eine gute oder schlechte Nachricht gibt, die die erwartete Gewinnerzielung eines Unternehmens oder des gesamten Marktes beeinflusst, führen die nachfolgenden Handelsaktivitäten sofort zu Kursbewegungen, die sich irgendwann an dem Punkt einpendeln, der dem ökonomischen Wert der neuen Information entspricht. Wenn der durchschnittliche Anleger schließlich eine Order platziert, ist diese Information im Aktienkurs längst eingepreist und jeder mögliche Vorteil durch einen Wissensvorsprung dahin.

Immer wenn es den Anschein hat, als gäbe es ein Muster, um den Markt zu schlagen, stellt sich bei näherem Hinsehen stets heraus, dass ein Investor ein zusätzliches Risiko eingegangen ist. Zum Beispiel gibt es Hinweise darauf, dass die Aktien kleiner Unternehmen langfristig höhere Renditen erzielen als die Aktien großer Unternehmen, aber das liegt höchstwahrscheinlich daran, dass mit ihnen ein höheres Risiko (also eine größere Schwankungsanfälligkeit) verbunden ist.

Die Masse der Anleger irrt sich immer wieder

Wir wissen nicht, wie sich der Aktienmarkt, die Zinssätze oder die Geschäftsaktivitäten in einem Jahr darstellen werden. Wir sind schon lange davon überzeugt, dass der einzige Wert von Börsenpropheten darin liegt, dass sie Hellseher dagegen gut aussehen lassen. Wir glauben, dass kurzfristige Marktprognosen Gift sind und an einem sicheren Ort verschlossen werden sollten, außerhalb der Reichweite von Kindern und Erwachsenen, die sich am Markt wie Kinder verhalten.

WARREN BUFFETT

Der durchschnittliche Einzelanleger liegt mit seinen Marktprognosen regelmäßig und oft auf spektakuläre Weise daneben. Auf dem Tiefpunkt der Börsenrezession von 2001 kam es zu massenhaften Panikverkäufen. Als sich der Markt erholte, stiegen die Anleger wieder ein. Auf dem Höhepunkt der Krise von 2008/2009 flohen die Anleger wieder massenhaft aus dem Markt und stellten dabei einen neuen Rekord auf. Das ist Herdenmentalität vom Feinsten. Inzwischen beträgt der Marktwert das Siebenfache des damaligen Niveaus. Die Masse der Anleger stieg exakt zum falschen Zeitpunkt aus und brach dabei zweimal einen Rekord.

Die Medien irren sich immer wieder

Wer die Zukunft vorhersagt, lügt, auch wenn er die Wahrheit sagt.
ARABISCHES SPRICHWORT

Der typische Anleger bezieht seine Information aus den Medien. Wichtig ist der Hinweis, dass der Gesamtwert der von den Medien gelieferten Informationen über die Marktrichtung gleich null ist. Eigentlich liegt er sogar unter null, denn wenn Sie den Empfehlungen der Medien folgen, werden Sie wahrscheinlich nicht einmal ein neutrales, sondern ein negatives Ergebnis erzielen.

Die Experten, die sich in den Medien zu Wort melden, sind eifrig bemüht, kühne Marktprognosen abzugeben. Ich bin bereits in mehreren Sendungen großer Fernsehkanäle wie CNBC und Fox Business aufgetreten. Vor der Sendung fragt mich der Produzent oft, was ich glaube, »wohin der Markt tendiert«. Und wenn ich ihm sage, dass ich nicht weiß, wie sich der Markt kurzfristig entwickelt, ist er enttäuscht. Ein amerikanischer Fernsehkanal bezeichnete mich sogar als »Zeitmaschine« unter den Beratern, weil ich meinen Empfehlungen stets vorausschickte, ich hätte keine Ahnung, wie die kurzfristige Marktentwicklung verlaufen würde, hätte aber volles Vertrauen in die langfristige Marktentwicklung.[41] Für Finanzberater ist es lukrativ, die Werbetrommel für Markttiming zu rühren, und die Medien hinterfragen es nicht, weil die Einschaltquoten für ihre Sendungen höher sind, wenn ihre Gäste wilde Marktprognosen abgeben.

Lassen Sie uns einen kurzen Blick darauf werfen, wie unklug es ist, dem Rat der Experten zu folgen, die in den Medien präsentiert werden!

41 Die Karikaturen dazu waren ziemlich lustig: Mein Kopf ragte aus einer Zeitmaschine heraus, die wie eine altertümliche Telefonzelle wirkte. Mein Schwager sorgt dafür, dass ich sie nicht vergesse.

Ökonomen irren sich immer wieder

Prognosen sagen viel über denjenigen aus, der sie trifft, aber sie sagen Ihnen nichts über die Zukunft.
WARREN BUFFETT

Ökonomen haben bewiesen, dass sie nicht in der Lage sind, die Wirtschaftsentwicklung vorherzusagen. Es gibt einfach zu viele Variablen – einige bekannt, einige unbekannt –, als dass irgendjemand eine einigermaßen zutreffende Prognose abgeben könnte. Die Geschichte bietet zwei großartige Beispiele, die das bestätigen.

Am 15. Oktober 1929 behauptete Irving Fisher, den Milton Friedman einst als »herausragendsten Ökonomen, den die Vereinigten Staaten jemals hervorgebracht haben« bezeichnete, die Aktienkurse hätten »offenbar ein dauerhaft hohes Plateau erreicht«. In der folgenden Woche brach die Börse zusammen; das war der Auftakt zur Großen Depression und der Beginn eines freien Falls, der dazu führte, dass der Dow Jones 88 Prozent seines Wertes einbüßte. Es dauerte fast 80 Jahre, bis sich ein weiterer Börsencrash in dieser Größenordnung ereignete. Und natürlich gab es zu diesem Zeitpunkt einen anderen hoch angesehenen Ökonomen, der noch kurz vor dem großen Tumult kühne Prognosen traf. Am 10. Januar 2008 sagte Ben Bernanke: »Die Federal Reserve sagt derzeit keine Rezession voraus.«[42] Die Wirtschaft kümmerte sich nicht darum, rutschte einige Monate später in die schlimmste Rezession seit der Großen Depression und riss den Aktienmarkt mit, der mehr als die Hälfte seines Wertes verlor.

Ich kann Sie förmlich sagen hören: »Okay, diese beiden haben sich geirrt, aber das heißt nicht, dass andere Experten keine zutreffenden Prognosen abgeben können!« Gut, dass Sie das erwähnen. Lassen Sie uns einen Blick auf das gesamte Feld der Experten werfen, die Wirtschaftsprognosen abgeben, um zu sehen, ob sie recht haben.

42 Denken Sie einen Moment darüber nach. Die Federal Reserve wird wahrscheinlich von dem besten Ökonomen-Team der Welt geleitet. Wenn diese Fachleute nicht sagen können, was passieren wird, und sie steuern die Zinssätze, die zumindest teilweise das Geschehen bestimmen, wie wollen dann Sie, Ihr Freund oder Ihr Finanzberater die Zukunft vorhersagen?

Abbildung 8.4: LEHREN AUS 20 JAHREN PROGNOSEN

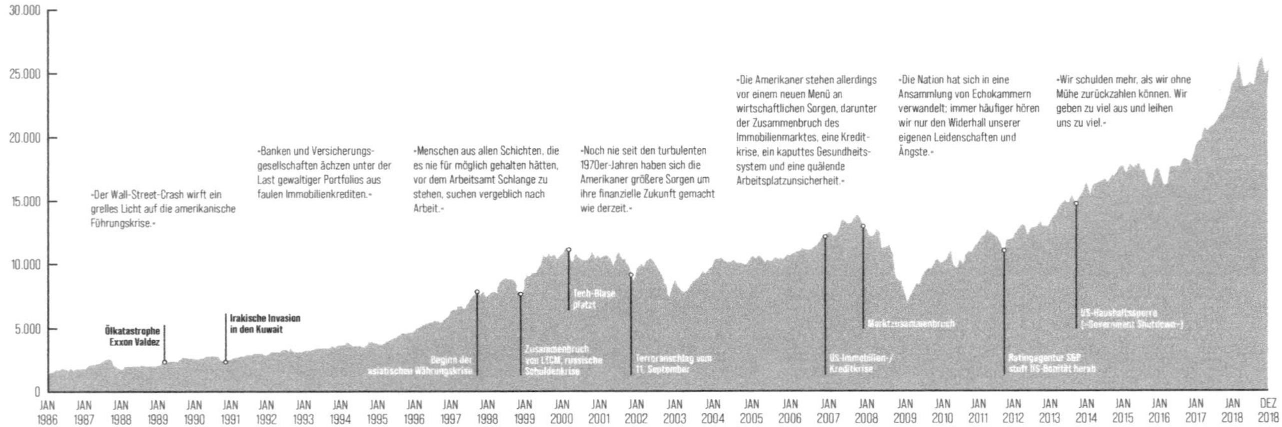

Quelle: Denrell, Jerker & Fang, Christina (2010): »Predicting the Next Big Thing: Success as a Signal of Poor Judgment«, Management Science *56 (10), S. 1653–1667.*

Glücklicherweise musste ich keine Zeit mit den Recherchen dazu verbringen. Die Ökonomen Jerker Denrell und Christina Fang haben alle Vorhersagen im »Economic Forecasting Survey« des *Wall Street Journal* über den Zeitraum von Juli 2002 bis Juli 2005 zusammengestellt. Anschließend grenzten sie ihre Suche weiter ein, um die Gruppe der Ökonomen zu isolieren, die mit nachweislichem Erfolg unwahrscheinliche Ergebnisse prognostiziert hatten. Zu diesem Zweck definierten die beiden Wissenschaftler eine »extreme« Prognose als eine Vorhersage, die um 20 Prozent nach oben oder nach unten von der durchschnittlichen Prognose abwich.

Dann betrachteten Denrell und Fang die anderen Prognosen dieser Gruppe und stellten fest, dass diese Ökonomen – also die, die am erfolgreichsten »extreme« Ereignisse vohergesagt hatten – insgesamt die schlechteste Bilanz aufwiesen. Mit anderen Worten, ein Ökonom, der eine sehr kühne Prognose trifft, kann zwar ab und an ins Schwarze treffen, liegt aber insgesamt häufiger völlig daneben. Ist das die Sorte von Experten, von denen Sie Investmentempfehlungen hören möchten? Und so sieht die Realität aus: Je überzeugter ein Experte von seiner Prognose ist, desto geringer die Wahrscheinlichkeit, dass er recht hat, und desto größer die Wahrscheinlichkeit, dass seine Prognose ein Ausweis seines Showtalents ist. In Bezug auf Geldanlagen heißt das: Je kühner die Prognose, desto unzuverlässiger die Quelle. Die Daten legen dringend nahe, diese Propheten zu meiden, wenn Ihnen Ihr finanzielles Wohlergehen wichtig ist. Der nobelpreisgekrönte Ökonom Joseph Stiglitz[43] sagte, Ökonomen würden »mit drei bis vier von zehn Prognosen richtigliegen«. Bei diesen Chancen verzichte ich lieber darauf. Und das sollten Sie auch.[44]

Investmentmanager irren sich immer wieder

Sicher wäre es großartig, bei Höchstnotierung zu verkaufen und am Tiefpunkt wieder einzusteigen, aber in den 55 Jahren, die ich inzwischen im Geschäft bin, habe ich nicht nur noch nie jemanden getroffen, der

43 Noch ein Nobelpreisträger.

44 Immer wenn Sie eine kühne Börsen- oder Wirtschaftsprognose hören, ergänzen Sie sie am Ende um die Worte »oder auch nicht«!

wüsste, wie das geht, ich habe auch niemanden kennengelernt, der seinerseits jemanden kennt, dem das gelungen ist.
JOHN BOGLE

Es gibt Tausende von Finanzberatern, die behaupten, »Marktindikatoren« zu besitzen, die ihnen dabei helfen, den richtigen Marktzeitpunkt zu bestimmen. Wie Don Phillips, der *Managing Director* von Morningstar, jedoch sagte, kann er »nirgendwo auf der Welt einen Investmentfonds nennen, der mit Markttiming als vorrangigem Investmentkriterium langfristig eine überlegene Rendite erzielt hätte«. Ich finde, das ist eine überzeugende Aussage. Wenn Sie die Ersparnisse eines ganzen Lebens dem Markttiming anvertrauen und der Experte, der das Unternehmen leitet, das dafür bekannt ist, die Performance von Investmentfonds zu messen, noch nie erlebt hat, dass Markttiming funktioniert, dann ist das vielleicht ein Rat, auf den Sie hören sollten!

Unterm Strich lässt sich das Ganze mit dem Satz zusammenfassen, dass es keine Hinweise darauf gibt, dass Investmentmanager effektiv und konstant den richtigen Marktzeitpunkt bestimmen können. Die Chance, dass Ihnen das wiederholt gelingt, ist äußerst gering, und daher würden nur Dummköpfe dieses Risiko mit ihrem Ersparten eingehen. Noch größere Dummköpfe würden jemanden dafür bezahlen, dass er auf diese Weise ihr Geld verzockt. Wenn Sie einen Zocker mit einem riesigen Stapel Chips sehen würden, der gerade eine Glückssträhne hat, würden Sie dann davon ausgehen, dass diese Glückssträhne für immer und ewig anhält? Wie im Casino von Las Vegas stehen die Chancen für Anleger, die sich im Markttiming versuchen, so schlecht, dass ein Verlust – sei er gering oder katastrophal – langfristig kaum vermeidbar ist.[45] Mein Ratschlag lautet daher: Wenn Sie einen Finanzberater treffen, der behauptet, er könne Ihre Positionen rechtzeitig vor einem Kursabschwung verkaufen, dann suchen Sie das Weite.

45 Erste Investmentregel: Vermeiden Sie große Verluste. Große Verluste sind eine ganz schlechte Sache.

Newsletter irren sich immer wieder

Der einzige Weg, mit einem Newsletter Geld zu verdienen, ist, ihn zu verkaufen.
MALCOLM FORBES

Zehntausende von Amerikanern haben Markettiming-Newsletter abonniert. Diese Leute verbringen viel Zeit mit der Lektüre von Börsennachrichten und bezahlen auch noch dafür, dass sie ihre Chance erhöhen, eine unterdurchschnittliche Rendite zu erzielen.

Im Rahmen einer Studie, die vielen als umfassendste Untersuchung über die Prognosekompetenz von Newslettern gilt, analysierten John Graham und Campbell Harvey im Jahr 1994 Daten von Mark Hulbert, der einen Dienst zur Verfolgung der Prognosen und Performance von Newslettern betreibt. Dabei betrachteten sie mehr als 15 000 Markttiming-Prognosen aus 237 Newslettern über einen Zeitraum von 13 Jahren. Ihr Fazit war überwältigend: 75 Prozent der Newsletter erzielten anomale *negative* Renditen. Hätte man den Rat der meisten dieser Newsletter befolgt, hätte man eine negative Performance erzielt! Der einst berühmte *Granville Market Letter* brachte es auf eine durchschnittliche Jahresrendite von minus 5,4 Prozent. Der Newsletter *Elliott Wave Theorist* brachte es sogar auf eine Jahresrendite von minus 14,8 Prozent.[46] Im gleichen Zeitraum erzielte der S&P 500 eine Jahresrendite von 15,9 Prozent und schnitt damit um Klassen besser ab als drei Viertel aller Newsletter.

Sie fragen sich vielleicht: »Was ist mit den 25 Prozent, die ähnlich wie oder besser als der Markt abgeschnitten haben?« Die Studie übertreibt die Ergebnisse dieser Newsletter sogar, denn mit einem wiederholten Marktein- und -ausstieg sind erhebliche Kosten verbunden. Wären die Gebühren, die Transaktionskosten und Steuern in der Studie berücksichtigt worden, wären die Ergebnisse noch viel schlechter ausgefallen! Darüber hinaus untersuchten die Autoren, ob die erfolgreichen Newsletter dauerhaft gute Ergebnisse erzielten. Ihr Fazit war unmissverständlich: »Gewinner können ihren Erfolg nur selten wiederholen.« Ihre abschließende

46 Ist es nicht interessant, dass die Weltuntergangspropheten trotz ihrer verzweifelten Versuche, ihr Geld zu retten, am Ende Geld verlieren?

Bewertung ist ebenso klar und eindeutig: »Es gibt keinen Hinweis darauf, dass Newsletter ein erfolgreiches Markttiming betreiben können.«

Mark Hulberts eigene Recherchen zeigen, dass die wenigen Newsletter, die den Markt in einem beliebigen Jahr übertreffen, ihren Erfolg in weiteren Jahren nicht wiederholen können. Und weitere Daten zeigen, dass es keinem einzigen Markttiming-Newsletter gelungen ist, den Markt langfristig zu schlagen.

WAS KLUGE INVESTOREN ÜBER MARKTTIMING SAGEN

Die Hall of Fame des Markttiming ist ein leerer Raum.
JANE BRYANT QUINN

Der erklärte Markttiming-Gegner J. P. Morgan, der zu den größten Investoren aller Zeiten gehörte und das Finanzgeschehen des 19. Jahrhunderts dominierte, wurde einst von einem jungen Investor gefragt, wie sich der Markt verhalten werde. Morgan erwiderte: »Junger Mann, er wird schwanken. Er wird schwanken.« Benjamin Graham, der Vater des modernen Investments, sprach sich ebenfalls gegen Markttiming aus. Im Jahr 1976 sagte er: »Wenn ich in den 60 Jahren an der Wall Street irgendetwas gelernt habe, dann, dass man keinen Erfolg damit hat, die Entwicklungen am Aktienmarkt zu prognostizieren.«

John Bogle, Gründer von Vanguard, der größten Investmentfonds-Gesellschaft der Welt, sagte wiederholt, er habe festgestellt, dass ein Markttiming unmöglich und vergeblich sei. Warren Buffett, der im heutigen Investment seinesgleichen sucht, hat verschiedentlich darüber gespottet und Markttiming als das Dümmste bezeichnet, das ein Investor tun kann. Er hat sich verschiedentlich darüber geäußert; zum Beispiel sagte er: »Der einzige Wert von Börsenpropheten liegt darin, dass sie Hellseher dagegen gut aussehen lassen«, und konkreter: »Ich habe *noch nie* jemanden kennengelernt, der in der Lage wäre, den richtigen Marktzeitpunkt zu bestimmen.«

Was sollten Anleger also tun? Immerhin erhalten Ökonomen, Börsenpropheten, Berater und Newsletter die Aufmerksamkeit der Medien, weil jeder nach einem Wissensvorsprung lechzt, der ihm eine hohe Rendite garantiert. Wenn Sie sich auf keinen dieser Gurus verlassen können, wie können Sie sich dann schützen? Die Antwort lautet: indem Sie einen soliden Investmentplan erstellen, der Sie auf Marktschwankungen vorbereitet, bevor diese passieren. Ich habe immer einen Schirm im Auto, weil ich weiß, dass es irgendwann regnen wird, und dann brauche ich ihn. Bezogen auf Geldanlagen heißt das, dass Sie ein Portfolio zusammenstellen sollten, mit dem Sie für Schlechtwetterzeiten gerüstet sind, und zwar sowohl für kleinere Marktkorrekturen (ein »Sommerschauer«) als auch für Bärenmärkte (»schwere anhaltende Niederschläge«).

MARKTKORREKTUREN

Es gibt Rezessionen und es gibt Marktabschwünge. Wenn Sie nicht verstehen, dass das natürliche Marktereignisse sind, sind Sie nicht gut vorbereitet und werden am Markt keinen Erfolg haben.
PETER LYNCH

Es heißt, im Leben seien nur zwei Dinge garantiert: der Tod und die Steuern. Ich behaupte, da fehlt noch eine Sache: *Aktienmarktkorrekturen.* Wie kann ich eine derart gewagte Behauptung aufstellen? Weil diese Korrekturen ständig passieren. Das ist so, als würde ich vorhersagen, dass es in England regnen wird.

Was genau ist eine *Korrektur*? Eine Korrektur ist ein Marktrückgang von 10 Prozent oder mehr. Ab einem Markteinbruch von 20 Prozent spricht man von einem *Bärenmarkt.* Wie oft ereignen sich Korrekturen? Seit 1900 hat es ungefähr jedes Jahr eine Korrektur gegeben, daher ist es wichtig, dass Sie sie verstehen und sich davon nicht aus der Ruhe bringen lassen. Wenn Sie 50 Jahre alt sind, können Sie davon ausgehen, dass Sie noch mindestens 35 weitere Marktkorrekturen erleben werden!

Sie fragen sich vielleicht, ob es nicht besser ist, bei einem Marktrückgang von 10 Prozent auszusteigen, bevor ein Bärenmarkt einsetzt. Nein, das sollte man nicht, denn die meisten Korrekturen erreichen nie das Ausmaß eines Bärenmarktes. Historisch betrachtet erreichen die Korrekturen im Schnitt eine Größenordnung von 13,5 Prozent und dauern keine zwei Monate; die durchschnittliche Dauer beträgt nur 54 Tage. Weniger als jede fünfte Korrektur mündet in einen Bärenmarkt. Anders ausgedrückt: Zu 80 Prozent der Zeit schüttelt der Markt die Korrekturen einfach ab.

Wenn Sie das wissen, wissen Sie auch, dass es keinen Sinn ergibt, bei einer Marktkorrektur sämtliche Positionen zu verkaufen. Meistens würden Sie Ihre Anlagen kurz vor Erreichen des Tiefpunkts veräußern und Ihrem Portfolio einen unglaublichen Schaden zufügen. Wir wissen, dass Marktkorrekturen ein ganz normales Phänomen sind und dass die meisten nicht in einem Bärenmarkt enden, und wir wissen auch, dass sich die Märkte im Verlauf der Geschichte nach jeder Korrektur wieder erholt haben. In Panik zu geraten und Ihre Positionen zum Schleuderpreis zu verkaufen, ist daher vollkommen absurd.

Wie beim Markttiming versuchen einige Finanzberater auch Marktkorrekturen vorherzusagen. Manchmal gibt es einen Grund für Marktkorrekturen, und manchmal gibt es keinen. Es macht aber Spaß, zu beobachten, wie sich die Experten zum Narren machen, indem sie versuchen, diese Korrekturen vorherzusagen. Abbildung 8.5 illustriert, wie hartnäckig der Markt sein kann und wie sich die Experten täuschen.

Abbildung 8.5

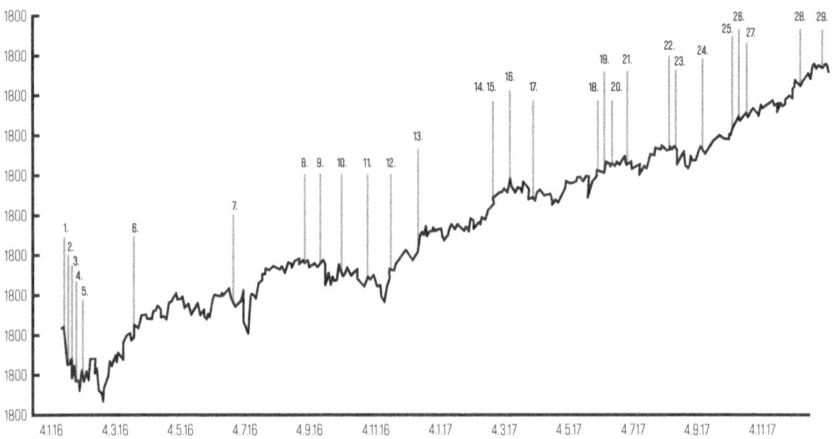

Jede der in der Abbildungskurve genannten Zahlen entspricht dem Datum einer negativen Prognose:

1. »George Soros: Es droht eine Neuauflage der Krise von 2008.«
2. »Ist 2016 das Jahr, in dem die Welt eine neue Wirtschaftskrise erlebt?«

3. »Verkaufen Sie alles, bevor der Aktienmarkt zusammenbricht, sagen die Ökonomen der RBS.«
4. »Hier kommt der größte Börsencrash in einer Generation.«
5. »Das sind die klassischen Anzeichen für einen Bärenmarkt.«
6. »Der erste große Crash steht wahrscheinlich unmittelbar bevor.«
7. »Eindeutiger Hinweis, dass eine neue globale Finanzkrise eingesetzt hat«
8. »Citigroup: Ein Wahlsieg Trumps könnte eine globale Rezession auslösen.«
9. »Der Aktienmarkt nähert sich der zweiten Marktkorrektur von 2016.«
10. »Gründe für einen Börsencrash 2016«
11. »Ökonomen sind sich einig: Ein Wahlsieg Trumps könnte die Märkte auf Talfahrt schicken.«
12. »Wir sind höchstwahrscheinlich auf unabsehbare Zeit mit einer globalen Rezession konfrontiert.«
13. »Ökonom Harry Dent sagt ›beispiellosen‹ Börsencrash voraus – ihm zufolge könnte der Dow 17 000 Punkte verlieren.«
14. »Jetzt könnte der richtige Zeitpunkt gekommen sein, Ihre Aktien zu verkaufen.«
15. »Vier Schritte, mit denen Sie Ihr Portfolio vor der drohenden Marktkorrektur schützen können«
16. »Die Kurskorrekturen am US-Aktienmarkt könnten eine Rezession auslösen.«
17. »Drei Schlüsselindikatoren weisen auf eine hohe Wahrscheinlichkeit hin, dass es 2017 zu einem Börsencrash kommt.«
18. »Ökonom Harry Dent warnt: ›Der Einbruch des Dow auf 6.000 Punkte ist erst der Beginn eines Albtraumszenarios.‹«
19. »Warum ein Börsencrash 2017 wahrscheinlicher ist, als Sie glauben«
20. »Uns steht der schlimmste Crash im ganzen Leben bevor.«
21. »Es wird ›ganz schlimm‹ enden; Kurseinbrüche um 40 Prozent oder mehr erwartet, warnt Marc ›Dr. Doom‹ Faber.«
22. »Drei Gründe, warum im Spätsommer oder zum Herbstbeginn mit einer Marktkorrektur zu rechnen ist«
23. »Der Börsenmarkt steht vor einer umfangreichen Korrektur.«
24. »Machen Sie sich auf eine Marktkorrektur in zwei Monaten gefasst.«
25. »Vier Gründe, warum wir einen weiteren Oktober-Crash erleben könnten«

26. »WARNUNG vor einem erneuten Schwarzen Montag«
27. »Morgan Stanley: Eine Marktkorrektur wird ›immer wahrscheinlicher.‹«
28. »Das Risiko einer Korrektur am US-Aktienmarkt beträgt inzwischen 70 Prozent.«
29. »Aktienmarktkorrektur steht unmittelbar bevor«

Was lernen wir daraus? Es gibt ständig Marktkorrekturen, die meisten führen nicht zu einem Bärenmarkt und die Märkte haben sich nach jeder Marktkorrektur in der Geschichte wieder erholt. Also weder ein Grund zur Panik noch zu Panikverkäufen.

Abbildung 8.6: S&P 500 – UNTERJÄHRIGE KURSVERLUSTE VERSUS JAHRESRENDITE
Trotz durchschnittlicher unterjähriger Kursverluste in Höhe von 13,9 Prozent fiel die Jahresrendite in 29 von 39 Jahren positiv aus

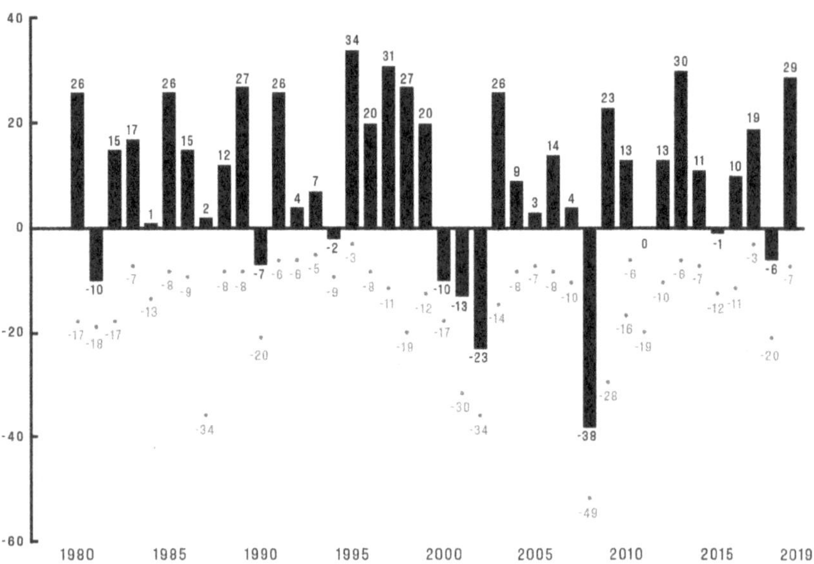

Quelle: JPMorgan Chase & Co.: »Principles for Successful Long-Term Investing« (Abschnitt »Volatility Is Normal; Don't Let It Derail You«), Guide to the Markets, https:// am.jpmorgan.com/us/en/asset-management/gim/adv/insights/principles-for-investing, aufgerufen am 22. April 2019.

BÄRENMÄRKTE

Wenn es Ihnen schwerfällt, sich einen Börseneinbruch von 20 Prozent vorzustellen, dann sollten Sie nicht in Aktien investieren.
JOHN BOGLE

Bärenmärkte ereignen sich nicht annähernd so oft wie Marktkorrekturen, aber auch sie sind ein normales Börsenphänomen, das sich ungefähr alle drei bis fünf Jahre ereignet. Seit 1900 hat es 35 Bärenmärkte gegeben, wobei es seit 1946 nur 15 waren.[47] Die vier jüngsten Bärenmärkte waren Ausdruck verschiedener Krisen, darunter ein Terroranschlag, eine globale Wirtschaftskrise, eine europäische Schuldenkrise, die obligatorische Ölkrise, die sich ungefähr einmal im Jahrzehnt ereignet[48], und eine globale Pandemie. Der durchschnittliche Marktrückgang beträgt 33 Prozent, wobei mehr als ein Drittel der Bärenmärkte einen Markteinbruch von mehr als 40 Prozent beinhaltete. Im Schnitt dauert ein Bärenmarkt fast ein Jahr; fast alle dauern zwischen acht und 24 Monaten. Bärenmärkte treten häufig auf und genauso häufig verschwinden sie auch wieder.

ES IST GENAU DAS GLEICHE, ABER ANDERS

Die fünf gefährlichsten Worte in der Kapitalanlage lauten: »Dieses Mal ist alles anders.«
JOHN TEMPLETON

Wenn wir wissen, dass aus jedem Bärenmarkt irgendwann wieder ein Bullenmarkt wird, warum geraten die Menschen dann in Panik und fliehen bei sinkenden Kursen aus dem Markt? Die Antwort ist, dass Bärenmärkte zwar oft von einem Ereignis ausgelöst werden, das einen sofortigen und

47 Diejenigen, die sich nach den »guten alten Zeiten« der Marktstabilität zurücksehnen, kennen die Geschichte nicht. Das sind dieselben Leute, die gerne zu den guten alten Zeiten zurückkehren würden, in denen es keine Heizung, keine Klimaanlage, keine Wasserleitungen, kein Telefon, kein Internet und kein modernes Gesundheitssystem gab!

48 So kann sich jeder eine Weile darüber beklagen, dass der Ölpreis zu niedrig ist, und sich dann beklagen, dass er zu hoch ist.

dramatischen Markteinbruch zur Folge hat, die zugrundeliegenden Ereignisse aber immer andere sind.

Was eine freie Marktwirtschaft funktionieren lässt, ist die Fähigkeit der Anbieter, ihre Waren und Dienstleistungen frei zu bewegen, um die Nachfrage zu bedienen. Wenn sich Angebot und Nachfrage im Gleichgewicht befinden, spricht man von einem *Marktgleichgewicht*.[49] Dieselben Kräfte tragen zur Bestimmung der Aktienpreise und der Preise so gut wie aller Dinge bei, mit denen gehandelt wird.

In einem Bärenmarkt geraten diese normalen Marktkräfte aus den Fugen. Nach dem 11. September brachen die Märkte zum Beispiel ein, weil die Nachfrage erschüttert war. An seinem Tiefpunkt verzeichnete der S&P 500 einen Rückgang um 44 Prozent und der NASDAQ um ganze 78 Prozent.

Tabelle 8.7: BÄRENMÄRKTE: WIE OFT, WIE LANGE UND WIE SCHLIMM?

Jahr(e)	Dauer in Tagen	Abschwung des S&P (in Prozent)
1946–1947	353	–23,2
1956–1957	564	–19,4
1961–1962	195	–27,1
1966	240	–25,2
1968–1970	543	–35,9
1973–1974	694	–45,1
1976–1978	525	–26,6
1981–1982	472	–24,1
1987	101	–33,5
1990	87	–21,2
1998	45	–19,3
2000–2001	546	–36,8
2002	200	–32,0
2007–2009	515	–57,6

49 Hier endet die kürzeste Ökonomievorlesung der Welt.

In den Tagen, Wochen und Monaten nach dem Terroranschlag blieben die Fabriken, Geschäfte und Dienstleistungsbetriebe weltweit geöffnet. Das Problem war also keine Angebotsverknappung, sondern der Umstand, dass alle Menschen zu Hause blieben, anstatt das zu tun, was die Wirtschaft aufrechterhält, zum Beispiel einzukaufen. Die Amerikaner befürchteten, es könne weitere Terroranschläge geben, und sie fragten sich, ob die Regierung womöglich Schutzmaßnahmen ergreifen würde und wie lange es wohl dauern würde, bis sie sich wieder sicher fühlen könnten. Mit der Zeit kehrte die Bevölkerung wieder zur Normalität zurück, die Nachfrage zog wieder an und die Märkte erholten sich vollständig und erreichten neue Höchststände.

Die Finanzkrise von 2008 und 2009 war das genaue Gegenteil. Wir alle kennen die Geschichte: Die Großbanken gingen leichtsinnig mit ihrem eigenen Geld und dem Geld der Anleger um und das Ende vom Lied war, dass das Finanzsystem ins Wanken geriet, weil sich auf der Angebotsseite der Kreditmarkt verklemmt hatte. Niemand konnte einen Kredit erhalten oder seinen Kredit erneuern und das führte zu einer Lähmung der Wirtschaft. Ohne Zugang zu frischem Geld gerieten immer mehr Unternehmen in die Insolvenz, was zu einer weiteren Angebotsverknappung führte. Gleichzeitig fühlten die Amerikaner ihren Wohlstand schwinden; Angst breitete sich aus. Diese Kombination führte dazu, dass die Bürger Konsumverzicht übten, bis sie sich wieder sicher fühlten. Als der Markt am 9. März 2009 seinen Tiefpunkt erreichte, hatte er 53 Prozent gegenüber seinem Höchststand eingebüßt. In diesem Fall wurde die Krise schließlich von der Regierung beendet, die die großen Banken rettete (und somit die Angebotsseite stützte) und den Bürgern Steuererleichterungen, niedrige Zinsen und verschiedene finanzielle Anreize bot. Diese und andere Maßnahmen stabilisierten schließlich das System und boten Konsumanreize (Nachfragestützung). Mit der Zeit kehrten die Bürger zur Normalität zurück, die Märkte erholten sich vollständig und erreichten neue Höchststände.

Anfang Januar 2020 erfuhr die Welt von einem neuartigen Coronavirus, das bald darauf den Namen »Covid-19« erhielt und sich in Form einer Lungenentzündung manifestierte, die nicht nur hochansteckend ist, sondern für die Betroffenen auch sehr schnell lebensbedrohlich werden kann. Innerhalb weniger Monate hatte sich diese Krankheit über die ganze Welt ausgebreitet. Während ich diese Zeilen schreibe sind es weltweit mehr als 25 Millionen bestätigte Infektionen und mehr als 846 000 Tote. Die Aktienmärkte auf der ganzen Welt brachen in weniger als einem Monat um mehr als 30 Prozent ein, da mit jedem Tag eine steigende Zahl von Neuinfektionen, Todesopfern, Unternehmenspleiten und Quarantäneverordnungen veröffentlicht wurde.

In diesem Fall reagierten die Märkte auf Schocks sowohl auf der Nachfrage- als auch auf der Angebotsseite. Schon vor dem Lockdown beziehungsweise den Quarantäneverordnungen blieben die Menschen freiwillig zu Hause und vermieden große Menschenansammlungen wie Kinos, Einkaufszentren oder Sportstadien, um das Risiko einer Ansteckung zu senken. Die Nachfrage nach Waren und Dienstleistungen geriet ins Stocken. Gleichzeitig wurden Unternehmen und Fabriken geschlossen, um eine weitere Ausbreitung des Virus einzudämmen. Aufgrund der Reisebeschränkungen blieben Flugzeuge am Boden, Hotels, Ferienanlagen und Themenparks geschlossen und Kreuzfahrtschiffe im Hafen. Das heißt, auch das Angebot war unterbrochen. Die Ungewissheit, wie lange diese Störungen der normalen Wirtschaftsaktivität anhalten würden und wie schnell oder wie langsam sich die Wirtschaft erholen würde, führte zu weiteren Marktrückgängen.

Zur gleichen Zeit können wir aber auch noch etwas anderes beobachten. Die Regierung begann, drastische, neuartige Maßnahmen zur Unterstützung der Wirtschaft zu ergreifen. Die Menschen gingen zueinander auf räumliche Distanz – »*Social Distancing*« genannt – und versuchten, die systemrelevanten Dienstleistungen aufrechtzuerhalten. Ärzte und Forscher arbeiteten an der Entwicklung von Behandlungsmethoden und allmählich hellten sich die Aussichten auf. Ganz allmählich entstand eine »Brücke« zwischen dem früheren Bullenmarkt und zukünftigem Wohlstand.

Diejenigen, die die Markthistorie kennen, verstehen diesen Zyklus. Wir haben das bei vielen anderen Bärenmärkten in der Geschichte bereits erlebt. Die Investoren, die große Markteinbrüche erlebt haben, erinnern sich lebhaft an eine erste Phase der Angst und Ungewissheit, die irgendwann einer vollständigen Erholung der Märkte und neuen Höchstständen gewichen war.

Da jeder Bärenmarkt von einem anderen Ereignis ausgelöst wird, geraten die Anleger immer wieder neu in Panik und glauben: »Dieses Mal ist alles anders.« Die Geschichte hinter jedem Bärenmarkt mag zwar eine andere sein – ein computergetriebener Crash, eine Tech-Blase, ein Terroranschlag und anschließende Kriegshandlungen, eine Liquiditätskrise oder eine globale Pandemie –, aber das Ergebnis ist immer das gleiche: Die Wirtschaft erholt sich und wächst weiter.

Beim nächsten Bärenmarkt sollten Sie sich an alle Ereignisse erinnern, die wir in den vergangenen 80 Jahren erlebt haben: den Zweiten Weltkrieg (1940er-Jahre), den Vietnamkrieg (1960er-/1970er-Jahre), die Rohstoffkrise (1970er-/1980er-Jahre), den Zusammenbruch des Immobilienmarktes und der Banken (1980er-Jahre), die Emerging-Market-Krise (1980er-Jahre), den Schwarzen Montag (1987), die asiatische Währungskrise (1990er-Jahre), die geplatzte Dotcom-Blase (2000), die Terroranschläge vom 11. September und die anschließenden Kriege in Afghanistan und dem Irak (2001) und die Liquiditätskrise (2008).[50] Wenn die Wirtschaft all das überlebt hat, kann sie auch den nächsten Bärenmarkt überleben. Und das sind nur die ganz großen Beispiele. Zwischendurch ereignen sich zahllose Minikrisen, in denen sich die Börsenpropheten sofort dazu aufgerufen fühlen, den nächsten Bärenmarkt vorherzusagen – ob es sich um die Zurückstufung der US-Bonität handelt, eine Haushaltsdebatte, eine Wahl oder was auch immer gerade in den Nachrichten heiß diskutiert wird. Im Dezember 2018 verloren die US-Aktien wegen eines drohenden Handelskriegs mit China und steigenden Zinssätzen 19,8 Prozent gegenüber ihrem Höchststand und schrappten knapp an einem Bärenmarkt vorbei.

Zwar sind Bärenmärkte ein unvermeidliches Phänomen, aber der Zeitpunkt ihres Auftretens lässt sich nicht vorhersagen. Wie bei den Marktkorrekturen ist niemand in der Lage, über längere Zeiträume konsistent und verlässlich einen kommenden Bärenmarkt zu bestimmen.

Um von einem Bärenmarkt profitieren zu können, müssen Sie genau wissen, zu welchem Zeitpunkt Sie aus dem Markt aussteigen und wann Sie wieder einsteigen, und zwar bei jedem Bärenmarkt. Viel Glück bei der Suche nach einem Investor, dem das gelingt. Es gibt ihn nämlich

50 Bedenken Sie, dass die USA und ihre Wirtschaft auch Fallschirmhosen, kniehohe Socken (zweimal), neonfarbene Baseballmützen und die Kardashians überlebt haben. Unser Fortschritt wird durch nichts aufgehalten.

nicht; er ist eine urbane Legende.[51] Sie möchten an ihn glauben, und eine Zeitlang glauben Sie tatsächlich an seine Existenz. Dann kommt der Punkt, an dem Sie genug wissen, um zu erkennen, dass er ein Fantasiegebilde ist, aber das können Sie sich nicht eingestehen. Aber irgendwann werden Sie es akzeptieren. Es ist wenig hilfreich, dass es viele Menschen gibt, die so tun, als seien sie dieses Fabelwesen, an das Sie so gerne glauben möchten.

WENN SICH DIE MÄRKTE ERHOLEN, MACHEN DIE MARKTAUSSTEIGER EIN DUMMES GESICHT

Die Vorstellung, es würde ein Signal ertönen und den Anlegern anzeigen, wann sie in den Markt einsteigen oder ihn verlassen sollen, ist einfach nicht glaubwürdig. Ich kenne niemanden, dem das dauerhaft gelungen wäre. Ich kenne auch niemanden, der seinerseits jemanden kennt, dem das gelungen ist.

JOHN BOGLE

Ich hoffe, dass Sie mir inzwischen zustimmen, dass es unmöglich ist, dauerhaft den richtigen Zeitpunkt für einen Marktein- oder -ausstieg zu bestimmen. Vielleicht denken Sie aber auch: »Wenigstens habe ich mein Geld gerettet, bis sich die Lage beruhigt, und dann steige ich wieder ein. Dann habe ich nur einen kleinen Teil der Erholung verpasst.« Ich fürchte, das wird auch nicht funktionieren! Niemand erhält eines Morgens eine E-Mail mit der Ankündigung, dass der Bullenmarkt beginnt. Stattdessen machen die Märkte oft einige falsche Neustarts, bevor sie richtig abheben und ein kräftiger, solider Aufschwung einsetzt (und die Markttimer in einer Staubwolke hinter sich lässt). Tabelle 8.8 macht das sehr deutlich.

51 Er lebt in La-La-Land mit der Zahnfee und dem Osterhasen. Der einzige Unterschied ist, dass wir reif genug sind, um zu erkennen, dass es diese Fabelwesen nicht gibt.

Tabelle 8.8: VOM BÄREN- ZUM BULLENMARKT

Beginn des Bullenmarkts	Die folgenden 12 Monate (S&P 500)
13. Juni 1949	42,7 %
22. Oktober 1957	31,02 %
26. Juni 1962	32,66 %
26. Mai 1970	43,73 %
3. Oktober 1974	37,96 %
12. August 1982	59,40 %
4. Dezember 1987	22,40 %
21. September 2001	-12,50 %
23. Juli 2002	17,94 %
9. März 2009	69,49 %

MARKTSCHWANKUNGEN SIND NORMAL

Unser Ausharren ist Ausdruck unserer Überzeugung, dass der Aktienmarkt ein Vehikel ist, um Geld von den Ungeduldigen zu den Geduldigen umzuschichten.
WARREN BUFFETT

Manchmal vergeht ein Jahr, ohne dass eine Marktkorrektur stattfindet, geschweige denn ein Bärenmarkt. Gelegentlich weist der Markt am Ende des Jahres eine solide Rendite aus, und im Rückblick wirkt es so, als sei alles gelaufen wie geschmiert. Das ist jedoch nur selten der Fall. Seit 1980 hat der Markt einen unterjährigen Rückgang von durchschnittlich 13,9 Prozent erlebt, aber in 29 von 39 Jahren trotzdem mit einer positiven Rendite abgeschlossen. Das ist eine große Schwankungsbreite! Die Märkte sind so stark in Bewegung, dass Sie sich besser daran gewöhnen sollten. Akzeptieren Sie die Schwankungen, machen Sie sich damit vertraut und freuen Sie sich darüber![52]

Wie bereits erwähnt, sind auch Bärenmärkte ein häufiges Phänomen. Wenn Sie 55 Jahre alt sind, werden Sie noch ungefähr sieben oder acht erleben. Wollen Sie jedes Mal in Panik verfallen? Nein, denn Sie wissen es besser! So, wie die Märkte sich von jeder Korrektur erholen, verwandelt sich jeder Bärenmarkt auch wieder in einen Bullenmarkt. Warum geraten dann so viele Anleger in Panik? Weil die meisten Menschen ihre Investmententscheidungen nicht auf rationale Kriterien gründen, sondern auf Emotionen.

VERBRAUCHERVERTRAUEN

Untersuchungen über das Verbrauchervertrauen haben sich als »nutzlos« herausgestellt.
DEAN CROUSHORE, University of Richmond

Während eines Bärenmarktes sprechen die Kommentatoren viel über das Verbrauchervertrauen, da ein großer Teil der Wirtschaft vom Konsum bestimmt wird. Verbraucher, die kein Vertrauen in die Wirtschaft haben, neigen zum Konsumverzicht. Wenn sie kein Geld ausgeben, können die Unternehmen nichts verdienen. Und wenn die Unternehmen nichts verdienen, werden sich die Märkte nicht erholen. Diese argumentative Kette klingt sinnvoll, allerdings bleibt eine wichtige Tatsache dabei unberücksichtigt: Der Markt interessiert sich nicht für die Gegenwart; er blickt immer in die Zukunft. Aus Marktperspektive sind die aktuelle Wirtschaftslage und das aktuelle Befinden der Verbraucher weniger interessant als die Frage, was für die Zukunft erwartet wird. Bullenmärkte setzen meistens dann ein, wenn sich das Verbrauchervertrauen auf einem Tiefpunkt befindet. Tabelle 8.9 zeigt, wie sich der Aktienmarkt in den zwölf Monaten verhielt, nachdem das Verbrauchervertrauen auf weniger als 60 Prozent gesunken war.

52 Sie wissen, dass Sie ein gewiefter Anleger sind, wenn Sie sich über Marktkorrekturen und Bärenmärkte freuen, weil Sie sie als gottgesandte Chancen erkennen, die Ihnen quasi in den Schoß gelegt werden.

Tabelle 8.9: WEN INTERESSIERT DAS VERBRAUCHERVERTRAUEN?

Verbrauchervertrauen <60 %	Die folgenden zwölf Monate (S&P 500)
1974	+37 %
1980	+32 %
1990	+30 %
2008	+60 %
2011	+15 %

SORGEN SIE DAFÜR, DASS IHRE VERMÖGENSALLOKATION JEDER SITUATION STANDHÄLT

Kenne dich selbst.
CHILON VON SPARTA ZUGESCHRIEBEN

Ich habe drei Kinder, und jedes Mal, wenn wir einen Freizeitpark besuchen, beobachte ich, wie sie die verschiedenen Achterbahnen begutachten. Einige sind den Kleinen zu langweilig und andere versetzen das älteste Kind in Aufregung. Als das älteste meiner Kinder noch jünger war, warf es mir vor den Achterbahnen, die überkopf fuhren, einen Blick zu, mit dem es mir sagen wollte: »Vielleicht nicht heute.« Es dauert immer seine Zeit, zu entscheiden, welche Art Fahrgeschäft für sie angemessen ist.

Früher bin ich mit meinen Kindern in jede Achterbahn eingestiegen, mit dem sie fahren wollten. In letzter Zeit habe ich aber oft festgestellt, dass ich diese Entscheidung bereut habe, vor allem während der langsamen Auffahrt einer besonders steil ansteigenden Fahrstrecke der Achterbahn und der anschließenden schwindelerregenden Schussfahrt nach unten. Dennoch war mir selbst in diesen Situationen klar, dass es keine gute Idee gewesen wäre, mitten während der Fahrt auszusteigen. Tatsächlich stehen die Chancen sehr gut, dass ich am Ende heil wieder ankomme, wenn ich einfach die Zähne zusammenbeiße und mich gut festhalte.

Mit den Märkten verhält es sich ähnlich.

Der Anleihemarkt ist wie die Kinderachterbahn in Legoland – da kann jeder mitfahren. Der Aktienmarkt gleicht eher einer aufregenden Achterbahn mit vielen Drehungen und Kurven, wie sie in einem Six-Flags-Freizeitpark steht. Der Immobilienmarkt gleicht Space Mountain von Disney World: schnell und dunkel. Der Rohstoffmarkt ist eher wie der Detonator: eine Fahrt, bei der Sie völlig unerwartet in die Höhe geschleudert und in die Tiefe gerissen werden. Einige Menschen finden diese abrupten Höhenunterschiede aufregend, anderen wird dabei schlecht. Alle fahren am Ende aber ruhig und friedlich auf den Ausgang zu und entlassen ihre Gäste heil und ganz – auch die, die sich fragen, in welchen Schleudergang sie gerade geraten sind.

Der beste Zeitpunkt zur Bestimmung Ihres bevorzugten Fahrgeschäfts ist, wenn Sie mit beiden Beinen fest auf dem Boden stehen (das heißt, wenn der Markt relativ stabil ist). Dann ist es viel einfacher, eine Entscheidung zu treffen, als wenn sich das Fahrgeschäft bereits in Gang gesetzt hat. Und irgendwann wird die Achterbahn von vorne losgehen.

Das ist allerdings leichter gesagt als getan. Die Amerikaner sind ausgesprochen vergesslich – ein nützlicher Bewältigungsmechanismus, der uns ermöglicht, uns nicht von negativen Erfahrungen lähmen zu lassen. Nach jeder Achterbahnfahrt mit meinem Sohn schwöre ich mir, dass es das letzte Mal gewesen ist. Beim nächsten Mal steige ich aber doch wieder ein, weil ich bereits vergessen habe, wie schlimm es beim letzten Mal war. Inzwischen vergesse ich es nicht mehr, und wir nehmen immer einen seiner Freunde mit, der mit ihm Achterbahn fährt.

Clevere Anleger passen die Achterbahn an ihre Bedürfnisse an, indem sie aus den verschiedenen Teilen des Marktes ein Portfolio zusammenstellen, das ihre kurz-, mittel- und langfristigen Ziele erfüllt. Ein Portfolio kann schwanken und sich verändern, um die spezifischen Ziele des Anlegers zu erfüllen, aber es sollte innerhalb der Parameter strukturiert sein, die der Anleger gemäß seinen Bedürfnissen festgelegt hat. Für viele ist das beste Portfolio eines, das die definierten Ziele mit den geringstmöglichen Schwankungen erreicht. Wenn Sie nicht gut mit Kursschwankungen umgehen können, müssen Sie entweder Ihre Ziele anpassen oder Ihren Sparplan.

WENN DIE RISIKEN DES MARKTTIMINGS UNTERSCHÄTZT WERDEN

Ich versuche nie, am Aktienmarkt Geld zu verdienen. Ich kaufe immer unter der Annahme, dass die Börse am nächsten Tag geschlossen werden könnte und erst in fünf Jahren wieder geöffnet wird.
WARREN BUFFETT

Wir haben festgestellt, dass Markttiming ineffektiv ist. Sie sagen vielleicht: »Na und? Ich kann auf ein wenig Gewinn verzichten, wenn ich dafür mein Geld sicher in der Hand habe.« Das wird stets als Hauptargument gegen einen Verbleib im Markt während eines Marktabschwungs angeführt. Die Antwort darauf ist einfach: Das Risiko, nicht investiert zu sein, ist weitaus größer als das Risiko, im Markt auszuharren. Stellen Sie sich vor, Sie würden eine große Summe Geld erhalten (zum Beispiel eine Bonuszahlung oder eine Erbschaft) und stünden nun vor der Entscheidung, Ihr Geld sofort zu investieren oder auf irgendein willkürliches, nicht quantifizierbares Ereignis zu warten, das Ihnen das Vertrauen gibt, dass Sie Ihr Geld nun sicher anlegen können. Wenn Sie sofort investieren, gibt es drei mögliche Ergebnisse: Der Markt steigt (das ist immer gut), er macht Seitwärtsbewegungen (immerhin haben Sie Ihre Dividenden) oder er sinkt (das passiert, dauert aber nicht ewig). Wenn der Markt nachgibt, sollten Sie sich an zwei Dinge erinnern: (1) Sie erhalten immer noch Ihre Dividenden, und (2) der Markt wird wieder anziehen. Sie verlieren nichts, wenn Sie investiert bleiben, da jeder Marktabschwung vorübergehend und für einen langfristig orientierten Anleger irrelevant ist. Was passiert, wenn Sie alles verkaufen? Wir haben dieselben drei Optionen, aber mit anderen Auswirkungen:

1. Der Markt könnte steigen. (Achten Sie auf das Geld, das Ihnen entgeht.)
2. Er könnte seitwärts tendieren. (Wie fühlen sich die 0,006 Prozent Zinsen auf Ihrem Sparbuch an?)
3. Er könnte nachgeben. (Wenn Sie vor dem Marktrückgang bereits Angst davor hatten, Ihr Geld zu investieren, werden Sie einen Marktrückgang wirklich als Kaufsignal werten? Seien wir ehrlich: Wir beide wissen, dass die Antwort nein lautet!)

Und hier der Aspekt, den die meisten übersehen: Wenn Sie bei einem erneuten Anziehen des Marktes auf Bargeld sitzen, haben Sie womöglich die *unwiederbringliche* Chance vertan, diese Gewinne zu realisieren. Ja, der Markt kann auch in Zukunft wieder nachgeben, aber wird er auf sein altes Tief sinken? Vielleicht, vielleicht aber auch nicht. Wenn nicht, werden Anleger, die ihr Bargeld gehortet haben, die Gewinnchancen, die die Markterholung bot, die sie aber verpasst haben, nie wiedergutmachen können. Fragen Sie all die Schlaumeier, die dem Herdentrieb gefolgt und während der Krise von 2008 aus dem Markt geflohen sind und dann mit ansehen mussten, wie dieser sich in den darauffolgenden Jahren zu neuen Höchstständen aufschwang. Ein Marktausstieg bedeutet typischerweise, dass man *dauerhaft* Gewinnchancen vergibt. Das Schlimmste, das einem Anleger widerfahren kann, der hier und jetzt sein Geld anlegt, ist, dass er *vorübergehend* einen Abschwung erlebt. Das ist ein Riesenunterschied.

VIELLEICHT BIN ICH PERFEKT[53]

Nur Lügner behaupten, sie könnten in schlechten Zeiten aussteigen und in guten Zeiten wieder einsteigen.
BERNARD BARUCH

Trotz aller gegenteiligen Hinweise halten sich manche Leute für perfekt. Sie glauben tatsächlich, sie könnten immer den richtigen Marktzeitpunkt für einen Ein- oder Ausstieg bestimmen, und alle hier genannten Fakten würden auf sie nicht zutreffen. Um all diejenigen auf die Probe zu stellen, die von sich behaupten, sie könnten unter diesen Bedingungen perfekt investieren, hat das Schwab Center for Financial Research die fünf Entscheidungen bewertet, die ein Anleger treffen kann, der über einen Zeitraum von 20 Jahren jedes Jahr 2.000 Dollar investieren kann:

1. Ausschließlich Bargeld vorhalten.
2. Jedes Jahr die volle Summe investieren.
3. *Sparpläne* – über das Jahr verteilt gleichbleibende Monatsbeträge investieren.

53 Sie sollten nicht *alles* glauben, was Ihre Mutter Ihnen erzählt.

4. Jedes Jahr unbeabsichtigterweise das gesamte Geld zum *schlechtestmöglichen* Zeitpunkt investieren (an dem Tag, an dem der Markt seinen jeweiligen Jahreshöchststand erreicht).
5. Glücklicherweise jedes Jahr die gesamte Summe zum *bestmöglichen* Zeitpunkt zu investieren (das sind Sie, Mr. Perfect, der so lange wartet, bis der Markt exakt seinen Jahrestiefststand erreicht hat, und dann wieder einsteigt).

Die Ergebnisse sind gelinde gesagt überraschend. Der Anleger, der immer zum perfekten Marktzeitpunkt investiert hat, hat am Ende 87 004 Dollar, und der Anleger, der immer gleich die volle Summe investiert hat, rangiert relativ knapp dahinter mit 81 650 Dollar. Wenn Sie anerkennen, dass es Ihnen wahrscheinlich nicht gelingen wird, Ihr gesamtes Geld in jedem einzelnen Jahr der nächsten 20 Jahre immer am bestmöglichen Tag zu investieren, dann scheint eine sofortige Investition der Summe ein vernünftiger Kompromiss zu sein. Der Unterschied von 6.000 Dollar zwischen dem perfekten Markttiming und einer Sofortinvestition ist vernachlässigbar. Übrigens verdienen diejenigen, die immer am schlechtestmöglichen Tag des Jahres investieren, immer noch 22 000 Dollar mehr als diejenigen, die Bargeld horten. Wie immer gilt, dass es besser ist, investiert zu sein, als den Markt zu meiden.

Abbildung 8.10: SELBST MARKTTIMING IST BESSER ALS NICHTSTUN

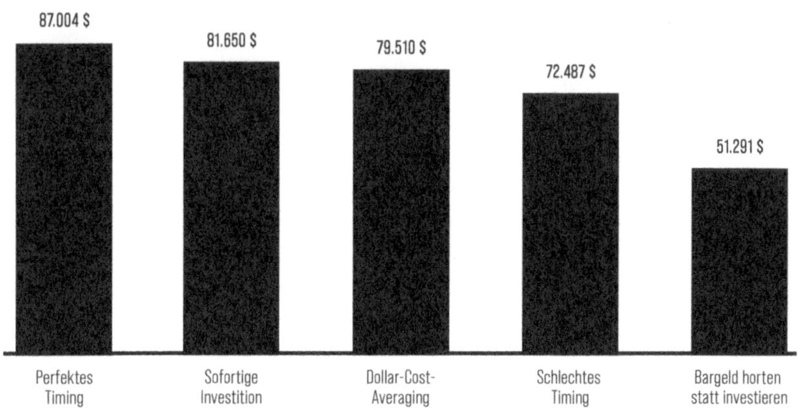

Quelle: Riepe, Mark W. (2013): »Does Market Timing Work?«, Charles Schwab, 16. Dezember 2013, https://www.schwab.com/resource-center/insights/content/does-market-timing-work, aufgerufen am 30. Oktober 2020.

FLIEGEN LERNEN

I'm learning to fly, but I ain't got wings.
TOM PETTY

Irgendwann kommt die Zeit, da der Jungvogel das Nest verlassen und fliegen lernen muss. Viele Anleger haben das versucht und sind auf die Nase gefallen. Zurück im Nest suchen sie verzweifelt nach dem richtigen Zeitpunkt, um einen neuen Versuch zu wagen.

Wenn wir einen Blick in die Geschichte werfen, finden wir keinen einzigen Fall, in dem der Aktienmarkt einen Anleger mit Disziplin und einem gut strukturierten Portfolio um sein Geld erleichtert hätte. Eine Person, die nichts von Geldanlage versteht und einfach in einen Indexfonds investiert hat, der den S&P 500 abbildet, hat in den vergangenen 10, 20 oder 30 Jahren riesige Gewinne erzielt. Anleger, die ihr Portfolio falsch zusammengestellt haben oder Finanzberatern oder Investmentmanagern vertraut haben, die auf Markttiming setzen oder die falschen Wertpapiere ausgewählt haben, haben Unsummen verloren. Die theoretischen Verluste derjenigen, die gar nicht investiert und stattdessen ihr Bargeld gehortet haben, sind noch viel höher. Ein Anleger, der zu einem x-beliebigen Zeitpunkt in der Geschichte investiert hat, anstatt auf seinem Bargeld zu sitzen, würde heute wahrscheinlich mehr Geld besitzen als zuvor. Nachfolgend wollen wir einen Blick auf die vermeintlichen Pechvögel werfen:

- Anleger, die kurz vor dem Crash von 1987 investiert haben: S&P 500 bei 334
- Anleger, die kurz vor der Rezession von 1990 investiert haben: S&P 500 bei 363
- Anleger, die am 10. September 2001 investiert haben: S&P 500 bei 1.096
- Anleger, die am Tag des Börsenhöchststands von 2007 investiert haben: S&P 500 bei 1.526

Abbildung 8.11: MARKTVOLATILITÄT IN DER PERSPEKTIVE
Kurzfristige Marktschwankungen können selbst für die diszipliniertesten Anleger eine Herausforderung sein. Die Geschichte rückt die Volatilität jedoch in die richtige Perspektive und zeigt, dass sie nur der Preis ist, den Anleger für die längerfristigen Aktienrenditen bezahlen.

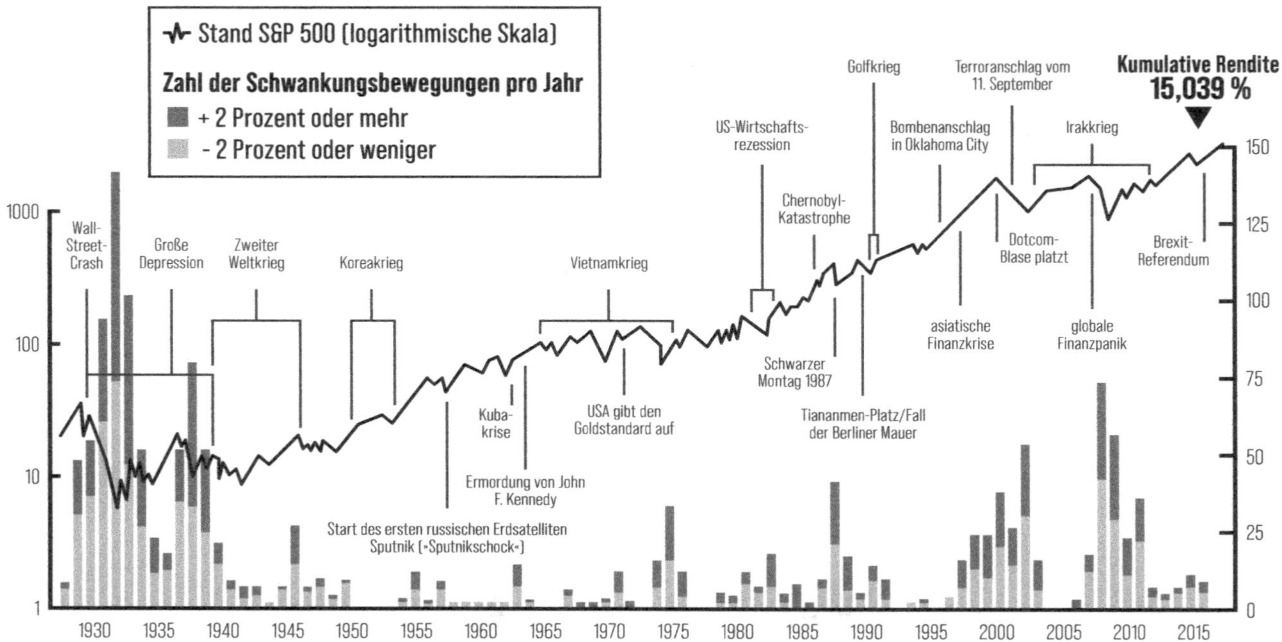

Zwar haben diese Anleger vielleicht einen »unglücklichen« Zeitpunkt gewählt, um zu investieren, aber sie waren immer noch wesentlich erfolgreicher als der Vogel, der im Nest geblieben ist und auf den »richtigen« Zeitpunkt für einen Flugversuch gewartet hat. Zum Zeitpunkt der Entstehung des Manuskripts zu diesem Buch stand der S&P 500 bei 2.830, dabei sind die Dividenden aber noch nicht berücksichtigt, die durchschnittlich mehr als 2 Prozent betrugen und mehr als 460 zusätzlichen Punkten seit 2007 entsprechen. Selbst Anleger, die zum schlechtestmöglichen Zeitpunkt investiert haben, schneiden um Klassen besser ab als Menschen, die ihr Bargeld horten und auf den vermeintlich richtigen Zeitpunkt warten.

Viele lassen sich von Schlagzeilen wie diesen abschrecken: »Der Markt befindet sich auf einem Allzeithoch.« Das stimmt zwar oft, aber das ist ganz normal. Wenn das in Ihren Ohren zu abschreckend klingt, dann stehen die Chancen gut, dass Sie nie einen Zeitpunkt finden werden, an dem Sie mit gutem Gewissen Ihr Geld an der Börse anlegen.

Die Antwort auf dieses Argument lautet natürlich, dass es immer besser ist, nach einer Marktkorrektur oder einem Börsenzusammenbruch einzusteigen. Allerdings weiß niemand, wann es passieren wird und – noch wichtiger – welche Höchststände der Markt erklimmen wird, bevor ein solches Ereignis eintritt. Wenn der Dow Jones von 25 000 auf 26 000 klettert und dann wieder auf 25 000 zurückgeht, was haben Sie dann anderes erreicht, als eine Dividende zu verpassen? Außerdem habe ich noch keinen Investor getroffen, der sich bei einem Stand von 25 000 äußerst unwohl fühlt, aber bei einem Stand von 23 000 freudig investiert. Wenn Sie sich unwohl damit fühlen, in einer Hausse-Phase zu investieren, werden Sie sich nicht besser fühlen, wenn Sie zu einem börsenschwachen Zeitpunkt investieren sollen. Welche aktuelle Krise sich auch gerade ereignet, Sie können sicher sein, dass der Markt einen Weg finden wird, sich wieder aufzurappeln und seinen Wachstumskurs fortzusetzen. Das ist schon immer so gewesen und wird von Abbildung 8.11 sehr schön illustriert.

Der Markt tut, was der Markt eben tut. Das Wissen, dass Korrekturen und Bärenmärkte ganz normale Phänomene sind, deren konkretes Ereignis aber kein Investmentmanager, Ökonom oder irgendein anderer Prophet vorhersagen kann, ist ein großer Fortschritt, um zu verstehen, wie die Märkte funktionieren. Für disziplinierte Anleger ist der beste

Tag für eine Investition immer heute, und das liegt daran, dass gestern keine Option mehr ist. Jetzt, da Sie Ihr neu gewonnenes Wissen trägt, können Sie Ihre Flügel ausbreiten und sich in den Markt aufschwingen.

KAPITEL NEUN
ALLES FINDET IN IHREM KOPF STATT

von Peter Mallouk

Die wichtigste Eigenschaft eines Investors ist sein Temperament, nicht sein Intellekt.
WARREN BUFFETT

Menschen sind von Natur aus nicht darauf programmiert, herausragende Anleger zu sein. Dafür sind wir einfach nicht gestrickt. Der Mensch ist von Natur aus veränderungsresistent, aber zugleich impulsiv und trifft oft emotionale oder »intuitive« anstatt faktenbasierter Entscheidungen. Wir alle haben eingebaute Vorurteile, und unser Gehirn versucht ständig, sie zu bestätigen. Diese menschliche Eigenschaft kann dazu führen, dass wir den falschen Kurs einschlagen. Bevor Sie sich's versehen, geraten Sie auf Ihrer gut geplanten Reise an den Abgrund! Um auf Kurs zu bleiben, müssen Sie sich Ihrer Vorurteile und Verhaltensverzerrungen bewusst sein und sich vor sich selbst schützen.

Die meisten Menschen, die sich für das Thema Geldanlage begeistern, stürzen sich in die Recherchen, lesen Newsletter über Markttiming und Stockpicking, nutzen Online-Dienste und verpassen im Fernsehen keine Finanznachrichten-Sendung. Sie sind davon überzeugt, sie wüssten umso mehr und würden umso weniger Fehler machen, je mehr Informationen sie sich beschaffen. Wie Sie bereits wissen, funktioniert das aber nicht. Wenn Sie über eine durchschnittliche Intelligenz verfügen und die grundlegenden Prinzipien dieses Buches verstehen, werden Sie wahrscheinlich wesentlich bessere Ergebnisse erzielen als die meisten Anleger. Es kommt darauf an, es nicht zu vermasseln.

Leider gibt es vielfältige Wege, sich selbst ein Bein zu stellen. Bisher haben wir Strategien untersucht, die eher mehr Schaden als Nutzen anrichten, zum Beispiel mit einem Broker zu arbeiten oder sich im Markttiming zu versuchen. Allerdings habe ich nichts Zerstörerischeres erlebt als die Fehler, die Anleger machen, wenn sie sich von ihren Emotionen leiten lassen. Sie müssen Ihre verhaltensbasierten Impulse kennen, damit Sie sich davor schützen können.

ANGST, GIER UND HERDENMENTALITÄT

Sei ängstlich, wenn andere gierig sind, und gierig,
wenn andere ängstlich sind.
WARREN BUFFETT

In einem Interview im Jahr 2014 sinnierte der ehemalige Vorsitzende der Federal Reserve, Alan Greenspan, über die Lektionen, die er im Verlauf seiner beruflichen Karriere gelernt hatte. Interessanterweise stellte er darin keine ökonomischen oder historischen Analysen an, sondern sprach über seine Beobachtungen über das menschliche Verhalten:

> »Wenn Sie mit zusammengebissenen Zähnen durchhalten und die kurzfristigen oder sogar langfristigen Marktabschwünge einfach ignorieren, werden Sie diese Phasen gut überstehen. Ich will damit sagen, wenn Sie einfach Ihr ganzes Geld in Aktien anlegen, nach Hause gehen und Ihr Portfolio vergessen, dann werden Sie am Ende wesentlich besser dastehen, als wenn Sie versuchen, es aktiv zu managen. Der Grund dafür ist die Asymmetrie zwischen Angst und Euphorie.[54] Die erfolgreichsten Marktakteure, die besten Investoren, sind diejenigen, die wissen, dass die motivational bedingte Verzerrung zwischen Angst und Euphorie eine Falle ist. Und das ist genau der Grund, warum sie diese Fehler vermeiden. Es gibt hier also sehr wichtige Stabilitäten. Daneben gibt es aber mehr wertlose Statistiken, Analysen und Börsenbriefe, als erlaubt sein sollte. Das ist einfach absurd.«

Im Verlauf seiner Karriere lernte Greenspan, dass fast alles reines Getöse ist und sich die besten Investoren nicht einschüchtern und zum Verkauf ihrer Positionen verleiten lassen, sondern die Chance zum Nachkauf von Aktien nutzen, wenn andere in Panik geraten. Greenspan befürwortet im

54 Der Maestro verwendet das Wort »Euphorie« statt »Gier«, meint aber dasselbe.

Wesentlichen eine Verhaltensregel: Disziplinieren Sie Ihre Angst und Ihre Gier. Kontrollieren Sie Ihre Emotionen und laufen Sie nicht mit der Herde, und dann werden sich die Dinge höchstwahrscheinlich gut entwickeln. Das sind ziemlich interessante Erkenntnisse eines Mannes, der während des größten Teils seiner Amtszeit als die mächtigste Person der Welt galt.

Abbildung 9.1 zeigt ein typisches Börsenjahr und einige der drastischen Kommentare, die jede Marktbewegung begleiteten.

Klingt irgendeine dieser Äußerungen vertraut? Diese Art von Kommentaren spiegelt die Angst und die Gier wider, die einigen der schlechtesten Marktentscheidungen zugrunde liegen. Angst und Gier sind zwei der mächtigsten Triebkräfte (und hässlichsten Eigenschaften) in unserem Leben. Sie beeinflussen unsere Lebensweise und können für Anleger katastrophale Konsequenzen haben. Die legendären Investmentstars wissen, wie man diese Emotionen diszipliniert. Unerfahrene Anleger können ihnen dagegen leicht zum Opfer fallen, denn die allgemeinen Medien und die Finanzmedien bieten diesem Wahnsinn reichlich Nahrung, unterstützt von »Marktgurus« und Experten. In Kombination mit unserer instinktiven Herdenmentalität sind Angst und Gier ein sicheres Rezept für eine Katastrophe.

**Abbildung 9.1: DOW JONES INDUSTRIAL AVERAGE
1. Januar 2016 – 31. Dezember 2016**

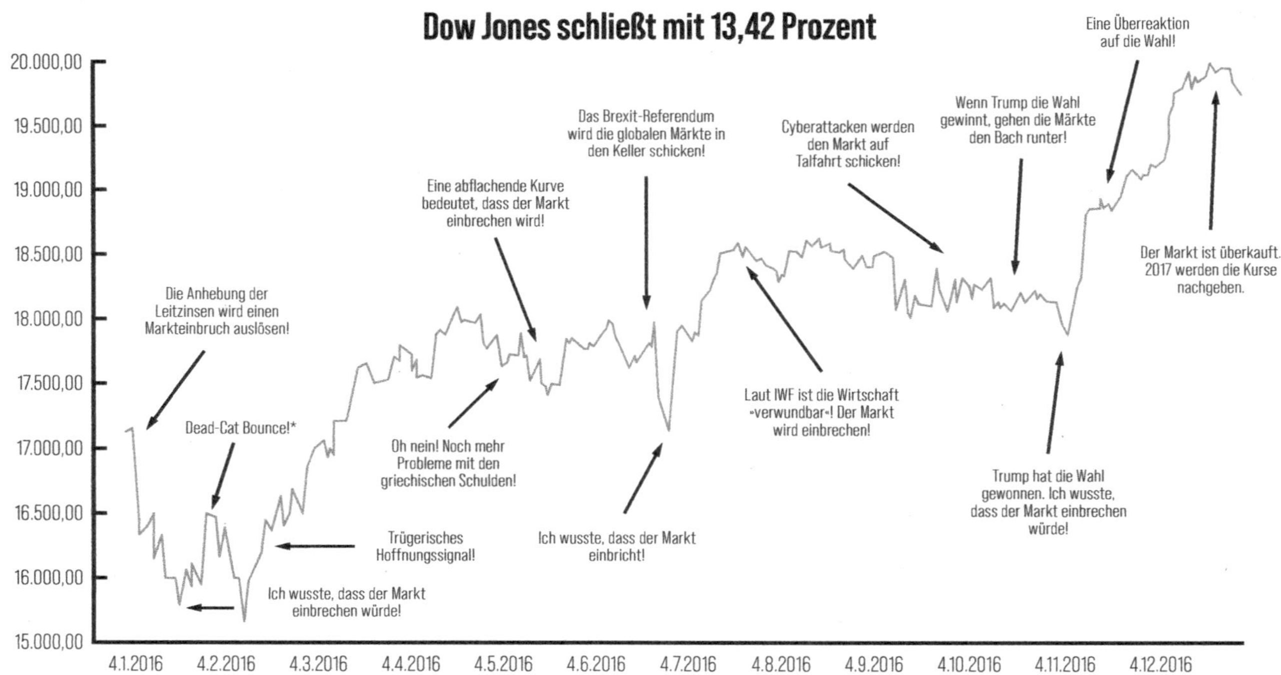

Der Mensch besitzt den naturgegebenen Instinkt, sich in Herden zu bewegen, der Masse zu folgen und die Sicherheit des Konsenses zu suchen. Wenn die Märkte nachgeben und wir von allen Seiten – den Medien, unseren Freunden und anderen – hören, wir sollten »schleunigst das sinkende Schiff verlassen«, folgen wir unserem inneren Herdentrieb (der sich mit dem unüberwindlichen Angsttrieb verbündet). Wenn die Märkte wieder anziehen und der allgemeine Schlachtruf lautet, »nur nichts zu verpassen«, spornt uns unser Herdentrieb (in Kombination mit der gleichermaßen unwiderstehlichen Gier) erneut dazu an, es der Masse gleichzutun.

Zwar war dieser Herdentrieb nützlich, als unsere Vorfahren sich zusammentaten, um große Tiere zu jagen, heute ist er jedoch ein Killer für jedes Portfolio. Die Angst treibt Anleger dazu, aus sinkenden Märkten zu fliehen, und die Gier treibt sie dazu, in steigende Märkte zu investieren. Der Herdentrieb bringt sie dazu, immer zum falschen Zeitpunkt in die falsche Richtung zu stürmen. Wie Tabelle 9.2 verdeutlicht, lässt sich dieses Phänomen in fast jedem Bullen- und Bärenmarkt aufs Neue beobachten.

Tabelle 9.2.: INVESTOR-*CASHFLOWS*

		Investor-Cashflows über die vorhergehenden zwei Jahre (in Mio. Dollar)		**Aktienmarkt-Performance (kumulativ)**	
Datum	Wertpapiergewichtung	Aktienfonds	Anleihefonds	Vorhergehende zwei Jahre	Nachfolgende zwei Jahre
Bullenmarkt Anfang der 90er-Jahre	34%	–	–	–	–
Höhepunkt des Bullenmarktes	62%	$393 225	$5.100	41%	–23%
Tiefpunkt des Bärenmarktes	40%	$71 815	$221 475	–29%	53%
Höhepunkt des Bullenmarktes	62%	$424 193	$173 907	34%	–29%
Tiefpunkt des Bärenmarktes	37%	–49 942	–83 921	–51%	94%

Quelle: The Vanguard Group, Inc. (2017): »Vanguard's Principles for Investing Success«, Vanguard, 2017, https://about.vanguard.com/what-sets-vanguard-apart/principles-for-investing-success/ISGPRINC_062020_Online.pdf, aufgerufen am 30. Oktober 2020.

Trotz der beharrlichen Aufwärtstendenz des Marktes fügen Anleger ihren Portfolios immer wieder einen irreparablen Schaden zu, indem sie sich von ihrer Angst oder Gier bestimmen lassen. Anleger werden in Bärenmärkten oft zu Nettoverkäufern (das heißt, sie verkaufen mehr, als sie kaufen). Hätten sie sich dagegen einfach passiv verhalten, hätten sie erhebliche Gewinne realisiert. Clevere Anleger betrachten einen Bärenmarkt als eine Gelegenheit zum Aktienzukauf. Das wird oft als *»opportunistische Umschichtung«* bezeichnet. Starke Kurseinbrüche bieten eine Chance, die Aktien, die ein Anleger gerne in seinem Portfolio hätte, zu einem besonders günstigen Preis zu kaufen. Daher verkauft er in einer Abschwungphase gerne einen Teil seiner Anleihen, um Aktien nachzukaufen. Mit dieser Strategie kann er den Wert ihres Portfolios in der anschließenden Erholungsphase erheblich steigern. Das zahlt sich immer aus; die einzige Frage ist, wie lange es dauert, bis der Aufschwung einsetzt. Im Verlauf seiner stoischen Karriere hat Warren Buffett seine Positionen in Zeiten der Panik immer gehalten und gleichzeitig aggressiv nachgekauft. Seine Empfehlung, Anleger sollten »ängstlich sein, wenn andere gierig sind, und gierig sein, wenn andere ängstlich sind«, ist ein kluger Ratschlag für all diejenigen, die nicht der Angst, der Gier und dem Herdentrieb zum Opfer fallen wollen.[55]

Dr. Frank Murtha, Mitbegründer des auf Verhaltensökonomik spezialisierten Unternehmens MarketPsych, sagt: »Investieren ist stressig, und dieser Stress verleitet uns dazu – üblicherweise aus Angst –, in schwierigen Marktphasen emotionale Entscheidungen zu treffen.« Weiterhin stellt er fest, dass angstmotivierte Entscheidungen verhindern, dass Anleger ihre Finanzziele erreichen, weil die Entscheidungen auf emotionalen (anstatt finanziellen) Bedürfnissen basieren, vor allem auf dem Wunsch, »die Kontrolle wiederzugewinnen«. Für den Anlageerfolg ist es zwingend notwendig, sich bei seinen Entscheidungen nicht von Emotionen leiten zu lassen. Damit verhindern Sie nicht nur überstürzte Panikhandlungen, ein kühler Kopf erlaubt Ihnen auch, von den Chancen der Marktschwankungen zu profitieren. Anstatt die Volatilität als destruktive Kraft

55 Ich habe festgestellt, dass es besser ist, seinen Anlageempfehlungen zu folgen, als seinen Menü-Empfehlungen. Warren ist berühmt dafür, jeden Morgen bei McDonald's zu frühstücken, gefolgt von mehreren Cherry Cokes, und danach wird es nur noch schlimmer.

zu betrachten, sollten Sie sie als Instrument für zukünftiges Wachstum nutzen.

Bestätigungsfehler

Der Bestätigungsfehler ist unser liebster Feind. Unsere Meinungen, unser Scharfsinn – all das ist das Ergebnis einer jahrelangen selektiven Entscheidung, nur den Informationen Aufmerksamkeit zu schenken, die das bestätigen, was unser begrenztes Gehirn als Wahrheit akzeptiert.
INA CATRINESCU

Nach einigen Besprechungen mit Kunden in New York lud ich mein lokales Team zum Abendessen ein. Sie wollten unbedingt in ein bestimmtes Steakhouse gehen. Ich erklärte ihnen, dass ich, der ich aus Kansas City sei, zwar bereit sei, überall hinzugehen, aber Steaks und Grillfleisch seien nun einmal am besten in meiner Heimatstadt. Meine Mitarbeiter beharrten jedoch darauf, dass New York einfach die besten Steaks habe. Wir diskutierten ein wenig, und natürlich gingen wir am Ende ins Steakhouse. Der Kellner brachte einen Rollwagen, auf dem alle Fleischstücke appetitlich präsentiert waren, und nahm sich die Zeit, jedes einzelne zu erklären, bis er schließlich zum Strip-Steak kam.

Seinen Worten zufolge war es das beste und zarteste Fleisch, das er ganz besonders empfehlen konnte. Er beendete seine Ausführungen mit dem Satz: »Es ist übrigens erst heute aus Kansas City eingetroffen!« Nun hatte ich genau das gehört, was ich hören wollte – dass Kansas City die besten Steaks hat. Meine Kollegen argumentierten, es sei außerdem der Beweis, dass New York stets von allem nur das Beste zu bieten habe! Das, meine Freunde, ist ein Paradebeispiel für einen Bestätigungsfehler.[56]

Der Bestätigungsfehler ist die Neigung, nur nach Informationen Ausschau zu halten, die die eigenen vorgefassten Meinungen und Überzeugungen bestätigen, nur diesen Informationen Wert beizumessen und alle anderen Informationen zu ignorieren oder zu entwerten. Nehmen wir zum Beispiel die Politik. Ein konservativer Wähler liest vielleicht das *Wall Street Journal*, den *Weekly Standard* oder die *National Review*, im Internet

56 Ich muss allerdings zugeben, dass es ein fantastisches Kansas-City-Strip-Steak war.

liest er den *Drudge Report*, im Radio hört er die Sendungen von Rush Limbaugh, Sean Hannity oder Glenn Beck, und im Fernsehen sieht er Fox News. Ein liberaler Wähler liest dagegen eher die *New York Times*, im Internet die *Huffington Post* und *Salon.com*. Er hört NPR und sieht im Fernsehen Sendungen mit John Oliver, Bill Maher oder den Nachrichtensender MSNBC. Beide Wähler suchen nach Informationsquellen, die ihren Überzeugungen entsprechen, und vermeiden anderslautende Informationen. Wie oft lesen oder hören Sie neue Kanäle, Websites oder politische Kommentatoren, die Ansichten vertreten, die den Ihren zuwiderlaufen? Wenn Sie ticken wie die meisten Menschen, werden Sie wahrscheinlich den größten Teil Ihrer Zeit damit verbringen, Bestätigung für Ihre vorgefassten Meinungen zu suchen.

Jeder denkt, er habe mit allem recht – von der Fiskalpolitik bis zur richtigen Aufhängung der Klopapierrolle.[57] Unserem Gehirn fällt es schwer, neue Ideen zu glauben, die nicht zu dem passen, was wir bereits wissen (oder zu wissen meinen). Dieses Phänomen bezeichnen Psychologen als *»kognitive Dissonanz«*. Es fällt uns wesentlich leichter, neue Informationen anzunehmen, die die Fakten, wie wir sie wahrnehmen, bestätigen. Es ist vielleicht kein Wunder, dass hochintelligente Menschen genau das Gegenteil tun: Sie suchen ganz bewusst nach abweichenden Meinungen, hinterfragen ihre eigenen Überzeugungen und ändern gelegentlich ihre Sichtweise. Kluge Anleger tun das Gleiche.

Es gibt zahlreiche Belege dafür, dass der Bestätigungsfehler in den Entscheidungen der meisten Anleger eine große Rolle spielt. Eine Anlegerin, die von einem bestimmten Anlageprodukt überzeugt ist, sucht wahrscheinlich nach Informationen (zum Beispiel bei Online-Messageboards), die sie in ihrer Investmententscheidung bestätigen. Selbst der mit allen Wassern gewaschene Investor Warren Buffett sagt, er stelle fest, dass er ein Opfer des Bestätigungsfehlers sei, und halte daher aktiv nach Investoren Ausschau, deren Überzeugungen den seinen widersprechen.

Wenn Sie ein bestimmtes Anlageprodukt bevorzugen, empfehle ich Ihnen, es schonungslos zu hinterfragen. Was könnte bei dieser Geldanlage

57 Die »Experten« behaupten, das Papier müsse über der Rolle abgewickelt werden. Alle Zwangsneurotiker wie ich sind aufgefordert, das Buch wegzulegen und »sofort« die Aufhängung jeder Klopapierrolle im Haus zu »korrigieren«, die nicht dieser Position entspricht.

schieflaufen? Wenn Sie damit Geld verlieren würden, wie würde es geschehen? Welche Risiken sind damit verbunden? Indem Sie sich zwingen, die potenziellen Schwächen einer bestimmten Strategie anzuerkennen, öffnen Sie sich für die Erkundung von Ideen und Überzeugungen, die Ihrer Sichtweise zuwiderlaufen. Und damit werden Sie zu einem besseren Anleger.

SYSTEMATISCHE SELBSTÜBERSCHÄTZUNG

Das Problem ist, dass intelligente Menschen so voller Selbstzweifel und Dumme so voller Selbstvertrauen sind.
CHARLES BUKOWSKI

Vor Kurzem kamen mehrere Repräsentanten eines Unternehmens zu uns, das einen Alternative-Investment-Fonds aufgelegt hat, um uns ihre Anlageideen zu präsentieren. Sie strahlten großes Selbstvertrauen aus und verwendeten Worte wie »Gewissheit« und »ohne Risiko«. Bei mir schrillten sofort die Alarmglocken. Ein guter Finanzberater weiß, dass es in der Welt der Vermögensanlage viele Unbekannte gibt und fast nie Gewissheit und vor allem, dass nichts »ohne Risiko« ist. Unsere Besucher überzeugten uns davon, dass sie entweder den Markt nicht richtig verstanden und deswegen ein derart überbordendes Selbstvertrauen hatten oder dass sie ganz genau wussten, wie er funktioniert, aber die Risiken kaschieren wollten. Auf jeden Fall war unser Interesse sehr schnell erloschen. Das übertriebene Selbstvertrauen, das sie an den Tag legten, reichte aus, damit wir ihnen für ihre Zeit dankten und ihr Angebot anschließend ad acta legten. Der sogenannte »Overconfidence-Effekt« beschreibt die systematische Selbstüberschätzung der eigenen Urteilsfähigkeit, wobei die Treffsicherheit des Urteils im umgekehrten Verhältnis zum Selbstvertrauen eines Anlegers steht. Menschen neigen dazu, zu glauben, sie seien intelligenter und besser als andere. Selbstüberschätzung ist etwas anderes als das Vertrauen in die eigenen Fähigkeiten. Letzteres ist ein vernünftiges Maß an Selbstvertrauen, während die Selbstüberschätzung zu der fehlgeleiteten Überzeugung führt, man sei besser und kompetenter als alle anderen.

In seinem Buch *The Psychology of Judgment and Decision Making* schrieb Scott Plous, dass »die Selbstüberschätzung als häufigste und potenziell katastrophalste aller kognitiven Verzerrungen gilt, denen die Menschen zum Opfer fallen. Gerichtsprozesse, Streiks, Kriege, Aktienmarktblasen und -zusammenbrüche lassen sich darauf zurückführen.« Das ist keine Übertreibung. Zahllose Studien machen die Folgen einer systematischen Selbstüberschätzung deutlich: 93 Prozent der jugendlichen Autofahrer halten sich für überdurchschnittlich gute Fahrer und 94 Prozent der College-Professoren halten sich für überdurchschnittlich gute Lehrkräfte. Und viel Glück bei der Suche nach jemandem, der sich nicht für einen außergewöhnlichen Liebhaber hält.[58] Eine meiner bevorzugten Studien untersuchte den Charakter von Studenten: 79 Prozent der Befragten behaupteten von sich, einen überdurchschnittlich guten Charakter zu haben, trotz der Tatsache, dass 27 Prozent eingestanden, in der Vergangenheit einen Ladendiebstahl begangen zu haben, und ganze 60 Prozent gaben an, sie hätten im vorhergehenden Jahr bei einer Prüfung geschummelt![59]

Auch auf dem Gebiet der Vermögensanlage wurde der *Overconfidence*-Effekt untersucht, und zwar mit sehr aufschlussreichen Ergebnissen. Die Finanzprofessoren Brad Barber und Terrance Odean verglichen die Renditen männlicher Anleger mit den Renditen weiblicher Anleger. Nach einer Analyse der Handelsaktivitäten von 35 000 Haushalten über einen Zeitraum von fünf Jahren stellten sie fest, dass die Selbstüberschätzung der männlichen Anleger zu 45 Prozent mehr Handelsaktivitäten geführt hatte als bei den weiblichen Anlegern. Als Folge erzielten die männlichen Anleger eine um durchschnittlich 2,65 Prozent niedrigere Rendite und mussten darüber hinaus auch mehr Transaktionsgebühren und Steuern zahlen. Eine Überschätzung der eigenen Fähigkeiten ist teuer.

Wie sieht es mit den Profis aus? Immerhin haben sie einen besseren Zugang zu Informationen über Unternehmen, ihnen steht eine ausgefeilte Analysesoftware zur Verfügung und sie sind besonders geschult. Wenn Sie Ihren eigenen Fähigkeiten nicht vertrauen können, dann aber doch den Fähigkeiten dieser Profis, oder nicht? Untersuchungen haben

58 Wer würde etwas anderes behaupten!

59 Untersuchungen haben ergeben, dass Menschen, die behaupten, sie seien sich einer Sache »zu 99 Prozent sicher«, eigentlich nur zu 80 Prozent sicher sind. Daran muss ich immer denken, weil so viele Menschen übertreiben, dass ich es einfach nicht mehr ernst nehmen kann!

ergeben, dass Investmentanalysten, die zu 80 Prozent sicher sind, dass eine Aktie steigt, nur in 40 Prozent der Zeit recht behalten. Im Jahr 2006 bat James Montier von der Bostoner Vermögensmanagement-Gesellschaft GMO, Autor verschiedener Börsenbücher, 300 professionelle Fondsmanager um eine Bewertung ihrer Performance. 74 Prozent der Befragten hielten ihre eigene Leistung für überdurchschnittlich. Die Professoren für Entrepreneurial Studies Andrew Zacharakis vom Babson College in Wellesley, Massachusetts, und Dean Shepherd vom Mendoza College of Business an der University of Notre Dame, Indiana stellten fest, dass ganze 96 Prozent der Risikokapitalgeber, die die Erfolgsaussichten ihres Portfolios einschätzen sollten, ein übertriebenes Selbstvertrauen demonstrierten! Das bringt uns zu einer wichtigen Studie über dieses Thema: *Psychology of Intelligence Analysis*. Im Rahmen dieser Studie untersuchte der CIA-Veteran Richards Heuer die Verhaltensverzerrungen von Analysten des CIA. Ein zentrales Ergebnis seiner Studie war, dass, sobald ein Analyst ein *Minimum* an Informationen eingeholt hatte, um sich eine informierte Meinung zu bilden, weitere Informationen die *Treffsicherheit* seines Urteils nicht weiter verbesserten, sondern lediglich das *Vertrauen* in die eigene Urteilskraft bis an den Punkt der Selbstüberschätzung steigerten.

Das unterstreicht die Wurzel des Problems: Menschen neigen dazu, zusätzliche Informationen für zusätzliches Wissen zu halten. Anstatt dass uns zusätzliche Informationen zu besseren Erkenntnissen verhelfen, dienen sie oft nur dazu, unsere bestehenden Überzeugungen zu zementieren. Beim Thema Geldanlage geschieht das meist zu unserem Schaden. Je mehr Recherchen ein Anleger anstellt und je mehr Informationen er sammelt, desto mehr fühlt er sich bemüßigt, sein Portfolio aktiv zu managen, und desto schlechter wird die Rendite. Letztlich bereitet sich der Anleger, der seine eigenen Fähigkeiten überschätzt, unnötige Mühen und Stress und verschwendet dabei wertvolle Zeit und Geld.

Wenn Sie glauben, dass Sie zu clever sind, um in diese Falle zu tappen,[60] möchte ich einen weiteren Satz aus Plous Untersuchungen zitieren: »Die Diskrepanz zwischen Treffsicherheit und Selbstvertrauen hat nichts mit der Intelligenz des Entscheiders zu tun.« Und nicht nur das, es gibt deutliche Hinweise darauf, dass das Selbstvertrauen umso größer ist, je intelligenter die betreffende Person ist. Vielleicht ist Ignoranz sogar ein Segen!

60 Ist das nicht eine geradezu ironische Selbstüberschätzung?

DER ANKEREFFEKT

Die menschlichen Entscheidungsprozesse scheinen von der Anpassungsheuristik bestimmt zu sein.
TODD MCELROY UND KEITH DOWD

In den 1970er-Jahren identifizierten die Psychologen Daniel Kahneman und Amos Tversky den sogenannten Ankereffekt. Ihre Forschungsergebnisse lösten eine breite Diskussion über eine Verhaltensverzerrung aus, die sich auf die unterschiedlichsten Entscheidungsprozesse auswirkt. Mit dem Begriff »Verankerung« beschreiben Psychologen die Art und Weise, wie das Gehirn eine Abkürzung nimmt, um zu einer Schlussfolgerung zu gelangen. Wir neigen dazu, uns zu stark auf die erste Information zu verlassen, die wir aufnehmen. Dieses Informationsversatzstück dient uns als »Anker« für zukünftige Entscheidungen und beeinträchtigt unser rationales Denken. Wenn Sie eine Frage beantworten sollen und sich nicht über die korrekte Antwort sicher sind, werden Sie wahrscheinlich ein Opfer des Ankereffekts und geben eine Antwort, die auf der ersten Information basiert, die Sie erhalten haben. Wenn Sie zum Beispiel gefragt werden, ob Simbabwe mehr oder weniger als 20 Millionen Einwohner hat, werden Sie irgendeine Antwort geben. Auf die anschließende Frage, wie viele Einwohner Simbabwe Ihrer Meinung nach hat, werden Sie wahrscheinlich eine Zahl nennen, die sich an der Zahl 20 Millionen orientiert.[61]

Sowohl unerfahrene als auch erfahrene Verhandler verstehen den Ankereffekt. Der erste Preis, der in einer Preisverhandlung genannt wird, dient oft als Basis (Anker) für alle weiteren Diskussionen. Auch Marketingexperten haben sich den Ankereffekt zunutze gemacht, um das Ausgabeverhalten der Konsumenten zu beeinflussen. In einem faszinierenden Experiment[62] stellten die Wissenschaftler Brian Wansink, Robert Kent und Stephen Hoch ein Werbeschild für die Suppen von Campbell's auf, auf dem mit einem Preisangebot von 79 Cent pro Dose ohne Mengenbeschränkung geworben wurde. Anschließend stellten sie ein anderes Schild mit dem gleichen Preis, aber einer Mengenbegrenzung auf: »Maximal zwölf Dosen pro Person«. Die Konsumenten, die die Suppe ohne

61 Im Jahr 2019 hatte Simbabwe 14,65 Millionen Einwohner. Sie lagen so nahe dran!

62 Es heißt, ich sei sehr schnell fasziniert.

Mengenbegrenzung gekauft hatten, kauften durchschnittlich 3,3 Dosen. Die Konsumenten, die das zweite Werbeschild gesehen hatten, auf dem die Abgabemenge pro Person auf zwölf Dosen »begrenzt« wurde, kauften durchschnittlich sieben Dosen. Die Konsumenten hatten die Zahl zwölf verankert und maßen ihr eine Bedeutung zu (zum Beispiel: »Wow! Das muss ein echt gutes Angebot sein. Der Supermarkt will nicht, dass ich viel kaufe, weil er sonst Geld verliert.«) Es gibt noch viele weitere Studien zum Ankereffekt. Er ist real, er ist lebendig, und viele von uns tappen seit Jahren unbewusst in diese Falle.

Worauf will ich hinaus? In der Geldanlage geht der Ankereffekt oft vom Kaufpreis Ihrer Aktie aus. Wenn Sie eine Aktie für 50 Dollar erwerben, diese später aber auf 30 Dollar sinkt, halten Sie vielleicht an ihr fest, bis sie wieder 50 Dollar kostet (oder kaufen nach, weil Sie glauben, sie sei mehr wert als die 50 Dollar, die Sie ursprünglich dafür bezahlt haben). Wenn die Aktie stattdessen von 50 auf 70 Dollar steigt, entscheiden Sie sich vielleicht zu einem Verkauf, weil sie nun mehr wert ist, als Sie bezahlt haben, und Sie sie für überbewertet halten. In diesen Situationen wird Ihre Entscheidungsfindung von Ihrem Anker beeinträchtigt. Viele Anleger fallen diesem Effekt zum Opfer, wenn sie eine Aktie kaufen, die stark eingebrochen ist (»ein Schnäppchen!«) oder sich gegen den Kauf einer Aktie entscheiden, die neue Höchststände erreicht hat (»sie ist inzwischen überbewertet!«). In Wahrheit befindet sich der Preis einer Aktie meistens sehr nahe an ihrem tatsächlichen Wert und der Zahl der Käufer steht eine ähnlich große Zahl an Verkäufern gegenüber. Der einzige Grund, aus dem Anleger sie für ein Schnäppchen oder für überbewertet halten, ist die Richtung, die die Aktie nach ihrem letzten Ankerpreis eingeschlagen hat. Wenn Sie sich des Ankereffekts bewusst sind, können Sie vermeiden, zu lange an Verlierern festzuhalten und gute Aktien zu früh zu verkaufen. Und vielleicht können Sie sogar im Supermarkt ein wenig Geld sparen.

DIE KONTROLLILLUSION

Abbildung 9.3

Menschen haben gerne das Gefühl, sie hätten die Kontrolle oder seien zumindest für das Ergebnis ihrer Handlungen verantwortlich. Wenn Sie ein nervöser Beifahrer sind, wissen Sie, was ich meine. Sie fahren gerne Auto, solange Sie selbst am Steuer sitzen. Das gibt Ihnen das *Gefühl*, Sie hätten die Situation unter Kontrolle.

Als »Kontrollillusion« wird die Neigung bezeichnet, unsere Fähigkeit zur Kontrolle über die Ereignisse und die Verantwortung für Ergebnisse zu überschätzen, auf die wir keinen Einfluss haben. Denken Sie an Ihren Arbeitsweg oder den Weg zu irgendeinem anderen Ziel. Sie glauben wahrscheinlich, Sie könnten Ihre Ankunftszeit kontrollieren, indem Sie festlegen, wann Sie losgehen oder losfahren, und sich die beste Route überlegen. Tatsächlich sind Geschwindigkeitsbegrenzungen, Verkehrsdichte, Ampelphasen und Verkehrsunfälle, Gänse, die die Fahrbahn überqueren, und Baustellen nicht nur Faktoren, die die Dauer Ihrer Fahrt bestimmen, sie entziehen sich außerdem Ihrer Kontrolle. Kurz gesagt können wir eine Situation gelegentlich beeinflussen, aber verwechseln Sie nicht Einfluss mit Kontrolle.

Dieser Effekt lässt sich auch in anderen Lebensbereichen beobachten.[63] Die Psychologin Ellen Langer, die der Kontrollillusion ihren Namen gegeben hat, führte ein Experiment durch, bei dem es um einen Lottogewinn ging. Die Teilnehmer durften ihre eigenen Zahlen entweder selbst auswählen oder erhielten Zettel mit einer zufälligen Zahlenkombination.

63 Über Elternschaft als ultimative Kontrollillusion lässt sich ein ganzes Buch schreiben.

Anschließend konnten sie ihre Zettel untereinander tauschen, um ihre Gewinnchancen zu verbessern. Langer stellte fest, dass diejenigen, die ihre Zahlen selbst ausgewählt hatten, eher nicht tauschbereit waren. Zwar war die Auslosung vollkommen zufällig, aber die Teilnehmer verhielten sich, als sei ihre spezielle Zahlenkombination wichtig für das Ergebnis.

Viele Menschen verhalten sich bei der Vermögensanlage ähnlich. Anlegern fällt es oft schwer, sich von Positionen zu trennen, die sie selbst ausgesucht haben oder mit denen sie vertraut sind, selbst wenn ein breit diversifiziertes Portfolio ihre Renditechancen erhöhen würde. Clevere Anleger wissen, dass die Ergebnisse ihres Portfolios zum größten Teil nicht von ihren Handlungen abhängen, sondern von den Marktentwicklungen.

VERLUSTAVERSION UND BESITZTUMSEFFEKT

Wollen Sie diese Kette nicht einmal anlegen?
SCHMUCKVERKÄUFER SEIT MENSCHENGEDENKEN

Daniel Kahneman und Amos Tversky sind für ihre Forschung über *Verlustaversion* berühmt. Das ist die menschliche Neigung, lieber einen Verlust zu *vermeiden* als einen Gewinn zu *realisieren*. In anderen Worten: Wir haben mehr Angst davor, etwas zu verlieren, als wir uns über einen Gewinn freuen. Umfangreiche Forschungsarbeiten über diese Verzerrung zeigen, dass wir doppelt so viel Schmerz über einen Verlust empfinden wie Freude über einen Gewinn.

Im Rahmen einer ihrer Studien unterteilten sie die Teilnehmer in zwei Gruppen: Eine Gruppe hatte Stifte mit Preisetiketten, auf denen »$3,98« stand. Die andere Gruppe hatte keine Stifte. Anschließend wurde die Gruppe ohne Stifte gefragt, wie viel sie für einen Stift bezahlen würde, und die Teilnehmer der anderen Gruppe, zu welchem Preis sie ihre Stifte verkaufen würden. Die Gruppe ohne Stifte nannte einen wesentlich geringeren Preis als die Gruppe mit den Stiften. Woran liegt das? Die Antwort ist einfach: Die Teilnehmer mit den Stiften wollten nicht das Gefühl haben, sie würden etwas verlieren, wenn sie den Stift für weniger als 3,98 Dollar verkauften, während die Gruppe ohne Stifte nicht das Gefühl haben wollte, sie verlöre etwas, wenn sie mehr als 3,98 Dollar bezahlte.

Waren Sie in letzter Zeit zufällig bei einem Juwelier? Die Verkäufer sind immer darauf erpicht, dass Sie die Schmuckstücke in die Hand nehmen, den Ring anziehen oder die Kette anlegen. Sie versuchen damit, die Verlustaversion zu aktivieren, um Sie zum Kauf zu überreden. Sobald Sie den Stift, den Ring oder einen anderen Gegenstand in der Hand halten, fühlt es sich bereits an, als gehöre er Ihnen, und Sie wollen ihn nicht verlieren.[64] Diese Form der Verlustaversion wird als »Besitztumseffekt« oder »Status-quo-Effekt« bezeichnet.

Die Verlustaversion schadet Anlegern wahrscheinlich mehr als jeder anderen Gruppe. Sie ist der Grund, warum Anleger Bargeld horten, obwohl sie genau wissen, dass ihr Geld an Kaufkraft verliert. Die durchschnittlichen Erträge auf dem Geldmarkt liegen seit Jahrzehnten unter der Inflationsrate, und dennoch sind Anleger bereit, jeden Tag ein wenig Geld zu verlieren, um den wahrgenommenen größeren Verlust zu vermeiden, den sie bei einer Geldanlage befürchten. Mit einem solchen Plan wird sich die Kaufkraft Ihres Geldes in nur 24 Jahren halbiert haben!

Verlustaversion ist auch der Grund, warum Sie sich nicht von der Jeans trennen können, die Ihnen seit 1994 nicht mehr passt, und auch nicht von dem Pullover, den Sie seit 2003 nicht mehr getragen haben. All dieses Zeug verstopft nun unbenutzt Ihre Garage. Verlustaversion ist der Grund, aus dem Sie auch nach einem anhaltenden Kursverfall an einer Aktie festhalten. Dahinter steckt der Widerwille, den Verlust zu akzeptieren und einzugestehen, dass Sie einen Fehler gemacht haben. Da ist es doch viel besser, zu warten, bis sich die Aktie (vielleicht) erholt hat, oder? In meinen Gesprächen mit Kunden, die eine Position halten, die sie nicht veräußern wollen, bevor sie sich erholt hat, stelle ich eine einfache Frage: »Wenn Sie statt dieser Aktie Bargeld hätten, würden Sie dieses Papier in Kenntnis Ihrer Ziele noch einmal kaufen?« Die Antwort lautet fast immer nein, und dann wissen wir, dass der Anleger aus Verlustaversion an der Aktie festhält. Wenn wir die Auswirkungen der Verlustaversion auf unsere Entscheidungen kennen, können wir bessere Anleger werden.[65]

64 »Lassen Sie uns sehen, ob Ihnen diese Kette steht.« – »Ich bin davon überzeugt, dass Sie in dieser Bluse fantastisch aussehen. Probieren Sie sie doch kurz an.« – »Wollen Sie nicht eine Testfahrt mit diesem Auto machen?«

65 Und es senkt die Wahrscheinlichkeit, dass wir Protagonisten einer Sendung über Messies werden.

MENTALE BUCHFÜHRUNG

Da der bewusste Geist nur wenige Gedanken gleichzeitig verarbeiten kann, versucht er ständig, Einzelinformationen zu »Informationsbrocken« zusammenzufügen, um die Komplexität des Lebens ein wenig verdaulicher zu machen. Anstatt jeden Dollar zu zählen, den wir ausgeben, teilen wir unser Geld in bestimmte Einkaufskategorien auf. Wir verlassen uns auf irreführende Abkürzungen, weil wir nicht die geistige Rechenkapazität besitzen, um anders zu denken.
JONAH LEHRER

Richard Thaler ist für seine Arbeit auf dem Gebiet der Verhaltensökonomik und die Identifizierung und Definition der *mentalen Buchführung* (*Mental Accounting*) bekannt. Das ist der Prozess der Kategorisierung der aktuellen und zukünftigen Vermögenswerte in separate, nicht transferierbare mentale »Konten«.

In einer Studie über die Auswirkungen der mentalen Buchführung wurden die Teilnehmer gebeten, sich das folgende Szenario vorzustellen: Sie haben beschlossen, ins Kino zu gehen, und haben zehn Dollar Eintritt gezahlt. Als Sie das Kino betreten, merken Sie, dass Sie die Kinokarte verloren haben! Leider taucht sie nicht wieder auf. Werden Sie weitere zehn Dollar für eine neue Kinokarte bezahlen? Nur 46 Prozent der Teilnehmer bejahten das. Anschließend sollten sie sich ein anderes Szenario vorstellen: Sie haben beschlossen, ins Kino zu gehen. Die Karte kostet zehn Dollar. Als Sie das Kino betreten, merken Sie, dass Sie einen Zehn-Dollar-Schein verloren haben. Würden Sie immer noch zehn Dollar für die Kinokarte bezahlen? Obwohl der wirtschaftliche Verlust genau der gleiche war wie im ersten Szenario, gaben 88 Prozent der Teilnehmer an, sie würden eine Kinokarte kaufen!

In beiden Szenarien wurden die Teilnehmer aufgefordert, zehn Dollar für eine Kinokarte auszugeben, obwohl sie zuvor zehn Dollar verloren hatten. Die unterschiedlichen Antworten gehen auf den großen Einfluss der mentalen Buchhaltung zurück. Sobald die Teilnehmer eine Kinokarte gekauft hatten, verbuchten sie diese Ausgabe im Geiste unter der Kategorie »Unterhaltung«. Als sie die Karte verloren, hatten sie ihr Kinobudget bereits aufgebraucht, daher wollten sie ihr Budget nicht überziehen und eine zweite Karte kaufen. Im zweiten Szenario büßten sie einen Geldschein im Wert von zehn Dollar ein. Da sie das Geld jedoch noch nicht für die Kinokarte verbucht hatten, waren sie bereit, trotzdem eine Kinokarte zu kaufen. Die Studie zeigt, dass wir nicht jeden Dollar gleich betrachten, auch wenn es finanziell gesehen sinnvoll wäre.

Die Untersuchungen des Psychologen Hal Arkes zeigen uns, dass mentale Buchführung der Grund dafür ist, dass Steuerrückzahlungen und Lottogewinne oft sehr schnell ausgegeben werden. Die mentale Buchführung ordnet diese Gelder in die Kategorie »freies Geld« ein. Die Soziologin Viviana Zelizer verweist auf eine Studie über den Prostitutionsmarkt von Oslo und merkt dazu an, dieses Prinzip sei sogar auf die Art und Weise anwendbar, wie die Damen des ältesten Gewerbes der Welt ihr Geld ausgeben. Wie sich herausstellt, bezahlen Prostituierte von der Sozialhilfe die Miete und andere Rechnungen und verwenden das Geld, das sie mit ihrer Sexarbeit verdienen, für den Kauf von Drogen und Alkohol. Anscheinend ist die mentale Buchführung tief im menschlichen Verhalten verwurzelt.

Die mentale Buchführung beeinflusst auch unsere Alltagsentscheidungen, aber sie sollte keinen Einfluss auf die Anlageentscheidungen haben. Anleger, die jede einzelne Geldanlage separat betrachten, erzeugen für jede Position ein mentales Buchungskonto. Wenn Sie verschiedene Investmentkonten unterhalten, achten Sie darauf, dass Sie sie nicht individuell betrachten, sondern fragen Sie sich, ob sie in angemessener Form zur Erreichung Ihrer langfristigen Ziele beitragen. Durch die Betrachtung des Gesamtbilds können Sie viel leichter beurteilen, ob Sie sich auf dem richtigen Kurs befinden. Wenn Sie jede Position für sich genommen betrachten, fangen Sie an, mentale Buchführung zu betreiben, und das führt zu schlechten Investmententscheidungen. Eine Methode, das zu verhindern, besteht darin, möglichst viele Investitionen auf einem Konto zu halten. Das macht es Ihnen leichter, das Gesamtbild zu betrachten und besonnene Entscheidungen zu treffen.

DER REZENZEFFEKT

Anleger projizieren die jüngsten Erfahrungen in die Zukunft. Das ist ihre unerschütterliche Angewohnheit.
WARREN BUFFETT

Der *Rezenzeffekt* beschreibt die Neigung, jüngste Erfahrungen oder Beobachtungen in die Zukunft zu projizieren. Das erlaubt uns, auf Basis von vergangenen Ereignissen Vorhersagen für die Zukunft zu treffen.[66]

Trotz der zahlreichen beeindruckenden Fähigkeiten des menschlichen Gehirns verlassen wir uns auf Identifizierungsmuster, um unsere Entscheidungsprozesse zu vereinfachen. Manchmal können die Muster, die wir beobachten, hilfreich sein. Wenn Sie an mehreren aufeinanderfolgenden Tagen eine Polizeistreife an einem bestimmten Straßenabschnitt sehen, werden Sie in diesem Bereich auf Ihre Geschwindigkeit achten. Auf dem Gebiet der Vermögensanlage kann der Rezenzeffekt jedoch gefährlich und teuer sein.

Studien haben ergeben, dass Broker dazu neigen, die Aktien zu bewerben, die den Markt im vorhergehenden Jahr übertroffen haben, nur damit diese Wertpapiere im folgenden Jahr unter der Marktrendite bleiben. Anleger neigen zu Aktien, deren Kurs in zahlreichen aufeinanderfolgenden Monaten angestiegen ist, weil sie erwarten, dass sich dieser Trend fortsetzt – und investieren oft genau dann, wenn die Party zu Ende ist. Das heißt, sie haben alle Gewinne verpasst, nehmen aber an allen Verlusten teil. Nach den Bärenmärkten im Anschluss an die Dotcom-Blase und die Terroranschläge vom 11. September antizipierten viele Anleger einen weiteren Bärenmarkt und verpassten daraufhin den nachfolgenden Marktaufschwung. Im Anschluss an die Finanzkrise von 2008/2009 sahen viele Anleger in jeder Marktkorrektur einen Indikator für einen unmittelbar bevorstehenden Börsenzusammenbruch.

So funktioniert der Markt aber nicht. Stattdessen besteht in jedem beliebigen Jahr eine sehr gute Chance, dass der Markt das Jahr mit einem

66 Der Rezenzeffekt ist auch dafür verantwortlich, dass mein 17-jähriger Sohn beim nächsten Schultanz nicht länger als bis Mitternacht bleiben darf. Er ist auch der Grund dafür, dass mein Sohn bei seinem nächsten Schultanz bis nach Mitternacht bleiben will.

guten Ergebnis beschließt, egal wie er im vorhergehenden Jahr abgeschlossen hat. Außerdem stehen die Chancen gut, dass es eine Marktkorrektur gibt, unabhängig davon, was in den vorhergehenden Wochen und Monaten oder im Jahr zuvor geschehen ist. Ein Anleger kann in jeder Dekade ungefähr zwei Bärenmärkte erwarten, egal was in der vorhergehenden Dekade passiert ist. So wie bei einem Münzwurf dreimal hintereinander die Kopfseite oben liegen kann und das keine Auswirkungen auf die Chance hat, dass beim nächsten Münzwurf Zahl oben liegt, ist die jüngste Vergangenheit kein zuverlässiger Indikator für die zukünftige Marktentwicklung.

Eine Methode, um dem Rezenzeffekt entgegenzuwirken, ist die Einführung eines disziplinierten Systems für Ihr Geldmanagement. Wenn Ihr Portfolio zum Beispiel zu 60 Prozent aus Aktien und zu 40 Prozent aus Anleihen besteht, sollten Sie vielleicht umschichten, bis dieses Verhältnis wiederhergestellt ist, sobald Ihre Vermögensallokation um mehr als 5 Prozent aus dem Gleichgewicht gerät. Indem Sie Ihre Investmententscheidungen auf einen systematischen Ansatz gründen, können Sie verhindern, dass die jüngsten Marktereignisse Ihre Entscheidungen beeinflussen.

Der Rezenzeffekt kann positive und negative Auswirkungen auf das reale Leben haben, unkontrolliert richtet er in der Vermögensanlage jedoch oft mehr Schaden als Nutzen an.

KURZSICHTIGE VERLUSTAVERSION

Wenn wir stillhalten und bereit sind, werden wir in jeder
Enttäuschung eine Entschädigung finden.
HENRY DAVID THOREAU

Die erfolgreichsten Menschen sind diejenigen, die sich nicht von einem Misserfolg von ihren Zielen und Träumen abbringen lassen. Unser natürlicher Instinkt will uns in einer schwierigen Situation zum Aufgeben oder zur Flucht bewegen anstatt zu einem neuen Versuch oder der Änderung unserer Strategie. Wir besitzen die Tendenz, uns auf kurzfristige Ergebnisse zu konzentrieren anstatt auf langfristige Ziele – vor allem, wenn die Dinge nicht so laufen wie erwartet. Behavioral-Finance-Experten bezeichnen das als *kurzsichtige Verlustaversion*.

Wir ermutigen unsere Kinder, wieder auf das Fahrrad zu steigen, nachdem sie zum zehnten Mal hingefallen sind. Das Gleiche müssen wir aber auch tun. Selbst wenn wir eine Investmentstrategie verstehen und mit ihr einverstanden sind, kann es schwer sein, den Kurs zu halten, wenn sich die Strategie nicht unmittelbar auszahlt – egal wie sehr wir daran glauben, dass sie langfristig wirkt. Anleger wollen sich oft von einer Geldanlage trennen, wenn sie keine unmittelbare Rendite abwirft.

Die Geldanlagen, die Sie besitzen, zu verstehen und ihren Zweck zu kennen, ist wichtig, um eine kurzsichtige Verlustaversion zu vermeiden. Oft konzentrieren wir uns zu stark auf die aktuelle Rendite eines Wertpapiers und vergessen dabei, warum wir es für unser Portfolio ausgewählt haben. Studien haben ergeben, dass Anleger für die Bewertung der Effektivität eines Vermögenswertes oder einer Anlagestrategie willkürliche Zeiträume festlegen. Typischerweise beträgt ein solcher Zeitraum ein Jahr, selbst wenn das für eine bestimmte Geldanlage ein ungeeigneter Zeitraum ist.[67] Ein intelligentes Portfolio ist so strukturiert, dass seine Vermögenswerte im Verlauf der Zeit an Wert gewinnen. Dieser Zeitraum kann zehn Jahre (oder mehr) betragen. Wenn Sie aktuell kein Wertpapier verkaufen müssen, dann ist auch sein aktueller Preis irrelevant.

Sehr vermögende Anleger investieren oft einen Teil ihres Portfolios in Private Equity. Im folgenden Kapitel werden Sie mehr darüber erfahren. Einige dieser Investitionen erwirtschaften in der ersten Zeit normalerweise negative Renditen. Fast jede Geldanlage weist ein breites Handelsspektrum auf (große Preisfluktuationen) in Kombination mit einer unberechenbaren kurzfristigen Performance, und dennoch erzielen einige dieser Assetklassen ziemlich verlässliche langfristige Ergebnisse. Um die kurzsichtige Verlustaversion in den Griff zu bekommen, sollten Sie sich das stets in Erinnerung rufen! Solange sich Ihre Bedürfnisse nicht verändert haben und die Zusammensetzung Ihres Portfolios weiterhin auf Ihre Ziele ausgerichtet ist, geben Sie Ihren Investitionen die nötige Zeit für eine positive Wertentwicklung.

67 Auch die stündliche Überprüfung Ihrer Geldanlagen ist keine effektive Form der Bewertung Ihres Portfolios.

DER NEGATIVITÄTSEFFEKT

Immer wieder reagiert das Gehirn auf schlechte Dinge schneller, stärker und nachhaltiger als auf gute Dinge.
JONATHAN HAIDT

Der *Negativitätseffekt* beschreibt die Neigung des Menschen, sich stärker und lebhafter an negative Ereignisse zu erinnern als an positive, sowie die bewussten und unbewussten Handlungen, die wir zur Vermeidung negativer Ergebnisse vornehmen.

Wie die Verlustaversion ist auch der Negativitätseffekt eine mächtige Triebkraft. Die renommierten Harvard-Wissenschaftler Teresa Amabile und Steven Kramer stellten fest, dass selbst kleinere Rückschläge im Verlauf eines Arbeitstags die Zufriedenheit des Betroffenen doppelt so stark beeinträchtigten wie positive Ergebnisse die Zufriedenheit steigern konnten. Den beiden Forschern zufolge lernen wir auch schneller aus negativer Verstärkung als aus positiver Verstärkung. Eine Analyse unserer Sprache ergab, dass 62 Prozent der emotionalen Wörter und 74 Prozent der Wörter für persönliche Eigenschaften negativ sind.[68] Dabei scheint es sich nicht um eine erlernte Reaktion zu handeln, denn die Forschung hat gezeigt, dass der Negativitätseffekt bereits bei kleinen Kindern zu beobachten ist. Auf die Bitte, zu bestimmen, ob ein Gesichtsausdruck gut oder schlecht war, nahmen die teilnehmenden Kinder einen positiven Gesichtsausdruck als gut, aber sowohl einen negativen als auch einen neutralen Gesichtsausdruck als schlecht wahr. Selbst bei Babys ließ sich den Forschern zufolge der Negativitätseffekt feststellen.

Wenn man bedenkt, wie stark wir auf negative Ereignisse reagieren, ist es eigentlich kein Wunder, dass unsere Newsfeeds voll davon sind. Die Wahrscheinlichkeit, dass Sie von dem neuesten Überfall in Ihrem Viertel erfahren, ist wesentlich größer, als dass Sie etwas über die sinkende Kriminalitätsrate hören. Und während politischer Wahlkampagnen sind die Werbespots der Kandidaten fast immer ein einziger aggressiver Angriff auf den Wahlgegner, sagen aber kaum etwas Positives

68 Die Forschung über den Negativitätseffekt ist sicher nicht die erhebendste oder inspirierendste Arbeit.

über den Kandidaten aus. Das sind intensive Versuche, unseren Negativitätseffekt zu aktivieren und eine starke emotionale Reaktion zu provozieren.

Der Negativitätseffekt macht sich auch in der Geldanlage bemerkbar, und zwar in Form einer negativ orientierten Perspektive, die dazu führt, dass der Anleger seine Positionen während einer Marktkorrektur oder eines Bärenmarktes verkaufen will. Damit wollen Anleger die negative Erfahrung vermeiden, zusehen zu müssen, wie ihre Positionen an Wert verlieren. Dieser Drang ist besonders ausgeprägt, wenn jüngste Ereignisse noch frisch in der Erinnerung sind. Verhaltenswissenschaftler bezeichnen das als »*Vividness*« (Lebendigkeit). Nach einem schweren Bärenmarkt, wie er sich im Anschluss an die Finanzkrise von 2008/2009 oder während der Coronapandemie ereignete, kann der Negativitätseffekt selbst bei geringfügigen Marktkorrekturen zu einer Überreaktion führen und Anleger dazu verleiten, in Panik aus dem Markt zu fliehen.

Wie für alle anderen Verhaltensverzerrungen gilt auch für den Negativitätseffekt, dass der Schlüssel zu seiner Überwindung darin liegt, zu wissen, dass es ihn gibt, damit man erkennen kann, wann er sich Bahn brechen will, und sich selbst an die Zügel nehmen kann, um das eigene Portfolio vor nachhaltigem Schaden zu bewahren. Der Negativitätseffekt ist so stark, dass wir Kapitel 1 dieses Buches seiner Überwindung gewidmet haben!

UNGEDULD

> I want it all, and I want it now.
> FREDDIE MERCURY, Queen

Wir alle sind ungeduldig und wollen sofortige positive Ergebnisse sehen, anstatt uns auf schrittweise Verbesserungen zu konzentrieren, die sich im Verlauf der Zeit zu großen Verbesserungen addieren. Ein sehr gutes Beispiel für diese Ungeduld sind die jeweils neuesten Modediäten. Wir wissen alle, dass es für einen nachhaltigen Gewichtsverlust darauf ankommt, dass man dauerhaft weniger Kalorien zu sich nimmt und Sport treibt. Trotzdem versuchen Millionen von Menschen, diesen Weg abzukürzen, indem sie Pillen und Entgiftungssäfte nehmen und extreme Diäten machen.[69] Bei der Geldanlage verhält es sich ähnlich: Die Anleger wollen sofort hohe Gewinne sehen, anstatt sich auf *nachhaltige* langfristige Renditen zu konzentrieren.

Anleger, die nach schnellen Gewinnen Ausschau halten, gleichen Baseballspielern, die unbedingt einen schnellen Homerun erzielen wollen: Wahrscheinlich schlagen sie meistens daneben. Spieler, die sich dagegen darauf konzentrieren, jedes Mal, wenn sie an der Reihe sind, einen wirklich guten Schlag zu machen, werden wahrscheinlich besser sein (und sie werden dabei auch einige Homeruns erzielen). Ihre Anlagephilosophie sollte den gleichen Ansatz verfolgen: Investieren Sie in die Vermögenswerte, die am besten zu Ihren langfristigen Zielen passen, und nutzen Sie Investitionschancen, wenn der Markt sie bietet. Sie werden auf Ihrem Weg einige »Homeruns« erzielen und vermeiden unnötige Fehlschläge, wenn das »Match« (in diesem Fall Ihre finanzielle Freiheit) auf dem Spiel steht.[70]

DER GLÜCKSRITTER

You've got to know when to hold them, know when to fold them.
Know when to walk away, know when to run.
KENNY ROGERS

Einige Menschen sind *Glücksritter*, die den Markt behandeln, als sei er ihr persönliches Casino, indem sie Wetten auf eine Handvoll Aktien abschließen, mit Optionen handeln oder Markttiming betreiben, in der Hoffnung auf einen Riesengewinn oder die Chance, den Markt zu schlagen.[71] Die meisten Menschen wollen lieber *seriöse Anleger* sein und eine wiederholbare, disziplinierte Strategie verfolgen, die sich darauf konzentriert, die Wahrscheinlichkeit einer langfristigen Zielerreichung zu erhöhen. Viele Anleger fallen allerdings in beide Kategorien.

69 Wie mein Freund, der mit einer Karottendiät ziemlich viel Gewicht verlor. Eine ganze Woche aß er buchstäblich nichts anderes als Karotten. Zwar nahm er ab, aber leider wurde er auch ganz orange im Gesicht.

70 Keine weiteren Sportanalogien, ich schwöre es!

71 Die neueste Mode dieser Spieler sind Kryptowährungen, die eine Handvoll Leute reich und die Mehrheit arm machen.

Wir alle haben den tiefsitzenden Wunsch, unser Glück zu versuchen. Die Gaming-Industrie basiert auf Physiologie und Psychologie: Ein Sieg veranlasst unseren Körper zur Ausschüttung des Glückshormons Endorphin (das uns in Euphorie versetzt) und drängt unser Gehirn zum Weiterspielen. Wenn wir verlieren, will unser Gehirn, dass wir weiterspielen, damit der Körper erneut Endorphin ausschüttet. Außerdem will es den emotionalen Schmerz vermeiden, der mit weiteren Verlusten verbunden ist.[72] Casinos wissen, wie sie diese menschliche Veranlagung zu ihrem Vorteil ausnutzen: Sie pumpen zusätzlichen Sauerstoff in die Räume, um Sie wach zu halten, und bieten Ihnen kostenlose Drinks, um Ihre Hemmungen abzubauen. Sie wissen, dass sie umso mehr Geld verdienen, je mehr Sie spielen.

Wir haben bereits darüber gesprochen, dass Sie sich mit aktivem Trading selbst schaden, »das Haus« profitiert allerdings davon – in diesem Fall die Brokerhäuser. Aktives Trading generiert Gebühren und damit Umsatz für den Broker. Betrachten Sie die Werbung der Firmen, die kostenlose oder kostengünstige Trades bewerben, Sie dazu anspornen, die Gewinner auszuwählen, und Zugang zu modischen Werkzeugen bieten, die Ihnen angeblich zu »Markterkenntnissen« verhelfen sollen. Glauben Sie, dass es ein Zufall ist, dass Ihre Online-Tradingplattform mit ihren roten und grünen Farben, den Ticker-Laufbändern, aufleuchtenden Bildern und Klingelgeräuschen wie ein Casino aussieht und auch so klingt?

Der Spieler in uns ist nicht leicht zu unterdrücken. Langfristig haben Sie die höchste Erfolgswahrscheinlichkeit, wenn Sie alle Vermögenswerte zielgerichtet investieren. Wenn es Ihnen aber nicht gelingt, Ihren inneren Glücksritter vollständig auszuschalten, überlegen Sie sich, ob Sie nicht ein separates Trading-Konto mit ein wenig »Spielgeld« eröffnen wollen. Auf diese Weise können Sie den Kick des Glücksspiels genießen, ohne Ihre finanzielle Unabhängigkeit zu riskieren.

---

72 Casinos verdienen so viel Geld, weil das Glücksspiel sehr viele der Neigungen bedient, über die wir in diesem Kapitel gesprochen haben. Außerdem gibt es dort Gratis-Buffets.

POLITISCHE VERZERRUNG

Sie haben vielleicht gehört, dass die Amerikaner politisch ein wenig gespalten sind – und nicht nur sie. Dieser Spalt, der durch die Gesellschaft geht und von den Medien noch genährt wird, die uns nur mit den Nachrichten füttern, die wir hören wollen, ist im Verlauf der Jahre immer tiefer geworden. Tatsächlich ist er so tief geworden, dass ich inzwischen Anleger erlebe, die ihren Portfolios ernsthaften Schaden zufügen, indem sie wichtige Anlageentscheidungen auf politische Ansichten gründen. Als Obama im Jahr 2008 zum Präsidenten gewählt wurde, geriet ein Großteil der Finanzmedien in Hysterie und behauptete, Amerika sei auf dem Weg in den Sozialismus, der die Märkte vernichten würde. Stattdessen hatte der Markt während Obamas Präsidentschaft eine seiner besten Acht-Jahres-Phasen in der Geschichte. Als Trump 2016 gewählt wurde, behaupteten die Finanzmedien, die Märkte würden nicht mit seiner Unberechenbarkeit umgehen können, die Gefahr eines Kriegs werde einen völligen Marktzusammenbruch heraufbeschwören und seine Politik werde die gute Börsenentwicklung beenden. Stattdessen hatten die Märkte eine ihrer besten Phasen in der Geschichte und verzeichneten in jedem einzelnen Monat nach Trumps Wahlsieg einen Wertzuwachs.

Tatsache ist, dass sich der Markt nicht darum schert, wer gerade im Oval Office sitzt. Den Markt interessieren nur die zukünftigen Gewinnaussichten (Unternehmensgewinne). Zwar gibt es vielfältige Faktoren, die in die Gewinnerzielung einfließen, aber nur wenige sind davon beeinflusst, wer gerade US-Präsident ist. Das ist zweifellos wichtig, aber üblicherweise nicht wichtig genug, um die Wirkung der vielfältigen weiteren Faktoren zu neutralisieren, auf die der Präsident keinen Einfluss hat, wie zum Beispiel die Zinssätze. Egal ob Sie politisch links oder rechts stehen, sind Sie mit Hinblick auf die Geldanlage am besten dran, wenn Sie sich in der Mitte bewegen. Treffen Sie niemals eine Portfolio-Entscheidung auf Basis der Frage, wer gerade an der Macht ist.

MACHEN SIE IHREN KOPF FREI

Zwar könnte man den Eindruck gewinnen, wir seien mit diesem kleinen Exkurs von den Grundlagen der Planung und der Investitionen abgekommen und vom Thema abgewichen, aber ich glaube, wir sind uns einig, dass das nicht der Fall ist. Keine noch so sorgfältige Planung und Investition kann einen großen (und vermeidbaren) Verhaltensfehler wettmachen. Wie heißt es in dem Klassiker der Musikgruppe *En Vogue* aus dem Jahr 1992? »Free your mind, and the rest will follow« – machen Sie Ihren Kopf frei, und der Rest folgt von allein.

KAPITEL ZEHN
ASSETKLASSEN

von Peter Mallouk

Durchschnittlich 90 Prozent der Renditeschwankungen lassen sich mit der Vermögensallokation erklären.
ROGER G. IBBOTSON

Bisher haben wir mehrere wichtige Aspekte der Geldanlage besprochen. Erstens verstehen Sie nun den Markt: seine Auf- und Abschwünge (und ihr wiederkehrendes Auftreten), seine insgesamt positive Entwicklung und die Art und Weise, wie er langfristige Anleger belohnt. Zweitens verstehen Sie nun, dass Sie stoische Ruhe und Disziplin wahren müssen, um Marktturbulenzen auszusitzen. Sie dürfen sich nicht von den Medien, den Brokern oder Ihrer Angst ablenken lassen. Nun sind Sie dafür gerüstet, Ihr Geld zu investieren. Wir werden die wichtigsten Assetklassen vorstellen und erklären, wie sie funktionieren und welche Rolle sie im Portfolio eines Anlegers spielen.

BARGELD: DIE ILLUSION VON SICHERHEIT

Eines kann ich Ihnen sagen: Bargeld ist die schlechteste aller Investitionen. Es heißt immer, »Bargeld ist König« oder so ähnlich. Bargeld verliert im Verlauf der Zeit aber an Wert. Gute Unternehmen erfahren im Verlauf der Zeit einen Wertzuwachs.
WARREN BUFFETT

Wenn Sie an riskante Assetklassen denken, fallen Ihnen vielleicht Rohstoffe (zum Beispiel Gold oder Öl), Immobilien, Aktien oder sogar einige Anleihen ein. Bargeld steht womöglich an letzter Stelle. Dabei hat es viele inhärente Risiken. Erstens ist es von den wichtigen Assetklassen diejenige mit der schlechtesten Performance in der Geschichte.[73] Über lange Zeiträume hat Bargeld immer schlechter abgeschnitten als alle anderen wichtigen Assetklassen. Je länger Sie große Mengen Bargeld vorhalten, desto größer die Wahrscheinlichkeit, dass Ihr Portfolio eine magere Rendite abwirft.[74]

Zweitens: Wenn Sie über lange Zeiträume Bargeld vorhalten, haben Sie wegen der Inflation praktisch eine Garantie für Kaufkraftverlust. Ihr Bargeld ist jedes Jahr weniger wert, weil die Warenpreise steigen, die Bargeldsumme aber immer gleichbleibt. Stellen Sie sich vor, Sie würden 100 000 Dollar auf Ihr Bankkonto einzahlen und zehn Jahre lang ungefähr 1 Prozent Zinsen bekommen. Wenn Sie Ihr Geld irgendwann abheben, sind Sie vielleicht ganz zufrieden. Das 1 Prozent Zinsen, das Sie verdient haben, hat aber nicht mit den Kosten der Briefmarken, eines Anzugs, eines Schokoriegels, den Krankenkassenbeiträgen oder den Ausbildungskosten mitgehalten. Sie haben vielleicht den Eindruck, Sie hätten Geld verdient, in Wirklichkeit haben Sie aber wertvolle Kaufkraft eingebüßt.

Ein Grund, aus dem viele »Anleger« Bargeld vorhalten, ist, dass sie den richtigen Zeitpunkt für einen Markteinstieg abwarten wollen. Sie wollen ihr »Pulver trocken halten«, trotz der Tatsache, dass es nie eine dokumentierte reale Studie gegeben hat, die zweifelsfrei belegt, dass ein wiederholter Marktein- und -ausstieg langfristig funktioniert. Denn Sie müssen nicht nur den richtigen Zeitpunkt für einen Marktausstieg bestimmen, Sie müssen auch den richtigen Zeitpunkt für einen Wiedereinstieg identifizieren. Und Sie müssen in der Lage sein, diese Prozedur ständig zu wiederholen. Wenn Sie sich nur einmal täuschen und den falschen Zeitpunkt erwischen, können Sie Ihrem Portfolio dauerhaften Schaden zufügen. Aber das wissen Sie bereits, weil wir ein ganzes Kapitel auf dieses Thema verwendet haben!

Und schließlich halten Anleger Bargeld vor für den Fall eines finanziellen Armageddons – eine Situation, in der der Markt gegen null oder nahe null tendiert und sich nie wieder erholt. In Wahrheit ist es so: Wenn wir in einer Welt leben, in der Amazon, Nike, McDonald's und der Rest der

73 Fängt schon gut an, oder?

74 Professionelle Portfolio-Manager wissen das und haben sogar einen Begriff dafür: »*Cash drag*«. Bargeld zieht die Renditen herunter.

dominanten Konzerne dieser Welt untergehen und sich nie wieder aufrappeln, dann wird das vermutlich mit einem Zahlungsausfall der USA auf die Schatzanweisungen einhergehen. Denn wie kann ein Staat seine Schulden zurückzahlen, wenn alle großen US-Unternehmen zusammengebrochen sind? Wer würde dann noch arbeiten und Steuern zahlen, mit denen der Staat seine Schulden tilgen kann? In diesem Fall wäre die Einlagensicherung für Ihre Bankkonten Makulatur und das Bargeld würde seinen gesamten Wert verlieren. Wenn Sie nicht glauben, dass die größten Unternehmen Amerikas überleben können, ergibt sich daraus die natürliche Schlussfolgerung, dass das amerikanische Wirtschaftssystem nicht überleben kann. In diesem Fall ist Bargeld womöglich der schlechteste Vermögenswert.[75] Trotzdem sitzen die Amerikaner derzeit auf vielen Billionen Dollar Bargeld – der höchsten Summe in der Geschichte.

Eine Bargeldreserve zur Überbrückung kurzfristiger Engpässe ist eine gute Idee; Bargeld als langfristige Investition zu horten, ist keine gute Idee. Eliminieren Sie diese Option aus Ihrem Portfolio.

ANLEIHEN

Wenn wir Anleihen einfach als »Darlehen« bezeichnen würden, würden alle sie viel besser verstehen.
SAGT JEMAND, DEM ES MISSFÄLLT, WIE KOMPLEX DIE FINANZWELT GEWORDEN IST.[76]

Wenn Sie eine Anleihe kaufen, leihen Sie einem Unternehmen, einem Staat oder einer anderen Einrichtung Geld. Anleihen sind Darlehen. Das ist alles.[77] Wenn Sie der US-Regierung Geld leihen, kaufen Sie *Staatsanleihen beziehungsweise Schatzanweisungen*. Wenn Sie einer Stadt, einem Bundesstaat oder einem Regierungsbezirk Geld leihen, spricht man von *sonstigen öffentlichen Anleihen*. Wenn Sie einem Unternehmen wie Netflix

75 Ein Bunker, Astronautenkost und Überlebensausrüstung würden plötzlich als brillante Investitionen erscheinen.

76 Quelle: meine eigene Wenigkeit.

77 Anleihen werden oft unnötig verkompliziert, und dafür ist zum großen Teil die Finanzdienstleistungsindustrie verantwortlich, die alles tut, um die Dinge möglichst verwirrend zu machen.

oder Microsoft Geld leihen, kaufen Sie *Unternehmensanleihen*. Wenn Sie einem Unternehmen Geld leihen, das höhere Zinsen zahlen muss, damit überhaupt jemand seine Anleihen kauft, haben Sie eine *Hochzinsanleihe* oder *High-Yield-Anleihe*[78], gemeinhin auch als »*Schrott-*« oder »*Ramschanleihe*«[79] oder »*Junkbond*« bezeichnet.

Anleihen werden begeben, wenn sich die zuvor genannten Einrichtungen Geld von der Bevölkerung leihen wollen. Wenn Sie eine Anleihe kaufen, werden Sie zum Kreditgeber. Nehmen wir an, der Supermarkt Target würde 100 Millionen Dollar benötigen und eine Anleihe begeben. Wahrscheinlich will kein Mensch und keine Institution das Risiko einer so großen Darlehenssumme alleine schultern, daher gibt Target entsprechend viele Anleihen in kleineren Denominationen aus – sagen wir, 25 000 Dollar –, um die volle Summe zu erhalten. Auf diese Weise können sich mehr Anleger an dem Darlehen beteiligen. Wie bei jedem anderen Darlehen muss Target für die Laufzeit der Anleihe Zinsen zahlen. Am Ende der Laufzeit (»*Fälligkeit*« genannt) erhält der Anleger das geliehene Geld (in unserem Fall 25 000 Dollar) zurück.

Die Zinsen, die der Emittent zahlen muss, können variieren. Viele halten US-Staatsanleihen für die sicherste Investition der Welt. Aus diesem Grund erhalten Sie niedrigere Zinsen, als wenn Sie Ihr Geld einem Unternehmen leihen. Das Risiko, dass ein Unternehmen pleitegeht und die Anleihe nicht zurückzahlt, ist größer als das Risiko, dass die US-Regierung ihre Schulden nicht zurückzahlt.[80] Um Anleger zu ermutigen, einer Stadt, einem Bundesstaat, einem anderen Land oder einem Unternehmen Geld zu leihen, müssen diese Kreditnehmer höhere Zinsen nach Steuern bieten als US-Staatsanleihen. Schwache Unternehmen müssen noch höhere Zinsen zahlen, damit Anleger bereit sind, das Risiko auf sich zu nehmen, dass sie ihr Geld möglicherweise nicht wiedersehen. Üblicherweise gilt: Je höher die Zinsen, desto größer das Risiko. Das nennt man »*Kreditrisiko*«.

78 Bezeichnung, die von Finanzdienstleistern verwendet wird.

79 Bezeichnung, die unmissverständlich ausdrückt, worum es sich handelt.

80 Einige würden hier am liebsten ein Weltuntergangsszenario einflechten. Für unsere Zwecke reicht es, zu erwähnen, dass die US-Regierung der einzige Anleiheemittent ist, der in den Keller laufen und mehr Geld drucken kann, um seine Schulden zurückzuzahlen. Zumindest ist sie der Einzige, der das legalerweise tun kann.

Anleihen werden von sogenannten Ratingagenturen bewertet (ähnlich dem Kreditrating, mit dem eine Bank Ihre Bonität als Schuldner bewertet). Die Agenturen Fitch und Standard & Poor's verwenden dieselbe Skala (AAA ist die beste Bewertung, gefolgt von AA+, AA, AA- und so weiter). Moody's verwendet eine andere Skala für die gleiche Information (Aaa ist die höchste Bewertung, gefolgt von Aa1, Aa2 und so weiter). Jede Anleihe, die mindestens ein Rating von BBB- auf der Fitch/S&P-Skala erhält (oder mindestens Baa3 auf der Skala von Moody's) gilt als *Investment-Grade-Anleihe*, und jede Anleihe, die schlechter bewertet ist, als *spekulative (Schrott-)Anleihe*.[81]

Als Nächstes wollen wir die Wirkung der Laufzeit einer Anleihe auf den Zinssatz betrachten. Wenn Sie dem Staat zum Beispiel ab heute für zehn Jahre Geld leihen würden, würde der Staat Ihnen nur sehr niedrige Zinsen zahlen. Wenn Sie jedoch bereit wären, dem Staat das Geld für 30 Jahre zur Verfügung zu stellen, erhielten Sie höhere Zinsen. Dieses Prinzip gilt auch für Kommunal- und Unternehmensanleihen: Je länger Sie Ihr Geld verleihen, desto höher die Zinsen. Der Grund dafür ist einfach: Je länger Sie Ihr Geld verleihen, desto höher Ihr *Zinsänderungsrisiko*.[82] Wenn Sie die Anleihe bis zu ihrer Fälligkeit halten, erhalten Sie normalerweise Ihr gesamtes Geld zuzüglich der Zinsen zurück. Es gibt dabei jedoch zwei Dinge zu bedenken.

Erstens: Wenn Sie dem Staat für 30 Jahre Geld leihen, und das zu einem Zinssatz von 2,6 Prozent, ist es sehr wahrscheinlich, dass die Zinsen im Verlauf dieser Zeit steigen werden. Nehmen wir an, die Wirtschaft würde anziehen und die Federal Reserve würde die Leitzinsen anheben und schließlich Anleihen mit einer Laufzeit von zehn Jahren zu 4 Prozent Zinsen anbieten. Wenn Sie Ihre 30-jährige Anleihe vor der Fälligkeit verkaufen möchten, müssen Sie das mit einem Abschlag tun. Nehmen wir an,

81 Die Typen aus der Hochzinsanleihe-Gemeinde sollten wirklich ein besseres Marketingteam anheuern.

82 Kleiner Exkurs: Manchmal zahlen Marktteilnehmer weniger Zinsen für langfristige Anleihen; in diesem Fall spricht man von einer »inversen Zinsstrukturkurve«. Sie ist oft ein Zeichen für (1) eine bevorstehende mögliche Rezession. In diesem Fall sind die Anleger bereit, ihr Geld langfristig zu niedrigeren Zinsen anzulegen, als sie bei einer kürzeren Laufzeit erhalten würden, was bedeutet, dass die Zukunft nicht rosig aussieht. Oder (2) es ist ein Zeichen für eine Massenhysterie in den Finanzmedien.

Sie wollten sie nach 20 Jahren verkaufen. Warum würde irgendjemand Ihnen die Anleihe, die nun noch eine Laufzeit von zehn Jahren hätte, zu einem Zinssatz von 2,6 Prozent abkaufen, wenn er inzwischen eine zehnjährige Anleihe mit einer Verzinsung von 4 Prozent bekommen kann? Und zweitens: Wenn Sie Ihre Anleihe bis zur Fälligkeit halten, versäumen Sie die höheren Erträge, die Sie erhalten hätten, wenn Sie in eine später emittierte höher verzinste Anleihe hätten investieren können.

Wenn Sie das Kredit- und das Zinsänderungsrisiko verstanden haben, wird es leichter, die Preisgestaltung von Anleihen zu verstehen. Häufig gelten höher verzinste Anleihen als besser, tatsächlich sind sie meistens einfach nur riskanter, weil sie von einem Unternehmen mit einem niedrigen Rating emittiert wurden oder eine lange Laufzeit haben.

Anleihen sind weitaus weniger riskant als Aktien, weil die Rückzahlung garantiert ist. Sie ist eine vertragliche Verpflichtung, soll heißen, das Unternehmen muss Ihnen das Geld zurückzahlen, wohingegen Aktiendividenden (die Gewinnausschüttungen) optional sind. Das bedeutet, das Unternehmen ist nicht verpflichtet, die Gewinne an seine Aktionäre auszuschütten. Wenn Sie eine Anleihe bis zur Fälligkeit halten und der Emittent nicht bankrottgeht, erhalten Sie immer die ursprüngliche Darlehenssumme zuzüglich der Zinsen zurück. Anleihen sind eine Assetklasse, die rund 85 Prozent der Zeit eine positive Jahresrendite abwirft. Allerdings sollten Sie beachten, dass sie eine sehr breite Assetklasse mit einem sehr breiten Renditespektrum sind. Wann ist es sinnvoll, Anleihen ins Portfolio aufzunehmen? Kurz- bis mittelfristig ist es sinnvoll, hochwertige diversifizierte Anleihen zu kaufen, um die Bedürfnisse des Anlegers über die folgenden zwei bis sieben Jahre zu erfüllen. Anleihen bieten Anlegern, die gerne Mittel freihalten möchten, um bei einer Marktkorrektur Aktien nachzukaufen, außerdem die Möglichkeit, »ihr Pulver trocken zu halten«. Ein hoch liquides Anleiheportfolio können Sie schnell zu Bargeld machen, um bei einer günstigen Gelegenheit Aktien zu kaufen. Ein diversifiziertes Anleiheportfolio kann außerdem die meisten Bedürfnisse konservativer Anleger erfüllen, die keine Marktvolatilität ertragen können und ein so großes Investmentportfolio haben, dass sie ihre finanziellen Bedürfnisse allein mit den Anleiheerträgen befriedigen können.

AKTIEN

Hinter jeder Aktie steht ein Unternehmen.
PETER LYNCH

Wenn Sie eine Aktie kaufen, erwerben Sie eine Beteiligung an einem Unternehmen. Außerdem verwandelt sich Ihre Rolle vom Konsumenten zum Aktionär, und das ist eine wichtige mentale Veränderung. Oft vermitteln die Finanzmedien den Eindruck, als seien Aktien so etwas wie ein Lottoschein oder ein Glücksspiel im Casino. Das stimmt allerdings nicht. Wenn Sie einen Anteil an einem börsennotierten Unternehmen erwerben, *gehört Ihnen ein kleiner Teil eines aktiven Betriebs.* Das kann dazu beitragen, dass Sie bessere Entscheidungen darüber treffen, was Sie kaufen wollen (und warum). Als Aktionär werden Ihre Anteile an Wert gewinnen oder verlieren, je nachdem, wie die Märkte die Zukunftsaussichten des Unternehmens bewerten. Auf viele Aktien werden außerdem *Dividenden* gezahlt, das sind die Gewinnausschüttungen an die Aktionäre, die bei US-amerikanischen Unternehmen vierteljährlich, bei deutschen Unternehmen dagegen jährlich gezahlt werden.

Die historische durchschnittliche Aktienrendite liegt in den USA zwischen 9 und 10 Prozent pro Jahr, in Deutschland laut einer Studie des Deutschen Aktieninstituts zwischen 7 und 8 Prozent. Gleichwohl glauben viele Experten, dass die durchschnittliche Rendite in der nahen Zukunft wesentlich niedriger liegen kann. Wie auch immer, jedenfalls gehören Aktien zu den Investitionen mit den höchsten Renditeaussichten. Sie sind außerdem sehr schwankungsanfällig; es ist nicht unüblich, dass ihr Wert alle paar Jahre um 20 bis 50 Prozent oder mehr sinkt. Aktien sind nichts für nervenschwache Menschen.

Die erwartete langfristige Rendite ist bei Aktien wegen des *Risikoaufschlags* höher als bei Anleihen. Dieses Konzept bedeutet, dass Sie eine umso höhere Rendite erwarten können, je größer das Risiko ist, das Sie eingehen. Wenn Aktien keine höheren Renditen als Anleihen bieten würden, käme niemand auf die Idee, Aktien zu kaufen. Können Sie sich vorstellen, dass ein Anleger seinen Berater anruft und sagt: »Ich würde gerne eine Anleihe-ähnliche Rendite erhalten, aber ich möchte, dass Sie ein

Wertpapier kaufen, dessen Wert um bis zu 50 Prozent schwanken kann. Das wäre mir am liebsten.«?

Warum sollten Sie Aktien in Ihr Portfolio aufnehmen? Langfristig spiegelt nichts das Wirtschaftswachstum besser wider als der Aktienmarkt. Wenn Sie glauben, dass die Wirtschaft und die Unternehmen in zehn Jahren wesentlich besser dastehen werden als heute, dann ist der Aktienmarkt der richtige Ort, um einen Teil Ihres Vermögens zu investieren. Kurzfristig sind Aktien jedoch höchst unberechenbar. Tatsächlich brechen die Kurse ungefähr alle vier Jahre ein. Es ist nicht unüblich, dass die Aktienkurse dramatisch sinken – manchmal aus legitimen Gründen, manchmal aber auch ohne Grund. Weil das so ist, sollten Sie das Geld, das Sie zur Erreichung kurzfristiger Ziele benötigen, niemals in Aktien investieren. Sie sollten nur Geld investieren, mit dem Sie Ihre langfristigen Ziele erreichen wollen.

IMMOBILIENFONDS UND REITS

Warten Sie nicht mit dem Immobilienkauf.
Kaufen Sie Immobilien und warten Sie.
WILL ROGERS

Anleger können auch in börsengehandelte Immobilienfonds investieren. Am deutschen Markt werden offene und geschlossene Immobilienfonds angeboten. Weitaus besser schneiden für gewöhnlich aber sogenannte REITs (Real Estate Investment Trusts) ab, börsennotierte Immobilienaktien nach US-amerikanischem Vorbild. Sie sind als Assetklasse inzwischen auch in Deutschland erhältlich, aber noch relativ neu. REITs sind in Gewerbeimmobilien (zum Beispiel Industriegebäude, Wohnhäuser, Bürogebäude und Einkaufszentren) und andere Immobilien investiert, die Einkünfte generieren.

Anleger favorisieren REITs, weil sie sich nicht genau wie Aktien verhalten, aber hier ist der Hinweis wichtig, dass sie sich weitgehend zum Aktienmarkt synchron verhalten und gelegentlich mit ihm korrelieren, vor allem während einer Finanzkrise. Weil sich REITs ein wenig anders verhalten als Aktien, tragen sie zur Diversifizierung Ihres Portfolios bei. Sie können zudem eine hervorragende Diversifizierung innerhalb des Immobilienmarktes bieten. Nehmen wir an, Sie könnten

100 000 Dollar in Immobilien investieren. Eine Option wäre, eine kleine Mietwohnung in einer Kleinstadt zu kaufen, und eine andere, Anteile an einem börsennotierten REIT und damit einen kleinen Anteil an einer Vielzahl von Gewerbeimmobilien aus verschiedenen Marktsegmenten (Bürogebäude, Lagerhäuser, Industriegebäude und so weiter) im ganzen Land zu erwerben.

REITs generieren oft höhere Dividenden als Aktien – oftmals das Doppelte oder noch mehr –, weil die Nettopachteinkünfte an die Anleger durchgereicht werden. Und wer möchte nicht Miet- und Pachteinkünfte erhalten, ohne den Ärger eines Vermieters zu haben? Die Mieten steigen zudem üblicherweise mit der Inflationsrate, daher können REITs einen gewissen Inflationsschutz bieten. Und schließlich sind börsengehandelte REITs liquide, das heißt, wie bei Aktien gibt es einen Markt. Insgesamt können REITs eine kluge Beimischung für ein breit diversifiziertes Portfolio sein.[83]

ROHSTOFFE

Ein Rohstoff ist ein Rohmaterial oder ein Agrarprodukt, das gehandelt werden kann, wie Öl, Kaffeebohnen, Getreide oder Edelmetalle wie Gold, Silber und Kupfer. Rohstoffe generieren keine laufenden Erträge, sind äußerst schwankungsanfällig und werden oftmals höher besteuert als andere Investitionen.[84] Als Beispiel wollen wir eine der beliebtesten Rohstoffinvestitionen betrachten: Gold.

83 Warnung: Private, nicht-börsengehandelte REITs sind bei Brokern äußerst beliebt, weil sie gewaltige Provisionen abwerfen. Das Problem ist, dass sie NICHT liquide sind und nicht annähernd die gleiche Transparenz bieten wie börsengehandelte REITs. Also: Finger weg!

84 Bisher klingt das nicht so toll.

Was die meisten Goldkäufer motiviert, ist ihre Überzeugung, dass die Zahl der Ängstlichen steigen wird. Im vergangenen Jahrzehnt hat sich diese Überzeugung als zutreffend erwiesen. Abgesehen davon hat der steigende Goldpreis für einen zusätzlichen Kaufanreiz gesorgt, weil die Käufer darin eine Bestätigung ihrer Investmentthese sehen. Da die »Mitläufer« unter den Anlegern auf jeder Party mitfeiern wollen, schaffen sie ihre eigene Wahrheit – zumindest eine Zeit lang.
WARREN BUFFETT[85]

Viele Investoren befürchten den Zusammenbruch der Weltwirtschaft und glauben, dass Gold dann die einzige Währung sein wird (obwohl Kryptowährungen dieses Narrativ in letzter Zeit etwas angekratzt haben). Andere sehen in Gold die sicherste Geldanlage, falls es zu einer hohen Inflation kommen sollte, die unser Bargeld entwerten würde.

Anders als Unternehmen, Immobilien und Energie besitzt Gold keinen inneren Wert. Unternehmen und Immobilien besitzen das Potenzial, laufende Erträge zu generieren, und Energieunternehmen liefern daneben auch noch eine der wichtigsten Ressourcen der globalen Wirtschaft. Gold produziert nichts, generiert keine laufenden Erträge und ist keine wichtige Ressource. Historisch betrachtet hat Gold schlechter abgeschnitten als Aktien, Immobilien, Energie und Anleihen und kaum mit der Inflationsrate mitgehalten. Jedes Mal in der Geschichte, wenn der Goldpreis sehr hoch war, ist er anschließend wieder eingebrochen. Und obwohl Gold nachweislich dramatisch schlechter abgeschnitten hat als Aktien und sogar Anleihen, ist es langfristig außerdem eine der schwankungsanfälligsten Assetklassen überhaupt. Gold sollten nur Spekulanten und Angsthasen im Portfolio haben. Wenn Sie Gold besitzen, rechnen Sie damit, dass Sie keine Einkünfte daraus erzielen, aber höhere Steuern auf Ihre Renditen zahlen und größere Preisausschläge verkraften müssen, als der Aktienmarkt je bieten wird, und dass die Rendite niedriger ausfällt als bei Anleihen. Danke, ich verzichte.

85 Auch von Buffett und noch amüsanter: »Gold wird in Afrika oder anderswo aus dem Boden gegraben. Dann schmelzen wir es ein, buddeln ein weiteres Loch, in dem wir es wieder vergraben, und bezahlen Menschen dafür, dass sie sich drumherum stellen und es bewachen. Gold hat keinen Nutzwert. Jeder, der das vom Mars aus betrachten würde, würde sich ungläubig am Kopf kratzen.«

Abbildung 10.1: INFLATIONSBEREINIGTER DURCHSCHNITTLICHER JÄHRLICHER GOLDPREIS (1914–2018) IN DOLLAR (STAND MÄRZ 2018)

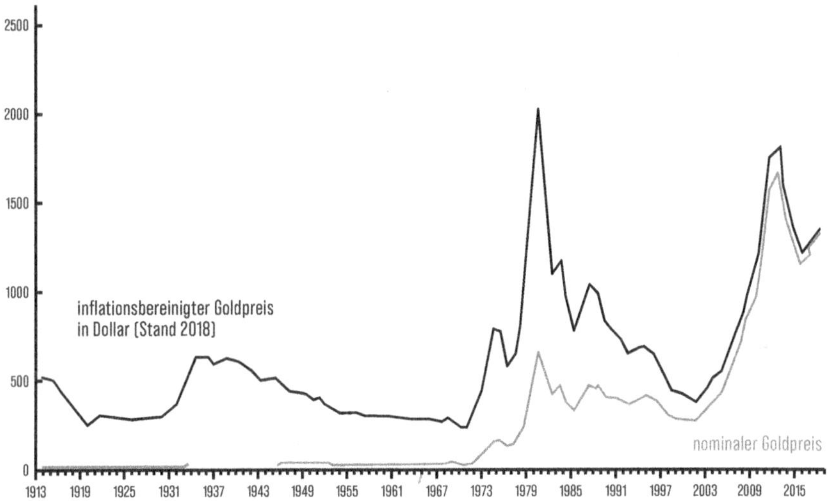

Quelle: McMahon, Tim (2018): »Gold and Inflation«, Inflationdata.com, *25. April 2018, https://inflationdata.com/Inflation/Inflation_Rate/Gold_Inflation.asp, aufgerufen am 30. Oktober 2020.*

ALTERNATIVE INVESTMENTS

Fragen Sie 100 Menschen, was »alternative Investitionen« sind, und Sie werden 100 verschiedene Antworten erhalten. Zwar gibt es keine einheitliche Definition des Begriffs »alternative Investments«, aber im Allgemeinen versteht man darunter Investitionen in nichttraditionelle Assetklassen, die nicht an öffentlichen Märkten gehandelt werden, oder Investitionen in traditionelle Assetklassen unter Verwendung unkonventioneller Strategien. Hedgefonds sind die häufigste Anlageform der zweiten Kategorie (ganz nebenbei, ich bin kein Fan von Hedgefonds).

Die häufigsten Alternativen zu Investitionen in öffentliche Märkte sind nicht börsengehandelte Aktien, Anleihen und Immobilien. Es gibt auch einen privaten Markt für nicht börsennotierte Unternehmen. Die meisten dieser Unternehmen gehören Einzelunternehmern, andere befinden sich im Besitz einer der vielen Tausend Private-Equity-Gesellschaften, die

Unternehmen mit einem großen Wachstumspotenzial kaufen, weil sie glauben, dass sie mit ihrer Unterstützung und ihrem Kapital an Wert gewinnen werden. Außerdem gibt es private Immobilienfonds. Hat irgendjemand jemals versucht, Sie zu einer Investition in ein örtliches Entwicklungsprojekt, ein Einkaufszentrum oder eine Wohnanlage zu bewegen? Das sind private Immobilien.

Bei vielen alternativen Investments stehen die Erfolgschancen schlecht, aber es gibt auch andere, von denen finanzerfahrene, qualifizierte Investoren stark profitieren. Im folgenden Abschnitt werde ich den Schleier lüften und alle Optionen vorstellen.

Einige alternative Investments setzen voraus, dass die Anleger bestimmte regulatorische Mindestanforderungen erfüllen; manche Produkte stehen normalen Privatanlegern nicht zur Verfügung – zum Beispiel Hedgefonds. Allerdings ist der Vertrieb von Dach-Hedgefonds in Deutschland zugelassen. Grund genug, Sie davor zu warnen.

Hedgefonds: Die schlechteste Methode, in Aktien zu investieren

Ich möchte mehr Gebühren und mehr Steuern zahlen, den Zugang zu meinen Investitionen verlieren, nicht genau wissen, was mit meinem Geld passiert, und unterdurchschnittliche Renditen erzielen.
DAS HAT NIEMALS IRGENDJEMAND GESAGT

Es gibt alle möglichen Arten von Hedgefonds, die meisten investieren jedoch in Aktien. Im Jahr 2008 schloss Warren Buffett eine Zehn-Jahres-Wette mit Ted Seides, Partner der Hedgefonds-Gesellschaft Protégé Partners, ab. Warren und Ted wetteten um 1 Million Dollar, die an die bevorzugte gemeinnützige Organisation des Gewinners gehen sollte, wobei Warren die Position vertrat, aktiv gemanagte Hedgefonds könnten passive Indexfonds nicht schlagen und somit ihre hohen Gebühren nicht rechtfertigen, und Ted behauptete, das könnten sie sehr wohl, und das bei einem geringen Risiko. Warren war sich seiner Sache so sicher, dass er Ted sogar die Hedgefonds aussuchen ließ, anstatt einfach die Ergebnisse des gesamten Aktienmarktes mit den Ergebnissen des Hedgefondsmarktes zu vergleichen. Mit anderen Worten, dies war eine Wette auf die Rendite eines S&P-500-Indexfonds, im Vergleich zu der Rendite von fünf der besten Hedgefonds, handverlesen von Seides. In einer Minute werden wir erfahren, was dabei herausgekommen ist.

Ich glaube an die Verwendung vielfältiger Assetklassen, darunter Aktien, Anleihen, Immobilien und alternativer Investitionen. Für Hedgefonds, die in den Aktienmarkt investieren, gibt es nach meiner Auffassung in einem Portfolio keinen Platz. Dafür gibt es viele Gründe, der wichtigste ist jedoch ganz einfach: In einen Hedgefonds zu investieren, *ist eine ausgezeichnete Methode, das Risiko einer unterdurchschnittlichen Rendite zu steigern.* Das widerspricht den meisten Aussagen über Hedgefonds, daher wollen wir einen näheren Blick auf die Fakten werfen.

Hedgefonds sind private Investmentfonds für eine ausgewählte Gruppe an Investoren und sind in den unterschiedlichsten Bereichen aktiv. Einige Hedgefonds sind »ereignisbasiert«. Das bedeutet, dass sie versuchen, wichtige Ereignisse wie Kriege, Ölverknappung, Wirtschaftskrisen et cetera auszunutzen, um sich einen Vorteil gegenüber den Märkten zu verschaffen. Einige sind Long-/Short-Fonds – soll heißen, sie wetten darauf, dass bestimmte Aktien steigen und andere fallen. Einige verwenden Derivate und Optionen und viele arbeiten mit Hebeln (»Leverages«), das heißt, sie setzen *Fremdkapital* ein, leihen sich also zusätzliches Geld, um es zu investieren. Das kratzt aber alles nur an der Oberfläche der Art und Weise, wie Hedgefonds arbeiten. Das Hauptziel vieler dieser Fonds ist, eine überdurchschnittliche Marktrendite zu erzielen oder den Markt zu schlagen, aber ohne dessen Volatilität. In renditeschwachen Zeiten wie den letzten zehn Jahren werden Hedgefondsmanager behaupten, ihre Aufgabe sei es, im Gegenzug für niedrigere Renditen die Volatilität zu reduzieren. Nach meiner Erfahrung sind die »niedrigeren Renditen« den (zumeist) gemeinnützigen Einrichtungen und Stiftungen die dort investieren üblicherweise neu.[86]

Bei »Creative Planning« haben Hedgefonds keinen Platz, weil ich weiß, was der Motor für zukünftige Renditen ist, und weil Hedgefonds *in allen wichtigen Kategorien* mit einem großen Nachteil starten: Steuern, Gebühren, Risikomanagement, Transparenz, Liquidität.

Für sehr vermögende Investoren sind die Steuern nach der Vermögensallokation der zweitwichtigste Indikator für die zukünftige Performance. Sie sollten immer aktiv darauf hinarbeiten, möglichst wenig

86 Das stellt sich im Nachhinein heraus.

Steuern zu zahlen. Hedgefonds tun das Gegenteil.[87] Durch aktives Trading erzeugen fast alle Hedgefondsmanager eine weitaus größere Steuerbelastung, als wenn Sie einfach in einen Indexfonds investieren. Erster Schlag.

Zweitens verlangen die meisten Hedgefonds geradezu absurd hohe Gebühren. Die typische Jahresgebühr liegt zwischen 1,5 und 2 Prozent, ob das Portfolio an Wert gewinnt oder verliert, zuzüglich 20 Prozent der Gewinne (wenn es welche gibt).[88] Angesichts der Tatsache, dass Gebühren ein wichtiger Indikator für die zukünftige Performance sind, können wir das als zweiten Schlag bezeichnen.

Drittens: Da wir gerade darüber sprechen, wie Hedgefondsmanager bezahlt werden, ist der Hinweis interessant, dass diese einen großen Anreiz haben, sehr hohe Risiken mit Ihrem Geld einzugehen. Wenn der Fondsmanager 2 Prozent erhält, egal wie sich der Fonds entwickelt, plus einen exorbitanten Prozentsatz von den Gewinnen, warum nicht noch höher greifen? Es ist nicht unüblich, dass ein Hedgefonds 30 Prozent verlangt, den Fondsmanager zu einem Millionär im dreistelligen Bereich oder sogar zum Milliardär macht und ein Jahr später zusammenbricht, ohne dass das negative Folgen für den Manager hat – wenn man von ein wenig Peinlichkeit absieht, die schnell überwunden ist.[89] Dritter Schlag.

Viertens legen Hedgefonds nicht regelmäßig ihre Beteiligungen oder Strategien offen, daher haben die Investoren oft keine Ahnung, woran sie beteiligt oder welchen Risiken sie ausgesetzt sind. Bei den meisten Hedgefonds warten Sie einfach auf den Bericht, um zu erfahren, was er gemacht hat. Ich glaube an Transparenz. Sie sollten zu jedem Zeitpunkt wissen, was Ihnen gehört und wie sich Ihre Investitionen entwickeln.[90]

Und schließlich sind Hedgefonds illiquide. Üblicherweise müssen die Investoren darauf warten, dass sich zu bestimmten Zeiten im Jahr ein

87 Ja, ich weiß. Die meisten institutionellen Investoren zahlen keine Steuern. Aber wahrscheinlich sind Sie kein institutioneller Investor.

88 Das ist ein »WENN« in Großbuchstaben. Die Misserfolgsquote ist bei Hedgefonds besonders hoch. Mehr dazu später.

89 Soweit mir bekannt ist, trägt ein Segeltörn vor der Küste von Amalfi auf einer 100-Millionen-Dollar-Jacht sehr dazu bei, Unangenehmes schnell zu vergessen.

90 Hedgefonds als Investition haben bereits genügend Schläge ausgeteilt, daher gibt es keine Notwendigkeit, weiterzuzählen.

»Fenster« für eine Anteilsrücknahme öffnet. Das steht in einem starken Kontrast zu Indexfonds, die hochliquide sind und Ihnen die Möglichkeit bieten, zu jedem Zeitpunkt zu verkaufen. Es gibt Investitionen, bei denen es sinnvoll ist, auf Liquidität zu verzichten, zum Beispiel Immobilien. Es ergibt aber überhaupt keinen Sinn, ein inhärent liquides Anlageprodukt wie börsengehandelte Aktien in einem illiquiden Investmentvehikel zu binden.

Warum in aller Welt sollte irgendjemand in einen Hedgefonds investieren, wenn er weiß, dass er mehr Steuern und 100 bis 500 Prozent höhere Gebühren zahlen muss, weniger Kontrolle über das Risiko hat, auf Transparenz verzichten muss und die Möglichkeit verliert, sich von der Investition zu trennen, wann er möchte?

Die Antwort ist ganz einfach: Investoren glauben, dass Hedgefonds überdurchschnittliche Renditen erzielen.[91] Da gibt es nur ein Problem: Ihre Ergebnisse sind nicht annähernd so gut, wie Investoren glauben!

Hedgefonds sind weder selten noch besonders. Vielleicht überrascht es Sie, zu erfahren, dass es mehr als 10 000 Hedgefonds gibt, mehr als doppelt so viele wie US-Aktien! Der Credit Suisse Hedge Fund Index verfolgt ihre Performance, und seine komparativen Daten sind aufschlussreich: Seit der Gründung dieses Index im Jahr 1994 – ein Zeitraum, in dem es Bullen- und Bärenmärkte gab – hat der S&P 500 die Strategien der großen Hedgefonds um jährlich rund 2,5 Prozent übertroffen. Im Übrigen sind die Ergebnisse der meisten Hedgefonds so schlecht, dass viele gar nicht überleben. Eine Studie aus jüngerer Zeit untersuchte 6169 einzelne Hedgefonds (nicht berücksichtigt wurden Hedgefonds, die nicht auf US-Dollar lauten und Hedgefonds, in die andere Hedgefonds investieren)[92] im Zeitraum von 1995 bis 2009. Von diesen 6169 Hedgefonds gab es am Ende des Betrachtungszeitraums im Jahr 2009 nur noch 2252 (37 Prozent).

Sie denken vielleicht: »Und was ist mit den besten Hedgefonds? Gibt es nicht einige Überflieger, die über längere Zeit überdurchschnittliche Renditen erzielen?« Ja, aber bei den vielen Tausend Hedgefondsmanagern, die es gibt, erzielen statistisch betrachtet nur einer oder zwei von ihnen

91 Und wollen auf Cocktailpartys prahlen, denn viele Fonds pflegen die selbstfabrizierte Exklusivität eines privaten Edelnachtklubs.

92 Das ist eine weitere Gebührenquelle. Es handelt sich dabei um Hedgefonds, die Sie dafür bezahlen, dass sie in andere Hedgefonds investieren.

gute Ergebnisse. Hier aber auch eine erschreckende Tatsache: Die besten Hedgefonds sind oft die, die die spektakulärsten Zusammenbrüche erleben. Im Jahr 1998 brach Long-Term Capital Management, der von Nobelpreisträgern geführt wurde und als der herausragendste Hedgefonds seiner Zeit galt, über Nacht zusammen und riss beinahe den ganzen Markt mit in den Abgrund. Warren Buffett, der wiederholt gesagt hat, seiner Meinung nach seien Hedgefonds absurde Instrumente, äußerte sich wie folgt über das Fiasko von Long-Term Capital Management: »Wahrscheinlich besitzen sie den höchsten Intelligenzquotienten, den 16 Leute, die in diesem Land irgendwo zusammenarbeiten, überhaupt haben können [...] eine geballte Ladung Intelligenz in dieser Gruppe. Kombinieren Sie das mit der Tatsache, dass diese 16 Experten auf ihrem Gebiet über umfangreiche Erfahrung verfügten [...] Zusammengenommen haben sie wahrscheinlich 350 bis 400 Jahre Erfahrung auf dem Gebiet, auf dem sie tätig waren. Und dann nehmen Sie einen dritten Faktor hinzu: dass sie alle praktisch ihr gesamtes Vermögen in das Geschäft investiert hatten [...] und dann gingen sie bankrott [...] das ist für mich faszinierend.«[93]

Der jüngste Hedgefonds-Star John Paulson sagte die Hypothekenkrise voraus und ging mit seinem Hedgefonds eine korrekte Wette ein. Seine Investoren erzielten gigantische Renditen und er selbst verdiente in nur einem Jahr Milliarden. Zum Unglück für seine Investoren verlor er 2011 52 Prozent, als der Markt anzog, und seit 2011 hat sein Hedgefonds mehr als 29 Milliarden Dollar Kapital eingebüßt. Paulson ist aber nicht allein; seit 2015 wurden jedes Jahr mehr Hedgefonds geschlossen als aufgelegt.

Die Verteidiger der Hedgefonds[94] werden anführen, der ursprüngliche Zweck von Hedgefonds sei es zwar gewesen, den Markt zu schlagen, aber inzwischen gehe es darum, einfach die Portfolio-Volatilität zu senken und die Kursausschläge zu glätten. Eine Studie über den Zeitraum von 2002 bis 2013 betrachtete die Performance von Hedgefonds, die genau das versuchten, und verglich die Ergebnisse mit einem Portfolio mit einer schlichten Aufteilung von 60 Prozent Aktien und 40 Prozent Anleihen. Nicht nur schnitt das konventionelle Portfolio besser ab als der

93 Warren mag es »faszinierend« finden, aber ich bin ziemlich sicher, dass diejenigen, die ihr Vermögen in den Fonds investiert hatten, einen nicht gesellschaftsfähigen Ausdruck dafür gefunden hätten.

94 Üblicherweise diejenigen, die sie managen oder verkaufen.

Hedgefonds, *die besseren Ergebnisse wurden auch mit einer geringeren Volatilität erzielt.*

Wir wollen noch einmal zu der Wette zwischen Warren Buffett und Ted Seides zurückkehren. Acht Monate vor Ablauf der zehnjährigen Wette gestand Seides seine Niederlage ein: Der passiv gemanagte Indexfonds S&P 500 verzeichnete einen Wertzuwachs von 99 Prozent bei einem durchschnittlichen Zuwachs von 7,1 Prozent jährlich. Die Hedgefonds verzeichneten im selben Zeitraum nur einen Gewinn von 24 Prozent bei einem jährlichen Zuwachs von lediglich 2,2 Prozent.

Ja, Hedgefonds machen irgendjemanden reich. Aber wahrscheinlich nicht Sie.[95]

Private Equity

Bei *Private-Equity-Fonds* handelt es sich um nicht börsengehandelte Mehrheitsbeteiligungen an privaten Unternehmen, meist über längere Zeiträume.[96] Es gibt drei Hauptkategorien von Private Equity: Risikokapital – auch »Venture Capital« genannt, das viele als eigenständige Assetklasse betrachten –, Wachstumskapital und Buyout-Fonds. Venture-Capital-Fonds investieren in innovative Start-ups in der Vorgründungs-, Gründungs- und der ersten Wachstumsphase. Das sind die Phasen, in denen das Startup noch keinen Gewinn und oft auch keine Umsätze erwirtschaftet und gelegentlich noch nicht einmal ein Produkt entwickelt hat. Venture-Capital-Gesellschaften investieren oft in Projekte, die sich noch in der Ideenphase befinden. Das ist eine hochriskante Sache, die für die meisten Anleger nicht zu empfehlen ist, wie wir in diesem Abschnitt näher beleuchten werden.

Bei *»Private Equity«* denken die meisten Menschen an eine Teilassetklasse, die als *»Growth Equity«* oder *»Wachstumskapital«* bezeichnet wird. Growth-Equity-Fonds investieren in Unternehmen, die bereits ein bewährtes Produkt haben und nicht nur Umsätze, sondern auch erste Gewinne

95 Hedgefondsmanager werden sich aber weiterhin den ganzen Weg bis zu ihren Jachten ins Fäustchen lachen. Sie müssen uns für unglaublich dumm halten. Und wir haben ihnen guten Grund zu dieser Annahme gegeben.

96 Private-Equity-Fonds können auch in eine öffentliche Einrichtung investieren, aber auch dann sind die Beteiligungen nicht an öffentlichen Märkten handelbar.

erzielen. Und schließlich gibt es die *Buyout-Fonds*, die Mehrheitsbeteiligungen an Unternehmen erwerben und dafür fast immer Fremdkapital einsetzen (*Leveraged Buyout*).[97]

Nachfolgend wollen wir auf jede einzelne Variante näher eingehen.

Venture Capital

Wir haben den Feind getroffen, und das sind wir selbst.
POGO[98]

San Francisco im Jahr 2017. Ich sitze in einem Café in der Innenstadt, wo ich mit einem sehr bekannten Multimilliardär verabredet bin. Er ist aus der Tech-Szene, kommt eine Stunde zu spät, ist unrasiert und trägt ein Kapuzenshirt. An diesem Punkt bin ich mir nicht sicher, ob ich mich in der Realität oder einer Folge der Serie *Silicon Valley* befinde. Er ist außerdem cooler und smarter, als ich dachte, springt von Thema zu Thema und lässt dabei brillante Erkenntnisse vom Stapel. Er bestellt beim Kellner und nach einer kurzen Beschreibung seines Familienurlaubs auf einer Jacht kommt er zur Sache. Er sagt mir, er besitze mehrere Milliarden Dollar in Aktien seines Unternehmens und liebe es, in Start-ups zu investieren; inzwischen halte er bereits mehr als 100 Beteiligungen. Der Finanzvorstand seines persönlichen *Family Office* habe mich ausgesucht und ein Treffen organisiert, damit ich ihn dazu ermutige, seine Geldanlagen zu diversifizieren. Ich erklärte ihm die Gründe dafür, dass er mit einem diversifizierten Portfolio vielleicht besser dran wäre, und riet ihm, er solle sich überlegen, ob er einen Teil seines Vermögens nicht breiter streuen wolle. Er erklärte, er sei »vollkommen darauf vorbereitet«, dass die überwältigende Mehrheit seiner Venture-Capital-Investitionen verbranntes Geld sei, aber die wenigen, die sich als erfolgreich erweisen würden, würden diese

97 Reiche Menschen bezeichnen das als »Schulden«.

98 Pogo ist weder ein Philosoph noch ein Geldmanager, sondern der Protagonist eines Comicstrips aus den 1940er-Jahren, der sich bis in die 1980er-Jahre großer Beliebtheit erfreute. Für alle Leser unter 30 Jahren: Ein Comicstrip ist eine Abfolge von humorigen Zeichnungen, die in Kästen angeordnet ist und üblicherweise in einer Zeitung abgedruckt wird. Für alle Leser unter 20 Jahren: Eine Zeitung ist eine gedruckte Publikation, die aus gefalteten Blättern besteht und Nachrichten, Artikel, Meinungsbeiträge, Werbung und manchmal Comicstrips enthält.

Verluste höchstwahrscheinlich mehr als wettmachen (eine seiner Investitionen war Uber, und das war offensichtlich ein sehr gutes Beispiel für ein erfolgreiches Start-up), und wenn alle den Bach runtergehen sollten, dann kümmere es ihn auch nicht, weil er viele Milliarden Dollar besitze.

Und wissen Sie was? *Er hatte recht.* Wenn Sie mehr Geld besitzen, als Sie jemals brauchen werden, dann sollten Sie damit das machen, wozu Sie Lust haben. Verschenken Sie es, investieren Sie in die Zukunft oder in Start-ups oder bauen Sie sich einen Swimmingpool und schütten ihn mit Geldscheinen zu und baden Sie darin wie Dagobert Duck. Sollte das nicht der Fall sein, dann ist *Venture Capital* wahrscheinlich nicht das Richtige für Sie.

Venture-Capital-Investitionen klingen richtig sexy. Viele der herausragendsten amerikanischen Unternehmen wurden mit Geldern von Venture-Capital-Fonds aufgebaut, darunter Google, Facebook, Twitter, Dropbox, Uber und fast alle anderen Einhörner, über die Sie gelesen haben. Viele Anleger und sogar institutionelle Investoren glauben jedoch fälschlicherweise, dass Venture-Capital-Fonds überdurchschnittliche Renditen erzielen.

Die Kauffman Foundation[99] mit ihrem Vermögen in Höhe von 2 Milliarden Dollar ist eine der größten Stiftungen des Landes. Im Jahr 2012 veröffentlichte sie ein bahnbrechendes Whitepaper über ihre Erfahrung mit 100 Venture-Capital-Fonds in 20 Jahren. Diese Publikation trug den passenden Titel: »We Have Met the Enemy … and He is Us« (»Wir haben den Feind getroffen, und das sind wir selbst«. [Anmerkung der Übersetzerin]). Ich liebe auch den Untertitel: »Lessons from Twenty Years of the Kauffman Foundation's Investments in Venture Capital Funds, and the Triumph of Hope over Experience« (»Lektionen aus 20 Jahren Investition der Kauffman Foundation in Venture-Capital-Fonds und der Triumph der Hoffnung über die Erfahrung«. [Anmerkung der Übersetzerin]). Darin stellte die Stiftung fest, dass die Mehrheit der Venture-Capital-Fonds schlechtere Ergebnisse erzielte als ein öffentlich zugänglicher Small-Cap-Index (nur vier von 30 Venture-Capital-Fonds gelang es, den Index zu übertreffen) und dass der durchschnittliche Venture-Capital-Fonds »nach Abzug der Gebühren keine Rendite auf das investierte Kapital erzielte«. Das ist besonders besorgniserregend, wenn man bedenkt, dass die

99 Kansas City, here we go!

Unternehmen, in die diese Fonds investieren, sehr viel kleiner sind als die kleinen Unternehmen, die den regulären Small-Cap-Index ausmachen. Das macht das immense Risiko deutlich, das mit Venture-Capital-Fonds verbunden ist, die nicht nur sehr schlechte Ergebnisse erzielten, sondern dabei auch noch mit einem wesentlich höheren Risiko, höheren Gebühren (2 Prozent plus 20 Prozent des Gewinns sind die Norm), weniger Liquidität (die Gelder sind häufig für ein Jahrzehnt oder länger gebunden) und Intransparenz (was wissen wir eigentlich über das, was in privaten Start-ups passiert?) behaftet waren.

Das Fazit des Berichts ist eindeutig: Anleger fahren wahrscheinlich wesentlich besser mit einer Investition in einen Small-Cap-Indexfonds als einen Venture-Capital-Fonds. Die Autoren schrieben: »Anleger wie wir fallen immer wieder auf die trügerischen Narrative herein – ein umfassend untersuchter Behavioral-Finance-Bias.« Mit anderen Worten: Investitionen in Venture-Capital-Fonds basieren im Wesentlichen auf einer faszinierenden Story über die Verführungskraft hoher Renditeversprechen.

Angenommen, Sie wären immer noch daran interessiert, in *Venture Capital* zu investieren, und wären sich sicher, Ihrem Fonds gelinge, was die von der Kauffman Foundation untersuchten Fonds nicht geschafft haben, dann denken Sie daran, dass Sie, anders als die Stiftung, die als gemeinnützige Einrichtung steuerbefreit ist, Kapitalertragssteuern zahlen müssen. Wenn Sie also das Glück haben, dass Sie wider alle Wahrscheinlichkeit eine Investmentrendite erzielen, wird Ihnen spätestens der Fiskus einen Strich durch die Rechnung machen. Für die meisten Menschen, die in eine Assetklasse investieren möchten, die die Rendite von Large-Caps über einen Zeitraum von zehn Jahren mit hoher Wahrscheinlichkeit übertreffen wird, sind Small-Cap-Indexfonds statt Venture-Capital-Fonds die richtige Antwort.

Wachstumskapital und Buyout-Fonds

> *Private Equity* ist eine rückschauende Investition.
> *Venture Capital* ist eine vorausschauende Investition.
> GEORGES VAN HOEGAERDEN

Growth-Equity-Fonds sind eine Variante der Private-Equity-Fonds und tun, was ihr Name besagt: Sie poolen die Gelder von Investoren, um sich in kleine, profitable Unternehmen einzukaufen und sie mithilfe der Erfahrung des Fondsmanagers bei ihrem Wachstum und der Steigerung ihrer Profitabilität zu unterstützen.

Abbildung 10.2: ZAHL DER GELISTETEN US-UNTERNEHMEN, 1991–2018

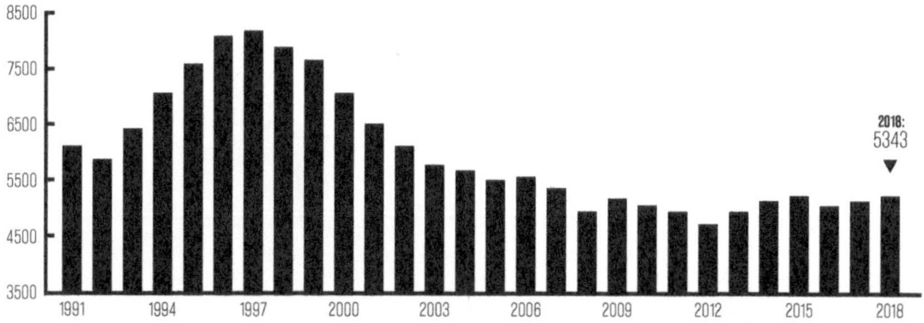

Quelle: Azzarello, Samantha M.; Dryden, Alexander W.; Jackson, Jordan K.; Lebovitz, David M.; Li, Jennie; Manley, John C.; Pandit, Meera; Santos, Gabriela D.; Voigt, Tyler J. & Kelly, David P. (2019): »Private Equity«, Guide to the Markets—US, *31. Dezember 2019,* https://am.jpmorgan.com/blobcontent/1383654449453/83456/MI-GTM_EU-MASTER.pdf, *aufgerufen am 10. September 2020.*

Das Ganze basiert auf der Erwartung, dass die Anleger einen satten Gewinn erzielen, wenn das Unternehmen irgendwann an die Börse geht oder zu einem wesentlich höheren Wert verkauft wird. Neben den Geldern der Anleger setzen auf Wachstumskapital spezialisierte Fonds häufig Fremdkapital als Hebel ein. Das gilt vor allem für Buyout-Fonds. Wenn Fondsmanager beim Kauf von Unternehmen Fremdkapital einsetzen, können sie ihre Eigenkapitalrendite maximieren und höhere Renditen erzielen, falls sich das Unternehmen als erfolgreich erweist. Diese Assetklasse wird immer beliebter; inzwischen gibt es weitaus mehr Private-Equity-Fonds – es sind fast 8000 – als börsennotierte Unternehmen.

Abbildung 10.3: AKTIENMARKTRENDITE VERSUS PRIVATE-EQUITY-RENDITE Gesamtrendite des MSCI AC World und weltweiter Buyout & Growth Equity Index

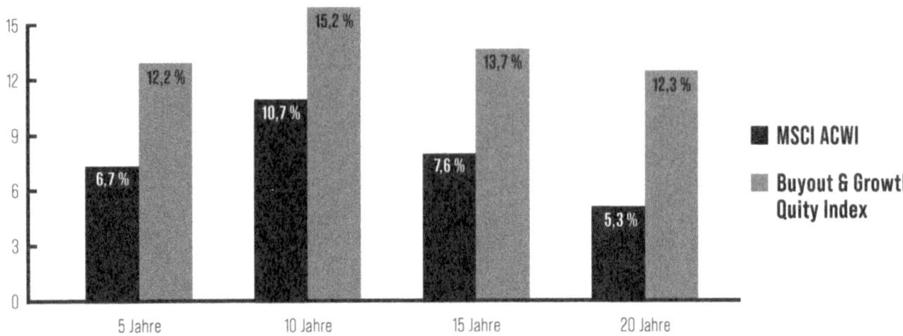

Quelle: Azzarello, Samantha M.; Dryden, Alexander W.; Jackson, Jordan K.; Lebovitz, David M.; Li, Jennie; Manley, John C.; Pandit, Meera; Santos, Gabriela D.; Voigt, Tyler J. & Kelly, David P. (2019): »Private Equity«, Guide to the Markets—US, *31. Dezember 2019,* https://am.jpmorgan.com/blobcontent/1383654449453/83456/MI-GTM_EU-MASTER.pdf, *aufgerufen am 10. September 2020.*

Seit den 1980er-Jahren fließt viel Geld in *Private Equity*. Die Verbreitung wächst rasant, auch in Deutschland. Das ist nicht zuletzt deshalb so, weil in Form von Crowdfunding (internetbasierter Vermittlung von Anlegergeldern an Start-ups) Privatanleger verstärkt Zugriff auf entsprechende Angebote haben.

In derselben Zeit haben Institutionen wie Universitäten und gemeinnützige Einrichtungen begonnen, den Renditeverlauf ihrer alternativen Investments zu überprüfen, vor allem der Hedgefonds und Private-Equity-Fonds. Die Ergebnisse sind sehr aufschlussreich: Hedgefonds haben erheblich schlechter und Private-Equity-Gesellschaften erheblich besser abgeschnitten als der Aktienmarkt. Das hat die institutionellen Investoren veranlasst, ihre Investitionen in Hedgefonds zu reduzieren oder ihre Gelder ganz abzuziehen und sie verstärkt in *Private Equity* zu investieren.

Um dieses Geld für sich arbeiten zu lassen, suchen Private-Equity-Gesellschaften nach privaten Unternehmen, deren Gewinnerzielung sie mit ihrem Kapital und ihrer Erfahrung steigern können. Einige Private-Equity-Gesellschaften beschränken sich darauf, Geld zu investieren und ihre Beteiligungen zu überwachen, während andere eine aktive Rolle einnehmen und das Wachstum der Unternehmen mit Empfehlungen unterstützen. Üblicherweise sind Private-Equity-Gesellschaften eng in die Unternehmensführung eingebunden und wählen diese bisweilen sogar aus. Diese Struktur berücksichtigt die Interessen aller Beteiligten, wobei die Private-Equity-Gesellschaft ab einer bestimmten Renditeschwelle eine Gewinnbeteiligung erhält, das Management zu einer wachstumsfördernden Unternehmensführung angeregt wird und die Investoren ihr Geld im Austausch für ein schnelles Wachstum üblicherweise für sieben bis zwölf Jahre binden.

Die überdurchschnittlichen Renditen, die Private-Equity-Fonds erzielen, bestätigen meine persönliche Erfahrung. Bei »Creative Planning« haben wir eine *Practice Group* für äußerst vermögende Kunden, die eine kleine Gruppe von Investoren betreut, die zwischen 10 und 500 Millionen Dollar anlegen können. Wie sind sie so reich geworden? Viele von ihnen haben wachstumsstarke Unternehmen aufgebaut und einen Teil oder das gesamte Unternehmen an einen Private-Equity-Fonds verkauft.

Oft haben erfolgreiche Geschäftsleute eine ausgezeichnete Idee, engagieren einige Mitarbeiter und gründen ein Unternehmen, verfügen aber weder über das nötige Kapital noch die Kompetenzen, um ihr Geschäftsmodell zu skalieren. Damit meine ich eine drastische Umsatz- und Gewinnsteigerung. Private-Equity-Gesellschaften können das ganz ausgezeichnet und sind für diese Unternehmen daher eine äußerst wertvolle Ressource. Häufig verkaufen unsere Kunden innerhalb eines Jahres einen substanziellen Anteil an ihrem Geschäft an eine Private-Equity-Gesellschaft und verkaufen ihre restliche Beteiligung drei oder zehn Jahre später für die doppelte Summe, die sie in der ersten Finanzierungsrunde eingesammelt haben. Das liegt an der Effektivität, mit der die Fondsmanager dem Unternehmen zu mehr Wachstum verhelfen. Private-Equity-Gesellschaften sind auch sehr kompetent, was die Maximierung des Verkaufspreises angeht, weil sie Erfahrung mit dem Verkauf an ganz unterschiedliche Käufer haben, darunter strategische Partnerschaften (mit einem anderen Unternehmen, das das Geschäft sofort steigern kann – denken Sie an Facebook und seine Übernahme von Instagram), Sponsoren (zum Beispiel einen anderen Private-Equity-Fonds) oder die Durchführung eines Börsengangs (siehe Google und Lyft).

Erstklassige Private-Equity-Gesellschaften verfügen über Kompetenz und Erfahrung in der Skalierung von Unternehmen, der Wachstumsfinanzierung, der Investition in hochqualifizierte, erfahrene Mitarbeiter und disziplinierter Unternehmensführung. Als Geldanlage hat diese Assetklasse jedoch auch ihre Nachteile. Die Anleger müssen ihr Geld für viele Jahre binden, weil diese Investitionen nicht börsengehandelte Beteiligungen sind. Anleger, die kurzfristig auf ihr Vermögen zurückgreifen müssen, sollten nicht in *Private Equity* investieren. Zudem hat eine solche direkte Unternehmensbeteiligung steuerliche Folgen – als Anleger werden Sie, je nach Beteiligungsmodell, steuerlich häufig als Unternehmer eingestuft, was dazu führt, dass Sie die Anlage G ausfüllen müssen und Ihre Einkommensteuererklärung damit komplizierter wird. Und natürlich gibt es keine Garantie, dass die erwartete Rendite erzielt wird – so wie es auch keine Garantie gibt, dass Aktien grundsätzlich eine höhere Rendite erzielen als Anleihen. Dennoch weist alles darauf hin, dass Private Equity sehr vermögenden, langfristig orientierten geduldigen Anlegern auch weiterhin erstklassige Renditen bescheren wird.

KREDITFONDS (PRIVATE DEBT)

Ein Bankier ist ein Mann, der Ihnen ein kurzärmeliges Hemd leiht und ein langärmeliges Hemd zurückverlangt.
JAROD KINTZ

Wenn Sie keine Bank sind, können Sie mit Investitionen in einen Kreditfonds (Private-Debt-Fonds) Geld verdienen. Auch in Deutschland sind solche Fonds auf dem Vormarsch – sie sind seit 2016 erlaubt. Es gibt viele Arten von Private-Debt-Fonds, darunter

- immobilienbesicherte Kredite,
- Unternehmensfinanzierung,
- Finanzierung von Unternehmensübernahmen.

Wir wollen uns hier auf die Mittelstandsfinanzierung konzentrieren. Wenn man das Private-Equity-Investment mit einer privaten Version des Aktienmarktes vergleichen könnte, ist die Mittelstandsfinanzierung eine Art privater Version des Anleihemarktes. Unternehmen mit einem Umsatz zwischen 25 Millionen Dollar und mehreren Hundert Millionen Dollar befinden sich in dem Dilemma, dass sie zu groß sind, um in den Genuss von Krediten für Kleinunternehmen zu kommen, und zu klein für große

Bankkredite. Als private Unternehmen können sie zudem kein Finanzkapital an den Märkten aufnehmen. Um sich das nötige Wachstumskapital zu beschaffen, stehen ihnen daher oft nur zwei Möglichkeiten zur Verfügung: Entweder sie verkaufen einen Teil ihres Geschäfts an einen Private-Equity-Fonds oder sie leihen sich Geld von einem Private-Debt-Fonds.

Diese Fonds werden im Wesentlichen wie ein Private-Equity-Fonds geführt – in dem Sinne, dass professionelle Investoren Gelder einsammeln und mögliche Investitionskandidaten bewerten –, aber anstatt eine Unternehmensbeteiligung zu erwerben, stellen sie dem Unternehmen einen Kredit zur Verfügung. Diese Kredite können besichert sein oder nicht, was bedeutet, dass der Kredit zum Beispiel durch einen Vermögenswert wie ein Gebäude oder Maschinenanlagen abgesichert ist, oder das Unternehmen bietet dem Fonds die Option, den Kredit in eine Beteiligung umzuwandeln. Weil diese Form der Investition nicht zum Betätigungsfeld von Banken gehört, können Private-Debt-Fonds höhere Zinsen von den Unternehmen verlangen. Wie bei Private-Equity-Fonds müssen die Investoren bestimmte Voraussetzungen erfüllen, außerdem müssen sie bereit sein, ihr Geld für mehrere Jahre zu binden, und sie müssen sich auf einen zusätzlichen administrativen Steueraufwand vorbereiten. Zwar gibt es keine Garantie, dass ein Private-Debt-Fonds höhere Renditen erzielt als börsengehandelte Anleihefonds, doch vor allem angesichts der Tatsache, dass es diese Anlageform noch nicht so lange gibt, scheinen die Aussichten auf Basis der Risikoprofile der vergebenen Kredite ziemlich gut zu sein, sodass die Mittelstandsfinanzierung im Verlauf der Zeit bessere risikobereinigte Renditen abwerfen wird. Diese Fonds weisen eine ganz unterschiedliche Managementerfahrung auf und haben stark unterschiedliche Risikoprofile, daher sollten selbst sehr erfahrene, finanziell gebildete Anleger höchste Vorsicht walten lassen.

IMMOBILIEN BEZIEHUNGSWEISE GRUNDSTÜCKE

Nur wer ein Stück Land sein Eigen nennen kann, ist ein richtiger Mann.
HEBRÄISCHES SPRICHWORT

Immobilien beziehungsweise Grundstücke decken ein breites Spektrum ab. Wenn Sie irgendeine Immobilie außerhalb der an öffentlichen Märkten gehandelten REITs besitzen, besitzen Sie eine private Immobilie. Das bedeutet, wenn Sie Ackerland verpachten, das Ihnen gehört, besitzen Sie ein alternatives Investment. Das Gleiche gilt, wenn Sie ein Wohnhaus besitzen, das Sie vermieten, oder ein Appartement innerhalb einer Wohnanlage. Es gibt alle möglichen weiteren Formen des privaten Immobilienbesitzes, zum Beispiel das Haus, in dem Sie leben (schlechte Nachricht: Es ist schön, ein Haus zu besitzen, aber das ist eigentlich keine Geldanlage. Mehr dazu etwas später). Vielleicht besitzen Sie außerdem einen Zweitwohnsitz oder ein Ferienhaus (tut mir leid, auch das ist keine Geldanlage, selbst wenn Sie sich das beim Kauf eingeredet haben). Oder Sie besitzen ein Grundstück, das Ihnen Einkünfte oder potenzielle Einkünfte bietet (das ist eine Geldanlage). Sie können auch in einen Private-Real-Estate-Fonds investieren. Die verschiedenen Formen der Investments in reale Immobilien wollen wir nun näher beleuchten.

Ihr Eigenheim

Im Sommer 2000 haben meine Frau und ich unser erstes Haus gekauft und waren wahnsinnig aufgeregt! Das war der größte Vermögenswert, in den wir jemals »investiert« hatten. Bei der nächsten Aktualisierung unseres Finanzplans führten wir das Haus in unserer Vermögensaufstellung als das auf, was es unserer Meinung nach war: ein Vermögenswert. Die Hypothek fiel in die Kategorie Verbindlichkeiten. In Wahrheit waren sowohl das Haus als auch die Hypothek *Cashflow*-»Verbindlichkeiten«. Neben den monatlichen Kreditraten zahlen wir außerdem jeden Monat Zinsen. Für das Haus selbst zahlen wir jedes Jahr Grundsteuer, Unterhaltskosten und Versicherung. Selbst wenn die Hypothek abgezahlt ist, werden all diese Kosten bleiben und wahrscheinlich sogar noch ansteigen.

Für die meisten von uns ist das eigene Haus der größte Vermögenswert. Und bei vielen resultieren die »Sparanstrengungen«, zu denen wir wegen der Rückzahlung der Hypothek gezwungen waren, zur Bildung von Kapital, auf das wir irgendwann in der Zukunft zurückgreifen können. Das verbleibende Geld kann zur Absicherung des Ruhestands beitragen. In dieser Hinsicht ist ein Haus vorteilhaft, weil es uns zum Sparen zwingt. Täuschen Sie sich aber nicht: Ein Haus ist keine großartige Investition. Wenn Sie dieselbe Summe für die Dauer der Abzahlung Ihres Hypothekenkredits in ein langweiliges, diversifiziertes Portfolio investieren, können Sie wahrscheinlich eine fantastische Rendite erzielen. Sie müssen aber irgendwo wohnen, und für viele ist ein Eigenheim besser als ein Mietobjekt, abgesehen davon, dass sie dann nicht zum Sparen gezwungen sind und kein Kapital bilden.

Letztlich sollte die Wahl eines Hauses eine emotionale Entscheidung sein. Wenn es nur um das reine Geld ginge, würden wir alle in einem Ein-Zimmer-Apartment mit vier Wänden leben und den Differenzbetrag investieren. Es geht aber nicht nur ums Geld; ein Zuhause ist der Ort, an dem wir die meiste Zeit verbringen und an dem viele Erinnerungen entstehen. Suchen Sie nach einem Haus, das Sie sich leisten können und das Ihnen ein richtig gutes Gefühl gibt, und investieren Sie den Rest in bessere Geldanlagen.

Ihre Zweitimmobilie

Eine der häufigsten Fragen, die ich als Vermögensmanager von »Creative Planning« von meinen Kunden höre, lautet: »Ist ein zweites Haus eine gute Investition?« Ich persönlich habe Freude an Gesprächen über dieses Thema, weil es den Kern eines echten Vermögensmanagements trifft. Die meisten Szenarien drehen sich zumindest teilweise um Finanzfragen, zum Beispiel die Vermögensmehrung, aber auch um emotionale Themen, wie zum Beispiel den Zweck, den jemand mit seinem Vermögen verfolgt. Aus rein finanzieller Perspektive lautet die Antwort auf die Frage »Sollte ich ein zweites Haus kaufen?« fast immer: »Nein.« Ein Zweithaus (und auch das erste Haus) ist selten eine gute Investition, und zwar aus Gründen der Wertentwicklung, aber auch wegen des *Cashflows.*

Zunächst wollen wir den Wertzuwachs oder Wertverlust einer Zweitimmobilie betrachten. Wenn Sie zum Beispiel eine Eigentumswohnung in Florida oder eine Hütte in Colorado kaufen, haben Sie vielleicht das Glück, sie in zehn oder 20 Jahren wieder zu verkaufen. Wenn Sie jedoch den negativen *Cashflow* einberechnen, sieht die Situation schon viel ungünstiger aus.

Meine Schwiegereltern besitzen eine Eigentumswohnung in Florida am Golf von Mexiko, und jedes Jahr verbrachte unsere fünfköpfige Familie dort die Ferien mit ihnen. Es wurde zu einer richtigen Tradition und unsere Kinder freuten sich jedes Jahr darauf. Als unsere Familie immer größer wurde, wurde es in der Wohnung jedoch immer enger. Inmitten der Finanzkrise wurde in dem Gebäude eine weitere Einheit frei. Nach reiflicher Überlegung beschlossen meine Frau und ich, diese Wohnung für unsere Familie zu kaufen. Nur ein Jahrzehnt später wurden ähnliche Wohnungen in demselben Gebäude für fast das Doppelte angeboten. Wir hatten ein tolles Schnäppchen gemacht, nicht wahr? Nein, das hatten wir nicht. Im selben Zeitraum hatten wir die gleiche Art Ausgaben und Kosten für die Wohnung wie für jedes andere Haus, und diese Kosten summierten sich zu einem Betrag, der irgendwann über dem Marktwert des Objekts lag. Wir kauften auf dem Tiefpunkt des Marktes, der aktuelle Preis hat fast Rekordniveau erreicht, aber nach Abzug der regelmäßigen Kosten haben wir immer noch keinen Gewinn gemacht. Hätten wir dasselbe Geld stattdessen in einen Aktienindex investiert, hätten wir das Geld im selben Zeitraum mehr als verdoppeln können!

Per Definition generieren gute Investitionen einen positiven *Cashflow*. Wenn Sie zum Beispiel Aktien besitzen, kassieren Sie wahrscheinlich Dividenden. Wenn Sie Anleihen besitzen, kassieren Sie wahrscheinlich Zinsen. Wenn Sie in Immobilien investieren, zum Beispiel in einen REIT, oder wenn Sie vermieten, kassieren Sie Ausschüttungen oder Mieten. Das ist gut, selbst wenn der Wert der Geldanlage als solcher schwankt, weil Ihnen Geld zufließt. Wenn Sie ein Zweithaus besitzen, fließt Geld von Ihnen weg. Allgemein gilt, dass wir alle besser dran wären, wenn wir irgendeinen Ort der Welt als Urlaubsziel auswählen und uns dort im Ritz-Carlton einquartieren würden, anstatt ein Ferienhaus zu kaufen.

Aber das ist nur die finanzielle Seite der Geschichte. Für die meisten von uns gilt, dass wir Geld für einen bestimmten Zweck sparen und investieren, aber nicht als Selbstzweck anhäufen. *Der einzige Wert des Geldes liegt in dem, was es für uns tun kann.* Geld kann uns in die Lage versetzen, unserer Familie Rückhalt zu bieten und dafür zu sorgen, dass es allen gut geht. Es ermöglicht uns, für gemeinnützige Zwecke zu spenden, etwas für unsere Gemeinde zu tun und uns auf Sinnstiftung statt Erfolg zu konzentrieren. Und wir können uns ein Auto kaufen, einfach weil wir es cool finden, oder ein Ferienhaus anschaffen, in dem wir schöne Familienerinnerungen sammeln können. Eine Zweitimmobilie sollte zwar nie als eine gute finanzielle Investition betrachtet werden, aber sie kann auf jeden Fall eine lohnende emotionale Investition sein.

So sehe ich unsere Eigentumswohnung in Florida. Ich opfere ganz bewusst jede Hoffnung auf einen ökonomischen Gewinn im Austausch für unbezahlbare Familienerinnerungen. So einfach ist das. Wenn Sie sich überlegen, aus emotionalen Gründen ein Ferienhaus anzuschaffen, und Sie es sich leisten können, ohne Ihre persönlichen Finanzziele zu riskieren, dann tun Sie es auf jeden Fall!

Chancen und Risiken von Private Real Estate

Immobilieninvestitionen als Teil eines breit diversifizierten Portfolios können definitiv Wert generieren, aber nach meiner Auffassung sind Immobilien als Assetklasse überbewertet. Allgemein herrscht die Überzeugung, Immobilien seien eine bessere Geldanlage, die mehr Sicherheit biete als Aktien. So wie Ihr Freund aus Las Vegas immer wieder mit seinen Casinogewinnen prahlt, werden Sie wahrscheinlich nur von den »Gewinnern« hören, die sich mit Immobilien eine goldene Nase verdient haben, aber nie von denen, die in diesem Geschäft pleitegegangen sind. Jede Investition ist mit Risiken verbunden, und nur weil die Risiken, die mit Immobilien einhergehen, anders sind als die Risiken des Aktienmarktes, macht es sie nicht zu einer inhärent risikolosen Investition.

Teilweise wird dieses populäre Narrativ von dem Einsatz von Fremdkapital genährt. Wie Sie sich vielleicht erinnern, spricht man in der Finanzwelt von »Leverage«, um auszudrücken, dass Investmentkapital mithilfe von Schulden generiert wird. Im Falle der Immobilien werden die meisten Investitionen nicht zu 100 Prozent mit Bargeld getätigt, sondern der Anleger nimmt eine Hypothek auf den Wert der Immobilie auf, um sie zu kaufen. Nehmen wir an, Sie wollten eine Doppelhaushälfte für 100 000 Dollar kaufen. Wahrscheinlich investieren Sie 20 000 aus Eigenmitteln und nehmen einen Bankkredit über 80 000 Dollar auf. Ein Jahr später ist dieselbe Immobilie 120 000 Dollar wert. Also beschließen Sie, sie zu verkaufen. Nachdem Sie den Kredit von 80 000 Dollar zurückgezahlt haben, bleiben Ihnen 40 000 Dollar. Der Wertzuwachs der Immobilie betrug zwar nur 20 Prozent, aber Sie haben 100 Prozent Gewinn gemacht. Das ist die Macht des *Leveraging*: Es steigert die Rendite des eingesetzten Eigenkapitals. (Ein Hinweis: In Deutschland müssten Sie vom Erlös allerdings noch die Vorfälligkeitsentschädigung abziehen, also den Zinsschaden, den die Bank bei vorzeitiger Kündigung des Kredits von Ihnen verlangen darf. In den USA dagegen haben Immobilienkredite häufig keine feste Laufzeit und sind jederzeit kündbar – ohne dass eine solche

Vorfälligkeitsentschädigung verlangt wird. Auf dieser Voraussetzung beruht das vorliegende Rechenbeispiel für den Leverage-Effekt.)

Das Problem ist, dass der Leverage-Effekt auch umgekehrt funktioniert. Wenn der Immobilienwert stattdessen auf 80 000 Dollar gesunken wäre und Sie zum Verkauf gezwungen gewesen wären, wäre Ihnen nach Rückzahlung des Kredits nichts geblieben. Statt nur 20 Prozent Ihrer Investition zu verlieren, hätten Sie 100 Prozent verloren. Das ist der Grund für die erschreckend zahlreichen Immobilienpleiten. Anleger nehmen oft viel zu hohe Kredite auf und verlieren bei einem Preiseinbruch weitaus mehr als den Wert der Immobilie. Und wenn die Dinge schlecht laufen, kann es sehr schnell sehr ernst werden. Das konnte man sehr gut während der Finanzkrise von 2008 beobachten, als viele Familien ihre Hypothekenkredite nicht mehr bedienen konnten. Die Immobilienwerte brachen an vielen Orten so stark ein, dass die Menschen ihre Kredite mit den Erlösen aus dem Verkauf ihrer Häuser nicht abzahlen konnten.

Sie können fast bei jeder Investition Fremdkapital als Hebel einsetzen. Hätte ich ein Investmentkonto mit 100 000 Dollar, könnte ich 50 000 Dollar leihen und mehr Aktien kaufen. Die meisten Menschen würden das für äußerst riskant halten, aber sie haben nicht die geringsten Bedenken, sich Geld zu leihen, um Immobilien zu kaufen, obwohl das im Grunde genommen das Gleiche ist. Einige glauben, die Inflation könne Immobilien nichts anhaben, weil für sie nicht die gleichen Regeln gelten wie für andere Assetklassen. Das gilt vor allem für Menschen, die in gehobenen Wohngegenden mit einem langjährigen Wertzuwachs leben. Diese kurzsichtige Auffassung lässt allerdings die Tatsache unberücksichtigt, dass so manche einst begehrte Gegend aufgrund einer Verlagerung von Wirtschaftsaktivitäten, des Verfalls der Infrastruktur oder der veränderten Wohnpräferenzen einen Niedergang und damit einen Preisverfall erlebt hat.

All denjenigen, für die eine Investition in *Private Real Estate* sinnvoll ist, bietet diese Assetklasse jedoch diverse Vorteile. Einer besteht darin, dass Sie auswählen können, in welche Art Immobilien Sie investieren wollen – Bürogebäude oder Einfamilienhäuser zum Beispiel. Investitionen in die Immobilienentwicklung können einen Investor in den Genuss von vorteilhaften Steuervergünstigungen bringen. Oftmals werden diese Investitionen in Form eines geschlossenen Immobilienfonds angeboten, der bestimmte Projekte finanziert, darunter Einzelhandelsflächen,

Krankenhäuser und Wohnhäuser. Das Ziel des Fondsmanagers ist, diese Immobilien zu entwickeln, sie anschließend zu vermieten und die Immobilien nach einigen Jahren weiterzuverkaufen. Diese Investitionen unterliegen zahlreichen Beschränkungen, wie sie auch andere geschlossene Fonds mit sich bringen: Sie können zusätzliche Kosten verursachen und die Komplexität Ihrer Steuererklärung erhöhen, abgesehen davon, dass Ihr Investitionskapital für mehrere Jahre gebunden ist. Typischerweise gibt es bestimmte Zeitfenster, in denen Sie aussteigen können, aber im Allgemeinen ist Ihr Geld bis zum Verkauf der Immobilie gebunden.

Immobilien als Investition versus Immobilien als Geschäft

Und nun einige Sätze, die sich an all diejenigen richten, die im Immobiliengeschäft aktiv sind und mit den Augen rollen. Nichts von dem, was wir bisher über Immobilien besprochen haben, sollte mit dem Immobiliengeschäft als solchem verwechselt werden. Nehmen wir zum Beispiel Bauunternehmer. Sie kaufen keine ertragsgenerierende Immobilie und fügen sie ihrem Investmentportfolio hinzu. Stattdessen ist der Bau von Immobilien ihr Job. Sie beschaffen das Kapital, schaffen etwas von Wert und verkaufen es. Die Renditen, die sie damit erzielen können, können 30 Prozent oder mehr betragen. Sie müssen so hoch sein, sonst würde niemand die immensen Risiken auf sich nehmen, die Bauunternehmer eingehen. So wie es einen Unterschied gibt zwischen dem Besitz von Aktien eines börsennotierten Unternehmens und dem Besitz eines kleinen Unternehmens, gibt es auch einen Unterschied zwischen der Investition in Immobilien und dem eigentlichen Immobiliengeschäft, das heißt, dem Bau und/oder Verkauf von Immobilien. Letzteres ist ein Geschäftsmodell – ähnlich wie die Gründung eines Start-ups, und sollte nicht mit traditionellen Geldanlagen verwechselt werden.

Ich glaube, die beste Art und Weise, über *Private Real Estate* nachzudenken, ist diese: Wenn Sie ausschließlich zwischen dem Besitz von Aktien eines der besten Unternehmen der Welt und dem Besitz der Immobilie wählen könnten, in der dieses Unternehmen sein Geschäft betreibt, für welche Investition würden Sie sich entscheiden? Kluge Investoren würden sich immer für die Aktie entscheiden.

KRYPTOWÄHRUNGEN

Ich kann beinahe mit Gewissheit sagen, dass Kryptowährungen ein böses Ende nehmen werden.
WARREN BUFFETT

Eine *Kryptowährung* ist elektronisches Geld, das mithilfe von Kryptografie für sichere Transaktionen sorgt, die nicht autorisierte Schaffung zusätzlicher Einheiten verhindert und den Währungstransfer von einer Person zu einer anderen verifiziert. Die »Investition« in Kryptowährungen ist der reinste Hype. Zwar gibt es buchstäblich Tausende von Kryptowährungen auf der Welt, aber vor allem Bitcoin hat in den Medien und im Internet für viel Gesprächsstoff gesorgt, daher werden wir uns im Wesentlichen auf diese Währung konzentrieren. Zunächst einige Hintergrundinformationen.

So wie der Dollar, der Yen oder der Euro Beispiele für traditionelle Währungen sind, ist der Bitcoin eine Art Kryptowährung, die von Satoshi Nakamoto erfunden wurde. Übrigens weiß niemand, wer dieser Satoshi Nakamoto ist und ob es sich dabei um eine Einzelperson oder eine Gruppe oder eine Institution handelt. Satoshi mag keine Staaten und traut ihnen nicht über den Weg und hat gesagt, seine/ihre Mission sei es, Staaten zu umgehen und ein dezentrales Geldsystem zu schaffen, das Staaten nicht ohne Weiteres angreifen können. Satoshi erfand mit Bitcoin die erste dezentrale Digitalwährung. Sie ist effektiv dezentralisiert, weil Satoshi auch die Blockchain erfand (ein »Gehäuse« in Form einer dezentralen Datenbank, in der alle Informationen in verketteten Blöcken gespeichert sind und als eine Art verteiltes Kontenbuch beziehungsweise Hauptbuch dienen. Das heißt, jeder Knoten enthält alle Informationen des Hauptbuches), um sicherzustellen, dass sich jeder Bitcoin als echt und nicht replizierbar verifizieren lässt.

Die Blockchain ermöglicht Personen, Internettransaktionen direkt mit anderen Personen durchzuführen. Vor Erfindung der Blockchain wäre zur Durchführung derselben Transaktion eine zentrale Instanz nötig gewesen, die den Parteien die Informationen bereitstellt. Nehmen wir an, Sie wollten Ihr Haus verkaufen. Die Person, die Ihr Haus kauft, wendet sich an das Grundbuchamt, wo alle Transaktionen im Zusammenhang mit Ihrem Haus gespeichert sind, was dem Käufer die Sicherheit gibt, dass Sie der rechtmäßige Hauseigentümer sind. Auf diese Weise können der Käufer und (gegebenenfalls) sein Kreditgeber vertrauensvoll ein Haus kaufen. In diesem Beispiel ist die zentrale Datenbank für die Durchführung der Transaktion unverzichtbar.

Der Zweck der Blockchain besteht darin, die Notwendigkeit einer zentralen Datenbank zu eliminieren. Mit der Blockchain-Technologie besitzt jeder Beteiligte eine vollständige Kopie des »Grundbuches« und kann alle Transaktionen lückenlos verfolgen. Auf das Beispiel über den Immobilienverkauf übertragen, würde das bedeuten: Wenn Sie Ihr Haus an Mary Sue verkaufen, einigen sich alle Parteien darauf, dass der Verkauf stattgefunden hat, und aktualisieren ihr jeweiliges Grundbuch. Wenn Mary Sue ihrerseits verkaufen möchte, kann der nächste Käufer sofort überprüfen, ob sie die rechtmäßige Eigentümerin ist, weil sie als solche in der Blockchain registriert ist. Damit werden zwei Dinge erreicht: Erstens wird dadurch die Notwendigkeit einer zentralen Instanz beseitigt, in diesem Fall des Grundbuchamts. Zweitens findet die Transaktion sofort statt. Es muss weder ein Notar eingeschaltet werden, noch müssen Grundbuchauszüge eingeholt und ihre Authentizität überprüft werden. Blockchain ist eine reale, praktisch anwendbare Technologie, die bereits die Geschäftstätigkeit in zahlreichen Branchen und Großunternehmen verändert.

IBM hat umfangreich in die Blockchain-Technologie investiert. Der ehemalige CEO Ginni Rometty schrieb seinen Aktionären: »Die Blockchain kombiniert gemeinsame Dokumente über die Besitzverhältnisse mit *Smart Contracts* und ermöglicht auf diese Weise einen sicheren Transfer von Vermögenswerten – ob es sich um einen physischen Vermögenswert wie einen Schiffscontainer, einen finanziellen Vermögenswert wie eine Anleihe oder einen digitalen Vermögenswert wie Musik handelt. Die Blockchain wird für sichere Transaktionen die gleiche Bedeutung haben wie das Internet für Informationen.« IBM arbeitet mit Walmart zusammen, um Lagerbestände mithilfe der Blockchain verfolgen zu können. Walmart zufolge haben Blockchain-basierte Prüfungsprozesse bereits dazu beigetragen, die Zeit zur Verfolgung der Bewegungen von Obst von sieben Tagen auf zwei Sekunden zu verringern. Die Blockchain-Technologie befindet sich zwar noch in den Kinderschuhen, aber sie wird in Zukunft unverzichtbar sein.

Mit dieser Technologie werden wir vielleicht schon bald in einer Welt leben, in der es üblich sein wird, Finanzdokumente im historischen Hauptbuch eines Blockchain-Netzwerkes zu speichern und neue Transaktionen sofort zu validieren. Heute wird die Landeswährung vom Staat abgesichert und mithilfe der Zentralbank gesteuert und die lokalen Banken dienen als Intermediäre für Finanztransaktionen. Mit der Erfindung der Blockchain hat Satoshi eine Plattform geschaffen, die Transaktionen in Kryptowährung ohne Beteiligung von Staaten und Banken ermöglicht.

Mehr als 1000 Kryptowährungen verwenden inzwischen die Blockchain-Technologie. Da die Einführung einer neuen Kryptowährung nichts kostet, könnte es im nächsten Augenblick schon weitere 1000 Währungen geben. Neben Bitcoin sind Ethereum, Litecoin, EOS, Ripple und Tron[100] weitere bekannte Kryptowährungen. Die Blockchain-Technologie ist eine großartige Idee und wird den Umgang mit Dokumenten, Verträgen und Transaktionen verändern. Zwar werden Kryptowährungen wahrscheinlich nicht mehr wegzudenken sein, 99 Prozent dieser neuen Währungen werden aber wahrscheinlich sehr schnell wertlos werden.

Das bringt uns zurück zu Bitcoin, dessen Wert von null Dollar pro Einheit im Jahr 2009 auf mehr als 20 000 Dollar im Jahr 2017 geschnellt ist und zum Zeitpunkt der Manuskripterstellung zu diesem Buch im Jahr 2020 wieder auf 5000 Dollar gesunken ist. Einige Menschen halten Bitcoins für wertlos, weil die Währung keinen intrinsischen Wert besitzt. Anders als Grund und Boden, der Erträge produzieren kann, Anleihen, die Zinsen abwerfen, und Aktien, die Dividenden einbringen, produzieren Bitcoins nichts. Aber auch eine Reihe anderer Investitionen produzieren nichts. Anleger und Sammler kaufen Gemälde, die keinerlei Erträge generieren, deren Wert aber vielleicht steigt, weil irgendjemand bereit ist, mehr dafür zu bezahlen. Der Bitcoin erinnert mich jedoch an die Eigentumswohnungen in Las Vegas im Jahr 2008 oder die Internetaktien 1999: Die Menschen kauften beides zu überhöhten Preisen, die sich von der Realität losgelöst hatten, weil sie glaubten, irgendjemand anderes würde später noch mehr dafür bezahlen, denn das war bis dahin immer der Fall gewesen. Es ist höchst unwahrscheinlich, dass der Bitcoin sich als profitable langfristige Währungslösung etablieren wird. Sehr wahrscheinlich wird er in Finanzbüchern in zehn oder 20 Jahren als faszinierende Anekdote in einer Diskussion darüber enden, wie sich Investmentblasen bilden, die irgendwann platzen und viele Menschen dabei ruinieren.

100 Nicht zu verwechseln mit dem Disneyfilm *Tron* aus dem Jahr 1982. Niemand hat behauptet, die Kryptowährungs-Enthusiasten seien originell.

Außerdem wollen wir noch mit einigen falschen Behauptungen aufräumen. Erstens gibt es Leute, die behaupten, der Bitcoin könne nicht gehackt werden, weil er sich in der Blockchain befinde. Die Blockchain kann aber sehr wohl gehackt werden. Es wurden bereits mehr als eine Milliarde Dollar in Kryptowährung gestohlen. Zweitens verlieren die Anleger nicht nur Geld mit Kryptowährungen, weil die Blockchain gehackt wurde, die extremen Preisausschläge werden von allein dafür sorgen. Drittens gibt es die Behauptung, Staaten würden sich nicht an Kryptowährungen heranwagen; sie blieben daher unreguliert. Das ist wahrscheinlich eine Fehlannahme, denn alle Staaten lieben Regulierung, Kontrolle und Steuern.[101]

Doch nur, weil es unwahrscheinlich ist, dass sich der Bitcoin lange halten wird, heißt das nicht, dass dies unmöglich ist. Und dieser Hoffnungsschimmer ist es, der die Spekulanten anlockt. Der Bitcoin ist wegen der Umgehung einer Einmischung von außen (die Regierung kann ihn nicht manipulieren, zum Beispiel indem sie mehr Bitcoins schafft) und wegen der Anonymität, die diese Währung bietet, für viele attraktiv. Die gleichen Vorteile gelten auch für alle anderen Kryptowährungen. Die Realität sieht jedoch so aus, dass die meisten Menschen, die in Bitcoins investieren, keinen Plan zu ihrer Verwendung haben. Sie kaufen sie einfach zu Spekulationszwecken.

Und letztlich ist es diese Spekulation, die das Interesse am Bitcoin befeuert. *Spekulation* wird definiert als »Mutmaßung über etwas, das nicht bekannt ist; eine Aktivität, bei der jemand Dinge kauft und verkauft in der Hoffnung, einen hohen Gewinn zu erzielen, aber mit dem Risiko eines ebenso hohen Verlustes«. Das steht im Gegensatz zur *Investition*, die definiert ist als »Aufwendung von Geld mit der Erwartung, einen Gewinn beziehungsweise ein materielles Ergebnis zu erzielen, indem es in Finanzstrategien, Aktien oder Immobilien angelegt wird«. Der Kauf einer Wohnanlage, die zu 90 Prozent vermietet ist, ist eine Investition. Land auf dem Mond zu kaufen, weil Sie glauben, dass er eines Tages besiedelt sein wird, ist Spekulation. Der Bitcoin hat bereits dreimal 80 Prozent seines Wertes verloren, danach aber jedes Mal neue Höchststände erreicht. Im vergangenen Jahr wurde »Bitcoins mit Kreditkarte kaufen« zu einer

101 Und werden ganz sicher nicht ihren ultimativen Kontrollmechanismus – die Währung – aus der Hand geben.

beliebten Google-Suche. Die Menschen drängen auf das Schiff, das sie ins Gelobte Land führen soll.

Wie bei allen Blasen werden sich wahrscheinlich sehr viele Menschen auf diesem Schiff tummeln, bevor es untergeht. Das Gleiche geschah mit der Internetblase. Erinnern Sie sich an Lycos, Excite und AOL? Haben Sie jemals die Suchmaschine Ask Jeeves benutzt? All diese Suchmaschinen versanken in Bedeutungslosigkeit, als sich Google schließlich durchsetzte. Das Gleiche könnte auch mit Kryptowährungen passieren, daher sollte das Geld, das Sie in Kryptowährungen stecken, als hochspekulativ betrachtet werden.

DIE LISTE GEHT ENDLOS WEITER

Über die verschiedenen Formen der alternativen Investitionen kann man ein ganzes Buch schreiben. Zwar haben wir die wichtigsten Assetklassen der alternativen Investments behandelt, aber es gibt noch zahllose weitere. Um Ihnen einen Eindruck zu geben, wie vielfältig diese sein können, seien nachfolgend nur einige erwähnt:

- *Rückversicherungen.* Wenn Sie eine Versicherung abschließen, zum Beispiel eine Gebäudeversicherung, hat die Versicherungsgesellschaft, die Ihnen diese Police verkauft hat, das Risiko möglicherweise bei einer anderen Versicherungsgesellschaft abgesichert. Bei der Rückversicherung handelt es sich also um eine Versicherung für Versicherungsgesellschaften. Einige Fonds investieren in einen Pool aus Rückversicherungen.
- *Royalty Funds (»Lizenz- bzw. Tantiemen-Fonds«).* In den 1990er-Jahren verkauften David Bowie und sein Finanzteam die Rechte an einigen Einnahmen aus seinem musikalischen Werk. Diese Geldanlagen wurden als »Bowie-Bonds« bezeichnet und eröffneten Musikern den Weg, unmittelbaren Wert aus ihren Einnahmen aus dem Musikgeschäft zu erzielen. Seitdem haben Royalty Funds im Musikgeschäft erheblich an Popularität gewonnen. Sie kaufen die Rechte an den Werken von Künstlern, von Mary J. Blige über Eminem und Iron Maiden bis zu Elton John.
- *Fonds, die in »gebrauchte« Lebensversicherungen investieren.* Die Mehrheit der Menschen, die eine langfristige Kapitallebensversicherung

> abgeschlossen haben, verkaufen sie vorzeitig auf dem sogenannten Zweitmarkt. Fonds oder Unternehmen, die diese Policen kaufen, zahlen mehr als den Rückkaufswert, den die Versicherer bieten. Denn es ist attraktiv, diese Policen bis zum Schluss zu halten und von der Geldanlage durch den Versicherer zu profitieren. Das gilt vor allem für Policen, die noch mit vergleichsweise hohen Garantiezinsen ausgestattet sind. Die Käufer bündeln solche Policen zumeist in Fonds, deren Anteile sie an Anleger verkaufen. Zum Ende der Laufzeit wird die Fälligkeitsleistung an die Fondsanleger ausgeschüttet – inklusive Garantiezins und Überschussbeteiligung.

Wir könnten noch endlos weitere alternative Investments aufzählen: Fonds, die in die Prozessfinanzierung investieren, im Gegenzug für einen Teil der potenziellen Schadenersatzes; Fonds, die in Kunst, Oldtimer oder Violinen investieren; Fonds, die auf Baseball wetten ...

Alternative Investments sind nicht für jeden Anleger geeignet. Selbst wenn sie die gesetzlichen Anforderungen an Ihr Nettovermögen erfüllen, sind sie dennoch oftmals ungeeignete Vehikel. Für Anleger mit einem langfristigen Finanzplan, einem starken Team, das jede potenzielle Geldanlage auf Herz und Nieren prüft, Zugang zu erstklassigen Investments mit niedrigeren Mindestsummen und vernünftigen Preisen sowie der Bereitschaft, die zusätzliche Komplexität ihres Finanzmanagements zu bewältigen, können einige dieser alternativen Investments die langfristige Rendite eines breit diversifizierten Portfolios verbessern.

Für fast alle anderen Anleger ist ein einfaches Portfolio aus börsennotierten Aktien, Anleihen und aus Immobilieninvestments wahrscheinlich alles, was sie zur Erreichung ihrer finanziellen Ziele benötigen.

TEIL IV
Der Aufstieg

KAPITEL ELF
WIE SIE EIN INTELLIGENTES PORTFOLIO ZUSAMMENSTELLEN UND MANAGEN

von Peter Mallouk

Denken Sie immer daran, dass Diamanten nichts anderes sind als Kohleklumpen, die beharrlich ihren Job gemacht haben.
B. C. FORBES

Die Zusammenstellung eines Portfolios ist teils Kunst, teils Wissenschaft und sicher niemals perfekt, aber sie sollte einem Plan folgen, der für Ihre persönliche Situation sinnvoll ist. Sich entscheiden zu müssen, wann Sie in welche Anlageprodukte investieren sollten, kann leicht zur Überforderung werden, aber wenn Sie mit einigen hilfreichen Strategien gerüstet sind, sollte die Aufgabe ihren Schrecken verlieren.

Erstens ist »Vermögensallokation« nur ein hochtrabender Ausdruck für die Entscheidung, welchen Anteil Ihres Geldes Sie in welche Gruppe von Finanzprodukten – »Assetklasse« genannt – investieren wollen, zum Beispiel Aktien, Anleihen und Immobilien. Bei einer oberflächlichen Betrachtung der historischen Renditeentwicklung könnten Sie versucht sein, Ihr gesamtes Geld in Aktien zu investieren, da eine hundertprozentige Investition in Aktien historisch betrachtet die höchste Rendite abwirft (siehe Tabelle 11.1). Ganz so einfach ist es jedoch nicht. Je höher der Anteil Ihres Portfolios, den Sie in Aktien investieren, desto größer ist dessen Schwankungsanfälligkeit, und das könnte Sie unnötig in Stress versetzen. Die Jahresrendite eines reinen Aktienportfolios rangiert von 54,2 bis minus 43,3 Prozent. Das ist eine schwindelerregende Achterbahnfahrt. Wenn Sie Ihr Portfolio ausbalancieren, indem Sie 60 Prozent in Aktien und 40 Prozent in Anleihen investieren, können Sie die Schwankungsbreite erheblich mindern und das Renditespektrum von 36,7 im besten Jahr bis minus 26,6 Prozent im schlechtesten Jahr eingrenzen.

Tabelle 11.1: DIE PERFORMANCE VERSCHIEDENER MISCHUNGEN AUS US-AKTIEN UND ANLEIHEN 1926–2018

Vermögensallokation	Durchschnittliche Jahresrendite
100 % Anleihen	5,3 %
10 % Aktien, 90 % Anleihen	5,9 %
20 % Aktien, 80 % Anleihen	6,6 %
30 % Aktien, 70 % Anleihen	7,1 %
40 % Aktien, 60 % Anleihen	7,7 %
50 % Aktien, 50 % Anleihen	8,2 %
60 % Aktien, 40 % Anleihen	8,6 %
70 % Aktien, 30 % Anleihen	9,1 %
80 % Aktien, 20 % Anleihen	9,4 %
90 % Aktien, 10 % Anleihen	9,8 %
100 % Aktien	10,1 %

Quelle: The Vanguard Group, Inc., »Foundational Investments«, Vanguard, 2019, https://advisors.vanguard.com/iwe/pdf/FAETFCMB.pdf, aufgerufen am 16. Februar 2020.

Die meisten Finanzberater und Bücher empfehlen, sich bei der Vermögensallokation am eigenen Alter zu orientieren. Wenn Sie 60 Jahre alt sind, sollte Ihr Portfolio zu 60 Prozent aus Anleihen und zu 40 Prozent aus Aktien bestehen. Und wenn Sie 70 Jahre alt sind, sollten Sie zu 70 Prozent in Anleihen und zu 30 Prozent in Aktien investiert sein. Diese Regel ist aber viel zu allgemein.

Andere Berater und Bücher über Geldanlage empfehlen, die Vermögensallokation nach Ihrer Risikotoleranz auszurichten. Wenn Sie es nicht aushalten können, dass der Wert Ihres Portfolios um 10 Prozent sinkt, dann sollten Sie überhaupt keine Aktien besitzen oder nur einen ganz geringen Teil Ihres Geldes in Aktien investieren. Das sind jedoch keine guten Ratschläge, denn sie werden höchstwahrscheinlich verhindern, dass Sie Ihr Ziel erreichen. Ein Anleger mit einer niedrigen Risikotoleranz, der kaum etwas für sein Alter angespart hat, wird ein größeres Portfoliorisiko eingehen müssen, um einen einigermaßen gesicherten Ruhestand genießen zu können. Andernfalls wird er im Rentenalter nicht annähernd genug Geld für ein vernünftiges Auskommen haben.

Abbildung 11.2: DIE MISCHUNG BESTIMMT DAS RENDITESPEKTRUM
Die höchsten, niedrigsten und durchschnittlichen Renditen für verschiedene Aktien-/Anleihe-Allokationen, 1926–2019

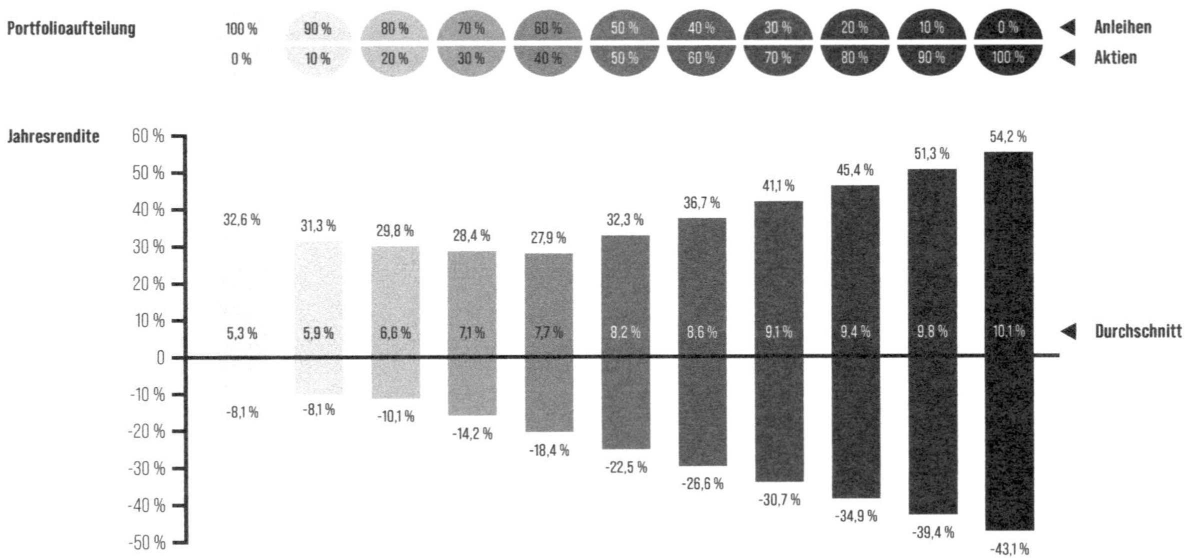

Quelle: The Vanguard Group, Inc., »Vanguard's Principles for Investing Success«, Vanguard, *2017, https://about.vanguard.com/what-sets-vanguard-apart/principles-for-investing-success/ISGPRINC_062020_Online.pdf, aufgerufen am 02. September 2020.*

Die Vermögensallokation sollte immer auf Basis des persönlichen Finanzbedarfs erfolgen. Daher brauchen Sie einen maßgeschneiderten Plan, der im Einklang mit Ihren Zielen steht. Wenn Sie in den nächsten 15 Jahren eine bestimmte Rendite erzielen müssen, um Ihr spezifisches Ziel zu erreichen, dann sollten Sie in die richtige Kombination aus den richtigen Vermögenswerten investieren, die Ihnen die höchste Wahrscheinlichkeit der Zielerreichung bietet. Und Sie kennen Ihren Bedarf, weil Sie einen Finanzplan erstellt haben! Verwenden Sie ihn als Richtschnur. Er gibt Aufschluss darüber, wo Sie heute stehen und welche Ziele Sie erreichen wollen, und zeigt Ihnen zugleich, wie viel Sie sparen können und welche zusätzlichen Einkünfte Ihnen zur Verfügung stehen. Wenn Sie all das zusammennehmen, können Sie so investieren, dass Sie die Rendite erzielen, die Sie für Ihre Ziele brauchen. Ein Anleger, der in den nächsten 15 Jahren eine durchschnittliche Jahresrendite von 6 bis 7 Prozent benötigt, wird ungefähr 70 Prozent seines Portfolios in Aktien investieren und 30 Prozent in Anleihen (und vielleicht auch andere Anlageprodukte, über die wir im vorhergehenden Kapitel gesprochen haben). Dabei ist es unwichtig, ob Sie mit 50 oder 60 Jahren beginnen, zu investieren; nur Ihr Bedarf, nicht Ihr Lebensalter bestimmt über die Vermögensallokation.[102]

Studien haben ergeben, dass 88 bis 91 Prozent der Portfoliovarianz von der Vermögensallokation bestimmt werden. Die Portfoliovarianz gibt Aufschluss über den Umfang des Risikos beziehungsweise der Schwankungsanfälligkeit des Portfolios. Sie sollten also untersuchen, wie schwankungsanfällig die gewählte Portfolioaufteilung ist, und entscheiden, ob Sie damit leben können. Wenn nicht, müssen Sie Ihr Ziel anpassen (eine geringere Summe anstreben) oder Ihren Plan (mehr sparen), damit Sie mit einer konservativeren Vermögensallokation immer noch Ihr Ziel erreichen. Der Punkt ist, dass Ihre persönliche Vermögensallokation *immer* auf Ihr Ziel ausgerichtet sein sollte. Ihre Risikotoleranz ist eher ein Kontrollpunkt; Ihr Alter ist aber völlig unerheblich.

102 Das Alter spielt allerdings sehr wohl eine Rolle, wenn es um die Länge Ihrer kurzen Hosen oder den Gebrauch von Jugendsprache geht oder – laut meinen Kindern – die Bewertung meiner »coolen« Fortnite-Dances.

DAS GESAMTBILD

Die Finanzdienstleistungsindustrie verbringt viel Zeit mit der Diskussion über die Frage, welche Anlageklassen »gut« oder »schlecht« sind, obwohl eigentlich die Ziele des Anlegers und nicht die verschiedenen Märkte über den Umfang des Risikos bestimmen sollten, denen sich der Anleger aussetzen will. Für die meisten Anleger ist es sinnvoll, ihr Portfolio über viele verschiedene Anlageklassen zu diversifizieren. Wie heißt es so schön? Legen Sie nicht alle Eier in einen einzigen Korb.

Oft investieren die erfolgreichsten Geldmanager in einem bestimmten Jahr alle in dieselbe Anlageklasse, und die Geldmanager mit dem geringsten Erfolg machen das ebenfalls (allerdings in eine andere Anlageklasse als ihre erfolgreichen Kollegen). Womöglich glauben Sie, dass sie alle entweder Genies oder Dummköpfe sind, aber nehmen wir zum Beispiel Emerging Markets. Emerging-Market-Fonds waren 2017 die erfolgreichsten Investmentfonds; im darauffolgenden Jahr waren sie dagegen die Investmentfonds mit der schlechtesten Rendite. Der Manager hat kaum etwas mit der Rendite zu tun; es ist die Anlageklasse, die für den größten Teil der Rendite verantwortlich ist. Tatsächlich lassen sich nur 9 bis 12 Prozent der Rendite eines Investmentfonds auf den Manager zurückführen. Wenn Sie also in einen Fonds investiert haben, der in einem Jahr 8 Prozent Rendite erzielt hat, lag das nur zu 0,072 bis 0,96 Prozent an der Genialität Ihres Geldmanagers. Aus diesem Grund ist die wichtigste Entscheidung bei der Portfoliostrukturierung die Vermögensallokation.

Bargeld ist eine fürchterliche Anlage, darüber haben wir bereits gesprochen. Es ergibt überhaupt keinen Sinn, Bargeld in einem Portfolio zu berücksichtigen. Betrachten Sie eine Anlegerin mit einem Portfolio im Wert von 1 Million Dollar, die 10 Prozent ihrer Mittel in Bargeld vorhält. Das heißt, dass 100 000 Dollar nicht für sie arbeiten und aufgrund der Inflation auch noch an Wert verlieren. Vergleichen Sie das mit Anleihen, die noch nie eine negative Fünfjahresrendite erzielt haben – *noch nie*. Wenn diese Anlegerin statt in Bargeld in Anleihen investiert hätte, hätte sie im Verlauf ihres Lebens wahrscheinlich mehrere Zehntausend Dollar zusätzlich verdient. Das Risiko, dass der Anleihemarkt vollkommen zusammenbricht, betrifft auch das Bargeld: Würde der gesamte Anleihemarkt ausgelöscht, müsste eine Reihe von Ereignissen stattgefunden haben, die auch ihr Bargeld vollkommen wertlos machen. Diese weltfremden Szenarien, die von Reality-TV-Sendungen wie *Doomsday Preppers* entwickelt werden (in denen sich Weltuntergangsbeschwörer auf den angeblich bevorstehenden Katastrophenfall vorbereiten), lassen vollkommen absurde Situationen als Normalität erscheinen. Bargeld ist nur für Haushaltsausgaben, Restaurantbesuche, einen Autokauf und eine Notfallreserve nützlich, falls Sie eine Phase der Arbeitslosigkeit überbrücken oder plötzliche, unerwartete Kosten stemmen müssen. In einem Anlageportfolio hat Bargeld keinen Platz.

Kann man mit Anleihen überhaupt jemals Geld verlieren? Ja sicher. Ungefähr alle fünf Jahre erzielen Anleihen eine negative Jahresrendite. Solange aber die Einrichtung, der Sie Geld geliehen haben, weiter existiert, werden Sie Ihr Geld mit Zinsen zurückerhalten. Dagegen wissen Sie als Aktionär nie genau, was passiert, weil der Aktienkurs sich in alle möglichen Richtungen entwickeln kann. *Wir von »Creative Planning« verknüpfen unsere Anleihenempfehlungen nie mit der Erwartung, dass sie langfristig eine höhere Rendite erzielen als Aktien.*

Warum sollte man überhaupt Anleihen kaufen, wenn wir von vornherein wissen, dass sie schlechter abschneiden als Aktien? Im Wesentlichen sind Anleihen eine Versicherung. *Im Gegenzug für eine dramatische Steigerung der Wahrscheinlichkeit, dass Sie Ihren Finanzbedarf kurz- und langfristig decken können, nehmen Sie bewusst eine niedrigere Rendite in Kauf.* Zwar schneiden Aktien über einen Zeitraum von mehr als zehn Jahren gut ab, allerdings gibt es auch zahlreiche Beispiele für längere Verlustphasen (siehe 11. September, Finanzkrise von 2008/09 oder jüngst die Corona-Pandemie). Sie sollten sich nie den Launen des Aktienmarktes ausliefern und gezwungen sein, Aktien auf ihrem Tiefpunkt zu verkaufen, um Ihren laufenden Einkommensbedarf zu decken. Um den richtigen Prozentsatz an Anleihen in Ihrem Portfolio zu bestimmen, sollten Sie stattdessen die Summe, die Sie in einer längeren schlechten Marktphase aus Ihrem Portfolio benötigen, addieren und davon die projizierte Portfoliorendite abziehen.

DIE KRISTALLKUGEL

Ständig werden Vorhersagen über die Aktienkurse getroffen, dabei sind sie die unberechenbarste und berechenbarste (ja, sie sind beides) Anlageklasse, die es gibt. Zunächst möchte ich Ihnen unsere Sichtweise bei

»Creative Planning« darlegen. Niemand, absolut niemand kann die kurzfristigen Kursbewegungen vorhersagen, und jeder, der etwas anderes behauptet, ist entweder ein Dummkopf oder ein Lügner. Ja, das sind starke Worte, aber bei all dem Lärm ist es wichtig, die Auswirkungen dieser Sichtweise auf Ihre finanzielle Zukunft und die Entscheidung zu verstehen, welchen Anteil Ihres Portfolios Sie in diese kritische Anlageklasse investieren wollen. Der Schlüssel zu einer erfolgreichen Aktieninvestition besteht darin, alle scheinbar endlosen Marktkorrekturphasen, Börsenzusammenbrüche und Tagesschwankungen, die nervenschwache Anleger oft zu Panikverkäufen verleiten, auszuhalten und stets voll investiert zu bleiben. Idealerweise machen Sie das Gegenteil, bewahren stoische Ruhe und betrachten diese turbulenten Phasen als Chancen, Aktien zu einem günstigen Preis nachzukaufen.

Um die Marktschwankungen auszusitzen, muss der größte Teil Ihres Einkommensbedarfs für die nächsten fünf Jahre gedeckt sein, damit Sie sich nicht über das Auf und Ab der Märkte Sorgen machen müssen. Wenn Sie in den nächsten Jahren nicht den Launen des Marktes ausgeliefert sind – und wir wissen, dass der Markt langfristig immer gestiegen ist –, wird es viel einfacher, die Achterbahnfahrt auszuhalten. Jeder Anleger, der mehr als zehn bis 20 Jahre Zeit hat, bevor er Geld aus seinem Portfolio entnehmen muss, kann in Teilmärkte investieren, die zwar schwankungsanfälliger sind, aber ebenfalls eine lange und gut dokumentierte Historie solider Renditen aufweisen, die den Anleger für seine Geduld belohnen. Dazu gehören Mid- und Small-Cap-Aktien[103] und Emerging-Markets-Titel. Der höheren Volatilität sollte aber auch eine höhere Rendite gegenüberstehen.

Alternative Investments können Anlegern mit einem langfristigen Zeithorizont und einem sehr großen Vermögen außerordentliche Renditen bescheren. Bei einem Portfolio im Wert von fünf oder zehn Millionen Dollar oder noch mehr ist es üblich, zwischen zehn und 30 Prozent oder mehr in Alternative Investments anzulegen, darunter Sub-Anlageklassen wie Private Equity, private Kreditvergabe und private Immobilienfinanzierung. Viele meiner Kunden besitzen ein Vermögen, das sie nie ausgeben

---

103 »Cap« steht für Marktkapitalisierung. Als »Large Caps« werden Aktien eines Unternehmens mit einer Marktkapitalisierung von mindestens 10 Milliarden Dollar bezeichnet. Bei Mid Caps beträgt der Marktwert zwischen 2 und 10 Milliarden Dollar und bei Small Caps – auch Nebenwerte genannt – weniger als 2 Milliarden Dollar. Aber selbst Small Caps sind noch ziemlich große Werte!

werden, oder Teile ihres Portfolios, die sie nie anfassen, weil sie möchten, dass ihre Nachkommen davon profitieren. In einer solchen Situation könnte selbst ein 75-jähriger Anleger einen erheblichen Anteil seines Portfolios in kleine Aktien, Emerging-Markets-Titel oder Alternative Investments investieren.

Diese Strategie bewährt sich zwar auf dem Papier und über einen langen Zeithorizont, sie ist aber nichts für Menschen mit schwachen Nerven. Diese Sub-Anlageklassen können sehr stark schwanken und über lange Zeiträume schlechte Renditen abwerfen. Eine gute Methode, um zu erfahren, ob sie für Ihr Portfolio sinnvoll sind, ist Ihre Reaktion auf einen Markteinbruch. Wenn Sie sich über die Gelegenheit freuen, einige Ihrer Anleihen zu verkaufen und weitere Small Caps und Emerging-Markets-Aktien nachzukaufen, während ihre Bewertung am Boden liegt, können diese Sub-Anlageklassen eine gute Wahl sein. Wenn Sie sich über den Markteinbruch die Haare raufen, werden Sie Ihre Position nicht lange genug halten, um von den steigenden Kursen zu profitieren, und werden Ihrem Portfolio unnötigen Schaden zufügen. In turbulenten Zeiten zahlt sich Selbstkenntnis aus.

ABSCHLIESSENDE GEDANKEN

Sie sollten bei dem strategischen Mix Ihrer Vermögensaufteilung immer davon ausgehen, dass Sie nicht wissen, was die Zukunft bringt.
RAY DALIO

Nun, da Sie die Aufteilung Ihres Portfolios auf Aktien und Anleihen festgelegt und Ihre Risikotoleranz durch die Berücksichtigung anderer Geldanlagen mit einer größeren Volatilität ausgereizt haben, müssen Sie sich genau die Zielallokation ansehen. Sie ist Ihr ideales Rezept, Ihre ideale Investmentmischung, die von Ihrem Plan und Ihrer emotionalen Fähigkeit bestimmt wird, die Marktschwankungen auszuhalten.

Investieren Sie global

Betrachten Sie die folgende Tatsache: Schweden macht ungefähr 1 Prozent der Weltwirtschaft aus. Ein rationaler Anleger aus den USA oder Japan würde rund 1 Prozent seines Vermögens in schwedische Aktien

investieren. Ist es sinnvoll, dass schwedische Anleger 48 Prozent in schwedische Aktien investieren? Nein. Das ist Ausdruck der bekannten Neigung der Anleger, Aktien aus ihrem Heimatland zu kaufen. Ökonomen bezeichnen das als *»Home Bias«* (Heimatmarktneigung).
RICHARD H. THALER UND CASS R. SUNSTEIN

Wir neigen dazu, uns für Dinge zu entscheiden, die vertraut und heimatnah sind, anstatt Optionen außerhalb unserer persönlichen Komfortzone in Erwägung zu ziehen. Das bezeichnet man als *»Home Bias«*. Wahrscheinlich erleben Sie das tagtäglich, wenn Sie in dem nächstgelegenen, bequemsten Lebensmittelmarkt einkaufen, an der nächstgelegenen Tankstelle tanken oder in das nächstgelegene Café gehen. Am Wochenende werden Sie eher in ein Restaurant gehen, das sich in der Nähe Ihres Hauses befindet, als in ein weiter entferntes Restaurant. Die meisten amerikanischen Anleger konzentrieren sich auf große US-Aktien, und zwar aus dem einfachen Grund, weil ihnen die Namen vertraut sind.

Unabhängig von der Branche hat fast jedes einheimische Unternehmen einen globalen Gegenspieler, der das Potenzial besitzt, die gleiche oder eine noch höhere Rendite zu erzielen. Laut einer jüngsten Prognose der Standard Chartered Bank wird davon ausgegangen, dass China und Indien bis 2030 mit Abstand die beiden größten Volkswirtschaften der Welt sein werden. Ihr Portfolio sollte daher internationale Aktien enthalten. Auch wenn Sie sich vielleicht wohler fühlen, wenn Sie Aktien von Unternehmen im Portfolio haben, deren Namen Ihnen wohlvertraut sind, erhöhen Sie Ihr Risiko, weil Sie zu viele Vermögenswerte auf eine geografische Region konzentrieren. Wir leben in einer globalen Wirtschaft, in der Unternehmen an jedem Ort Geld verdienen können und es auch tun. Internationale Aktien verhalten sich jedoch üblicherweise etwas anders als US-Aktien. Die US-Märkte und die internationalen Märkte »wechseln sich gewissermaßen ab«; einer übertrumpft den anderen für eine kürzere und manchmal auch längere Zeit. Erinnern Sie sich, was während der »verlorenen Dekade« von 2000 bis 2009 mit den US-Märkten passierte, als der S&P 500 eine Rendite von knapp unter null erzielte, selbst nach Einrechnung der Dividenden? Anleger, die nur große US-Aktien hielten, erlitten Verluste, während global diversifizierte Anleger von den hohen Renditen der internationalen Märkte und der Emerging Markets profitierten. Eine globale Diversifizierung trägt nicht nur dazu bei, die Volatilität

Ihres Portfolios zu senken, sie verbessert auch seine langfristige Performance, weil viele internationale Volkswirtschaften vor allem der aufstrebenden Länder viel höhere Wachstumsraten aufweisen als die USA.

Wie Abbildung 11.3 deutlich macht, ist der *Home Bias* ein globales Phänomen. Perfekt neutrale Anleger – die globalen Bürger sozusagen – würden ihre Vermögensallokation proportional zur globalen Marktkapitalisierung ihres Heimatlandes vornehmen. Im Jahr 2010 repräsentierten die USA zum Beispiel 43 Prozent des globalen Marktes; der vollkommen neutrale Anleger hätte daher 43 Prozent seines Portfolios in US-Aktien investiert. Der durchschnittliche amerikanische Anleger besitzt jedoch ein Portfolio, in dem US-Aktien deutlich übergewichtet sind. Das Gleiche gilt auch für andere Länder: Der durchschnittliche britische Anleger favorisiert britische Aktien mit 42 Prozent. Und die Schweden investieren fast die Hälfte ihres Vermögens in schwedische Aktien! Ein solcher Plan bedeutet, dass Sie alles, was Sie sich hart erarbeitet haben, auf Basis des geografischen Standortes und nicht der Logik investieren.

Die globale Marktkapitalisierung ist nicht die einzige Methode, um zu bestimmen, welchen Anteil Ihres Portfolios Sie in internationale Finanzprodukte investieren sollten. Das hängt maßgeblich von Ihren Investmentzielen und Ihrer Risikotoleranz ab. Machen Sie jedoch nicht den Fehler, den Wert globaler Investitionen zu unterschätzen, nur weil Ihnen die Namen der Unternehmen fremd sind. Sie müssen nicht ins Ausland reisen oder ein Auslandskonto eröffnen, um ein globales Portfolio zu erstellen. Mit einem Indexfonds kann jeder Anleger sofort global investieren. Wenn Ihr Plan zum Beispiel eine Allokation von 60 Prozent Aktien vorsieht, könnten Sie leicht ein Drittel dieses Anteils in globale Aktien investieren, indem Sie einen internationalen ETF (*Exchange Traded Fund*) kaufen.

Abbildung 11.3: DIE RELATIVE GRÖSSENORDNUNG DES *HOME BIAS*

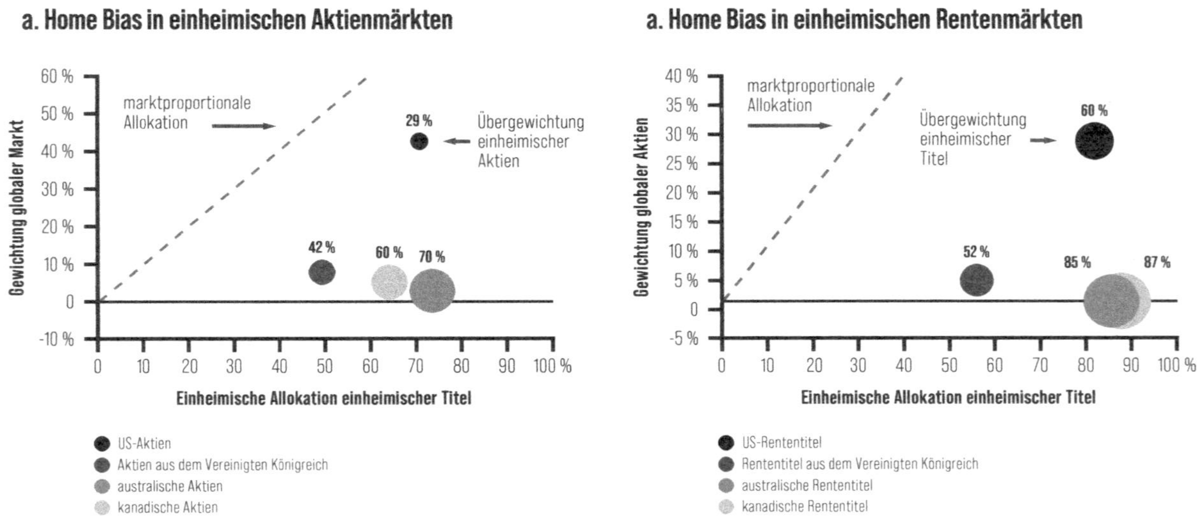

Quelle: Philips, Christopher B.; Kinniry Jr., Francis M. & Donaldson, Scott J. (2012): »The role of home bias in global asset allocation decisions«, Vanguard, *Juni 2012, https://static.vgcontent.info/crp/intl/auw/docs/literature/research/role-home-bias-global-asset-allocation-decisions.pdf?20130819%7C151400, aufgerufen am 03. September 2020.*

Diversifizieren Sie!

Das einzig Konstante im Leben ist der Wandel.
HERAKLIT

Für einen griechischen Philosophen hätte Heraklit einen höllisch guten Investmentberater abgegeben. Er hatte erkannt, dass das Leben ständig in Bewegung ist, und für nichts gilt das mehr als für den Aktienmarkt.

Tabelle 11.4: UNTERNEHMEN, DIE IM DOW JONES INDUSTRIAL AVERAGE NOTIERT SIND

	1979	
3M	Eastman Kodak	Johns Manville
Allied Chemical	Esmark	Owens-Illinois
Aluminum Company of America (Alcoa)	Exxon	Procter & Gamble
American Can Company	General Electric	Sears
AT&T	General Foods	Texaco
American Tobacco Company (»*B Shares*«)	General Motors	Union Carbide
Bethlehem Steel Corporation	Goodyear	US Steel
Chevron	Inco Ltd.	United Technologies
Chrysler	International Harvester Company	Westinghouse
DuPont	International Paper	Woolworths
	2019	
3M	ExxonMobil	Nike
American Express	Goldman Sachs	Pfizer
Apple	The Home Depot	Procter & Gamble
Boeing	IBM	Travelers
Caterpillar	Intel	UnitedHealth

Chevron	Johnson & Johnson	United Technologies
Cisco Systems	JPMorgan Chase	Verizon
Coca-Cola	McDonald´s	Visa
Disney	Merck	Walmart
DowDuPont	Microsoft	Walgreens Boots Alliance

Quelle: »The Changing DJIA«, S&P Dow Jones Indices, LLC, https://us.spindices.com/indexology/djia-and-sp-500/the-changing-djia, aufgerufen am 23. April 2019.

Wenn Sie in ein spezifisches Unternehmen investieren, kann alles Mögliche passieren. Das Unternehmen kann überdurchschnittlich erfolgreich sein, ein negatives Ereignis kann seinen Aktienkurs drücken oder es kann sogar pleitegehen wie Enron, Sears und Toys »R« Us. Dieses Risiko wird oft erheblich unterschätzt. Tatsache ist jedoch, dass jedes Unternehmen einen bestimmten Lebenszyklus hat und irgendwann den Marktkräften des Kapitalismus zum Opfer fällt. Dann fällt es aus dem Index heraus und wird durch ein besseres Unternehmen ersetzt. Jeff Bezos, Gründer von Amazon, ist sich dessen bewusst, dass kein Unternehmen ewig lebt. Er sagte seinen Mitarbeitern: »Ich sage voraus, dass Amazon eines Tages scheitern und pleitegehen wird. Bei der Betrachtung großer Unternehmen werden Sie feststellen, dass ihr Lebenszyklus über 30 Jahre beträgt, aber nicht über 100 Jahre.«

Sehen Sie sich nur einmal an, wie anders sich der Dow Jones heute zusammensetzt als noch vor 40 Jahren! Wie in Tabelle 11.4 dargestellt, gibt es zwar eine Handvoll Unerschütterliche, die sich langfristig erfolgreich am Markt behauptet haben, viele einst sehr angesehene Unternehmen wurden jedoch aus dem Markt gedrängt, von anderen Unternehmen aufgekauft oder haben inzwischen längst nicht mehr die Marktstellung und Bedeutung wie 1979. Im Jahr 2018 schied mit General Electric das letzte Unternehmen, das seit Gründung des Index im Jahr 1896 am Dow Jones gelistet war, aus und wurde durch Walgreens Boots Alliance ersetzt. Viele Unternehmen, die im Jahr 2019 am Dow Jones gelistet waren, wie Apple, Microsoft und Intel, befanden sich 1979 noch in den Kinderschuhen. Und andere Unternehmen wie Cisco Systems und Verizon, die es vor 40 Jahren noch gar nicht gab, sind inzwischen marktbeherrschende Technologieanbieter.

Betrachten Sie den Aktienmarkt wie die Gastronomie. Bei einigen Restaurants fragen Sie sich, ob sie sich länger als einige Monate halten können; bei anderen gehen Sie davon aus, dass es sie viele Jahrzehnte geben wird. Egal, was mit den einzelnen Restaurants passiert, wird es aber immer Restaurants geben. Mit Aktien verhält es sich genauso. Wenn Sie über einen Indexfonds an vielen verschiedenen Unternehmen beteiligt sind, wetten Sie auf kein konkretes Unternehmen, sondern diversifizieren über viele Unternehmen. Wenn Sie einen S&P-500-Indexfonds besitzen, können Sie davon ausgehen, dass einige der Gründungsunternehmen jedes Jahr an Bedeutung verlieren oder sogar aus dem Index herausfallen, aber das spielt für Ihre Zielerreichung keine Rolle, weil sie durch andere Unternehmen ersetzt werden. Langfristig werden die Gewinne der besonders erfolgreichen Unternehmen die Verluste mehr als wettmachen.

Ein weiteres Risiko, das Anleger bei der Investition in den Aktienmarkt eingehen, ist das *Branchenrisiko.* So wie Sie nicht auf einen einzigen Restauranttyp wetten würden, handelt es sich bei dem Branchenrisiko um das Risiko, dass eine ganze Branche unter Druck gerät oder ausstirbt. Viele Finanzkrisen beginnen mit dem Zusammenbruch einer Branche, wie wir in den jüngsten Krisen erfahren haben – von der Techblase und der Immobilienkrise bis zur Finanzkrise und zuletzt der Energiekrise. Wenn Sie 100 Aktien von unterschiedlichen Unternehmen aus derselben Branche besitzen und diese zusammenbricht, fragen Sie sich vielleicht, warum Ihnen die Diversifizierung nichts genützt hat. Sie müssen nach Unternehmens- *und* Branchenrisiko diversifizieren und sollten daher Aktien aus vielen verschiedenen Branchen besitzen.

Revolutionieren oder untergehen

Wenn Sie das Tempo der technischen Weiterentwicklung in der heutigen Welt betrachten – und das können Sie zum Beispiel daran ermessen, wie schnell wir von Vinyl-Langspielplatten zum MP3-Format und vom Videoverleih zum Online-Streaming übergegangen sind –, werden Sie zu dem Schluss kommen, dass wir in Zukunft noch öfter und schneller erleben werden, dass ganze Branchen aufsteigen und wieder verschwinden. Innovationen finden in immer kürzeren Abständen statt und lassen keine Branche aus. Fragen Sie nur Kodak, K-Mart, Blockbuster, Yellow Cab und Blackberry. Abbildung 11.5, die den durchschnittlichen Lebenszyklus eines

Unternehmens am S&P 500 zeigt, macht auf eindrucksvolle Weise deutlich, wie sehr sich der Wandel beschleunigt hat: *Die durchschnittliche Zeit, während der ein Unternehmen in einem Börsenindex gelistet ist, ist in den vergangenen 50 Jahren auf ein Viertel geschrumpft.*

Abbildung 11.5: DURCHSCHNITTLICHER LEBENSZYKLUS EINES IM S&P GELISTETEN UNTERNEHMENS
Jahre, gleitender Sieben-Jahres-Durchschnitt

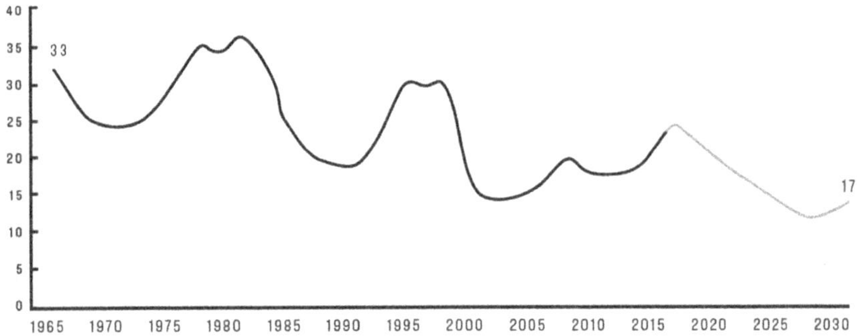

Quelle: Anthony, Scott D.; Viguerie, S. Patrick; Schwartz, Evan I. & Van Landeghem, John (2018): »2018 Corporate Longevity Forecast: Creative Destruction is Accelerating«, Innosight, *Februar 2018, https://www.innosight.com/insight/creative-destruction/, aufgerufen am 23. April 2019.*

Diese Veränderung bedeutet, dass Sie als Anleger entweder so positioniert sind, dass Sie von dem Wachstum der neuen Technologien durch eine angemessene Diversifizierung profitieren oder unter dem Niedergang der alten Garde leiden. Ein zusätzlicher Vorteil, in einen Fonds zu investieren, der einen ganzen Index abbildet, besteht darin, dass Sie sich keine Gedanken darüber machen müssen, welche der gelisteten Unternehmen womöglich aus dem Markt gedrängt werden, weil die neuen Marktteilnehmer einfach ihren Platz einnehmen und Sie über den Index automatisch daran beteiligt sind.

Das letzte große Risiko, das ein Anleger eingeht, ist das *Marktrisiko* oder *systemische Risiko*: Ein ganzer Markt kann einfach steigen oder fallen. Das Marktrisiko lässt sich nicht ausschalten, deswegen ist es so wichtig, dass Sie diversifizieren. Zum Beispiel können Sie Ihr gesamtes Geld in eine Doppelhaushälfte investieren und sie mit einer Renditeerwartung von 10 Prozent vermieten. Natürlich ist ein erhebliches Risiko damit verbunden, nur eine Doppelhaushälfte zu besitzen. Falls irgendetwas mit dieser einen Investition schiefgeht, kann es schnell ernst werden. Nehmen wir stattdessen an, Sie würden zwei Doppelhäuser finden und aus jeder Doppelhaushälfte wäre eine Rendite von 10 Prozent zu erwarten, aber Sie könnten es sich nicht leisten, alle vier Doppelhaushälften zu kaufen. Also tun Sie sich mit drei anderen Investoren zusammen, um ein Unternehmen zu gründen, Ihre Mittel zusammenzulegen und gemeinsam alle vier Doppelhaushälften zu erwerben. Nun haben Sie dieselbe Summe investiert und Ihre erwartete Rendite ist die gleiche, aber Ihr Verlustrisiko ist geringer. Falls mit einer Doppelhaushälfte etwas schiefgeht, ist das kein Beinbruch. Zwar können Sie mit dem Kauf mehrerer Doppelhaushälften das Risiko verringern, das mit dem Kauf einer einzigen Doppelhaushälfte verbunden ist, aber nicht das Risiko, das Doppelhäuser allgemein bergen. Stellen Sie sich vor, alle Mieter arbeiten für dasselbe Unternehmen und dieses Unternehmen macht plötzlich große Verluste und verlegt seinen Standort. Sie können das Marktrisiko verringern, indem Sie in verschiedene Märkte investieren (oder in diesem Fall in verschiedene geografische Standorte). Eine angemessene Diversifizierung bedeutet, eine Kombination aus Vermögenswerten zu besitzen, deren Performance nicht stark miteinander korreliert. Wenn Sie Doppelhäuser in verschiedenen Städten des Landes besitzen, können Sie Ihr Risiko verringern.

Einfach ausgedrückt: Sie wollen Vermögenswerte besitzen, die auf die Wirtschaftsbedingungen unterschiedlich reagieren. Diese voneinander unabhängige Bewegung – einige Werte schneiden gerade gut ab und andere weniger – trägt dazu bei, das Risiko Ihres Portfolios zu reduzieren. Wenn Aktien zum Beispiel an Wert verlieren, steigt im Allgemeinen der Wert hochwertiger Anleihen. Zwar korrelieren die meisten Aktienmärkte, aber sie verhalten sich nicht genau gleich, daher halten kluge Anleger eine Mischung aus globalen Vermögenswerten in ihrem Portfolio sowie eine Mischung aus Aktien von Unternehmen unterschiedlicher Größe – die erwähnten *Small Caps, Mid Caps* und *Large Caps* –, und zwar sowohl aus den USA als auch aus anderen Ländern.

Veränderliche wirtschaftliche Faktoren können den Wert der verschiedenen Anlageklassen beeinflussen, daher wollen Sie möglichst breit diversifizieren, um das Portfoliorisiko zu senken und die Wahrscheinlichkeit zu erhöhen, dass Sie Ihre langfristigen Ziele erreichen. Mit einer

Diversifizierung über verschiedene Anlageklassen, wie zum Beispiel Immobilien, können Sie das Marktrisiko weiter senken.

BETRACHTEN SIE IHRE INVESTITIONEN NÜCHTERN UND OHNE EMOTIONEN

Diversifizierung klingt clever, nicht wahr? Ich kann Ihnen aber gar nicht sagen, wie viele Kunden ich im Verlauf meiner Karriere erlebt habe, die erhebliche Vermögensverluste erlitten haben, weil sie sich weigerten, mittels einer Diversifizierung das Branchen- und Unternehmensrisiko auszuschalten. Viele unserer sehr vermögenden Kunden sind reich geworden, weil sie für börsennotierte Unternehmen gearbeitet haben und als Teil ihres Vergütungspakets Aktien erhalten haben, die im Anschluss einen kräftigen Wertzuwachs erfuhren. Diese Kunden sind oft nicht bereit, zu diversifizieren, was zum Teil daran liegt, dass die Aktie eines einzigen Unternehmens ihnen zu ihrem Reichtum verholfen hat. Außerdem arbeiten sie dort und kennen das Unternehmen gut; sie haben viele schöne Erinnerungen und fühlen sich emotional mit seiner Marke verbunden. Erinnern Sie sich jedoch an das, was Jeff Bezos sagte: Jedes Unternehmen geht irgendwann unter, es ist nur eine Frage der Zeit.

Ähnlich dem *Home Bias* neigen viele Anleger meiner Erfahrung nach zu einer Konzentration ihrer Aktienauswahl auf Unternehmen, die ihnen vertraut sind, und das führt oft zu einem branchenspezifischen Risiko. Viele große kanadische Unternehmen stammen aus dem Rohstoffgeschäft und der Finanzdienstleistung, daher besitzen viele kanadische Anleger Portfolios mit einer Übergewichtung von Aktien aus diesen Sektoren und sind dementsprechend anfällig für Kursausschläge in diesen Branchen. Die Neukunden von »Creative Planning« kommen oft mit Aktien aus wichtigen Industrien in ihrem Heimatstaat zu uns: Ein Texaner besitzt höchstwahrscheinlich einen substanziellen Anteil an Aktien aus dem Energiesektor, ein Kunde aus dem Nordosten der USA ist zumeist umfangreich in den Finanzdienstleistungssektor investiert, ein Kunde aus Nordkalifornien in den Technologiesektor und ein Kunde aus dem oberen Mittleren Westen besitzt viele Industrieaktien. Abbildung 11.6 illustriert, wie sehr wir dazu neigen, uns zu stark auf vertraute Branchen zu konzentrieren.

Vermutlich arbeiten Sie für ein Unternehmen aus dem entsprechenden Sektor und sind mit der Branche vertraut. Aber das bedeutet auch, dass Sie einem erhöhten Branchenrisiko ausgesetzt sind. Wenn Ihr Altersvorsorgeplan von dem Erfolg dieser Branche abhängt und der Wert Ihres Hauses von den Branchenzyklen beeinflusst wird, sollten Sie einen eingehenden Blick auf Ihr Portfolio werfen, um sicherzustellen, dass Sie keine großen Verluste erleiden, falls die Branche in Schwierigkeiten gerät.

Abbildung 11.6: ANLEGERALLOKATION NACH REGION
Die Wahrscheinlichkeit des Aktienbesitzes in einer Branche im Vergleich zum nationalen Durchschnitt (USA)

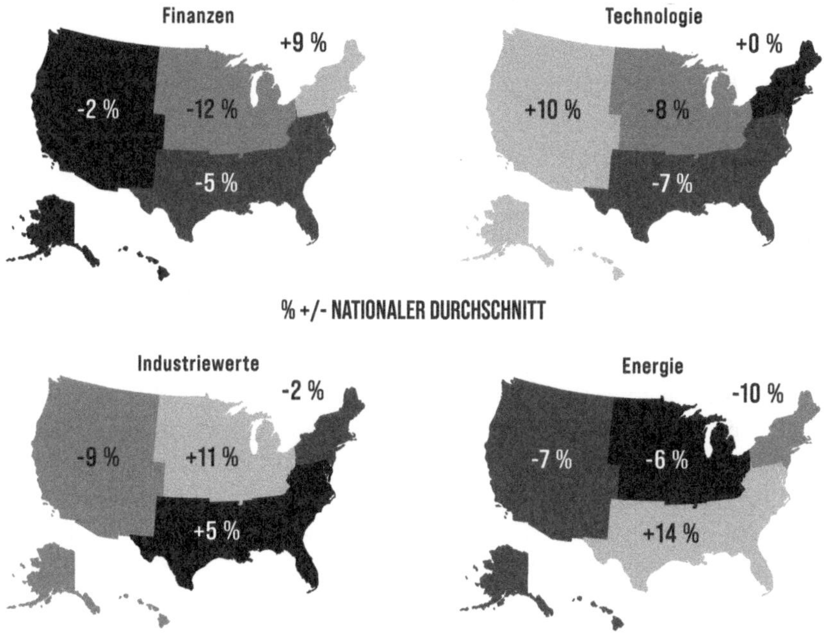

Quelle: Azzarello, Samantha M.; Dryden, Alexander W.; Jackson, Jordan K.; David M. Lebovitz, David M.; Li, Jennie; Manley, John C.; Pandit, Meera; Santos, Gabriela D.; Voigt, Tyler J. & Kelly, David P. (2019): »Local Investing and Global Opportunities«, Guide to Markets—US, *31. März 2019, https://am.jpmorgan.com/blobcontent/1383614189296/83456/MI-GTM_2Q19.pdf, aufgerufen am 03. September 2020.*

Steuern sind wichtig

Trennen Sie sich nicht leichtfertig von Ihren bestehenden Positionen. Sie müssen wissen, was Sie besitzen und warum Sie es besitzen.
PETER LYNCH

Wenn Sie die richtige Vermögensaufteilung für Ihr Portfolio festgelegt, internationale Vermögenswerte aufgenommen und das Unternehmens- und Branchenrisiko ausgeschaltet haben, sollten Sie Ihre bereits bestehenden Investitionen berücksichtigen und sich überlegen, wie sich eine Veränderung dieser Positionen steuerlich auswirken würde.

Bei jedem Wertpapierverkauf fällt in Deutschland Abgeltungsteuer an – es sei denn, Sie bleiben unter dem jährlichen Sparerpauschbetrag von derzeit 801 Euro (bzw. 1602 Euro für zusammen veranlagte Ehepaare). Bei einem Verkauf werden Sie also erhebliche steuerbare Erträge erzielen, und damit fügen Sie sich selbst Verluste zu, für deren Ausgleich Sie wahrscheinlich viele Jahre mit starken Renditen brauchen. Seien Sie äußerst misstrauisch, wenn Ihnen ein Berater empfiehlt, unabhängig von den steuerlichen Konsequenzen alle bestehenden Positionen aufzulösen. Höchstwahrscheinlich wird er Ihre finanzielle Situation damit verschlechtern, nur damit er es leichter hat, Ihr Portfolio zu verwalten. Außerdem ist das ein starkes Indiz dafür, dass er vorhat, Ihr Geld in ein Standard-Musterportfolio zu investieren, ohne Rücksicht auf die steuerlichen Folgen, und das sollte Hinweis genug sein, damit Sie sich einen anderen Berater suchen. Zwar sollten die Steuern letztlich nicht über Ihre Investitionen bestimmen, aber bei »Creative Planning« werden die steuerlichen Auswirkungen bei der Zusammenstellung eines Portfolios immer berücksichtigt. Schließlich sind nicht die Bruttogewinne ausschlaggebend, sondern das, was unseren Kunden nach Abzug der Steuern und Gebühren übrigbleibt.

Leibrenten und Hotel California

Sie können jederzeit auschecken, aber niemals gehen. Nein, das ist nicht »Hotel California«, sondern die wunderbare Welt der Leibrenten, bei denen es sich um Versicherungen handelt, die eine regelmäßige, zumeist monatliche Auszahlung leisten. Viele dieser Policen sind mit hohen

Kosten behaftet und bieten nur begrenzte Investmentoptionen. Wenn Sie beschließen, sie vor Ende der Laufzeit zu kündigen, wird der Versicherer Ihnen nicht den vollen, bis dahin angesparten Wert auszahlen, sondern nur den sogenannten Rückkaufswert, der deutlich darunter liegt.

Weil das durchaus verlustreich sein kann, empfiehlt es sich zumindest bei Policen, die schon länger laufen, sie möglichst bis zur Fälligkeit zu halten. Kurzum: Zwar gibt es womöglich bessere Investitionen, aber wenn Sie eine Leibrente gekauft haben, gibt es viele Faktoren, die Sie berücksichtigen sollten, bevor Sie sie kündigen.

Zu starke Gewichtung einer einzigen Geldanlage

Angenommen, ein Paar besitzt seit acht Jahren eine Immobilie, die – was die Mieteinnahmen angeht – nicht rentabel ist. Nehmen wir des Weiteren an, dieses Paar sucht einen Vermögensberater, weil der Ehemann im Sterben liegt und seine Frau auch nach seinem Tod gut versorgt wissen will. Der Berater empfiehlt den sofortigen Verkauf der Immobilie – erstens, weil sie unrentabel ist, und zweitens, weil sie im Gesamtportfolio einen viel zu großen Anteil des Vermögens bindet. Ein Blick auf die steuerliche Situation – und hier sollen wieder einmal die Verhältnisse in Deutschland maßgeblich sein – zeigt jedoch: Ein sofortiger Verkauf ist gar nicht sinnvoll. Denn erst nach zehn Jahren bleiben in Deutschland Gewinne aus Immobilienverkäufen steuerfrei. Bei einem Verkauf vor Ablauf dieser Frist muss der Gewinn jedoch mit dem persönlichen Steuersatz versteuert werden – was herbe Einbußen mit sich bringt.

Gelegentlich kann die Implementierung eines guten Investmentplans wegen der unbeabsichtigten steuerlichen oder nachlassbezogenen Folgen mehr Schaden als Nutzen anrichten. Die Lektion daraus lautet, dass Sie gut daran tun, alle möglichen Auswirkungen einer Umschichtung beziehungsweise Restrukturierung Ihres Portfolios genau zu prüfen, bevor Sie Veränderungen vornehmen. Mit einer individuellen, bedarfsgerechten Strukturierung kann Ihr Portfolio oft weitaus bessere Ergebnisse nach Steuern erzielen, als wenn Sie Ihr gesamtes Portfolio sofort neu zusammenstellen.

Es ist wichtig, Ihr Vermögen auch steuerlich zu optimieren

Ich hoffe, dass Ihnen inzwischen klar geworden ist, dass Steuern ein wichtiges Thema sind. Sie sind sogar sehr wichtig. Berater sprechen nicht darüber, denn wenn Sie wüssten, welche Steuerbelastung sie Ihnen mit ihrem aktiven Vermögensmanagement bescheren, würden Sie sie feuern. Bei einem Wertpapierportfolio kommt es vor allem darauf an, nicht ständig umzuschichten. Denn Steuern werden in Deutschland vor allem auf realisierte Kursgewinne erhoben. Wesentlich ist die Ausnutzung des jährlichen Sparerpauschbetrags, aber auch eine Verrechnung der Gewinne mit womöglich ebenfalls angefallenen Verlusten. Wenn Gewinne und Verluste in einem jeweils anderen Depot angefallen sind, dann sollten Sie sich von der Bank mit dem verlustreichen Depot rechtzeitig vor Jahresablauf eine Verlustbescheinigung ausstellen lassen. Durch Abgabe der Anlage KAP können Sie dann Gewinne und Verluste steuerlich miteinander verrechnen.

Berücksichtigen sollten Sie aber auch Geldanlagen, die idealerweise nachgelagert besteuert werden, also erst bei Fälligkeit beziehungsweise Auszahlung. Rürup-Renten sind ein Beispiel dafür. Bei Direktinvestments – zum Beispiel in Form von stillen Beteiligungen – ergeben sich womöglich Steuersparmöglichkeiten durch zunächst absetzbare Kosten. Das gilt es nicht nur mit Ihrem Finanzberater zu erörtern, sondern auch mit dem Steuerberater.

Tabelle 11.7 macht die steuerlichen Auswirkungen auf die Rendite deutlich und zeigt, wie sich die Beträge mit zunehmendem Wertzuwachs potenzieren. Und sie zeigt auch, welche Auswirkungen es hat, wenn jeder Ertrag in den USA mit 33 Prozent versteuert werden muss.

Tabelle 11.7: STEUERLICHE AUSWIRKUNGEN AUF DAS INVESTMENTWACHSTUM

Jahr	Steuerfrei	33 Prozent Ertragssteuern
	1,00 Dollar	1,00 Dollar
1	2,00 Dollar	1,67 Dollar
2	4,00 Dollar	2,79 Dollar

Jahr	Steuerfrei	33 Prozent Ertragssteuern
3	8,00 Dollar	4,66 Dollar
4	16,00 Dollar	7,78 Dollar
5	32,00 Dollar	12,99 Dollar
6	64,00 Dollar	21,69 Dollar
7	128,00 Dollar	36,23 Dollar
8	256,00 Dollar	60,50 Dollar
9	512,00 Dollar	101,03 Dollar
10	1024,00 Dollar	168,72 Dollar
11	2048,00 Dollar	281,76 Dollar
12	4096,00 Dollar	470,54 Dollar
13	8192,00 Dollar	785,80 Dollar
14	16.384,00 Dollar	1312,20 Dollar
15	32.768,00 Dollar	2191,53 Dollar
16	65.536,00 Dollar	3659,85 Dollar
17	131.072,00 Dollar	6111,95 Dollar
18	262.144,00 Dollar	10.206,96 Dollar
19	524.288,00 Dollar	17.045,63 Dollar
20	1.048.567,00 Dollar	28.466,20 Dollar

Rebalancing

Viele Berater sprechen über Umschichtung, aber was sie Ihnen wahrscheinlich nicht sagen, ist, dass eine Umschichtung Ihre langfristige Rendite beeinträchtigen kann. Was genau versteht man unter »Umschichtung«? Nehmen wir an, Sie hätten ein Portfolio aus 60 Prozent Aktien und 40 Prozent Anleihen. Wenn die Aktien eine größere Wertsteigerung erfahren als die Anleihen, steigt der Prozentsatz Ihres Portfolios, der in Aktien angelegt ist, über die 60 Prozent, die Sie zu Beginn festgelegt haben. Theoretisch ist das aus Renditeperspektive eine tolle Sache, aber es bedeutet auch, dass das Risiko Ihres Portfolios nun höher ist, als Sie ursprünglich wollten. Daher sollten Sie das ursprüngliche Verhältnis von 60 zu 40 wiederherstellen, indem Sie einige Ihrer Aktien verkaufen und Anleihen dazukaufen. Wenn Sie ein solches Rebalancing nie vornehmen, um die ursprüngliche Portfolioaufteilung zu erhalten, kann es sein, dass Sie in 20 Jahren mit einem Portfolio dastehen, das zu 85 Prozent aus Aktien und zu 15 Prozent aus Anleihen besteht. Natürlich kann es Situationen geben, in denen es sinnvoll ist, in 20 Jahren eine aggressivere Portfolioallokation zu haben als heute, aber das ist eher unwahrscheinlich. Indem Sie umschichten, halten Sie Ihr Portfolio auf Kurs und steigern somit die Chance, dass Sie Ihr Ziel erreichen.

Einige Anleger schichten regelmäßig um, zum Beispiel jedes Quartal oder jedes Jahr. Ich persönlich halte das für völlig übertrieben, weil Sie dann unnötige Kosten haben, die die Effektivität Ihrer Portfoliostrategie beeinträchtigen können. Wenn mit einer Transaktion, die Sie zur Umschichtung vornehmen, Steuern oder vielfältige Transaktionskosten verbunden sind, überlegen Sie, ob Sie nicht darauf verzichten wollen, bis Ihre Portfolioaufteilung stark aus dem Gleichgewicht geraten ist. Falls der Markt nachgibt, sollten Sie jedoch nicht warten! Nutzen Sie die Gelegenheit zur Umschichtung, indem Sie Ihre Investitionen in die schwächelnde Anlageklasse – meistens Aktien – investieren und zu günstigen Kursen nachkaufen. Falls die Kurse weiter nachgeben, schichten Sie erneut um. Das wird als *opportunistisches Rebalancing* bezeichnet, die langfristig eine bessere Rendite abwirft als ein periodisches Rebalancing. Wenn Sie sich damit emotional überfordert fühlen, überprüfen Sie Ihre Ziele, ob sie nach wie vor gelten, schichten Sie bei Bedarf um und kümmern sich ansonsten einfach um Ihr tägliches Leben.

Und schließlich sollten Sie Ihre Positionen beobachten. Einige Investitionen bewähren sich nicht, egal wie gut Ihr Plan ist. Manchmal steht eine kostengünstigere Alternative zur Verfügung, mit der Sie etwas Geld sparen können. Es könnte neue Finanzprodukte geben, die besser für Ihre Ziele geeignet sind. Vor allem aber werden sich Ihre Bedürfnisse und Ziele im Verlauf der Zeit verändern. Daher sollten Sie Ihren Finanzplan immer wieder überprüfen und Anpassungen an Ihrem Portfolio vornehmen, um den Kurs in Richtung finanzielle Freiheit nicht zu verlassen. Oder Sie arbeiten mit einem Finanzberater, der diese Aufgabe für Sie übernimmt, und machen diese Überprüfung einmal im Jahr gemeinsam. Die Zeiten verändern sich, Sie verändern sich, Ihre Ziele verändern sich, und Ihr Portfolio sollte immer darauf ausgerichtet sein, Sie bei der Realisierung Ihrer Visionen zu unterstützen.

LOS GEHT'S

Lassen Sie uns die Schritte noch einmal rekapitulieren, um sicherzustellen, dass Sie sich auf dem richtigen Weg zu finanzieller Freiheit befinden:

1. Entwerfen Sie einen Finanzplan, in dem Sie Ihre Ziele skizzieren.
2. Legen Sie die Vermögensallokation fest, die die höchste Wahrscheinlichkeit dafür bietet, dass Sie die zur Zielerreichung notwendige Rendite erzielen.
3. Stellen Sie ein globales Portfolio zusammen.
4. Diversifizieren Sie, um Unternehmens- und Branchenrisiken zu vermeiden.
5. Überlegen Sie, wie Sie Ihre aktuellen Investitionen, die Ihnen erhebliche steuerliche Vorteile verschaffen, beibehalten beziehungsweise integrieren können.
6. Bestimmen Sie, welche Investitionen Sie in steuerbaren und nicht steuerbaren Konten halten wollen.
7. Vergessen Sie das Rebalancing nicht und beobachten Sie Ihr Portfolio.
8. Überprüfen Sie Ihren Finanzplan einmal pro Jahr und nehmen Sie bei Bedarf Veränderungen vor.

Wenn Sie Ihre Hausaufgaben gemacht haben, sollten Sie zu keinem Zeitpunkt irgendeiner Anlageklasse ausgeliefert sein, und jede Anlageklasse sollte genügend Raum zum »Atmen« und zur Wertentwicklung haben – das, was ihre Aufgabe ist. Sie sollten außerdem eine Vermögensaufteilung verfolgen, die Ihnen die Möglichkeit eröffnet, Steuern zu sparen und bei größeren Kursrückgängen umzuschichten, und die vor allem eine hohe Wahrscheinlichkeit der Zielerreichung bietet. Am Ende ist das angesammelte Vermögen ein Mittel zum Zweck: Freiheit und Seelenfrieden. Mit diesen Zutaten haben Sie die besten Chancen, Ihre Vision umzusetzen, indem Sie Anlageklassen und Sub-Anlageklassen auswählen, die auf Ihre individuellen Ziele ausgerichtet sind.

KAPITEL ZWÖLF
DIE WICHTIGSTE ENTSCHEIDUNG IHRES LEBENS

von Tony Robbins

Die meisten Menschen wissen intuitiv, dass Geld nicht glücklich macht, aber sie wollen die Chance, diese Lektion aus eigener Erfahrung zu lernen!

Bo Shao, einer der erfolgreichsten chinesischen Unternehmer im Technologiesektor, hat eine unglaubliche Lebensgeschichte. Im Jahr 2019 bat ich Bo, auf meinem Platinum-Partners-Event im kanadischen Whistler über seine Erfahrungen zu sprechen. Wir erwarteten, etwas über seine vielfältigen Erfolge zu hören, doch Bo gewährte uns stattdessen mutig Einblicke in sein Herz. Er erzählte uns die Geschichte hinter der Geschichte, und ich war zutiefst von seiner Aufrichtigkeit und Offenheit berührt. Ich bin sicher, Ihnen wird es genauso gehen.

Bo wuchs in Shanghai in sehr armen Verhältnissen auf. Bo, der von einem strengen, traditionellen Vater erzogen worden war, lernte, dass Leistung und Errungenschaften unverzichtbar für Erfolg sind (und Emotionen nicht zählen). Sein Vater brachte ihm anhand von Spielkarten bei, in kürzester Zeit mathematische Aufgaben im Kopf zu lösen. Als er das Gymnasium beendete, hatte er bereits mehr als ein Dutzend Mathematikwettbewerbe für mathematisch hochbegabte Kinder gewonnen.

Im Jahr 1990 wurde ihm ein Vollstipendium an der Harvard University angeboten – das erste Vollstipendium für einen Festlandchinesen seit 1949. Nach seinem Studium, das er im Eiltempo absolviert hatte, nahm er seine erste Stelle bei der Boston Consulting Group an und machte gleichzeitig seinen MBA an der Harvard Business School. Damals befand sich der Technologieboom noch in seinen Anfängen. Bo beschloss, nach

China zurückzukehren und sein erstes Unternehmen zu gründen – EachNet, die selbsternannte »Imitation« von eBay. Seine Investition zahlte sich aus. Im Jahr 2003 verkaufte er sein Unternehmen für 225 Millionen Dollar an eBay. Damals war er 29 Jahre alt.

Anschließend zog er sich eine Zeit lang ins »Privatleben« zurück, aber das wurde ihm schnell zu langweilig. Und so beschloss er, sich erneut als Unternehmer zu versuchen. Er wurde Mitbegründer einer der erfolgreicheren chinesischen Venture-Capital-Gesellschaften, die in eine lange Liste an erfolgreichen Start-ups investiert ist. Bo hat mit seiner Familie die ganze Welt bereist, in Südfrankreich gelebt, ein wunderschönes Anwesen in einer der teuersten Gegenden von Kalifornien gekauft und »einen Ferrari bar bezahlt«. Er hatte sich sein Leben in jeder Hinsicht als echter Mogul eingerichtet.

Aber trotz all seiner Errungenschaften und eines Vermögens, das weder er noch seine Kinder jemals ausgeben konnten, fühlte sich Bo miserabel. Er war der Illusion erlegen, dass Geld, Leistung und Errungenschaften aus sich selbst heraus Erfüllung bieten. Er besaß kein soziales Umfeld, keine Freunde, denen er vertrauen konnte, er hatte ein distanziertes Verhältnis zu seinen Kindern und eine neunstellige Summe auf dem Bankkonto. Ihm fehlte der Lebenssinn. Anstatt seine Errungenschaften zu genießen, hatte er schreckliche Angst, sein Vermögen zu verlieren. »Ich fühlte mich sicherer, als ich ein Jahr nach dem College 50 000 Dollar verdiente!«, rief er.

Ich glaube, wenn wir ehrlich zu uns selbst sind, können wir uns alle mit Bo identifizieren. Klar, vielleicht haben wir kein Unternehmen für eine neunstellige Summe verkauft, aber ich bin sicher, dass Sie sich an einen Zeitpunkt in Ihrem Leben erinnern können, an dem Sie davon besessen waren, ein sehr anspruchsvolles Ziel zu erreichen. Vielleicht war es eine Verkaufsquote für Ihr Unternehmen, eine neue berufliche Position oder ein glänzender Luxuswagen. Und als Sie Ihr Ziel erreicht hatten, freuten Sie sich auch kurz. Aber schon bald war das Gefühl des Neuen verbraucht und die Freude verblasste. Die Errungenschaft hatte ihren Glanz verloren. Und so verrückten wir den Zielpfosten ein wenig und suchten uns ein neues Ziel. Ich kann Ihnen mit hundertprozentiger Gewissheit sagen, dass ich diesen Film tausendmal gesehen habe. Er ist einfach ein Teil der menschlichen Natur beziehungsweise unseres Betriebssystems, das jedes

Mal »Fehler« anzeigt, wenn wir bekommen, was wir wollen, und uns das Gefühl der Zufriedenheit wie Sand durch die Finger rinnt.

Ich genieße das Privileg, mit wahnsinnig erfolgreichen Geschäftsleuten, Schauspielern, Sportlern und Politikern zusammenzuarbeiten. Nach einem Leben voller Anstrengungen erreichen viele den Gipfel und stellen dann fest, dass die Luft dort oben sehr dünn ist. Viele stellen sich am Ende dieselbe Frage: »Ist das alles?« Ich sage es nur sehr ungern, aber das Gleiche gilt auch für finanzielle Freiheit. Sie können alle Strategien und Instrumente, die in diesem Buch vorgestellt werden, anwenden, Ihr Ziel erreichen und sich dennoch leer fühlen – es sei denn, Sie würden die **Kunst der Erfüllung** beherrschen, wie ich es nenne.

WAHRES SCHEITERN IST, WENN MAN ERFOLG HAT UND TROTZDEM UNERFÜLLT IST

Ich glaube, wir sind uns alle einig, dass wir keine Stapel buntes Papier mit darauf abgebildeten toten Präsidenten meinen, wenn wir von finanzieller Freiheit sprechen. Was wir letztendlich wollen, sind die Gefühle, die mit Geld assoziiert werden: Freiheit, Sicherheit, Komfort, Freude, Zufriedenheit und Seelenfrieden. Und tun zu können, was Sie wollen und wann Sie es wollen, und diese Dinge mit geliebten Menschen zu teilen. Zu arbeiten und Dinge zu bewegen, weil Sie es wollen, und nicht, weil Sie es müssen. Das ist finanzielle Freiheit.

Echter, dauerhafter Reichtum ist weitaus mehr als Geld. Wir müssen emotionalen, physischen und spirituellen Reichtum anstreben. Denken Sie an eine Zeit in Ihrem Leben, in der Sie eine unbeschreibliche Freude empfunden und sich wirklich erfüllt gefühlt haben. Vielleicht war es der Moment, in dem Ihr Kind geboren wurde oder als Ihr Partner den Gang entlangschritt und sagte: »Ich will!« Vielleicht war es ein Ausflug mit Freunden. Vielleicht war es die Beobachtung eines besonders schönen Sonnenuntergangs und das Gefühl, sich eins mit dem Schöpfer zu fühlen. Das sind Momente echter Freiheit. Wir wissen intuitiv, dass diese Momente tiefer Erfüllung oft nichts mit Geld zu tun haben und viel zu selten eintreten. Sie müssen sich aber nicht mit einigen kurzen Momenten der Erfüllung zufriedengeben, die wie gelegentliche Tupfer Ihr Leben sprenkeln. Sie müssen nicht darauf warten, dass sich die Umstände ändern, damit Sie sich spüren. Wie Sie im Verlauf dieses Buches erfahren haben, sind die Instrumente zur Erlangung finanzieller Freiheit nicht sehr komplex. Sie müssen die Spielregeln kennen, die Funktionsweise der Märkte kennen, schlechte emotionale Entscheidungen vermeiden, die Wirkung des Zinseszinses nutzen und idealerweise mit einem Berater zusammenarbeiten, der Ihr Bestes will und Sie coacht.

Wenn es unverbrüchliche Gesetze zur Erreichung eines bestimmten Ergebnisses gibt (zum Beispiel eine herausragende körperliche Kondition oder eine meisterliche Beherrschung Ihrer Finanzen), bezeichne ich das als **»Wissenschaft des Erfolgs«**. Bo war ein Meister in dieser Wissenschaft. Er kannte die Erfolgszutaten, und wie ein Meisterkoch wusste er, wie er sie mischen musste. Doch trotz überwältigender geschäftlicher Erfolge war es ihm nicht gelungen, eine außerordentliche Lebensqualität zu erzielen. Warum? **Weil eine außerordentliche Lebensqualität nur in der Beherrschung der Kunst der Erfüllung zu finden ist.** Ich will es noch einmal wiederholen: Sie müssen die Kunst der Erfüllung beherrschen, *weil das wahre Scheitern ein Erfolg ohne Erfüllung ist.*

SCHMERZ IST UNVERMEIDLICH, LEIDEN IST EINE WAHLENTSCHEIDUNG

Wie der Mensch in seinem Herzen denkt, so ist er.
SPRÜCHE, 23,7

Vor einigen Jahren beschloss ich, mit dem Golfspiel zu beginnen. Ich bin zwei Meter groß und wiege fast 120 Kilo. Wenn ich Golf spiele, sieht es so aus, als würde ein Gorilla einen Zahnstocher schwingen. Wie bei fast allen Dingen im Leben dachte ich: Je härter ich auf den Ball eindresche, desto besser. Als ich das erste Mal auf dem Übungsplatz gleich den Schläger zerbrach, wandte ich mich an den Trainer und sagte: »Wenn das so weitergeht, brauche ich drei oder vier weitere Schläger.« Der Trainer erklärte mir freundlich, dass es im Golfsport anders als bei hölzernen Baseballschlägern nicht üblich sei, regelmäßig Schläger zu zerbrechen.

Wenn Sie noch nie Golf gespielt haben, dann sei Ihnen gesagt, dass es ein äußerst frustrierender Sport sein kann. Härter und schneller ist nicht immer besser. Golf ist ein Spiel der Nuancen und genau abgemessener Schläge. Ein kleiner Schwung kann den Unterschied zwischen einem guten Abschlag und einem Ballflug weit außerhalb der Grenzen oder einem

Schuss in den See bedeuten. Golf ist ein Spiel, das man nie wirklich beherrschen kann und das die Geduld eines Hiob erfordert. Nach einigen Unterrichtsstunden wurde mir klar, dass dieser Sport nichts für mich war. Ich habe nicht die Zeit, mich so intensiv mit Golf zu beschäftigen, dass ich ein halbwegs anständiges Handicap erreichen kann, und herumzustümpern macht mir keinen Spaß. Ich konnte mit meiner Zeit etwas Besseres anfangen!

Auf einer Reise nach Mexiko fragte mich Bert, ein guter Kumpel, ob ich nicht spielen wollte. Ich wollte ihm gerade erzählen, was ich von Golf halte (langweilig, langsam etc.), da schnitt er mir auch schon das Wort ab. *»Tony, ich weiß, dass du nicht viel Zeit hast; können wir nicht einfach vier oder fünf Löcher spielen?«* Ich wusste nicht einmal, dass man nur einige Löcher spielen kann, aber eigentlich wollte ich viel lieber an den Strand gehen und mich in der kurzen Pause in meinem Terminkalender entspannen. *»Tony, lass uns doch die vier oder fünf Löcher gleich neben dem Ozean spielen. Es ist wunderschön!«* Das klang schon besser, aber dann fiel mir wieder ein, wie schlecht ich Golf spielte. *»Tony, wir schreiben einfach keine Punkte auf.«* Was, keine Punkte?! Was soll das Ganze dann?!

Ab diesem Tag traf ich eine Entscheidung. Die Entscheidung, nicht zu leiden. Die Entscheidung, beim Golfspiel jedes Loch zu genießen; mich an den Menschen zu erfreuen, mit denen ich mich umgebe; die Natur und die Erfahrungen, die ich mache, zu genießen und meinen sehr gelegentlichen guten Golfschlag. Die Golflegende Ben Hogan brachte es auf dem Punkt, als er sagte: *»Golf ist ein Spiel, das man auf einem 15-Zentimeter-Parcours spielt – das ist der Abstand zwischen den beiden Ohren.«* Golf gehört inzwischen zu meinen Lieblingsbeschäftigungen, und ich schreibe noch immer keine Punkte auf.

Ich erzähle Ihnen diese Geschichte, weil sich der Golfsport auf meinem Weg zu der Entscheidung, in einem »harmonischen Zustand« zu leben, wie ich es nenne, als ein unerwarteter Lehrer erwies. Das Golfspiel hat sich nicht verändert; ich habe mich verändert. An jenem Tag beschloss ich, eine innere Haltung zu pflegen, die mir eine außerordentliche Lebensqualität beschert. Und warum sollte ich das nicht jeden Tag tun?

DER ZUSTAND DER INNEREN HARMONIE

Ich reise fast jedes Jahr nach Indien. Auf meiner letzten Reise führte ich ein großartiges Gespräch mit einem Freund, der sein Leben dem spirituellen Wachstum gewidmet hat – seinem eigenen Wachstum und dem Wachstum anderer Menschen. Er sagte mir, er glaube daran, dass es nur zwei mentale Zustände gebe – entweder man befinde sich in einem energiearmen, negativen Zustand, den er als **»Leidenszustand«** bezeichnet (Trauer, Wut, Depression, Frustration, Angst), oder in einem energiegeladenen, positiven Zustand, den er als **»harmonischen Zustand«** bezeichnet (Freude, Liebe, Dankbarkeit, Kreativität, Großzügigkeit, Mitgefühl).

Dieses Gespräch war der Beginn einer tiefgreifenden Veränderung in meinem Leben. Ich habe schon immer daran geglaubt, dass unsere innere Haltung das Einzige im Leben ist, das wir kontrollieren können. Das lehre ich seit Jahrzehnten. Wir können weder den Aktienmarkt bestimmen noch den Regen oder das Verhalten unseres Ehepartners oder unserer Kinder. Was wir allerdings bestimmen können, ist die Bedeutung, die wir diesen Dingen beimessen. Und diese Bedeutung bestimmt unsere Gefühle – unser emotionales Erleben ist unsere Realität. Wie wir uns tagtäglich fühlen, können wir zu 100 Prozent selbst bestimmen. Als ich aus Indien abreiste, betrieb ich ein wenig Introspektion und überprüfte, ob ich mich wirklich so verhielt. Entschied ich mich immer und zu allen Zeiten, in innerer Harmonie zu leben? War das überhaupt möglich?

EIN HARTER KAMPF

Wahrscheinlich verwundert es nicht, dass ich mich selbst als Erfolgsmenschen beschreibe. Ich bin in mehr als 50 Unternehmen investiert oder auf andere Weise an ihnen beteiligt und besuche jedes Jahr mehr als 100 Städte. Mein Leben und mein Terminkalender enthalten mehr bewegliche Teile als eine Boeing 747. Bei vielen Hundert Mitarbeitern in unterschiedlichen Branchen und einem Reisekalender, der dichter gedrängt ist als die Reiseplanung des Präsidenten der Vereinigten Staaten, was glauben Sie, wie hoch die Chancen sind, dass alles immer so läuft wie geplant? Die Antwort: gleich null.

Ehrlich gesagt war es nicht ungewöhnlich, dass ich mich aufregte, mich überfordert fühlte oder wütend oder frustriert reagierte, wenn etwas schiefging. Wenn Sie mich allerdings gefragt hätten, ob ich leide, hätte ich gelacht: »Ich leide nicht! Ich finde einen Weg und kämpfe mich durch!« Die Wahrheit lautete: Wenn ich diese Gefühle regelmäßig empfand, entschied ich mich bewusst, in einem Leidenszustand zu leben. Ich hatte diese Gefühle als Brennstoff für mein Feuer gerechtfertigt (wie es die meisten Erfolgsmenschen tun), aber in Wahrheit raubten sie mir die Lebensfreude und verhinderten, dass ich Erfüllung fand.

GEFANGEN IN DER EIGENEN NEGATIVITÄT

Ich litt, weil meine unkontrollierten Gedanken meine Emotionen gekapert hatten. Ich glaubte, am Steuer zu sitzen, aber stattdessen war ich wie ein Korken auf hoher See den Wellen ausgeliefert. Und das weiß ich inzwischen: Sie und ich besitzen ein zwei Millionen Jahre altes Gehirn, das ständig nach Gefahren Ausschau hält. Unser Gehirn ist für einen einzigen Zweck programmiert: unser Überleben zu sichern. Es geht immer um das Überleben. Die »Software« unseres Gehirns ist nicht dafür gemacht, uns glücklich zu machen – das ist Ihre Verantwortung. Es ist *Ihre* Aufgabe, die Richtung Ihrer Gedanken zu bestimmen. Es ist *Ihre* Aufgabe, nach den Dingen Ausschau zu halten, die richtig, schön, liebenswert, lustig und bedeutungsvoll sind. In jeder Minute des Tages. Und wie bei jedem Muskel muss man auch das trainieren.

Nachdem ich mir eingestanden hatte, dass ich in einem Leidenszustand lebte, beschloss ich, die wichtigste Entscheidung meines Lebens zu treffen, nämlich dass ich nie mehr leiden und meine wahren Gefühle verleugnen wollte; dass ich für den Rest meines Lebens alles in meiner Macht Stehende tun würde, um in einem Zustand der inneren Harmonie zu leben. Einem Zustand der Liebe, Freude, Kreativität und Leidenschaft, des Spaßes, der Leichtigkeit, der Fürsorge, des Wachstums, der Großzügigkeit und der Neugier. Das ist eine Entscheidung auf Leben und Tod, denn wenn Sie wirklich leben und ein großartiges Leben der inneren Erfüllung führen wollen, MÜSSEN Sie beschließen, dass das Leben zu kurz ist, um zu leiden.

VERLUST, MANGEL, VERZWEIFLUNG

Wenn Sie einem Affen einen Apfel geben, wird er ganz aufgeregt und freut sich diebisch. Wenn Sie ihm aber zwei Äpfel geben und dann einen wieder wegnehmen, wird er wütend! Bei Menschen ist es ähnlich. Unser Gehirn ist von der Evolution darauf programmiert, nach möglichen Problemen Ausschau zu halten – nach allem, was wir nicht haben oder verlieren könnten. Mein Mantra lautet wie folgt: Man findet immer irgendwelche Probleme; auf die positiven Dinge zu achten, verlangt dagegen eine bewusste Kanalisierung der Aufmerksamkeit. Nachfolgend wollen wir die Auslöser für den Leidenszustand untersuchen, um besser zu verstehen, wie unsere »mentale Software« funktioniert, um zu erfahren, wie wir dieses Betriebssystem überlisten und die Kontrolle zurückgewinnen können.

Erster Auslöser: Verlust. Wenn Sie glauben, Sie hätten etwas Wertvolles verloren, werden Sie leiden. Selbst ein drohender Verlust wird Ihr Gehirn bereits in den Alarmzustand versetzen. Üblicherweise geht es dabei nicht um den Verlust einer physischen Sache (obwohl Geldverlust am häufigsten vorkommt). Es könnte ein Zeitverlust, der Verlust von Liebe, Respekt, Freundschaft oder einer guten Gelegenheit sein.

Zweiter Auslöser: Mangel. Mangel ist ein weniger intensives Gefühl als ein vollständiger Verlust. Wie der Affe, der nun einen Apfel weniger hat, werden Sie leiden, wenn Sie glauben, dass Ihnen etwas fehlt. Es könnte das Ergebnis einer Sache sein, die Sie oder andere getan haben. Wenn Sie das Gefühl haben, Sie haben nun weniger von einer Sache, die Ihnen wichtig ist, leiden Sie mental und emotional.

Dritter Auslöser: Verzweiflung. Ihr Gehirn redet Ihnen ein, dass Sie das, was Ihnen wichtig ist, »nie« bekommen werden. Es sagt Ihnen: Wenn X nicht passiert oder Y eintrifft, werden Sie nie glücklich, geliebt, schlank, reich, attraktiv oder wichtig sein. Dieser Verzweiflungsmodus öffnet destruktiven Verhaltensweisen, die uns und unseren Beziehungen Schaden zufügen, Tür und Tor. Das Gehirn konzentriert sich kurzsichtig auf sich selbst.

Oft verbeißen wir uns in ein Problem, das noch nicht einmal existiert. Wir fühlen das, worauf wir uns konzentrieren, unabhängig von den realen Ereignissen. Haben Sie jemals geglaubt, ein Freund oder eine Freundin habe Sie absichtlich verletzt? Sie haben in Ihrem Ärger geschmort und haben zahlreiche imaginäre Streitgespräche geführt (die Sie natürlich immer gewonnen haben!): »*Sie wird nie verstehen, wie verletzend sie ist! Sie ist mir gegenüber unglaublich respektlos. Ich weiß nicht, ob sich diese Beziehung retten lässt!*« Aber dann haben Sie festgestellt, dass Sie sich geirrt haben. Sie hatten die Situation vollkommen missverstanden und niemand hatte Schuld. Aber Sie haben trotzdem gelitten. Sie wurden die Geisel Ihrer negativen Gefühle und haben sich den Tag vermiest, vielleicht sogar die ganze Woche. Ihre Gefühle wurden Ihre Erfahrung. Und Ihre Erfahrung war eine Mischung aus Verlust, Mangel und Verzweiflung.

IN VIELEN GESCHMACKSRICHTUNGEN

Und hier meine Frage: Welches ist Ihre bevorzugte Geschmacksrichtung, wenn Sie leiden? Sind Sie oft wütend? Reuig? Zynisch? Ängstlich? Frustriert? Welchen Leidenszustand bringen Sie nach Hause zu Ihrem Ehepartner oder Ihren Kindern? Welchen Leidenszustand schleppen Sie wie einen Sack Zement mit an Ihren Arbeitsplatz? Welchem Leidenszustand geben Sie die Genehmigung, Ihre Gedanken und Ihre Wahrnehmung zu beherrschen?

Wir alle erleben ein breites Spektrum an Emotionen. Meiner Erfahrung nach haben die meisten Menschen jedoch eine emotionale Rille, in der ihr Bewusstsein immer wieder steckenbleibt – wie eine zerkratzte Schallplatte. Wie gewinnen wir die Kontrolle zurück? Alles beginnt mit der Erkenntnis, dass das eine bewusste Entscheidung ist. **Entweder Sie beherrschen Ihre Gedanken, oder diese beherrschen Sie.** Wenn Sie eine außerordentliche Lebensqualität erreichen wollen, müssen Sie beschließen, die Kontrolle über Ihre Gedanken wiederzugewinnen. Sie müssen sich darauf verpflichten, das Leben zu genießen, wenn alles läuft, wie geplant, aber AUCH, wenn die Dinge aus dem Gleis geraten. Wenn jemand Sie verletzt, wenn Sie mit Ihren Vermögensanlagen Geld verlieren, wenn Ihr Partner Sie anraunzt, wenn Ihr Vorgesetzter oder Ihre Mitarbeiter Ihnen keine Wertschätzung entgegenbringen: Das sind Zeiten, in denen Sie das Muster durchbrechen und sich auf Ihr Ziel konzentrieren müssen, in innerer Harmonie zu leben. Das Leben ist zu kurz, um zu leiden.

Das ist kein »Think-Positive«-Unsinn. Wenn jemand sich bewusst entscheidet, trotz widriger Umstände nicht zu leiden, sind wir inspiriert! Wir schreiben Bücher über solche Menschen, drehen Filme über sie und verleihen ihnen Auszeichnungen für ihre Lebensleistung. Wir bewundern Menschen, die ihre Gedanken beherrschen und trotz unvorstellbarer Tragödien oder Ungerechtigkeiten ruhig und positiv bleiben. Wenn jemand wesentlich größere Prüfungen überstanden hat als wir selbst und sich sein heiteres Gemüt bewahrt hat, sehen wir darin einen Anstoß, einen höheren Standard zu erfüllen. Es ist ein Ansporn, Bilanz zu ziehen, unsere Sichtweise zu verändern und eine tiefe Dankbarkeit für alles Schöne in unserem Leben zu empfinden. Wer will, kann immer Gutes und Schönes entdecken.

DIE 90-SEKUNDEN-REGEL

Niemand ist immun gegen die Herausforderungen des Lebens und gegen schmerzliche Gefühle. Ich sage nicht, dass Sie unbewusst durch das Leben segeln sollten. Das ist eher eine Vermeidehaltung. Ich will sagen, dass Sie die bewusste Entscheidung treffen müssen, sich nicht von diesen Gefühlen beherrschen zu lassen. Und hier eine Strategie, die sich für mich bewährt hat. Ich habe beschlossen, mir selbst 90 Sekunden zu geben und meine Gedanken und Gefühle zu innerer Harmonie zurückzuführen, wenn ich anfange, zu leiden. Aber wie funktioniert das genau?

Nehmen wir an, ich würde eine hitzige Diskussion mit einem Teammitglied führen und feststellen, es habe eine Sache oder Situation völlig falsch beurteilt und daraus hätten sich eine Reihe von Problemen ergeben. Wenn ich meinen Gedanken freien Lauf lasse, galoppieren sie los und konzentrieren sich auf alles, was schiefläuft. Alarmlampen blinken auf und Sirenen ertönen in meinem Kopf. Mein Gehirn fleht mich geradezu an, wütend und frustriert zu werden und in einen Leidenszustand zu verfallen. Das ist mein Stichwort, um zu handeln. Als Erstes atme ich langsam ein und aus und beruhige mich. Die Veränderung der eigenen Physiologie ist der Schlüssel zur Durchbrechung von Mustern. Atmen Sie tief durch, gehen Sie ein Stück oder machen Sie einen Hampelmann – machen Sie irgendetwas, das Sie von Ihrer emotionalen Spontanreaktion ablenkt.

Und dann verabreiche ich mir selbst das Gegenmittel: Wertschätzung. Ich habe gelernt, dass man nicht gleichzeitig Angst und Dankbarkeit empfinden kann. Ich muss die Situation nicht gut finden – das hieße, die Realität zu verleugnen. Ich entscheide mich einfach, mich auf etwas zu konzentrieren, über das ich mich in diesem Moment freuen kann. Ich kann mich über meine Frau freuen, die mir gegenübersitzt, oder über meine Kinder, die ich aus den Augenwinkeln auf einem Foto sehe, oder über den Blick auf den Ozean aus meinem Bürofenster. Ich werde mich über alles freuen, was mir Anlass zur Freude bietet. In diesem Fall entscheide ich mich, mich darüber zu freuen, dass ich ein Unternehmen besitze, das ich liebe und das das Leben anderer Menschen verbessert. Ich freue mich über die Tatsache, dass der besagte Mitarbeiter üblicherweise ein Superstar ist.

Wenn ich beschließe, nicht länger zu leiden und mich stattdessen zu freuen, verändere ich die Programmierung meines Nervensystems und gewinne die Kontrolle über meine Gedanken zurück. Inzwischen sind wir in der Lage, die Wissenschaft und den medizinischen Nutzen der Dankbarkeit und Wertschätzung zu verstehen. Wenn ich sage, wir können unser Gehirn umprogrammieren, übertreibe ich nicht. Nervenzellen, die untereinander Signale aussenden, bilden untereinander auch neue Verbindungen. Anfangs sind die neuen Nervenbahnen noch dünn und schwach, aber mit der Wiederholung werden sie dick und stabil. Ihre Fähigkeit, Dankbarkeit zu empfinden, hängt vollkommen davon ab, wie oft Sie bewusste Dankbarkeit praktizieren.

Sobald ich merke, dass die Dankbarkeit wieder zurückkehrt, kehre ich zu dem Problem zurück. Dann suche ich nach einem anderen harmonischen Zustand, zum Beispiel Kreativität. Sie kann mir dabei helfen, dass ich das Problem schneller lösen kann. Und in dieser ruhigen, gelassenen Verfassung kann ich dafür sorgen, dass sich mein Mitarbeiter wertgeschätzt und anerkannt fühlt, denn das erzeugt eine verständnis- und vertrauensvolle Umgebung.

Der Punkt ist, dass jede Situation etwas Gutes enthält, wenn man sich selbst erlaubt, es zu sehen. Die Probleme stechen immer sofort ins Auge, aber das Gute, Schöne und Wichtige ist auch da. Vielleicht sticht es nicht so hervor, aber möglicherweise müssen Sie das Vertrauen haben, dass das Leben Ihnen nichts »antut«, sondern Ihnen wohlgesinnt ist. Ich wuchs bei einer Mutter auf, die zwischen Liebe und Missbrauch schwankte. Während sie sich in ihrem Zimmer verkrochen hatte, um Medikamente und Alkohol in sich hineinzuschütten, war ich gezwungen, meine Geschwister großzuziehen. Ich liebe meine Mutter sehr, aber eines weiß ich: Wäre meine Mutter so gewesen, wie ich es mir gewünscht hätte, wäre ich nicht der Mann, der ich heute bin. Das Leben war mir wohlgesinnt, es hat mir nichts angetan. Das ist der Sinn, für den ich mich entscheiden muss, wenn ich frei sein will.

Ja, dieses Buch handelt von finanzieller Freiheit, und das ist gewiss ein lohnendes Ziel. Meine Hoffnung ist aber, dass Sie nicht nur finanzielle Freiheit erlangen – was immer Sie darunter verstehen –, sondern dass Sie auch beschließen, sich eine außerordentliche Lebensqualität zu verschaffen. Nicht irgendwann, sondern hier und jetzt. Sie müssen damit nicht warten, bis Sie irgendeine imaginäre Ziellinie erreichen, an der Sie »endlich« das Gefühl haben, Sie hätten es geschafft. Sie verdienen es. Ihre geliebte Familie verdient es. Das Leben ist zu kurz, um zu leiden!

DANKBARKEIT: DIE BESTE MEDIZIN FÜR DAS GEHIRN

Die größten spirituellen Lehrer der Geschichte wissen seit vielen Tausend Jahren, dass Dankbarkeit das beste Mittel gegen Leiden ist. Die neuesten wissenschaftlichen Studien zeigen zudem die unglaubliche Wirkung, die Dankbarkeit auf Geist und Körper hat. Lesen Sie hier die beeindruckenden Erkenntnisse!

- Untersuchungen von Dr. Jeffery Huffman vom Massachusetts General Hospital weisen darauf hin, dass positive psychische Zustände wie Optimismus und Dankbarkeit unabhängig eine besonders gute Herz-Kreislauf-Gesundheit anzeigen.
- Eine Studie des amerikanischen Psychologenverbands APA aus dem Jahr 2015 stellte fest, dass die Patienten, die über einen Zeitraum von acht Wochen über ihre Dankbarkeit Tagebuch führten, bei mehreren Entzündungsmarkern einen geringeren Pegel aufwiesen.
- In einer Studie über die Pflege von Wertschätzung und anderen positiven Gefühlen wiesen die Testpersonen, die Dankbarkeit kultivierten, ein niedrigeres Level an Stresshormonen auf. So wurde ein Rückgang von 23 Prozent des Cortisolspiegels und ein Anstieg des DHEA/DHEAS-Spiegels um 100 Prozent festgestellt. Das ist das Anti-Aging-Hormon, das zur Produktion anderer wichtiger Hormone wie Testosteron und Östrogen beiträgt.
- Eine Studie aus dem Jahr 2006, die in der Zeitschrift *Behaviour Research and Therapy* veröffentlicht wurde, stellte fest, dass Vietnamveteranen, die eine große Dankbarkeit empfanden, seltener unter einer posttraumatischen Belastungsstörung litten.
- Eine Studie, die von den Forschern der Wharton School of the University of Pennsylvania durchgeführt wurde und über die die Harvard Medical School berichtete, stellte fest, dass dankbare Führungskräfte ihre Mitarbeiter zu einer größeren Produktivität motivieren konnten.

KAPITEL DREIZEHN
LEBENSZUFRIEDENHEIT

von Jonathan Clements

Anmerkung von Peter – Wie Tony gerade beschrieben hat, kann man mit Geld viele Dinge kaufen, nur keine Lebenszufriedenheit. Wir müssen unser Geld mit Bedacht verwenden, und wenn wir das tun, sollte es uns in die Lage versetzen, zu verfolgen, was uns glücklich und zufrieden macht, und uns ermöglichen, das Leben nach unseren Vorstellungen zu genießen. Ich habe Jonathan Clements, ehemaliger Kolumnist des *Wall Street Journal* und Director of Financial Education von »Creative Planning«, gebeten, über das Thema Lebenszufriedenheit und die Frage zu schreiben, welche Rolle Geld dabei spielen kann.

Wenn Sie Ihre Freunde fragen würden, ob sie zufriedener wären, wenn sie mehr Geld hätten, würden die meisten wahrscheinlich im Brustton der Überzeugung antworten: »Ja!« Und dennoch gibt es zahlreiche Hinweise darauf, dass es nicht so ist.

Denken Sie an die große US-Bevölkerungsumfrage General Social Survey, die seit fast fünf Jahrzehnten regelmäßig durchgeführt wird. In der ersten Umfrage aus dem Jahr 1972 bezeichneten sich 30 Prozent der Amerikaner als »sehr zufrieden«. Seitdem ist das inflationsbereinigte verfügbare Pro-Kopf-Einkommen um ganze 131 Prozent angestiegen, was bedeutet, dass wir inzwischen doppelt so viel Geld zur Verfügung haben wie im Jahr 1972. Dieses ganze Geld hat aber offenbar nicht viel zur Steigerung unserer Lebenszufriedenheit beigetragen. Im Jahr 2018 bezeichneten sich nur 31 Prozent der Amerikaner als »sehr zufrieden«. Das ist nur 1 Prozentpunkt mehr als im Jahr 1972.

Ich bin allerdings immer noch fest davon überzeugt, dass man mit Geld Zufriedenheit kaufen kann, vorausgesetzt, man gibt es mit Bedacht aus.

Wenn wir die Weisheit und Disziplin besitzen, den Empfehlungen zu folgen, die in den bisherigen Kapiteln ausgesprochen wurden, sollten wir uns schon bald auf einem Pfad befinden, der uns in eine blühende finanzielle Zukunft führt. Aber was können wir uns mit Geld verschaffen? Ich sage, da gibt es drei potenzielle Vorteile, und alle von ihnen könnten unser Leben deutlich verbessern.

WENIGER GRUND ZUM KLAGEN

Der erste große Vorteil von Geld: Es kann finanzielle Sorgen lindern und uns das Gefühl geben, wir hätten unser Leben unter Kontrolle. Ich betrachte Geld als so etwas Ähnliches wie Gesundheit. Nur wenn man sie nicht hat, erkennt man, wie großartig es ist, sich gesund zu fühlen. Mit Geld verhält es sich ähnlich. Nur wenn wir nicht genug Geld haben, erkennen wir, wie großartig es ist, über solide Finanzen zu verfügen. Viel Geld verschafft uns keine zusätzliche Zufriedenheit, aber kein Geld zu haben, könnte uns sehr unzufrieden machen. Womöglich fühlen wir uns von unseren monatlichen finanziellen Verpflichtungen in die Enge getrieben, festgenagelt auf unsere gegenwärtige Arbeitsstelle und eine unvorhergesehene größere Ausgabe von der Insolvenz entfernt.

Traurigerweise sieht so das Leben vieler Amerikaner aus. Laut der amerikanischen Notenbank könnten vier von zehn Amerikanern keine Notausgabe in Höhe von 400 Dollar bestreiten beziehungsweise müssten sich dafür verschulden oder irgendetwas verkaufen. Eine weitere alarmierende Statistik: In einer Umfrage von CareerBuilder gaben 78 Prozent der amerikanischen Erwerbstätigen an, sie würden sich von Monat zu Monat hangeln. Und das, obwohl wir in der dynamischsten und wohlhabendsten entwickelten Volkswirtschaft der Welt leben. Trotzdem lebt die Mehrheit der Amerikaner von der Hand in den Mund. Vielleicht ist es kein Wunder, dass unser steigender Lebensstandard unsere Lebenszufriedenheit nicht gesteigert hat.

Ja, wir sollten für unseren Ruhestand, eine Anzahlung für ein Wohnhaus und die College-Ausbildung unserer Kinder sparen. Aber diese spezifischen Ziele gehören zu einem übergeordneten Finanzziel: Wir wollen uns an einen Punkt bringen, an dem wir nicht regelmäßig über Geldmangel klagen müssen und dieser unseren Lebensstil ständig einschränkt. Und hier die gute Nachricht: Es bedarf gar nicht so großer Anstrengung, einen Großteil unserer Geldsorgen zu beseitigen. Wenn wir einfach unsere Kreditkartenschulden loswerden, unsere Rechnungen pünktlich bezahlen und jeden Monat ein wenig Geld auf ein Sparkonto legen, können wir unser Wohlbefinden erheblich steigern. Eine Studie der amerikanischen Verbraucherschutzbehörde ergab, dass Amerikaner, die weniger als 250 Dollar auf dem Konto haben, von 100 Punkten für finanzielles Wohlergehen nur 41 Punkte erreichten. Diejenigen, die zwischen 5000 und 19 999 Dollar gespart haben, erreichen bereits eine Punktzahl von 59 und liegen damit über dem Durchschnittswert von 54.

Wenn wir unsere Finanzen unter Kontrolle bringen, wird es uns nicht nur leichter fallen, unsere Monatsrechnungen und unerwartete Ausgaben zu begleichen, wir haben dann auch das Gefühl, unser Leben besser steuern zu können. Das ist ein sehr großer Nutzen, und dorthin zu kommen, verlangt nur relativ bescheidene Opfer: ein kleineres Kabel-TV-Abonnement, etwas weniger Kleiderkäufe, einen Gebrauchtwagen statt eines Neuwagens. Mit dem Verzicht auf einige wenige materielle Dinge können wir uns Seelenfrieden erkaufen. Das erscheint mir einer der besten Kompromisse im Leben zu sein. Wenn wir weniger ausgeben, als wir einnehmen, werden wir das Geld haben, um Schulden abzuzahlen und Geld anzusparen, und dann werden wir allmählich in der Lage sein, die nagenden finanziellen Sorgen hinter uns zu lassen, die für viele Amerikaner ein täglicher Begleiter sind.

TUN SIE, WAS SIE WIRKLICH MÖCHTEN

Der zweite große Vorteil, den Geld bietet? Es ermöglicht uns, unsere Tage mit Aktivitäten zu verbringen, die uns Spaß machen und in denen wir gut sind.

Geld mag als kostbarste Ressource erscheinen, vor allem, wenn man jünger ist. Aber in Wahrheit ist Zeit unser knappstes Gut. Das wird uns auf erbarmungslose Weise bewusst, wenn wir älter werden. Um ein erfüllenderes Leben zu führen, sollten wir unser Geld dazu verwenden, möglichst viel aus dieser Zeit herauszuholen. Das könnte bedeuten, dass wir unser Geld für Hobbys ausgeben, die wir leidenschaftlich lieben, und uns die Zeit dafür freimachen, indem wir andere für Tätigkeiten bezahlen, die uns die Zeit wegnehmen – zum Beispiel Rasenmähen oder Putzen. Es gibt aber noch ein längerfristiges Ziel: Wir wollen an den Punkt kommen, an dem wir wählen können, womit wir jeden Tag die Zeit verbringen. Dieses Ziel sollte keine ferne Fantasie sein, die wir für die Zeit aufsparen, in der wir endlich genug Vermögen aufgebaut haben, um uns zur Ruhe zu setzen, sondern etwas, wonach wir bereits in den Jahren der Erwerbstätigkeit streben sollten.

Das bringt mich zu einer unkonventionellen Empfehlung. Wenn ich vor Schülern und College-Studenten spreche, sage ich ihnen nicht, sie sollten ihre Leidenschaften verfolgen, sondern ich rate ihnen, sich in den ersten Jahrzehnten ihrer Erwerbstätigkeit darauf zu konzentrieren, möglichst viel Geld zu verdienen, damit sie sich schnell den Weg zu finanzieller Freiheit bahnen können und damit eine weitaus größere Kontrolle über ihr Leben haben.

Ich weiß, ich weiß: Angeblich sollten sich junge Menschen zuerst austoben, bevor sie sich mit Familie und monatlichen Hypothekenzahlungen belasten. Das ist die herkömmliche Auffassung, die wir als Gesellschaft vertreten und den jungen Menschen immer wieder eingetrichtert haben. Sie beruht aber auf einer Annahme, die kaum hinterfragt wird, nämlich dass es mit 20 wichtiger ist, seine Leidenschaften zu verfolgen, als mit 50.

Ich behaupte, dass das Gegenteil zutrifft. Wenn wir in die Arbeitswelt eintreten, empfinden wir sie oft als ganz neu und aufregend. Wir wollen unbedingt die Regeln herausfinden, unseren Platz finden und uns beweisen. Menschen in ihren Zwanzigern oder Dreißigern empfinden langweilige Jobs womöglich nicht als eine große Last. Außerdem könnte es eine sehr clevere finanzielle Entscheidung sein, wenn die Stelle gut bezahlt ist und man jeden Monat einen hohen Betrag auf die Seite legen kann.

Nach einem oder zwei Jahrzehnten der Erwerbstätigkeit verändert sich unsere Orientierung oft. Wir kennen die Unternehmensregeln. Wir können bereits einige Erfolge verbuchen, selbst wenn sie nicht so groß waren, wie wir uns erhofft hatten. Wir haben festgestellt, dass uns Beförderungen und Gehaltserhöhungen – und die materiellen Güter, die wir damit anschaffen konnten – nur eine vorübergehende Zufriedenheit verschaffen. Wir sind zunehmend zynisch gegenüber unserem Unternehmen mit seiner Unternehmenspolitik und den häufigen Entlassungen geworden. Die materiellen Belohnungen interessieren uns immer weniger; dafür wird es uns wichtiger, unsere Tage mit den Dingen zu verbringen, die uns wirklich Spaß machen. Die gute Nachricht ist, dass wir, wenn wir in den ersten Jahrzehnten diszipliniert gespart haben, unsere Arbeitszeit nun auf Teilzeit reduzieren können, einen Karrierewechsel wagen können, der zwar weniger lukrativ, aber dafür befriedigender ist, oder vielleicht ganz aufhören können, zu arbeiten.

Das wirft sofort eine ganz wichtige Frage auf: Wenn finanzielle Freiheit bedeutet, dass wir unsere Tage so verbringen können, wie wir wollen, anstatt für Dritte zu schuften, was sollten wir dann mit unserer Zeit tun? Da fallen einem sofort Ausdrücke wie »den Tag entspannt angehen« und »Spaß haben« ein. Aber wir sollten uns auch auf Arbeit konzentrieren, die wir wirklich gerne tun.

Es gibt einen Grund dafür, warum die Welt voller Bänke ist, auf denen niemand sitzt. Als entfernte Verwandte der steinzeitlichen Jäger und Sammler in ihrem unermüdlichen Überlebenskampf sind wir nicht fürs Dauerfaulenzen gemacht, sondern für Aktivität. Oft sind wir dann am zufriedensten, wenn wir Aktivitäten nachgehen, die uns wichtig sind und uns erfüllen, die eine Herausforderung darstellen und die wir gut beherrschen. Das spiegelt sich sehr schön in dem *»Flow«*-Konzept wider, das von Mihály Csíkszentmihályi, Psychologieprofessor an der Claremont Graduate University, entwickelt wurde.

Denken Sie an einen Chirurgen im OP-Saal, einen Kunstmaler oder einen Schriftsteller, die ganz in ihre Arbeit vertieft sind, oder einen Profisportler, der sich ganz auf den Wettkampf konzentriert. Selbst alltägliche Aktivitäten wie Kochen, Autofahren oder die Steuererklärung vorbereiten bieten eine Gelegenheit, in den *Flow*-Zustand einzutreten, wobei dieser Zustand eher erreicht wird, wenn wir einer aktiven Aufgabe nachgehen, als wenn wir passiv konsumieren, wie es zum Beispiel beim Fernsehen der Fall ist. Wenn wir uns inmitten einer höchst anspruchsvollen Aufgabe befinden, in die wir unsere besten Kompetenzen einbringen müssen, können wir so absorbiert werden, dass wir die Welt um uns herum vergessen. Diese *Flow*-Momente führen nicht zu einem Glücksgefühl im herkömmlichen Sinne – wir lachen und scherzen in dieser Situation nicht mit Freunden –, und dennoch können sie zu den befriedigendsten Momenten des Lebens gehören.

SCHAFFEN SIE SCHÖNE ERINNERUNGEN

Geld kann uns ermöglichen, die Tage mit den Dingen zu verbringen, die uns Spaß machen. Aber es kann uns auch in die Lage versetzen, besondere Momente mit geliebten Menschen zu verbringen. Das ist der dritte große Vorteil von Geld. Untersuchungen zeigen, dass ein solides Netzwerk von Freunden und Familienangehörigen eine wichtige Quelle der persönlichen Zufriedenheit ist. Selbst flüchtige Begegnungen mit anderen Menschen – der Kassiererin im Supermarkt, dem Parkwächter oder dem Barista in einem Coffeeshop – können unser Zugehörigkeitsgefühl stärken.

Auch wenn wir vielleicht dem amerikanischen Ideal des unverwüstlichen Individualismus anhängen, glauben, dass wir für unseren Erfolg selbst verantwortlich sind, und nichts auf die Meinung anderer geben, sind die meisten von uns doch soziale Wesen, die mit anderen Menschen Verbindung aufnehmen möchten und sich viele Gedanken um ihren Ruf machen. Warum sind wir freundlich zu fremden Menschen, die wir nie wiedersehen werden? Warum lassen wir in einem Restaurant, in das wir nie zurückkehren werden, Trinkgeld auf dem Tisch?

In einer wissenschaftlichen Studie wurde der Alltag von 909 berufstätigen Frauen aus Texas untersucht. Die Frauen sollten ihre täglichen Aktivitäten aufschreiben und bewerten. In Bezug auf ihren Beitrag zur Lebenszufriedenheit rangierten die Pendelfahrten zur Arbeit und nach Hause ganz unten auf der Liste. Auch die Arbeit schnitt nicht gut ab. Welche Aktivitäten brachten den Befragten Zufriedenheit? Nur 11 Prozent der Frauen erwähnten, was die Forscher diskret als »intime Beziehungen« bezeichneten. Im Schnitt dauerten diese nur 13 Minuten. Aber in Bezug auf die Zufriedenheit standen sie auf der Liste ganz oben.

Die zweitwichtigste Aktivität war wesentlich bedeutsamer, zumindest was ihre Wirkung auf die allgemeine Zufriedenheit der Befragten betrifft. Die Frauen bewerteten »soziale Aktivitäten nach der Arbeit« sehr hoch und gaben den täglichen Zeitaufwand mit 69 Minuten an. Eines sollte also klar sein: Zeit mit Freunden und Familie zu verbringen leistet einen wesentlichen Beitrag zur allgemeinen Lebenszufriedenheit. Um das herauszufinden, brauchen wir aber keine wissenschaftliche Studie. Nicht viele von uns würden lieber allein in einem Restaurant essen, wenn sie die Möglichkeit hätten, mit anderen ins Restaurant zu gehen. Das Gleiche gilt fürs Kino, für Shopping, Gartenarbeit und eine Reihe weiterer Aktivitäten.

Freunde und Familie sind nicht nur gut für die Lebenszufriedenheit, sondern auch für unsere Gesundheit. Eine Studie aus dem Jahr 2010 stellte Daten aus 148 früheren Studien zusammen, die Informationen über die Verbindung zwischen der Sterblichkeit und der Kontakthäufigkeit mit anderen Menschen enthielten. Die Autoren stellten fest, dass die lebensverlängernde Wirkung eines starken Netzwerkes aus Freunden und Familie ungefähr der lebensverlängernden Wirkung der Entscheidung entspricht, das Rauchen aufzugeben.[104]

Es gibt zahlreiche Untersuchungen, die darauf hinweisen, dass wir eine größere Zufriedenheit aus Erlebnissen ziehen als aus materiellen Besitztümern. Um diese Erlebnisse noch befriedigender zu machen, sollten Sie Freunde und Familie daran beteiligen. Wenn Sie wandern gehen, gehen Sie in Begleitung. Kaufen Sie Konzertkarten für sich und einen Kollegen oder eine Kollegin. Machen Sie mit Ihren Kindern eine Kreuzfahrt. Organisieren Sie ein Familientreffen. Gehen Sie mit Freunden ins Restaurant. Fliegen Sie einmal quer durchs Land, um Ihre Enkel zu besuchen.

Zwar dauert ein Restaurantbesuch mit der ganzen Familie oder ein Konzert nur wenige Stunden und kostet vermutlich mehr als ein Tablet, mit dem Sie E-Mails beantworten, E-Books lesen, Filme ansehen, Musik hören und im Web surfen können. Besitztümer sind oft ein Schnäppchen, wohingegen Erlebnisse viel Geld kosten. Außerdem rauben all die Restaurantbesuche und Familienurlaube viel Geld, das wir unseren Kindern nicht vermachen können.

Dennoch glaube ich, dass es einer der besten Wege ist, wie man sein Geld ausgeben kann, wenn man schöne Erinnerungen schafft. Die USA hatten bisher 44 Präsidenten.[105] Zweifellos dachten alle, sie wären auf irgendeine Weise unsterblich. Und dennoch würden Sie kaum einen Menschen finden, der alle 44 nennen kann, geschweige denn, dass er über jeden etwas erzählen kann. Wenn US-Präsidenten nicht unsterblich sind, dann gibt es für die Übrigen von uns wenig Hoffnung. Fünf oder zehn

104 Und wenn Sie unbedingt weiter rauchen wollen? Auf Basis dieser Studien sieht es so aus, als sollten Sie niemals allein rauchen!

105 Anmerkung für alle ganz Genauen: Wir haben Grover Cleveland nur einmal gezählt, obwohl er als einziger US-Präsident vier Jahre nach seiner ersten Amtszeit ein zweites Mal gewählt wurde. Im Jahr 2019 gab es also 45 Präsidentschaften, aber nur 44 Präsidenten.

Jahre, nachdem wir gestorben sind, werden die meisten von uns vergessen sein. Nur unsere Freunde und unsere Familie werden noch an uns denken, weil wir in ihrer Erinnerung fortleben. Das ist die einzige Form der Unsterblichkeit, die wir je erlangen werden – zumindest auf dieser Erde. Mein Rat lautet daher: Verwenden Sie Ihr Geld so, dass Sie schöne Erinnerungen schaffen.

KAPITEL VIERZEHN

GENIESSEN SIE IHREN AUFSTIEG UND KOSTEN SIE JEDE MINUTE AUS, DIE SIE AUF DEM GIPFEL VERBRINGEN

von Peter Mallouk

Ich habe festgestellt, dass viele meiner Kunden in den ersten Monaten ihres Ruhestands große Angst um ihr Vermögen haben. Der Vermögensverwalter BlackRock fragte Menschen im Rahmen einer Studie, welche Dinge ihnen den größten Stress im Leben verursachten. Von den Befragten nannten 56 Prozent Geld! Geld war ein größerer Stressfaktor als Gesundheit (38 Prozent), Familie (37 Prozent) und Beruf (34 Prozent) (siehe Abbildung 14.1).[106] Das hängt zum größten Teil damit zusammen, dass Menschen, die nicht genug Geld haben, gestresst sind, weil sie nicht wissen, ob das Geld bis zum Monatsende reicht oder ob sie genug für den Ruhestand haben, und Menschen, die genug Geld haben, gestresst sind, weil sie Angst haben, sie könnten es einbüßen oder es würde nicht reichen!

Abbildung 14.1: GELD IST EIN GRÖSSERER STRESSFAKTOR ALS …

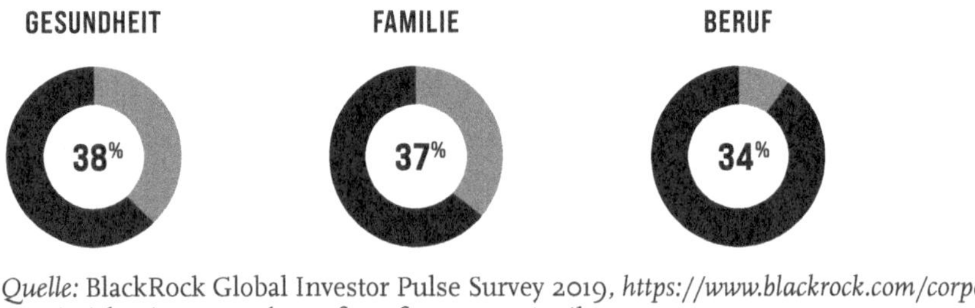

Quelle: BlackRock Global Investor Pulse Survey 2019, *https://www.blackrock.com/corporate/insights/investor-pulse,* aufgerufen am 23. April 2019.

106 Ich habe den Verdacht, das hängt stark davon ab, wer Ihre Familie ist.

»VERGLEICHE MACHEN UNZUFRIEDEN«

Wir haben immer das Gefühl, wir hätten nicht genug. Das liegt daran, dass wir ständig tun, was Menschen nun einmal tun: Wir vergleichen uns mit anderen. Manchmal ist es leicht, uns selbst hinters Licht zu führen, wenn wir uns einreden, wir seien intelligenter oder witziger als alle anderen. Geld ist für viele jedoch ein heikles Thema, denn üblicherweise legt es die Wahrheit sehr schnell offen. Wir können uns zwar vorgaukeln, wir würden in unseren sozialen Netzen in vielfacher Hinsicht hervorstechen, aber Geld offenbart schnell und schonungslos die Wahrheit. Das ist einer der Gründe, warum es gern als Maßstab verwendet wird. Selbst was unsere Finanzen angeht, sprechen wir auf eine Weise von »Nettovermögen«, als ob wir damit unser »Vermögen« als Person meinen würden, dabei hat Geld wenig mit unserer Persönlichkeit zu tun. Diese ständige Betonung von Geld und seine vergleichende Natur machen es schwer, sich diesem Druck zu entziehen. Die Antwort? Setzen Sie Ihre eigenen Prioritäten und lassen Sie alles andere an sich ablaufen. Niemand erhält einen Preis, weil er der reichste Leichnam auf dem Friedhof ist.

Die ersten Monate im Ruhestand können selbst für einen superfleißigen Sparer besonders stressig sein, und das aus fünf Gründen:

1. *Sie haben Ihr gesamtes Erwachsenenleben mit Arbeit verbracht.* Das heißt, wenn etwas nicht so lief wie geplant, konnten Sie weiterarbeiten und finanzielle Rückschläge wiedergutmachen. Die Vorstellung, »es nicht mehr aufholen zu können«, führt dazu, dass Sie Marktkorrekturen als belastender empfinden.
2. *Die Märkte bewegen sich schneller als je zuvor.* Die Geschwindigkeit, mit der Märkte nachgeben und wieder anziehen, nimmt immer mehr zu. Das findet nicht nur in unserer Vorstellungswelt statt: Die Märkte sind volatiler als früher. Das liegt daran, dass sie effizienter sind als je zuvor und die Wertpapiere auf Basis von Zukunftsperspektiven ständig neu bewerten. Dieses Tempo empfinden viele Menschen als beunruhigend.
3. *Sie haben nun Zeit, all dies zu bemerken!* Als Sie noch gearbeitet haben, hatten Sie keine Zeit, die Märkte Woche für Woche, Tag für Tag oder sogar stündlich zu verfolgen. Sie waren viel zu beschäftigt. Jetzt, da Sie Zeit haben, ertappen Sie sich dabei, dass Sie ständig die

Marktbewegungen verfolgen und anfälliger für kurzfristige Marktprophezeiungen werden, die Sie zu einem Fehler verleiten können.[107]

4. *Mit zunehmendem Alter verlieren Menschen ihren Optimismus.* Untersuchungen haben ergeben, dass Menschen allgemein glauben, ihr Leben gehe schrittweise zur Neige. Das führt dazu, dass sie ihren Zukunftsoptimismus verlieren.[108]
5. *Außerdem, und das ist der wichtigste Grund, entnehmen Sie Ihrem Portfolio zum ersten Mal im Leben Geld.* Sie sind so daran gewöhnt, Geld beiseitezulegen, dass Sie sich nicht überwinden können, Geld zu entnehmen!

Alle diese Dinge machen selbst den diszipliniertesten Anlegern zu schaffen und sorgen genau in dem Alter für Unruhe, in dem sie sich eigentlich entspannt zurücklehnen und tun sollten, was ihnen gefällt. So viel zu einem sorgenfreien Lebensabend!

Nun, das muss nicht so sein. Denken Sie daran, dass Sie einen Finanzplan haben. Und dieser Plan besteht nicht nur darin, Ihnen bis zur Rente zu helfen, sondern Ihren Wohlstand dauerhaft abzusichern. Wenn Sie richtig geplant haben, sollte Ihr Portfolio so beschaffen sein, dass es diese Anforderung erfüllt und Sie nie den Launen des Marktes ausgeliefert sind, sondern Ihr gesamter finanzieller Bedarf abgedeckt ist, bis Sie vor Ihren Schöpfer treten. Von der Seelenruhe, die Ihnen ein guter Finanzplan verschafft, will ich nun auf das zu sprechen kommen, worauf Sie sich wirklich konzentrieren sollten: SIE SELBST.

STRUKTURIEREN SIE IHRE FINANZEN EINFACH UND ÜBERSICHTLICH

Ich habe erlebt, wie Kunden in alle möglichen »Geschäfte« investiert und kleine Anteile an den unterschiedlichsten Grundstücken, Unternehmen

107 Manchmal frage ich mich, wie viel Geld Anleger mit aktivem Trading dauerhaft verloren haben, als sie während der Corona-Pandemie wochenlang zu Hause gesessen haben und im Fernsehen nichts anderes übertragen wurde als Finanznachrichten und die neuesten Corona-Berichte.

108 Ich hoffe, dieses und das erste Kapitel konnten Sie dazu ermutigen, sich stattdessen eine Zukunft vorzustellen, die vor Chancen nur so strotzt!

und Häusern angehäuft haben. Viele verbringen die erste Hälfte ihres Erwachsenenlebens damit, viele verschiedene Besitztümer anzusammeln, und die zweite Hälfte damit, diese wieder loszuwerden. Für viele ist der auslösende Moment der Tod eines Freundes oder Verwandten und die nachfolgende Erkenntnis, dass die Komplexität der Finanzsituation für den überlebenden Ehepartner, die Kinder oder andere Erben eine große Belastung darstellt. Geld soll uns dienen, und nicht umgekehrt.

ES GEHT UM SIE

Leben ist das, was passiert, während man andere Pläne macht.
JOHN LENNON

Im Jahr 1970 erhielt mein Vater, ein Arzt, einen kostenlosen Ratschlag von einem seiner Patienten, der ein prominenter Politiker war. »Alex«, sagte er. »Ich habe alles Geld der Welt, aber ich habe es nie genießen können. Nehmen Sie sich die Zeit, um sich daran zu erfreuen.« Mein Vater nahm sich diesen Rat zu Herzen und plante mehr Zeit für Urlaub ein.

Im Verlauf meiner Karriere habe ich die Weisheit dieses Ratschlags beobachtet. Ich leite nicht nur einen Investment-Ausschuss, sondern bin außerdem ein zertifizierter Finanzplaner *(Certified Financial Planner ™)* und als Rechtsanwalt auf Nachlassplanung spezialisiert. »Creative Planning« begleitet Kunden regelmäßig über ihr gesamtes Leben, bei Berufsunfähigkeit und im Todesfall. Dabei erhalte ich detaillierte, persönliche Einblicke in funktionierende, aber auch dysfunktionale Beziehungen zu Geld und Verstand.

Viele sehr erfolgreiche Menschen haben ebenso erfolgreich gespart und keine Fehler gemacht. Beides ist nicht einfach. Ich habe erlebt, dass diese Menschen sich zwar nicht kasteien, aber ihr komfortables Leben auch nicht wirklich genießen können. Viele von ihnen sind mit großer Sparsamkeit dorthin gelangt, wo sie jetzt stehen, und es gelingt ihnen einfach nicht, den Schalter umzulegen und aufzuhören, sich über jeden Cent Gedanken zu machen.

Ich will Ihnen etwas über Ihr Geld sagen.

Sie sollten wissen, dass es keinen Unterschied macht, ob Sie Ihren Erben 250 000 anstatt 300 000, 600 000 anstatt 800 000, 1,2 Millionen anstatt 1,4 Millionen oder zehn Millionen anstatt elf Millionen Dollar hinterlassen, also genießen Sie Ihr Leben und Ihren Reichtum, für dessen Aufbau und Erhalt Sie Ihr ganzes Leben gearbeitet haben.

Nachdem er seine Vermögensaufstellung gemacht hatte, sagte ein Kunde einst zu mir: »Ich würde gerne sterben und als meine Kinder wiedergeboren werden.« Ihr Nachlass ist nicht nur, was Sie auf dem Konto haben; er beinhaltet auch den Wert Ihres Hauses, Ihrer Versicherungen, Autos und so weiter. Wahrscheinlich wird alles verkauft, in einen Topf geworfen und unter den Erben geteilt. Das ist eine kalte, harte Tatsache. Ich habe es viele Hundert Male erlebt.

Und jetzt will ich Ihnen auch ein Geheimnis verraten: Niemand von uns kommt hier lebendig heraus! Wenn Sie finanziell unabhängig sind, sage ich Ihnen jetzt genau das Gegenteil von dem, was Sie von so gut wie jedem Finanzberater hören: Bestellen Sie sich die extragroße Tasse des teuren Kaffees, stoßen Sie Ihr zehn Jahre altes Auto ab[109] und gönnen Sie sich das nächste Mal einen exklusiven Urlaub. Glauben Sie mir, wenn ich Ihnen sage, dass Ihre Kinder es tun werden! Ich habe gesehen, wie Kinder, kaum dass sie von ihren äußerst sparsamen Eltern etwas geerbt hatten, sofort neue Autos und Häuser gekauft haben.

Wenn Sie gerne wohltätige Zwecke unterstützen und finanziell unabhängig sind, gönnen Sie sich die Freude, etwas zu geben. *Genießen Sie es!* Warum wollen Sie damit warten, bis Sie tot sind? Man soll mit warmen Händen geben, das macht viel mehr Spaß. Wenn Sie wollen, dass Ihre Kinder und Enkelkinder Ihr Vermögen erben, dann beginnen Sie jetzt, es an sie zu übertragen. Freuen Sie sich jetzt über die positive Wirkung auf Ihre Familie, anstatt alles bis nach Ihrem Tod aufzuheben, nur um ihr dann etwas mehr zu hinterlassen.

---

109 Ganz im Ernst, kaufen Sie sich ein neues Auto! Sie wissen schon, eines, das technisch auf dem allerneuesten Stand ist und die neuesten Sicherheitsmerkmale bietet! Wenn Ihr derzeitiges Auto zehn Jahre alt ist, schützen Sie sich nicht einmal selbst – und wir sprechen hier über Ihr Leben! Ihr Computer hat doch auch keine zehn Jahre auf dem Buckel, oder? Ach du meine Güte! Wenn doch, dann kaufen Sie sich auch einen neuen Computer. Oje!

Im Grunde geht es um Folgendes: Es ist Ihr Geld. Sie haben sich dafür Ihr Leben lang ins Zeug gelegt, Sie haben es angespart und erhalten. Solange Sie nicht Ihre finanzielle Unabhängigkeit aufs Spiel setzen, *bereiten Sie sich selbst eine Freude und genießen Sie es!* Verschenken Sie, was Sie wollen, seien Sie weniger streng mit sich und genießen Sie die Früchte Ihrer Arbeit.

Bei »Creative Planning« sage ich meinem Team immer, dass sie dafür sorgen müssen, dass unsere Kunden wissen, dass das Geld ihnen zu dienen hat und nicht umgekehrt. Sie sollten mit Ihrem Geld das Gleiche tun. Wenn Sie einen Finanzplan erstellen, bevor Sie sich zum Gipfel aufmachen, Ihre Route planen und entscheiden, ob Sie den Weg allein oder mit einem vertrauenswürdigen Berater gehen wollen, und Ihre Emotionen unter Kontrolle halten, können Sie sich die Zeit nehmen und Ihren Aufstieg genießen. Der Weg ist bereits die Belohnung. Wenn Sie sich entspannen und den Aufstieg genießen können, wartet auf dem Gipfel die Erfüllung.

DANKSAGUNG

Ich danke Dir, mein Freund und Kollege Tony Robbins. Ich habe selten jemanden kennengelernt, der eine positive Wirkung auf so viele Menschen hat. Danke an Jonathan Clements, dessen Arbeit mich zu Beginn meiner Karriere so stark beeinflusst hat und bis heute tut. Danke an Jonathan Knapp für Deinen unermüdlichen Einsatz, mit dem Du mir geholfen hast, eine fast unmögliche Frist einzuhalten. Dein Engagement ist auf jeder Seite des Buches zu spüren. Mein Dank geht an Molly Rothove, Jay Beebe, Bing Chen, Andy Gryszowka, Brenna Saunders und Jim Williams für ihre Unterstützung beim Brainstorming, bei der Informationsbeschaffung und der Manuskriptbearbeitung. Danke an Josh Robbins für Deine Unterstützung und Arbeit im Zusammenhang mit den Grafiken und allen anderen zentralen Aspekten einer Buchveröffentlichung. Vielen Dank auch an alle meine furchtlosen Kollegen von »Creative Planning«. Es vergeht nicht ein einziger Tag, ohne dass ich von Euch etwas Bedeutsames lerne, und das hat nicht immer mit Finanzplanung und Investments zu tun. Ich empfinde es als großes Glück, mit einem derart leidenschaftlichen, fürsorglichen, intelligenten und energiegeladenen Team zu arbeiten. Vielen Dank an meine wunderschöne Frau Veronica, die verhinderte, dass ich irgendwelche Besorgungen erledigte, nur um nicht an diesem Buch arbeiten zu müssen, und an meine Kinder Michael, JP und Gabby, die mir die besten Ausreden für lange Pausen geboten haben. Alle Fehler liegen in meiner Verantwortung.

QUELLENVERZEICHNIS

KAPITEL ZWEI: DIE WELT IST BESSER, ALS SIE GLAUBEN

»jede Gruppe von Menschen«: Hans Rosling, *Factfulness: Ten Reasons We're Wrong About the World—and Why Things Are Better Than You Think* (New York: Flatiron Books, 2018).

»Verglichen mit dem Jahr 1955«: Matt Ridley, *The Rational Optimist: How Prosperity Evolves* (New York: Harper, 2010).

»In dem Beitrag ›Financial News and Client Stress‹«: John E. Grable und Sonya L. Britt, »Financial News and Client Stress: Understanding the Association from a Financial Planning Perspective«, *Financial Planning Review* (2012).

»Sie waren davon überzeugt«: James Estrin, »Kodak's First Digital Moment«, *New YorkTimes*, 12. August 2015, https://lens.blogs.nytimes.com/2015/08/12/kodaks-first-digital-moment/, aufgerufen am 30. Oktober 2020.

»Unternehmen entwickeln bereits«: Matt Simon, »Lab-Grown Meat Is Coming, Whether You Like It or Not«, *Wired*, 16. Februar 2018, https://www.wired.com/story/lab-grown-meat/, aufgerufen am 30. Oktober 2020.

»eines der wichtigsten Dinge«: Catherine Clifford, »Google CEO: A.I. is more important than fire or electricity«, *CNBC*, 1. Februar 2018, https://www.cnbc.com/2018/02/01/google-ceo-sundar-pichai-ai-is-more-important-than-fire-electricity.html, aufgerufen am 30. Oktober 2020.

KAPITEL VIER: SUCHEN SIE SICH EINEN FÜHRER FÜR IHRE REISE

»*Ungefähr die Hälfte der Amerikaner«*: Sherman D. Hanna, »The Demand for Financial Planning Services«, *Journal of Personal Finance*, 10 (1), S. 36–62.

»*Entgegen allem, was man Verbrauchern«*: The National Association of Financial Planners, »Key Policy Issues and Positions«, NAPFA.org, https://www.napfa.org/key-policy-issues, aufgerufen am 30. Oktober 2020.

»*Neun von zehn Amerikanern«*: CFP Board, »Survey: Americans' Use of Financial Advisors, CFP® Professionals Rises; Agree Advice Should Be in Their Best Interest«, CFP.net, 24. September 2015, https://www.cfp.net/news-events/latest-news/2015/09/24/survey-americans-useof-financial-advisors-cfp-professionals-rises-agree-advice-should-be-in-their-best-interest, aufgerufen am 30. Oktober 2020.

»*Anlagen- und Finanzberater sollten«*: Sital S. Patel, »Madoff: Don't Let Wall Street Scam You, Like I Did«, *MarketWatch*, 5. Juni 2013, https://www.marketwatch.com/story/madoff-dont-letwall-street-scam-you-like-i-did-2013-06-05, aufgerufen am 17. April 2019.

»*Ein Hinweis auf Finanzkompetenz«*: Financial Industry Regulatory Authority, http://www.finra.org/investors/professional-designations, aufgerufen am 30. Oktober 2020.

»*Forscher haben festgestellt«*: Francis M. Kinniry Jr., Colleen M. Jaconetti, Michael A. DiJoseph, and Yan Zilbering, »Putting a Value on Your Value: Quantifying Vanguard Advisor's Alpha«, *Vanguard*, September 2016, https://www.vanguard.com/pdf/ISGQVAA.pdf, aufgerufen am 30. Oktober 2020.

KAPITEL SECHS: RISIKOMANAGEMENT

»*40 Prozent der Menschen«*: Christine Benz, »40 Must-Know Statistics About Long- Term Care«, *Morningstar*, 29. August 2012, https://www.morningstar.com/articles/564139/40-mustknow-statistics-about-longterm-care.html, aufgerufen am 18. April 2019.

KAPITEL ACHT: DIE FUNKTIONSWEISE DER MÄRKTE

»Die Ökonomen Jerker Denrell«: Jerker Denrell und Christina Fang, »Predicting the Next Big Thing: Success as a Signal of Poor Judgment«, *Management Science* 56 (10), S. 1653–1667.

»mit drei bis vier von zehn Prognosen«: Tim Weber, »Davos 2011: Why Do economists Get It So Wrong?«, BBC.co.uk, 17. Januar 2011, https://www.bbc.com/news/business-12294332, aufgerufen am 19. April 2019.

»nirgendwo auf der Welt einen Investmentfonds«: Diana Britton, »Is Tactical Investing Wall Street's Next Clown Act?«, *Wealthmanagement.com,* 1. Dezember 2011, https://www.wealth management.com/investment/tactical-investing-wall-streets-next-clown-act, aufgerufen am 19. April 2019

»Im Rahmen einer Studie«: John R. Graham und Campbell R. Harvey, »Market Timing Ability and Volatility Implied in Investment Newsletters' Asset Allocation Recommendations«, Februar 1995, abrufbar unter SSRN: https://ssrn.com/abstract=6006, aufgerufen am 19. April 2019

»Mark Hulberts eigene Recherchen«: Kim Snider, »The Great Market Timing Lie«, *Snider Advisors,* 22. Juli 2009, http://ezinearticles.com/?The-Great-Market-Tim ing-Lie&id=2648301, aufgerufen am 19. April 2019

»George Soros: Es droht eine Neuauflage der Krise von 2008«: »George Soros: It's the 2008 Crisis All Over Again«, Matt Clinch, CNBC, 7. Januar 2016, https://www.cnbc.com/2016/01/07/soros-its-the-2008-crisis-all-over-again.html, aufgerufen am 19. April 2019.

»Ist 2016 das Jahr, in dem die Welt eine neue Weltwirtschaftskrise erlebt?«: Larry Elliott, »Is 2016 the Year When the World Tumbles Back into Economic Crisis?«, *Guardian,* 9. Januar 2016, https://www.theguardian.com/business/2016/jan/09/2016-world-tumbles-back-economic-crisis, aufgerufen am 19. April 2019.

»Verkaufen Sie alles, bevor der Aktienmarkt zusammenbricht, sagen die Ökonomen der RBS«: Nick Fletcher, »Sell Everything Ahead of Stock Market Crash, Say RBS Economists«, *Guardian,* 12. Januar 2016, https:// www.theguardian.com/business/2016/jan/12/sell-everything-ahead-of-stock-mar ket-crashsay-rbs-economists, accessed April 19, 2019, aufgerufen am 19. April 2019.

»Hier kommt der größte Börsencrash in einer Generation«: Chris Matthews, »Here Comes the Biggest Stock Market Crash in a Generation«, *Fortune,* 13. Januar 2016, https://fortune.com/2016/01/13/

analyst-herecomes-the-biggest-stock-market-crash-in-a-generation/, aufgerufen am 19. April 2019.

»*Das sind die klassischen Anzeichen für einen Bärenmarkt«:* Amanda Diaz, »These Are Classic Signs of a Bear Market«, *CNBC*, 20. Januar 2016, https://www.cnbc.com/2016/01/20/these-are-classic-signs-of-a-bearmarket.html, aufgerufen am 19. April 2019.

»*Der erste große Crash steht wahrscheinlich unmittelbar bevor«:* Harry Dent, »The First Big Crash Is Likely Just Ahead«, Harry Dent, *Economy & Markets, Economy & Markets,* 14. März 2016, https://economyandmarkets.com/markets/stocks/this-chart-shows-the-first-big-crash-is-likely-just-ahead/, aufgerufen am 19. April 2019.

»*Eindeutiger Hinweis, dass eine neue globale Finanzkrise eingesetzt hat«:* Michael T. Snyder, »Clear Evidence That a New Global Financial Crisis Has Already Begun«, *Seeking Alpha,* 17. Juni 2016, https://seekingalpha.com/article/3982609-stock-market-crash-2016-stocks-already-crashed-6-worlds-8-largest-economies, aufgerufen am 19. April 2019.

»*Citigroup: Ein Wahlsieg Trumps könnte eine globale Rezession auslösen«:* Luke Kawa, »A Trump Victory in November Could Cause a Global Recession«, *Bloomberg,* 25. August 2016, https://www.bloomberg.com/news/articles/2016-08-25/citigroup-a-trump-victory-in-novembercould-cause-a-global-recession, aufgerufen am 19. April 2019.

»*Der Aktienmarkt nähert sich der zweiten Marktkorrektur von 2016«:* Michael A. Gayed, »Stocks Are Inching Closer to the Second Correction of 2016«, *MarketWatch,* 7. September 2016 (15), https://www.marketwatch.com/story/stocks-inch-closer-to-2016s-second-correction-2016-09-07, aufgerufen am 19. April 2019.

»*Gründe für einen Börsencrash 2016«:* »Reasons for a 2016 Stock Market Crash«, *Money Morning,* 6. September 2016, https://moneymorning.com/2016/09/26/reasons-for-a-2016-stock-market-crash/, aufgerufen am 19. April 2019.

»*Ökonomen sind sich einig: Ein Wahlsieg Trumps könnte die Märkte auf Talfahrt schicken«:* Ben White, »Economists: A Trump Win Would Tank the Markets«, *Politico,* 21. Oktober 2016, https://www.politico.com/story/2016/10/donald-trump-wallstreet-effect-markets-230164, aufgerufen am 19. April 2019.

»*Wir sind höchstwahrscheinlich auf unabsehbare Zeit mit einer globalen Rezession konfrontiert«:* Paul Krugman, »We Are Very Probably Looking at a Global Recession with No End in Sight«, *New York Times,* 8. November 2016, https://www.nytimes.com/interactive/projects/cp/opinion/election-night-2016/paul-krugman-theeconomic-fallout, aufgerufen am 19. April 2019.

»Ökonom Harry Dent sagt ›beispiellosen‹ Börsencrash voraus – ihm zufolge könnte der Dow 17 000 Punkte verlieren«: Stephanie Landsman, »Economist Harry Dent Predicts ›Once in a Lifetime‹ Market Crash, Says Dow Could Plunge 17,000 points«, *CNBC.com,* 10. Dezember 2016, https://www.cnbc.com/2016/12/10/economist-harry-dent-says-dow-could-plunge-17000-points.html, aufgerufen am 19. April 2019.

»Jetzt könnte der richtige Zeitpunkt gekommen sein, Ihre Aktien zu verkaufen«: Laurence Kotlikoff, »Now Might Be the Time to Sell Your Stocks«, *Seattle Times,* 12. Februar 2017, https://www.seattletimes.com/business/new-voice-onraising-living-standard/, aufgerufen am 19. April 2019.

»Vier Schritte, mit denen Sie Ihr Portfolio vor der drohenden Marktkorrektur schützen können«: John Persinos, »4 Steps to Protect Your Portfolio from the Looming Market Correction«, *Street,* 18. Februar 2017, »Your Portfolio from the Looming Market Correction«, *The Street,* 18. Februar 2017, https:// www.thestreet.com/story/13999295/1/4-steps-to-protect-your-portfolio-from-the-looming-marketcorrection.html, aufgerufen am 19. April 2019.

»Die Kurskorrekturen am US-Aktienmarkt könnten eine Rezession auslösen«: Alessandro Bruno, »The US Stock Market Correction Could Trigger Recession«, *Lombardi Letter,* 1. März 2017, https://www.lombardiletter.com/usstock-market-correction-2017/8063/, aufgerufen am 19. April 2019.

»Drei Schlüsselindikatoren weisen auf eine hohe Wahrscheinlichkeit hin, dass es 2017 zu einem Börsencrash kommt«: Michael Lombardi, »Three Key Indicators Are Saying That a Stock Market Crash in 2017 Is a Real Possibility«, *Lombardi Letter,* 28. März 2017, https://www.lombardiletter.com/3-charts-suggest-strong-possibility-stock-market-crash-2017/9365/ aufgerufen am 19. April 2019.

»Ökonom Harry Dent warnt: ›Der Einbruch des Dow auf 6.000 Punkte ist erst der Beginn eines Albtraumszenarios‹«: Laura Clinton, »Critical Warning from Rogue Economist Harry Dent: ›This Is Just the Beginning of a Nightmare Scenario as Dow Crashes to 6,000‹«, *Economy & Markets,* 30. Mai 2017, https://economyand markets.com/exclusives/

criticalwarning-from-rogue-economist-harry-dent-this-is-just-the-beginning-of-a-nightmarescenario-as-dow-crashes-to-6000-2/, aufgerufen am 19. April 2019.

»*Warum ein Börsencrash 2017 wahrscheinlicher ist, als Sie glauben«:* »Why a Market Crash in 2017 Is More Likely Than You Think«, *Money Morning,* 2. Juni 2017, https:// moneymorning.com/2017/06/02/stock-market-crash-2017-how-trump-could-cause-a-collapse/, aufgerufen am 19. April 2019.

»*Uns steht der schlimmste Crash im ganzen Leben bevor«:* Jim Rogers, Interview mit Henry Blodget, »The Worst Crash in Our Lifetime Is Coming«, *Business Insider,* 9. Juni 2017, https://www.businessinsider.com/jim-rogers-worst-crash-lifetimecoming-2017-6, aufgerufen am 19. April 2019.

»*Es wird ›ganz schlimm‹ enden; Kurseinbrüche um 40 Prozent oder mehr erwartet, warnt Marc ›Dr. Doom‹ Faber«:* Stephanie Landsman, »Faber It's Going to End ›Extremely Badly,‹ with Stocks Set to Plummet 40% or More, Warns Marc ›Dr. Doom‹ Faber«, *CNBC,* 24. Juni 2017, https://www.cnbc.com/2017/06/24/stocks-to-plum-met-40-percent-or-more-warnsmarc-dr-doom-faber.html, aufgerufen am 19. April 2019.

»*Drei Gründe, warum im Spätsommer oder zum Herbstbeginn mit einer Marktkorrektur zu rechnen ist«:* Howard Gold, »Three Reasons a Stock-Market Correction Is Coming in Late Summer or Early Fall«, *MarketWatch,* 4. August 2017, »Market Correction Is Coming in Late Summer or Early Fall«, *MarketWatch,* 4. August 2017, https://www.marketwatch.com/story/3-reasons-a-stock-market-correction-is-coming-in-latesummer-or-early-fall-2017-08-03, aufgerufen am 19. April 2019.

»*Der Börsenmarkt steht vor einer umfangreichen Korrektur«:* Mark Zandi, »The Stock Market Is Due for a Significant Correction«, *Fortune,* 10. August 2017, https://finance.yahoo.com/news/top-economist-ready-stockmarket-162310396.html, aufgerufen am 19. April 2019.

»*Machen Sie sich auf eine Marktkorrektur in zwei Monaten gefasst«:* Silvia Amaro, »Brace Yourself for a Market Correction in Two Months«, *CNBC,* 5. September 2017, https://www.cnbc.com/2017/09/05/braceyourself-for-a-market-correction-in-two-months-invest ment-manager.html, aufgerufen am 19. April 2019.

»*Vier Gründe, warum wir einen weiteren Oktober-Crash erleben könnten«:* David Yoe Williams, »4 Reasons We Could Have Another October Stock Market Crash«, *Street,* 2. Oktober 2017, https:// www.thestreet.com/

story/14325547/1/4-reasons-we-could-have-another-october-crash.html, aufgerufen am 19. April 2019.

»*WARNUNG vor einem erneuten Schwarzen Montag«:* Lana Clements, »Stock Market Crash WARNING: Black Monday Is Coming Again«, *Express*, 7. Oktober 2017, https://www.express.co.uk/finance/city/863541/Stock-market-crash-dow-jones-2017-Black-Monday-1987-forecast, aufgerufen am 19. April 2019.

»*Morgan Stanley: Eine Marktkorrektur wird ›immer wahrscheinlicher‹«:* Joe Ciolli, »Morgan Stanley: A Stock Market Correction Is Looking ›More Likely‹«, *Business Insider*, 17. Oktober 2017, https://www.businessinsider.com/stock-market-news-correction-looking-more-likely-morganstanley-2017-10, aufgerufen am 19. April 2019.

»*Das Risiko einer Korrektur am US-Aktienmarkt beträgt inzwischen 70 Prozent«:* Eric Rosenbaum, »Chance of US stock market correction now at 70 percent: Vanguard Group«, *CNBC*, 29. November 2017, Market Correction Now at 70 Percent: Vanguard Group«, *CNBC*, November 27, 2017, https://www.cnbc.com/2017/11/27/chance-of-us-stock-market-correction-now-at-70-percentvanguard.html, aufgerufen am 19. April 2019.

»*Aktienmarktkorrektur steht unmittelbar bevor«:* Atlas Investor, »Stock Market Correction Is Imminent«, *Seeking Alpha*, 19. Dezember 2017 https://seekingalpha.com/article/4132643-stockmarket-correction-imminent, aufgerufen am 19. April 2019.

»*Untersuchungen über das Verbrauchervertrauen«:* Dean Croushore, »Consumer Confidence Surveys: Can They Help Us Forecast Consumer Spending in Real Time?«, *Business Review—Federal Reserve Bank of Philadelphia*, Q3 (April 2006), S. 1–9.

»*Um all diejenigen auf die Probe zu stellen«:* Mark W. Riepe, »Does Market Timing Work?«, *Charles Schwab*, 16. Dezember 2013, https://www.schwab.com/resource-center/insights/content/does-market-timing-work, aufgerufen am 22. April 2019.

KAPITEL NEUN: ALLES FINDET IN IHREM KOPF STATT

»*Wenn Sie mit zusammengebissenen Zähnen«:* Justin Fox, »What Alan Greenspan Has Learned Since 2008«, *Harvard Business Review*, 7. Januar 2014, https://hbr.org/2014/01/what-alan-greenspan-haslearned-since-2008, aufgerufen am 22. April 2019.

»die Selbstüberschätzung als häufigste«: Scott Plous, *The Psychology of Judgment and Decision Making* (New York: McGraw-Hill, 1993).

»Zahllose Studien machen die Folgen«: K. Patricia Cross, »Not Can, But *Will* College Teaching Be Improved?«, *New Directions for College Education*, 17, 1977, S. 1–15.

»Eine meiner bevorzugten Studien«: David Crary, »Students Lie, Cheat, Steal, But Say They're Good«, Associated Press, 30. November 2008, https://www.foxnews.com/printer_friendly_wires/2008Nov30/0,4675,StudentsDishonesty,00.html, aufgerufen am 23. April 2019.

»Die Finanzprofessoren Brad Barber«: Brad M. Barber und Terrance Odean, »Boys Will Be Boys: Gender, Overconfidence, and Common Stock Investment«, *The Quarterly Journal of Economics* 116 (1. Februar 2001), S. 261–292.

»Im Jahr 2006 bat James Montier«: James Montier, *Behaving Badly* (London: Dresdner Kleinwort Wasserstein Securities, 2006).

»Die Professoren für Entrepreneurial Studies«: Andrew Zacharakis und Dean Shepherd, »The Nature of Information and Overconfidence on Venture Capitalists' Decision Making«, *Journal of Business Venturing*, 16 (4), 2001, S. 311–332.

»Das bringt uns zu einer wichtigen Studie«: Richard J. Heuer, Jr., *Psychology of Intelligence Analysis* (Washington, DC: Center for the Study of Intelligence, Central Intelligence Agency, 1999).

»Die menschlichen Entscheidungsprozesse«: Todd McElroy und Keith Dowd, »Susceptibility to Anchoring Effects: How Openness-to-Experience Influences Responses to Anchoring Cues«, *Judgment and Decision Making* 2 (1. Februar 2007), S. 48–53.

»In den 1970er-Jahren«: Daniel Kahneman und Amos Tversky, »Choices, Values, and Frames«, *The American Psychologist* 39 (4), 1984, S. 341–350.

»In einem faszinierenden Experiment«: Brian Wansink, Robert J. Kent und Stephen J. Hoch, »An Anchoring and Adjustment Model of Purchase Quantity Decisions«, *Journal of Marketing Research* 35 (Februar 1998), S. 71–81.

»Die Psychologin Ellen Langer«: Ellen J. Langer, »The Illusion of Control«, *Journal of Personality and Social Psychology* 32 (5), 1975, S. 311–328.

»Im Rahmen einer ihrer Studien«: Daniel Kahneman, Jack L. Knetsch und Richard H.Thaler, »Anomalies: The Endowment Effect, Loss

Aversion, and Status Quo Bias«, *Journal of Economic Perspectives* 5 (1), 1991, S. 193–206.

»Da der bewusste Geist«: Jonah Lehrer, »The Curse of Mental Accounting«, *Wired*, 14. Februar 2011, https://www.wired.com/2011/02/the-curse-of-mental-accounting/, aufgerufen am 22. April 2019.

»In einer Studie über die Auswirkungen der mentalen Buchführung«: Kahnemann und Tversky, Ibid.

»Die Untersuchungen des Psychologen Hal Arkes«: Hal R. Arkes, Cynthia A. Joyner, Mark V. Pezzo, Jane Gradwohl Nash, Karen Siegel-Jacobs und Eric Stone, »The Psychology of Windfall Gains«, *Organizational Behavior and Human Decision Processes*, 59, S. 331–347.

»Die Soziologin Viviana Zelizer«: Viviana A. Zelizer, *The Social Meaning of Money: Pin Money, Paychecks, Poor Relief, and Other Currencies* (New York: Basic Books, 1994).

»Eine Analyse unserer Sprache ergab«: Teresa Amabile und Steven Kramer, »The Power of Small Wins«, *Harvard Business Review* 89 (5), S. 70–80.

»Selbst bei Babys«: J. Kiley Hamlin, Karen Wynn und Paul Bloom, »Three-Month-Olds Show a Negativity Bias in Their Social Evaluations,«, *Developmental Science*, 2010, 13 (6), S. 923–929.

KAPITEL ZEHN: ANLAGEKLASSEN

»Im Jahr 2008 schloss Warren Buffett«: Carl J. Loomis, »Buffett's big bet«, *Fortune*, 9. Juni 2008, http://archive.fortune.com/2008/06/04/news/newsmakers/buffett_bet.fortune/index.htm, aufgerufen am 23. April 2019.

»Seit der Gründung dieses Index«: Credit Suisse, »Liquid Alternative Beta and Hedge Fund Indices: Performance«, 2. Januar 2020, https://lab.credit-suisse.com/#/en/index/HEDG/HEDG/performance, aufgerufen am 16. Februar 2020.

»Eine Studie aus jüngerer Zeit«: Peng Chen, »Are You Getting Your Money's Worth? Sources of Hedge Fund Returns« (Austin, TX: Dimensional Fund Advisors, LP, 2013).

»Im Jahr 1998«: Kimberly Amadeo, »Long-Term Capital Management Hedge Fund Crisis: How a 1998 Bailout Led to the 2008 Financial Crisis«, *The Balance*, 25. Januar 2019, https://www.thebalance.com/long-term-capital-crisis-3306240, aufgerufen am 23. April 2019.

»*Zum Unglück für seine Investoren«:* Vardi, »Billionaire John Paulson's Hedge Fund: Too Big to Manage«, *Forbes,* 21. Dezember 2012.

»*seit 2011 hat sein Hedgefonds«:* Joshua Fineman und Saijel Kishan, »Paulson to Decide to Switching to Family Office in Two Years«, *Bloomberg,* 22. Januar 2019, https://www.bloomberg.com/news/articles/2019-01-22/paulson-plans-to-decide-on-switch-to-familyoffice-in-two-years, aufgerufen am 23. April 2019.

»*seit 2015 wurden jedes Jahr«:* Nishant Kumar und Suzy Waite, »Hedge Fund Closures Hit $3 Trillion Market as Veterans Surrender«, *Bloomberg,* 13. Dezember 2018, https://www.bloomberg.com/news/articles/2018-12-13/hedge-fund-closures-hit-3-trillion-market-asveterans-surrender, aufgerufen am 23. April 2019.

»*Nicht nur schnitt das konventionelle Portfolio«:* Morgan Housel, »The World's Smartest Investors Have Failed«, *The Motley Fool,* 27. Januar 2014, https://www.fool.com/investing/general/2014/01/27/the-worlds-smartest-investors-have-failed.aspx, aufgerufen am 23. April 2019.

»*Die Hedgefonds verzeichneten im selben Zeitraum«:* Loomis, Ibid.

»*Im Jahr 2012 veröffentlichte sie ein bahnbrechendes Whitepaper«:* Diane Mulcahy, Bill Weeks, and Harold S. Bradley, »We Have Met The Enemy . . . And He Is Us: Lessons from Twenty Years of the Kauffman Foundation's Investments in Venture Capital Funds and the Triumph of Hope Over Experience«, *Ewing Marion Kauffman Foundation,* May 2012, https://ssrn.com/abstract=2053258, aufgerufen am 23. April 2019.

»*So wie der Dollar«:* Bernard Marr, »A Short History of Bitcoin and Crypto Currency Everyone Should Read«, *Forbes,* 6. Dezember 2017, https://www.forbes.com/sites/bernardmarr/2017/12/06/a-short-history-of-bitcoin-and-crypto-currency-everyoneshould-read/#1b5223393f27, aufgerufen am 23. April 2019.

»*Die Blockchain kombiniert gemeinsame Dokumente«:* Adam Millsap, »Blockchain Technology May Drastically Change How We Invest«, *The James Madison Institute,* 7. März 2019, https://www.jamesmadison.org/blockchain-technology-may-drastically-change-how-we-invest/, aufgerufen am 23. April 2019.

»*Walmart zufolge haben Blockchain-basierte Prüfungsprozesse«:* Michael Corkery and Nathaniel Popper, »From Farm to Blockchain: Walmart Tracks Its Lettuce«, *The New York Times,* 24. September 2018, https://www.

nytimes.com/2018/09/24/business/walmart-blockchain-lettuce.html, aufgerufen am 23. April 2019.

»Mehr als 1000 Kryptowährungen«: »All Cryptocurrencies«, *CoinMarketCap*, https://coinmarketcap.com/all/views/all/, aufgerufen am 23. April 2019.

»Die Blockchain kann aber sehr wohl gehackt werden«: Michael Kaplan, »Hackers are stealing millions in Bitcoin—and living like big shots«, *New York Post*, 13. April 2019, https://ny post.com/2019/04/13/hackers-are-stealing-millions-in-bitcoin-and-living-like-big-shots/, aufgerufen am 23. April 2019.

»In den 1990er-Jahren«: Ed Christman, »The Whole Story Behind David Bowie's $55 million Wall Street Trailblaze«, *Billboard*, 13. Januar 2016, https://www.billboard.com/articles/business/6843009/david-bowies-bowie-bonds-55-million-wallstreet-prudential, aufgerufen am 23. April 2019.

KAPITEL ELF: WIE SIE EIN INTELLIGENTES PORTOLIO ZUSAMMENSTELLEN UND MANAGEN

»Emerging-Market-Fonds waren 2017«: Shilling, Andrew (2017): »Which mutual funds are YTD leaders?« *Financial Planning*, 29. November 2017, https://www.financial-planning.com/slideshow/top-mutual-funds-in-2017, aufgerufen am 23. April 2019.

»im darauffolgenden Jahr«: Shilling, Andrew (2018): »Worst-performing funds of 2018«, *Financial Planning*, 12. Dezember 2018, https://www.financial-planning.com/list/mutual-funds-and-etfs-with-the-worst-returns-of-2018, aufgerufen am 23. April 2019.

»Laut einer jüngsten Prognose der Standard Chartered Bank«: Will Martin, »The US Could Lose Its Crown as the World's Most Powerful Economy as Soon as Next Year, and It's Unlikely to Ever Get It Back«, *Business Insider*, 10. Januar 2019, https://www.businessinsider.com/us-economy-tofall-behind-china-within-a-year-standard-chartered-says-2019-1, aufgerufen am 23. April 2019.

»Ich sage voraus, dass Amazon«: Eugene Kim, »Jeff Bezos to employees: ›One day, Amazon will fail‹ but our job is to delay it as long as possible,« *CNBC*, 15. November 2018, https://www.cnbc.com/2018/11/15/

bezos-tells-employees-one-day-amazon-will-fail-and-to-stayhungry.html, aufgerufen am 23. April 2019.

KAPITEL ZWÖLF: DIE WICHTIGSTE ENTSCHEIDUNG IHRES LEBENS

»*Untersuchungen von Dr. Jeffery Huffman*«: Jeff Huffman, et. al., »Design and Baseline Data from the Gratitude Research in Acute Coronary Events (GRACE) study«, *Contemporary Clinical Trials*, Band 44, S. 11–19.

»*Eine Studie des amerikanischen Psychologenverbands*«: Paul J. Mills, Laura Redwine, Kathleen Wilson, Meredith A. Pung, Kelly Chinh, Barry H. Greenberg, Ottar Lunde, Alan Maisel, Ajit Raisinghani, Alex Wood, and Deepak Chopra, »The Role of Gratitude in Spiritual Well-Being in Asymptomatic Heart Failure Patients«, *Spirituality in Clinical Practice*, 2015, Bd. 2, Nr. 1, S. 5–17.

»*In einer Studie über die Pflege von Wertschätzung*«: Rollin McCraty, Bob Barrios-Choplin, Deborah Rozman, Mike Atkinson, Alan D. Watkins, »The Impact of a New Emotional Self Management Program on Stress, Emotions, Heart Rate Variability, DHEA and Cortisol«, *Integrative Physiological and Behavioral Science*, April–Juni 1988, 33 (2), S. 151–170.

»*Eine Studie aus dem Jahr 2006*«: Todd B. Kashdan, Gitendra Uswatte, Terri Julian, »Gratitude and Hedonic and Eudiamonic Well-Being in Vietnam War Veterans«, *Behavior and Research Therapy*, 2006, 44 (2), S. 177–199.

»*Eine Studie, die von den Forschern der Wharton School*«: *Harvard Mental Health Letter*, November 2011, https://www.health.harvard.edu/newsletter_article/in-praise-of-gratitude, aufgerufen am 23. April 2019.

KAPITEL DREIZEHN: LEBENSZUFRIEDENHEIT

»*Denken Sie an die große US-Bevölkerungsumfrage*«: Die Bevölkerungsumfrage General Social Survey wird von NORC (Nationel Opinion Research Center) durchgeführt, das seinen Sitz auf dem Campus der University of Chicago hat. Die Originaldaten sind abrufbar unter gssdataexplorer.norc.org.

»*In der ersten Umfrage aus dem Jahr 1972*«: Bureau of Economic Analysis, U.S. Department of Commerce.

»*Laut der amerikanischen Notenbank*«: Federal Reserve, *Report on the Economic Well-Being of U.S. Households in 2017* (Mai 2018).

»*In einer Umfrage von CareerBuilder*«: CareerBuilder, *Living Paycheck to Paycheck is a Way of Life for Majority of U.S. Workers* (24. August 2017).

»*Eine Studie der amerikanischen Verbraucherschutzbehörde*«: Consumer Financial Protection Bureau, *Financial Well-Being in America* (September 2017).

»*indem wir andere für Tätigkeiten bezahlen*«: Ashley V. Whillans, Elizabeth W. Dunn, Paul Smeets, Rene Bekkers und Michael I. Norton, »Buying Time Promotes Happiness«, *Proceedings of the National Academy of Sciences*, Bd. 114, Nr. 32 (8. August 2017).

»*Das spiegelt sich sehr schön in dem »Flow«-Konzept wider*«: Mihály Csíkszentmihályi, *The Psychology of Optimal Experience* (Harper & Row: 1990).

»*In einer wissenschaftlichen Studie wurde der Alltag*«: Daniel Kahneman, Alan B. Krueger, David Schkade, Norbert Schwarz und Arthur Stone, »Toward National Well-Being Accounts«, *AEA Papers and Proceedings* (Mai 2004).

»*Eine Studie aus dem Jahr 2010*«: Julianne Holt-Lunstad, Timothy B. Smith und J. Bradley Layton, »Social Relationships and Mortality Risk: A Meta-Analytic Review«, *PLOS Medicine* (27. Juli 2010). PLOS steht für Public Library of Science.

»*Es gibt zahlreiche Untersuchungen*«: Leaf Van Boven und Thomas Gilovich, »To Do or to Have? That Is the Question«, *Journal of Personality and Social Psychology*, Bd. 85, Nr. 6 (2003).

KAPITEL VIERZEHN: GENIESSEN SIE IHREN AUFSTIEG UND KOSTEN SIE JEDE MINUTE AUS, DIE SIE AUF DEM GIPFEL VERBRINGEN

»*Untersuchungen haben ergeben, dass Menschen allgemein glauben*«: Utpal Dholakia, »Do We Become Less Optimistic as We Grow Older?«, *Psychology Today*, 24. Juli 2016, https://www.psychologytoday.com/us/blog/the-science-behind-behavior/201607/do-we-become-less-optimistic-we-grow-older, aufgerufen am 23. April 2019.

ÜBER DIE AUTOREN

Tony Robbins ist ein Bestsellerautor, Unternehmer und Philanthrop. Seit mehr als 40 Jahren konnten Millionen von Menschen die Wärme, den Humor und die transformative Kraft von Mr. Robbins' Veranstaltungen zur geschäftlichen und persönlichen Entwicklung genießen. Als weltberühmter Lebens- und Geschäftsstratege wurde er vom *Worth Magazine* als eine der 100 einflussreichsten Personen im globalen Finanzwesen für 4 Jahre (2015–2019) eingestuft. Er hat als Coach für Spitzenleistungen mit einigen der weltbesten Athleten, Entertainern, Führungskräften aus Unternehmen der Fortune 500 und sogar US-Präsidenten gearbeitet.

Robbins ist Gründer und/oder Partner von mehr als einem Dutzend Unternehmen in den unterschiedlichsten Geschäftsfeldern, unter anderem einem Fünf-Sterne-Urlaubsresort auf den Fidschi-Inseln und einem Unternehmen zur Erzeugung von Arm- und Beinprothesen mithilfe von 3-D-Druckern. Über die Tony-Robbins-Stiftung und die entsprechenden Fonds hat Tony Robbins in seiner Partnerschaft mit Feeding America über 500 Millionen Mahlzeiten bereitgestellt.

Peter Mallouk ist der Präsident von »Creative Planning«, das von *Barron's* zur Nummer 1 der unabhängigen Vermögensverwaltungsfirmen in Amerika ernannt wurde (2017). Das Magazin *Barron's* ernannte Peter Mallouk drei Jahre in Folge (2013, 2014 und 2015) zum unabhängigen Finanzberater Nr. 1 in Amerika. CNBC kürte »Creative Planning« zur Nr. 1 der unabhängigen Vermögensverwaltungsfirmen in den Vereinigten Staaten auf der einzigen Rangliste, die das Netzwerk jemals veröffentlicht hat (2014–2015). Peter ist in beiden Rankings Power 100 der Zeitschrift *Worth* vertreten, einer Liste mit den 100 mächtigsten Männern und Frauen im globalen Finanzwesen (2017, 2018). Im Jahr 2017 wurde Peter mit dem Ernst & Young Entrepreneur of the Year Award ausgezeichnet. »Creative Planning« bietet umfassende Vermögensverwaltungsdienste für vermögende

Kunden, darunter Anlageverwaltung, Finanzplanung, Wohltätigkeitsplanung, Beratung zur Altersvorsorge, Steuer- und Nachlassplanung. »Creative Planning« verwaltet derzeit fast 50 Milliarden Dollar für Kunden in allen 50 Bundesstaaten.

Money

Tony Robbins

Als Personal Trainer beriet Tony Robbins Persönlichkeiten wie Bill Clinton und Serena Williams sowie ein weltweites Millionenpublikum, nun widmet er seine Aufmerksamkeit den Finanzen. Basierend auf umfangreichen Recherchen und Interviews mit mehr als 50 Starinvestoren, wie Warren Buffett oder Star-Hedgefondsmanager Carl Icahn, hat Robbins die besten Strategien für die private finanzielle Absicherung entwickelt. Sein Werk bündelt die Expertise erfolgreicher Finanzmarktakteure und seine Beratungserfahrung. Selbst komplexe Anlagestrategien werden verständlich erläutert, ohne an Präzision einzubüßen.

672 Seiten | Hardcover | 24,99 € (D) | 50,70 € (A) | ISBN 978-3-89879-914-0

UNANGREIFBAR

Tony Robbins

Robbins präsentiert eine Schritt-für-Schritt-Anleitung, die es jedem ermöglicht, endlich selbst finanzielle Freiheit zu erreichen. Egal welches Einkommen, Alter oder Lebenssituation, hier gibt er dem Leser praktische Tools an die Hand, mit denen jeder seine finanziellen Ziele schneller erreichen kann.
Tony Robbins hat bereits mehr als 50 Millionen Menschen aus mehr als 50 verschiedenen Ländern erfolgreich gecoacht. Für dieses Buch hat er sich mit Peter Mallouk zusammengetan. Zusammen zeigen sie, wie man wirklich unangreifbar wird und selbst in einer Welt voller Unsicherheit, ökonomischer Schwankungen und unvorhersehbarer Veränderungen ruhig und gelassen bleibt.

256 Seiten | Hardcover | 19,99 € (D) | 20,60 € (A) | ISBN 978-3-95972-059-5

Wie aus kleinen Veränderungen große Unterschiede werden

Tony Robbins

Bestsellerautor und Starcoach Tony Robbins zeigt, wie jeder das eigene »Mindset«, also seine Denkweise und seine oft fixen Einstellungen, so verändern kann, dass er jeden einzelnen Tag besser wird.
Die eigenen Finanzen sind unorganisiert, persönliche und berufliche Beziehungen machen Schwierigkeiten und auch die Gesundheit könnte besser sein? In 365 kleinen Tageslektionen kann sich jeder optimieren.
Tony Robbins greift auf bewährte Strategien, Techniken und Prinzipien aus seinen millionenfach bewährten Coachingprogrammen zurück und bündelt sie in kurze, motivierende Inspirationsquellen, die täglich unkompliziert umgesetzt werden können und die persönliche Leistungsfähigkeit steigern.

400 Seiten | Hardcover | 17,99 € (D) | 18,50 € (A) | ISBN 978-3-89879-989-9

5 einfache Schritte zur optimalen Geldanlage

Peter Mallouk

In diesem Buch gibt Peter Mallouk Ihnen Strategien an die Hand, die helfen können, dass der Anlageerfolg auch dauerhaft bestehen bleibt und Sie nicht in die gängigen Fallen tappen, die so manchen Investor zu Fall bringen.
Er zeigt in fünf Schritten die häufigsten und kritischsten Fehler, die nahezu jeder Anleger macht, egal ob professionell oder privat. Aber er zeigt auch, wie man diese Fallstricke vermeidet, um eine nachhaltige und Erfolg versprechende Geldanlage zu gewährleisten. Mit diesem Buch bekommen Sie einfache und für jedermann nachvollziehbare Werkzeuge und Strategien an die Hand, mit denen auch Sie souverän an der Börse agieren können.

978-3-95972-236-0 Seiten | Hardcover | 16,99 € (D) | 17,50 € (A) | ISBN 978-3-95972-236-0